普通高校"十二五"规划教材·经济学系列

管理经济学

蹇令香 李东兵 姜 丽 ◎ 编著

清華大学出版社
北京

内容简介

管理经济学是一门将经济学的原理应用到企业经营管理决策、优化决策方案的应用型经济学。它既有微观、宏观经济学的原理和方法，又有决策分析的工具与技术；既有定性分析，又有定量分析。本书是以当今国际上流行的管理经济学教材框架和内容为基础，结合国内外企业管理实践编写的。本书从我国企业经营管理的实际需要出发，全面系统地阐述了管理经济学的理论、方法和应用，强调理论与实际的紧密结合，涵盖了现代管理经济学的主要领域和理论前沿。本书内容新颖，理论严谨，观念创新，方法实用，难易适度，通过章头导入案例、节内阅读案例、章后案例分析等形式介绍企业管理决策问题，在介绍基本理论的同时，提供系统的、有针对性、有时效性的资料。为了方便学生学习，本书每章末都配备了本章小结、中英文关键词和综合练习。

本书可供普通高校经济管理专业学生，特别是 MBA 层次学生作为教材选用，也可供各级管理人员自学使用。

本书封面贴有清华大学出版社防伪标签，无标签者不得销售。
版权所有，侵权必究。举报：010-62782989，beiqinquan@tup.tsinghua.edu.cn。

图书在版编目(CIP)数据

管理经济学/蹇令香，李东兵，姜丽编著. --北京：清华大学出版社，2015（2023.11重印）
（普通高校"十二五"规划教材·经济学系列）
ISBN 978-7-302-41723-1

Ⅰ. ①管… Ⅱ. ①蹇… ②李… ③姜… Ⅲ. ①管理经济学－高等学校－教材 Ⅳ. ①F270

中国版本图书馆 CIP 数据核字(2015)第 239621 号

责任编辑：梁云慈
封面设计：王新征
责任校对：宋玉莲
责任印制：曹婉颖

出版发行：清华大学出版社
网　　址：https://www.tup.com.cn, https://www.wqxuetang.com
地　　址：北京清华大学学研大厦 A 座　　　邮　编：100084
社 总 机：010-83470000　　　　　　　　　　邮　购：010-62786544
投稿与读者服务：010-62776969, c-service@tup.tsinghua.edu.cn
质量反馈：010-62772015, zhiliang@tup.tsinghua.edu.cn
课件下载：https://www.tup.com.cn, 010-62770175-4903

印 装 者：天津鑫丰华印务有限公司
经　　销：全国新华书店
开　　本：185mm×260mm　　　印　张：22.75　　　字　数：526 千字
版　　次：2015 年 12 月第 1 版　　　　　　　　　印　次：2023 年 11 月第 4 次印刷
印　　数：4301~4600
定　　价：65.00 元

产品编号：062367-02

前言

随着我国社会主义市场经济体制的不断完善,市场经济机制对企业经营决策的影响越来越大,企业经营者在做出一项决策时更加依赖于市场经济的基本知识和理论。近几年,企业家和从事经济管理相关专业工作的人员对管理经济学等经济学理论知识的学习热情有增无减。管理经济学是现代经济学理论的一个重要分支,是微观经济学理论在企业经营决策中的重要应用,它应用一些数学工具解决市场需求分析问题,应用西方经济学理论解决企业经营决策问题。作为一门应用经济学,它从传统的西方理论经济学演变而来,既不等同于微观经济学,也不等同于计量经济学。一方面,它是把经济学的定性分析与定量分析结合起来,对企业经济行为进行实证分析;另一方面,它把经济学基本原理、企业经营管理决策合为一体,是理论分析与实际运用的统一。因此,已有学校将管理经济学作为学习"微观经济学"的替代教材。

本教材突出"以应用为导向,以综合实践能力的提高为主线"的特点,以培养适应社会需要的应用型人才为目标,按照"章头导入案例—原理和方法阐述—节内阅读案例—小结提升—章后案例分析"的写作思路进行编写,强调基本原理和方法在相关现实领域的应用。

在结构体系上注重逻辑性、知识的递进性。第一篇为概述,介绍管理经济学的研究对象与任务,讨论了管理经济学与其他学科的关系。之后为企业微观经济环境分析和宏观经济环境分析两篇。第二篇企业微观经济环境分析,是围绕"生产什么"、"生产多少"和"怎样生产"三个问题展开,包括第2章到第6章,通过建立企业的需求函数、生产函数、成本函数、收益函数,将定性分析与定量分析结合起来,对企业最优决策问题进行分析。第三篇企业宏观经济环境分析,包括第7章和第8章,说明知识经济对企业管理决策的影响、宏观经济运行状况如何评价、国内生产总值如何核算、宏观经济政策对企业管理决策的影响以及经济周期的判断。第三篇是本书的主要特色所在。

本书简明通俗,图文并茂,层次清楚,定义准确,尽可能地用通俗易懂的语言阐述管理经济学中的每一个知识点,结合图与表的形式剖析复杂的理论和模型,使内容深入浅出、可读性强,能较好地满足应用型人才培养的需求,具有较强的应用特色。

教师在授课过程中,可根据学生的具体情况和不同的专业要求进行课时安排。本书配有PPT电子课件等教学材料。

本书各章分工如下：蹇令香编写第一、第二、第三、第八章及各章节的阅读案例；李东兵编写第四、第六章；姜丽编写第五、第七章。全书由蹇令香总纂定稿。

由于编者水平所限，书中缺点和错误在所难免，恳请读者不吝指正。

编　者

2015年8月

目 录

第一篇 概 述

第1章 管理经济学概述 ... 3

1.1 何为管理经济学 ... 4
    1.1.1 什么是管理经济学 ... 4
    1.1.2 管理经济学与微观经济学、宏观经济学、决策科学的关系 ... 5
    1.1.3 管理经济学与企业管理决策的关系 ... 8
    1.1.4 学习管理经济学的意义 ... 9

1.2 企业经营活动的目的 ... 9

1.3 管理经济学的主要分析方法 ... 11
    1.3.1 描述经济关系的方法 ... 11
    1.3.2 边际分析法 ... 12

【本章小结】 ... 14
【中英文关键词】 ... 14
【综合练习】 ... 14
【案例分析】 ... 15

第二篇 企业微观经济环境分析

第2章 需求函数分析 ... 21

2.1 需求函数的建立及分析 ... 23
    2.1.1 个人需求的影响因素及个人需求函数 ... 23
    2.1.2 市场需求的影响因素及市场需求函数 ... 25
    2.1.3 企业的产品需求和生产要素需求的影响因素及需求函数 ... 26
    2.1.4 产品生命周期对市场需求和企业的产品需求的影响 ... 29

2.2 需求函数的估计与预测 ... 30
    2.2.1 回归分析法 ... 30

  2.2.2 时间序列预测法 ·· 33
  2.2.3 季节变动指数分析法 ·· 48
  2.2.4 投入产出分析法 ·· 50
 2.3 需求弹性及其在企业管理决策中的应用 ······························ 56
  2.3.1 需求价格弹性 ·· 56
  2.3.2 需求收入弹性 ·· 62
  2.3.3 需求交叉弹性 ·· 66
【本章小结】··· 69
【中英文关键词】·· 70
【综合练习】··· 71
【案例分析】··· 73

第3章 生产函数分析 ·· 75

 3.1 生产要素与生产函数 ··· 77
  3.1.1 生产要素 ·· 77
  3.1.2 生产函数 ·· 79
 3.2 短期生产函数：一种可变要素的生产函数 ························· 81
  3.2.1 总产量、平均产量、边际产量的含义与关系 ············· 81
  3.2.2 边际收益递减规律 ·· 84
  3.2.3 生产的三个阶段与企业的理性选择 ························ 85
  3.2.4 一种可变生产要素的合理投入 ······························ 85
 3.3 两种可变生产要素按不同比例变动的生产函数 ·················· 86
  3.3.1 等产量曲线 ·· 87
  3.3.2 边际技术替代率 ·· 88
  3.3.3 等成本线 ·· 90
  3.3.4 生产要素最优组合 ·· 91
  3.3.5 生产要素最优组合的影响因素 ······························ 93
 3.4 两种可变生产要素按相同比例变动的生产函数 ·················· 97
  3.4.1 规模报酬 ·· 97
  3.4.2 适度经营规模的确定 ··· 100
  3.4.3 柯布—道格拉斯生产函数与规模报酬 ··················· 101
 3.5 生产函数的经验估计 ··· 102
  3.5.1 生产函数经验估计的方法与步骤 ·························· 102
  3.5.2 几种常用的经验生产函数 ···································· 103
【本章小结】·· 107
【中英文关键词】··· 108
【综合练习】·· 109
【案例分析】·· 111

第4章 成本—收益函数分析 ……………………………………………………… 115

4.1 短期成本函数分析 …………………………………………………………… 116
4.1.1 短期成本函数 ……………………………………………………… 116
4.1.2 短期成本的分类 …………………………………………………… 117
4.1.3 各类短期成本曲线的变动规律及其相互关系 …………………… 119
4.1.4 短期产量曲线与短期成本曲线关系 ……………………………… 121
4.1.5 短期成本函数估计 ………………………………………………… 122

4.2 长期成本函数分析 …………………………………………………………… 127
4.2.1 长期总成本 ………………………………………………………… 128
4.2.2 长期平均成本 ……………………………………………………… 129
4.2.3 长期边际成本 ……………………………………………………… 131

4.3 成本理论范畴的一些概念 …………………………………………………… 132
4.3.1 规模经济与规模不经济 …………………………………………… 132
4.3.2 内在经济与内在不经济 …………………………………………… 136
4.3.3 外在经济与外在不经济 …………………………………………… 137
4.3.4 范围经济与范围不经济 …………………………………………… 138
4.3.5 学习曲线 …………………………………………………………… 138

4.4 收益与利润最大化原则 ……………………………………………………… 140
4.4.1 总收益、平均收益和边际收益 …………………………………… 140
4.4.2 基于价格因素确定总收益、平均收益和边际收益的曲线 ……… 141
4.4.3 利润最大化原则 …………………………………………………… 142

4.5 盈亏平衡分析与经营杠杆率 ………………………………………………… 147
4.5.1 盈亏平衡分析 ……………………………………………………… 147
4.5.2 优劣平衡分析 ……………………………………………………… 150
4.5.3 经营杠杆率 ………………………………………………………… 151

【本章小结】 ………………………………………………………………………… 152
【中英文关键词】 …………………………………………………………………… 153
【综合练习】 ………………………………………………………………………… 154
【案例分析】 ………………………………………………………………………… 155

第5章 市场结构与企业决策行为分析 ……………………………………… 160

5.1 市场结构概述 ………………………………………………………………… 161
5.1.1 市场结构的决定条件 ……………………………………………… 161
5.1.2 市场结构的类型及区别 …………………………………………… 164
5.1.3 不同市场结构厂商均衡分析的步骤 ……………………………… 166

5.2 完全竞争市场与企业决策 …………………………………………………… 166
5.2.1 完全竞争市场的含义 ……………………………………………… 166

5.2.2 完全竞争市场企业的需求曲线、价格和收益曲线 …… 166
5.2.3 完全竞争市场企业的短期决策 …… 167
5.2.4 完全竞争企业和行业的短期供给曲线 …… 169
5.2.5 生产者剩余 …… 171
5.2.6 完全竞争企业的长期决策 …… 172
5.2.7 行业的长期供给曲线 …… 174
5.3 完全垄断市场与企业决策 …… 177
5.3.1 完全垄断市场的含义及成因 …… 177
5.3.2 完全垄断企业面临的需求曲线和收益曲线 …… 179
5.3.3 完全垄断企业的短期决策 …… 180
5.3.4 完全垄断企业的长期决策 …… 181
5.3.5 完全垄断市场和完全竞争市场的比较 …… 182
5.4 垄断竞争市场与企业决策 …… 183
5.4.1 垄断竞争市场含义及特征 …… 184
5.4.2 垄断竞争企业的需求曲线 …… 185
5.4.3 垄断竞争企业的短期决策 …… 185
5.4.4 垄断竞争企业的长期决策 …… 186
5.4.5 垄断竞争条件下的非价格竞争 …… 187
5.5 寡头垄断市场与企业决策 …… 189
5.5.1 寡头垄断市场的含义及特征 …… 190
5.5.2 相互勾结的寡头垄断市场定价模型与企业决策 …… 192
5.5.3 非相互勾结的寡头垄断市场定价模型与企业决策 …… 194
5.5.4 寡头垄断市场企业的博弈 …… 197
【本章小结】…… 202
【中英文关键词】…… 203
【综合练习】…… 203
【案例分析】…… 206

第6章 定价决策 …… 215

6.1 价格歧视法 …… 216
6.1.1 价格歧视的含义和基本条件 …… 216
6.1.2 价格歧视的类型 …… 216
6.2 多产品定价 …… 226
6.2.1 需求上相互联系的产品定价 …… 226
6.2.2 按固定比例生产的联产品的定价 …… 228
6.2.3 按变动比例生产的联产品的最优产量组合 …… 230
6.3 转移定价 …… 231
6.3.1 无外部市场条件下,转移价格的确定 …… 231

         6.3.2 完全竞争市场下,转移价格的确定 …………………………………… 234
         6.3.3 不完全竞争市场下,转移价格的确定 ………………………………… 235
   6.4 其他定价法 …………………………………………………………………… 236
         6.4.1 成本加成定价法 ……………………………………………………… 236
         6.4.2 增量定价法 …………………………………………………………… 238
         6.4.3 搭售定价法 …………………………………………………………… 238
         6.4.3 声望定价法 …………………………………………………………… 242
   【本章小结】 ………………………………………………………………………… 242
   【中英文关键词】 …………………………………………………………………… 243
   【综合练习】 ………………………………………………………………………… 243
   【案例分析 1】 ……………………………………………………………………… 245
   【案例分析 2】 ……………………………………………………………………… 247

第三篇　企业宏观经济环境分析

第 7 章　知识经济与企业管理决策 ……………………………………………… 253

   7.1 知识经济的形成、发展 ………………………………………………………… 255
         7.1.1 知识经济的形成 ……………………………………………………… 255
         7.1.2 知识经济的发展对经济社会的影响 ………………………………… 258
   7.2 知识经济时代企业管理的新要求和新特点 …………………………………… 260
         7.2.1 知识经济对企业管理的新要求 ……………………………………… 260
         7.2.2 知识经济下企业管理的新特点 ……………………………………… 263
   7.3 企业无形资产的构成 …………………………………………………………… 268
         7.3.1 无形资产的含义 ……………………………………………………… 268
         7.3.2 企业无形资产的种类 ………………………………………………… 269
   【本章小结】 ………………………………………………………………………… 276
   【中英文关键词】 …………………………………………………………………… 276
   【综合练习】 ………………………………………………………………………… 277
   【案例分析】 ………………………………………………………………………… 278

第 8 章　宏观经济评价与宏观经济政策 ………………………………………… 282

   8.1 主要宏观经济变量与宏观经济目标 …………………………………………… 283
         8.1.1 主要宏观经济变量 …………………………………………………… 283
         8.1.2 宏观经济主要目标 …………………………………………………… 285
         8.1.3 总需求与总供给 ……………………………………………………… 290
   8.2 国内生产总值的核算 …………………………………………………………… 291

8.2.1 国内生产总值的概念 ································· 292
  8.2.2 国内生产总值的核算方法 ··························· 294
 8.3 宏观经济政策 ··· 302
  8.3.1 需求管理政策(一):财政政策 ··················· 304
  8.3.2 需求管理政策(二):货币政策 ··················· 312
  8.3.3 供给管理政策 ··· 329
 8.4 经济周期 ··· 333
  8.4.1 经济周期的概念及阶段划分 ······················· 333
  8.4.2 经济周期的分类 ······································ 334
  8.4.3 经济周期的监测指标 ································ 340
 【本章小结】 ··· 342
 【中英文关键词】 ·· 343
 【综合练习】 ··· 343
 【案例分析1】 ··· 345
 【案例分析2】 ··· 348

参考文献 ··· 353

第一篇 概述

第一篇

总论

第 1 章

管理经济学概述

【学习目标】

通过对本章的学习,要了解管理经济学概念的界定、管理经济学的研究对象与任务、管理经济学与其他学科的关系,掌握市场经济条件下企业的目标及企业价值的概念、管理经济学的基本分析方法。

【教学要求】

知识要点	相关知识	能力要求
何为管理经济学	管理经济学的定义、研究对象、主要任务;管理经济学与微观经济学、宏观经济学、决策科学的关系;学习管理经济学的意义	了解管理经济学的研究对象和主要任务,管理经济学与微观经济学的关系,管理经济学与宏观经济学、决策科学的关系,学习管理经济学的意义
企业经营活动的目的	企业利润最大化;企业价值最大化	掌握决定企业利润大小的因素;了解企业价值的含义
管理经济学的主要分析方法	描述经济关系的方法;边际分析法	掌握描述经济关系的四种方法及其关系;掌握总量、平均变量和边际变量之间的相互关系

如何从经济学的角度看待问题

管理经济学是一门为企业管理者服务的应用经济学。它要教给企业管理者如何运用现代经济学的思想、原理和方法对企业有限的资源进行有效配置,进而提高企业管理者的管理决策水平。我们下面看一个例子,它体现了经济学怎样的基本思想?

牧师、心理学家和经济学家三个人去打高尔夫球。开球后,他们排在了两个动作非常缓慢的人身后。尽管球童不断地给他们捡球、摆球,这两人动作仍然非常缓慢。

到了第八个洞时,这三个人实在是忍无可忍,开始大声抱怨。牧师说:"圣母玛利亚,我祈祷他们在下一次打球时应吸取点教训,长长经验。"心理学家说:"我坚信有人喜欢慢慢地来玩高尔夫球。"经济学家说:"真没想到,打一轮高尔夫球要用这么长时间。"

到了第九个洞时,前面两个人还是老样子,动作慢吞吞的。于是心理学家走到球童面前,要求允许他们先打。球童迟疑了一下说:"好吧。"然后解释说,"不过,这两个打球的人有些与众不同,他们是盲人,是两个退休的消防员,在一次火灾中因救人导致双目失明,所以,他们打球动作才会如此缓慢。"球童解释完后,请求这三个人不要如此大声抱怨。

听过解释后,这三个人非常震惊。牧师很难过,忏悔道:"作为神职人员,我竟然大声诅咒两个盲人的动作迟缓!"心理学家也很懊恼地说:"身为心理学家,本该为他人扶危解困,但我竟然对两个盲人如此出言不敬!"这时,轮到经济学家发言了,经济学家沉思片刻,走到球童身边说:"听着,给你一个建议,下次请让盲人在夜间打球。"

经济学研究的核心问题是如何有效率地配置有限的资源。因此,经济学家思考问题始终围绕着资源有效配置问题。相对于牧师与心理学家,经济学家的思想更为理性,更注重于如何解决问题。

在本例中,有限的高尔夫场地资源,要在不同的人之间进行分配,如何最有效率地配置这种资源呢?身体健康的人在白天利用场地,而盲人在夜间利用场地,互不干扰各得其所。经济学家的建议,也许在操作中会产生一些问题,但其真正的意义在于它引导人们转变了思维方式。

1.1 何为管理经济学

随着社会生产力的发展、生产社会化程度的提高,企业间的竞争日益激烈,对运用经济学理论和分析方法指导企业管理实践,也提出了越来越高的要求。1951年,美国经济学家吉尔·帝恩(Joel Dean)出版了第一本管理经济学专著,掀开了运用经济学基本理论与方法,指导企业经营管理决策的新篇章。

1.1.1 什么是管理经济学

管理经济学类似于工业经济学、运输经济学、产业经济学、物流经济学等,是把经济学理论应用于某一社会经济领域的应用经济学的一个分支,是一门为企业管理者服务的应用经济学。

管理经济学是将经济学与决策科学相结合的一门交叉学科,是运用经济学理论和决策科学的分析工具,使一个企业组织能够在一定的经济环境中、在面临的各种约束之下,最有效地达到自己既定目标的科学。

管理经济研究的主要对象是市场经济条件下企业或其他组织中与资源配置有关的管理决策,其主要任务是研究如何把经济学的理论和决策科学的方法用于企业或其他组织所面对的管理决策中,为企业或其他组织提供经营决策的经济理论依据和基本方法。

管理经济学要解决的是企业最优决策问题,即要解决如何应用经济理论和决策科学分析工具于企业商务活动的决策过程中,最有效地解决企业所面临的种种管理决策问题,从而实现企业的目标。使企业目标实现的决策被称为最优决策。一般认为,企业的目标是追求利润最大化,那么,使企业利润达到最大化的决策即为最优决策,如图1-1所示。

管理经济学运用经济学理论和方法,让企业决策者更好地理解现实世界中企业所处

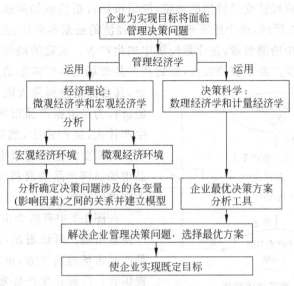

图 1-1 管理经济学的任务

的微观经济环境和宏观经济环境,对企业经营决策者高效率地配置组织资源、应对市场变化,提供决策理论与方法,从而增强企业管理者决策的科学性。

管理经济学借助微观经济理论与方法,为企业管理者科学地分析企业所面临的微观经济环境,主要是分析企业所生产的产品的市场环境和企业所使用的生产要素的市场环境。企业管理者必须了解,是什么经济力量(如需求的力量和供给的力量)以及这些经济力量如何影响产品的市场环境,同样地,经济力量又是如何影响企业所使用的生产要素的市场环境的。在学习管理经济学的过程中,不仅要了解微观经济环境对企业决策的影响,还要了解企业决策对微观经济环境的反作用,等等。在对企业微观经济环境分析的过程中,需要确定企业所要解决的管理决策问题受到哪些因素的影响,即确定各经济变量之间的关系,进而建立各种函数模型,如需求函数、生产函数、成本函数等,为解决企业的管理决策问题,实现企业目标奠定基础。

企业也总是在特定的宏观经济环境下做出决策,因此,也要研究政府宏观调控的宏观经济政策对企业的影响,以及企业的应对策略。管理经济学借助宏观经济学理论为企业管理者分析企业的经济活动正面临什么样的宏观经济环境、宏观经济运行状况如何、处在经济周期的什么阶段、经济景气度如何、政府正在采取怎样的宏观经济政策,等等。政府为了治理经济周期的过度波动,采取什么样的宏观经济政策,等等。这些考虑都将对企业管理者的微观决策具有重要的意义。另外,企业的管理者还需要对企业经济活动所处的制度环境或者制度的变迁环境有所了解,因为制度环境也直接影响到企业决策。

1.1.2 管理经济学与微观经济学、宏观经济学、决策科学的关系

经济学是管理经济学的理论基础之一,按照其考察对象的不同分为微观经济学和宏观经济学。

微观经济学,又称个体经济学,是以单个经济单位为考察对象,通过研究单个经济单

位的经济行为和相应经济变量数值的决定,说明市场价格机制如何解决资源配置问题的社会科学。如图1-2所示,单个经济单位是组成经济的最基本单位,主要有两类:家庭和企业。家庭是经济中的消费者,企业是经济中的生产者。家庭的经济行为主要是通过向生产要素市场提供生产要素获得收入,然后在产品市场购买所需要的产品或服务获得满足,其目标是获得最大限度的满足。企业的经济行为是根据产品市场的需求状况,决定生产什么、生产多少,然后在生产要素市场购买所需要的生产要素生产产品,通过向产品市场销售产品获取利润,其目标是获得最大限度的利润。

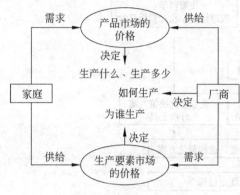

图1-2 微观经济模型

在图1-2中有两个市场:产品市场和生产要素市场。可以看出,家庭中的消费者既是产品市场的购买方,也是生产要素市场的提供者。厂商在生产要素市场上购买要素,然后对所购买的要素进行形态和功能上的转换,形成产品,在产品市场上出售,获得货币收入。这个图表明,一个厂商的生产和经营活动,是在产品市场和生产要素市场之间进行的。其中,生产要素市场是厂商的投入来源,产品市场是厂商的产出方向。因此,一个厂商要盈利,关键就在于从产品市场上获得的货币收入要大于在生产要素市场上支付的货币。

微观经济学是以单个经济单位的经济行为作为考察对象,考察消费者对各种产品的需求行为与生产者对产品的供给行为,以及产品的需求和供给如何决定该产品在市场上的价格和销售量;考察生产要素的所有者(家庭)供给生产要素的行为和厂商对生产要素的需求如何决定生产要素的价格(构成产品的成本)和生产要素的使用量。单个经济单位的经济行为会受到市场价格的影响而发生改变,进而引起资源配置的改变。

微观经济学所要解决的是经济资源优化配置问题。资源配置是指各种资源有不同的用途,既可以生产A,也可以生产B,如何根据人类欲望的轻重缓急,利用既定的资源去生产经济物品,以便更好地满足人类的需求,具体分为以下三个问题:生产什么、生产多少?如何生产?为谁生产(即收入分配)?

管理经济学要努力回答前两个问题,所包含的内容和微观经济学相似。要从消费者的行为角度研究市场的需求,来回答"生产什么、生产多少";要从生产者的角度研究企业实物的和价值化的投入产出关系、研究不同市场结构条件下产量决策与价格决策来回答"怎么生产",因此,它保持了微观经济学的基本知识结构。这二个问题的解决,是一个企业能否实现最大限度盈利的关键。解决了"生产什么"与"生产多少"的问题,也就确定了企业的业务结构或者产品结构。而解决"如何生产"的问题,企业就可能以较低的成本获得较高的生产效率。

管理经济学与微观经济学的出发点不完全一样。一是从企业管理者的角度出发研究问题。研究消费者行为的目的,是要了解市场对其产品的需求;研究投入与产出的生产过程与成本,是为了进一步提高生产效率;研究市场上特别是产品市场上的产量与价格决策，是为了实现企业经营的目标。为实现企业经营目标，不去重点关注在不同市场结构下一般性的定价方式，而是重点研究企业在不同市场结构条件下，应当怎样为产品定价，以及一些在实践中常用的定价方法。二是侧重于实证研究。在研究消费者行为时，不去讨论消费者的效用函数，而侧重讨论影响企业需求的影响因素，建立企业的需求函数，并分析这些因素对企业需求影响的敏感程度（即弹性分析），以及各种弹性如何帮助企业经营者做出准确的决策。在研究企业投入与产出的关系时，通过建立反映实物投入与产出关系的生产函数确定企业最优投入决策；通过建立反映价值化投入与产出关系的成本—收益函数，确定利润最大化原则，为企业最优产量决策服务。

宏观经济学，又称总量经济学，是以一个国家的整体经济活动或经济运行作为考察对象，考察其经济活动的现象和规律以及政府如何运用经济政策来影响国家整体经济运行的社会科学。宏观经济学把经济主体划分为家庭、企业、政府和国外四个部门，把市场归结为商品市场、货币市场、劳动力市场和国际市场四类，如图1-3所示。在商品市场上，发生着对有形产品和无形服务的需求和供给；所有的货币资产都在货币市场上交换，储蓄在这里转化为投资，利率作为资金的价格，调节着资金的供给（储蓄）和资金的需求（投资）；生产要素市场是作为生产要素供给方的家庭和作为生产要素需求方的企业和政府进行交易的地方；国际市场则是我国与世界上其他国家进行交易的地方。

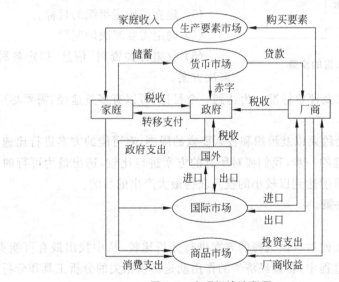

图1-3 宏观经济流程图

四个经济部门在四类市场上相互发生作用，构成了宏观经济学分析的总体框架，在这个框架内分析经济运行的整体情况，以及政府应该采取何种政策来调节经济的发展。

由于对企业决策有重大影响的主要是企业微观经济环境，因此管理经济学的主要内容更多的是侧重于经济学中的微观经济学部分，其次是分析企业宏观经济环境，分析政府宏观经济政策对企业决策的影响。

管理经济学的另一个理论基础是决策科学。所谓决策科学就是研究决策目标的确定，如何在可供决策者选择的步骤和方法中优选出最佳的方案，以达到已确定的目标函数的科学。决策科学一般应用数理经济学和计量经济学等分析工具,对各种决策的成本与效果进行数量分析,把最优决策方案的论证建立在数量分析的基础上。

管理经济学中主要运用的只是数理经济学和计量经济学中围绕企业决策问题的内容,而数理经济学和计量经济学中有关宏观经济学的一些方程和模型是不涉及的。

1.1.3 管理经济学与企业管理决策的关系

什么是管理?"管理是指一个协调工作活动的过程,以便能够有效率和有效果地同别人一起或通过别人实现组织的目标。"[①]企业管理包括会计、融资、市场营销、人力资源管理和生产管理等众多方面,分别由具体的管理部门负责。

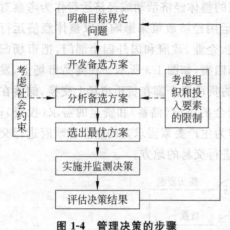

图1-4 管理决策的步骤

管理经济学在解决上文提出的"生产什么、生产多少"和"怎样生产"问题时,起到了什么样的作用呢?实际上,这两个问题的解决就是一个决策的过程。

决策的过程一般可以分为以下7个步骤,如图1-4所示。

(1)建立或确定组织的目标。
(2)确定需要解决的问题。
(3)收集各种资料、信息,拟定各种可能的解决方案。
(4)确定备选方案及评价标准。为达到一个目标,可以有多条途径,需要尽可能提出所有可能的方案。
(5)考虑各种社会约束以及组织和投入要素的限制,对可能的方案进行比选,做出最恰当的决策。这是关键的一步,我们要对所有的方案进行比较,选出最为可行的方案,使这个方案的实施最有可能达到以较小的投入获得最大产出的目的。
(6)实施并监督决策。
(7)结果评价。

管理经济学研究如何对可供选择的方案进行分析比较,从中找出最有可能实现企业目标的方案。在决策过程中,管理经济学的作用就是提供相关的分析工具和分析方法。

管理经济学发挥其提供分析工具和方法的作用要有两大前提:

(1)企业要承认市场有配置资源的作用。

市场通过供给和需求的变化来影响价格,价格变动引导资源在各产业部门之间的流动,体现为由经济效益低的部门流向经济效益高的部门,从供给过剩的部门流向供给不足的部门,从而达到资源的合理配置。

在分析各个方案可能产生的利弊时,管理经济学着眼于把企业放在市场经济条件下,

---

① [美]斯蒂芬·P.罗宾斯,玛丽·库尔特.管理学[M].第7版.孙健敏,黄卫伟,王凤彬,焦叔斌,杨军,译.北京:中国人民大学出版社,2005:7.

企业处在市场竞争的条件下怎么确定价格、怎么选择产量、怎么实现最大限度的利润。也就是说,是在市场经济条件下分析价格、产量、成本等市场因素和企业的市场行为。偏离了市场经济这个大的经济环境,管理经济学的很多问题就很难讨论。市场具有配置资源的作用是管理经济学存在的基本前提。

(2) 假定企业的第一目标是追求利润最大化。

企业是经济组织,它之所以存在是因为它可以把各种各样的要素通过生产和经营完成形态和功能上的转换,并获得盈利。如果一个组织同时承担了政治职能或者社会职能,那么这个组织的经济成本就可能会超过它在完成转换的过程后所获得的经济效益。而一家企业如果成本大于效益,它就很难在竞争激烈的市场上获得持续的发展,最终结果就是亏损。追求利润最大化,是企业最重要的经济职能。管理经济学正是服务于企业的这一目标的。

总之,管理经济学可以被看作是融合了经济学、决策科学和企业管理职能领域的一般学科;它阐述了在厂商试图最有效地实现目标的过程中,这三者之间是如何相互作用的。

1.1.4 学习管理经济学的意义

管理经济学有利于管理者正确做出企业经营管理决策。管理经济学是沟通经济学与企业决策的理论桥梁,以市场(价格)机制贯穿企业的基本工作(供求、生产、成本),从企业全局出发,研究定价、定产等决策的基本思路,向管理者提供了有关决策制定过程中经济思维的概念框架,培养管理者对观察和遇到的问题进行经济分析、理性思考与创新的能力,提高管理者在市场经济条件下管理决策的能力与水平。在市场经济条件下,企业经理人一方面要有一定的实践经验,另一方面要自觉运用经济管理理论,提高自己的决策水平。

1.2 企业经营活动的目的

企业购买生产要素进行产品的生产和服务的提供,目的是什么呢?无论是微观经济学还是管理经济学,一般都假定企业追求的是利润最大化。企业以利润最大化作为运行目标,其直接效果是能够达到微观层次上的资源有效配置,也就是指在产量既定的条件下,实现成本尽可能地小,或在成本既定的条件下,达到产量尽可能地大。以利润最大化为目标,能有效地使用资源,使有限的稀缺资源产出尽可能最大。这也给宏观层次上的资源的有效配置提供基础条件。尽管企业运行以利润最大化为目标会有这样那样的不现实,但是,以企业利润最大化为运行目标来分析企业行为,要比用其他任何目标来分析企业行为都要恰当和方便得多,它是一个合理的分析起点。而且,企业也只有能够实现尽量高的利润,才有能力更好地承担企业的经济责任。因此,本书也将以利润最大化为主线来展开讨论。

由于利润等于企业总收益 TR 减去总成本 TC,可以写成下列形式:

$$\pi = \text{TR} - \text{TC} = P_{产} Q_{产} - \sum_{i=1}^{n} P_{要i} X_{要i} \tag{1.1}$$

式中，π 代表企业的利润，$P_{产}$ 表示产品价格，$Q_{产}$ 表示产品销量，$P_{要i}$ 表示第 i 种生产要素价格，$X_{要i}$ 表示第 i 种生产要素数量。

式(1.1)描述了决定企业利润大小的各种因素，为企业管理决策分析提供了主题，而且也为全书提供了一个主题，是一个在管理经济学中贯穿全书的重要公式。具体地说，TR 依赖于销售额或者对厂商产品的需求和厂商的定价决策。TC 依赖于生产技术和资源数量与价格。这些变量将在本书其他章节讨论(如图1-5所示)。

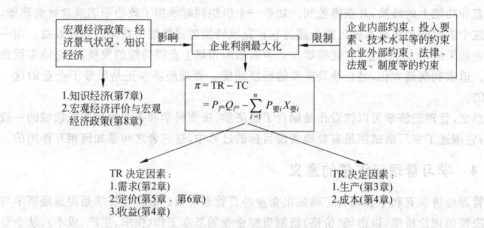

图 1-5　决定企业利润的因素

企业在追求利润最大化的过程中将碰到各式各样的约束，如企业将面临它所需要的经济资源可获得性的约束，企业在短期内可能雇用不到它所需要的有技能的劳动者，买不到它所需要的原材料，等等；在产品开发、生产过程改进和产品质量提高上受到企业现有技术水平的限制；企业面临许多政府法规、制度的约束；企业也将受到国家宏观经济政策调控方面的影响，如财政、货币政策的影响，产业调整政策的影响等等。

在现实生活中，一个健康运行的企业要兼顾当期和远期，只有这样才能为企业的可持续发展提供保障。在做出决策时不仅要考虑企业短期利润的最大化，还要考虑企业未来利润或长期利润的最大化，即企业价值(value of the firm)最大化。所谓企业价值就是把企业所有未来的预期利润折成现值，如果我们用 PV 表示企业价值，那么它就可以由下列公式给出：

$$PV = \sum_{t=1}^{n} \frac{TR_t - TC_t}{(1+r)^t} \tag{1.2}$$

式中，TR_t 代表企业每一期的总收益，TC_t 代表企业每一期的总成本，r 表示折现率，t 表示时间。

企业价值是企业产出的总收益减去投入的总成本，产出收益不仅要考虑现在的收益，还要考虑未来的收益，投入成本同样不仅要考虑现在的投入成本，还要考虑未来的投入成本。由于资金有时间价值，为了能够比较，又要将未来的收益和成本都进行贴现，换算成可以比较的现值。从长期来看，企业价值的大小是判断经营和管理决策优劣的一个主要的标准。

1.3 管理经济学的主要分析方法

企业经营者进行决策时所面临的问题是非常复杂和矛盾的,需要借助一定的分析工具才能解决问题。在介绍最优化决策分析方法之前,我们先要搞清楚,经济现象之间如何相互联系,可以用什么样的方式来表达这些经济联系。

1.3.1 描述经济关系的方法

无论是一个经济术语,还是一个经济理论,在描述经济变量之间关系时,大体上可分为文字(叙述法)、表格法、图示法和数学函数模型法四类描述方法,其中数学函数模型是对现实经济问题的抽象,通过它可以说明一些经济现象之间的联系,可将复杂问题简化而使之易于处理,并可运用模型预测决策结果。

1. 文字(叙述法)

我们可以用文字来表示经济关系。例如,市场需求是指某一市场所有消费者在一定时期内每一价格水平上愿意购买并且有能力购买的某种商品的数量。

2. 表格法

表格是描述经济关系的一种最为简洁、最为直接的方式。例如,市场需求所描述的某一商品市场需求量变动与该商品价格变动之间的关系,也可以制作市场需求表,一栏表示市场需求量的变化,另一栏表示市场价格的变化,然后把市场不同价格水平上的市场需求量一一记录下来。这样,与每一种价格水平相对应,我们就有了不同的市场需求量。需求表说明,市场上对某一商品的需求量,是随着商品的价格变化而变化的。正常情况下,对于大多数商品来讲,市场需求量变化的一般规律是市场需求量随着该商品的价格上升而下降。

3. 图示法

我们还可以用图示来表示经济关系。例如,市场需求还可以用二维平面图来表示,如果用横坐标表示商品的市场需求量,用纵坐标表示商品的价格,然后再把市场需求表中的数据在二维平面图上一一标出来,最后再把这些标出来的点用曲线连接起来,就获得了某种商品的市场需求曲线。

4. 数学函数模型法

我们也可以用数学函数式把上述经济关系表达出来。例如市场需求所描述的某一商品市场需求量变动与该商品价格变动之间的关系,可写成需求函数式,如下:

$$Q_D = f(P)$$

式中,Q_D 表示需求量,P 表示商品的价格。

各种经济关系常常用数学函数模型来表示。在数学函数模型中引入了大量的经济变量。经济变量分为内生变量和外生变量。内生变量是指经济机制内部的经济因素所决定的变量,通常不受外部的政策所左右,它们是自变量。外生变量是指在经济机制中受外部因素影响,而由非经济体系内部因素所决定的变量。这种变量通常能够由政策控制,作为政府实现其政策目标的变量,因此又称政策性变量,它们常常是经济模型的外部条件。经济变量又有存量和流量之分。存量是在某一个时点所测定的量,其大小没有时间维度。流量是指一段时间内发生的某种经济变量变动的数值,它是在一定的时期内测度的,其大小有时间维度。

管理经济学只是介绍一些最基本的数学函数模型。数学函数模型建立的程序是:①将需要考虑的因素进行合理的简化,只保留反映经济现象内在规律的主要因素;②进行假设;③建立函数模型;④利用收集的数据借助计算机软件进行函数估计;⑤对模型进行检验。模型检验如果通过了,表明函数模型有效,就可以利用模型进行经济分析和预测经济活动的结果了。

人们可以把各种经济现象概括描述出来形成数学函数模型,把大的、几乎不能解决的问题分为较小的、能一次一个地加以解决的问题。其目的是帮助经营决策者把杂乱无章、千丝万缕的复杂问题进行清理,找出解决问题的方法。在实际应用过程中,可能会遇到模型的数据无法收集或者收集数据代价很高等问题,这就需要经营决策者进行深入调查,在调查过程中找到问题的答案。

1.3.2 边际分析法

1. 微分决策原则

边际分析(marginal analysis)是微观经济分析的最常用的方法。这种方法的实质,就是对某种变量的增量以及由其引起的总量变化进行综合考虑,来寻求最优解。管理经济学最突出的特点就是引入微观经济学中的边际分析法,作为管理决策的重要工具,贯穿管理经济学决策分析的始终。

从数学含义来讲,边际分析是基于各种经济现象中,所存在的某一因变量依存于一个或几个自变量的函数关系分析。如总收益(TR)为因变量,产量(Q)为自变量,ΔTR 与 ΔQ 分别代表它们的增量,则边际收益(marginal return,MR)表示增加一个单位的产量,总收益增加多少,即边际值表示自变量每变化一个单位,引起因变量变化的多少。运用边际值作为管理决策依据的方法,称为边际分析法。最优化的规则是:边际值=0 时,可以使管理决策的目标实现最优。

$$边际收益(MR) = \frac{总收益增量(\Delta TR)}{产量增量(\Delta Q)}$$

根据数学微分求极值原理,边际值就是因变量的变化率,求最优解的必要条件是函数的导数为零,即

$$\frac{\Delta TR}{\Delta Q} \approx \frac{dTR}{dQ} = \lim_{\Delta Q \to 0} \frac{\Delta TR}{\Delta Q}$$

$$最优解:\frac{dTR}{dQ} = 0$$

若总收益函数方程已知,导数作为比值极限的概念恰好等于方程曲线上某一点的斜率。因此,当斜率为正$\left(\frac{dTR}{dQ}>0\right)$,一般称为增函数,即边际值>0 时,增产增收。当斜率为负$\left(\frac{dTR}{dQ}<0\right)$,一般称为减函数,即边际值<0 时,增产减收。当斜率为零$\left(\frac{dTR}{dQ}=0\right)$,

即边际值＝0时,相对应的产量,可以使总收益达到最大值。所以,只要函数关系已知,运用微分方法就可以求出边际值。企业不仅可通过边际值的变化趋势进行决策,还可以在此基础上,寻求当因变量的值最大限度满足目标时自变量的值。

边际收益等于0,只是总收益最多的必要条件,而不是充分条件。因此,当求出函数某点导数为零后,还应判定此点是函数的极大值,还是极小值,这可利用求极值的充分条件——该函数二阶导数在此点的正负来确定。二阶导数可以理解为导函数的导数,它反映边际值曲线的斜率。二阶导数在极小值点总是正值,在极大值点是负值。

2. 常用的边际值概念

1) 边际收益

通过前面举例分析,我们已经了解了产量增长对总收益变化的影响。边际收益表示每增加一单位产量(销量),给总收益带来的变化量,公式为

$$MR = \frac{\Delta TR}{\Delta Q}$$

管理决策中最直接的应用,就是如果边际收益是正值,就还应继续增产;如果边际收益是负值,就应该减产;边际收益为零时,总收益最多,与其对应的产量为最优投入量。

2) 边际成本

边际成本(marginal cost,MC)代表每增加一个单位的产量,而使总成本 TC 产生的变化,公式为

$$MC = \frac{\Delta TC}{\Delta Q}$$

边际成本表示每增加一个单位的产量,而使总成本产生的变化。如果产量的增加,带来的是正边际成本,增加产量将导致总成本增加。

3) 边际产量

边际产量 MP 代表每增加一个单位投入要素(如劳动量 L、资本 K 等),使总产量 TP 发生的变化,公式为

$$MP = \frac{\Delta TP}{\Delta L}$$

管理决策最直接的应用,就是边际产量是正值时,增加该要素投入,就可以增产;边际产量是负值时,增加该要素投入,就会减产;边际产量等于零时,总产量最高。

3. 总量、平均变量和边际变量之间的相互关系

总量、平均变量和边际变量之间的相互关系是当边际变量为正时,随着自变量的增加总量增加;当边际变量为负时,随着自变量的增加总量减少;当边际变量为零时,总量取得最大值。当边际变量大于平均变量时,随自变量的增加平均变量不断增加;当边际变量小于平均变量时,随自变量的增加平均变量不断减少;且边际变量曲线与平均变量曲线相交于平均变量曲线的最低点。另外,原点与总量曲线上的点的连线的斜率就是该点的平均变量的值,而总量曲线上的某一点的斜率就代表该点的边际变量的值。

在以后的章节中将涉及的总产量、平均产量和边际产量之间,总成本、平均成本和边际成本之间以及总收益、平均收益和边际收益之间都具有上述的相互关系。

【本章小结】

管理经济学是将经济学与决策科学相结合的一门交叉学科,运用经济学理论和决策科学的分析工具,使一个企业组织能够在一定的经济环境中,在面临的各种约束之下,最有效地达到自己的既定目标。

管理经济研究的主要对象是市场经济条件下企业或其他组织中与资源配置有关的管理决策,其主要任务是研究如何把经济学的理论和决策科学的方法用于企业或其他组织所面对的管理决策中,为企业或其他组织提供经营决策的经济理论依据和基本方法。

企业从事经济活动的目的是追求利润最大化。企业以利润最大化作为运行目标,其直接效果是能够达到微观层次上的资源有效配置,也就是在产量既定的条件下,实现成本尽可能地小,或在成本既定的条件下,达到产量尽可能地大。以利润最大化为目标,能有效地使用资源,使有限的稀缺资源产出尽可能最大。

描述经济关系的方法大体上可分为文字(叙述法)、表格法、图示法和数学函数模型法四类。

管理经济学引入微观经济学中的边际分析法,作为管理决策的重要工具。边际分析法就是对某种变量的增量以及由其引起的总量变化进行综合考虑,来寻求最优解。

总量、平均变量和边际变量之间的相互关系如下。当边际变量为正时,随着自变量的增加总量增加;当边际变量为负时,随着自变量的增加总量减少;当边际变量为零时,总量取得最大值。当边际变量大于平均变量时,随自变量的增加平均变量不断增加;当边际变量小于平均变量时,随自变量的增加平均变量不断减少;且边际变量曲线与平均变量曲线相交于平均变量曲线的最低点。另外,原点与总量曲线上的点的连线的斜率就是该点的平均变量的值,而总量曲线上的某一点的斜率就代表该点的边际变量的值。

本章的重点是掌握管理经济学的主要任务。

本章的难点是总量、平均变量和边际变量之间的相互关系。

【中英文关键词】

1. 企业价值　　　value of the firm
2. 边际分析　　　marginal analysis

【综合练习】

一、简述题

1. 什么是管理经济学?管理经济学的主要任务是什么?
2. 管理经济学与微观经济学是什么关系?
3. 企业从事经济活动的主要目的是什么?
4. 描述经济关系的方法有哪几类?

5. 什么是边际分析法？其实质是什么？

6. 总量、平均变量和边际变量之间的相互关系是什么？

7. 决定企业利润大小的因素有哪些？

8. 学习管理经济学的意义是什么？

9. 在解决企业"生产什么、生产多少"和"怎样生产"问题时，管理经济学起到了什么样的作用？

【案例分析】

根据以下案例所提供的资料，试分析：

(1) 总裁应该做什么？(2) 企业家应具备怎样的心态？

鱼钩与长矛：有多少总裁在做员工的事？

鱼钩与长矛，是一个比喻，这个比喻源于2008年奥运会安全保卫中的一个分类。这个分类把奥运会中发生的事件分为两部分：一类是鱼钩事件；一类是长矛事件。

所谓鱼钩事件，就是把一些国际上认可但我们不一定认可的事件，比如集会、贴标语、喊口号等当成"鱼钩事件"，即事件本身并不是新闻，对方是要等你上钩，然后把一个不是新闻的事件，激化成新闻。

所谓长矛事件，就是那些国际上不认可我们也不认可的事件，如爆炸、暗杀、武力攻击等事件。这类事件的特点是，对方一开始就选择了暴力攻击的方式，而这种方式是为国际社会所不容忍的，既然大家都不容忍，那么我们所采取的行为就容易得到认可或同情。

有了这一分类，整个奥运会的安保体系就进入了战略管理体系。可以说，也就是从这一分类开始，我们建立了自新中国成立以来公共安全的"精益管理体系"。

这一体系有什么好处？或者说战略管理有什么好处？简单的回答就是，如果没有这样一套体系，政府与公安高层们都在做什么？而有了这样一套体系，高管们又在做什么？

如果我们从一生的角度来看所谓的成功与失败，为什么在差不多同样的环境下，有人可以从容地做出一番伟业？而另一些人却到处碰壁？结论是，所谓的成功人士，无非是那些在正确的时间，正确的地点，做正确的事的人，而那些所谓的失败者，大多是那些在错误的时间，错误的地点，做了错误的事。

正确的时间，正确的地点，做正确的事，这就是战略。也就是说，我们的总裁要懂得如何面对鱼钩类事件，不上鱼钩的当，而真正把时间放在长矛事件上。

一句话：总裁要做总裁的事，要把时间放在长矛事件上。总裁不要做员工做的事，要懂得拒绝鱼钩的诱惑，不要被鱼钩"钓"上。

我与一个企业家讲起这个分类，一讲完，这个企业家就坐不住了，立即大声地说道：原来我在做员工做的事！我浪费了自己多少时间呀，怪不得我没有周末，没有休息时间，原来是我被"鱼钩"钓住了。

"为什么这么说？"我问道。

"我每天很早就到公司，然后发现总有人做得不对，于是我就到处指导，表面上看我给这些员工的行为提供了价值,但实际上,真正让产品产生价值的是他们,不是我,我是总裁,我应当去建立一个为客户创造价值的战略与环境,而不是去具体指导某个人。"

当然,我们并不是说总裁不能指导某一个员工,但如果总裁总是一到办公室,就把时间花在指导一个个具体的员工身上,那公司的战略,公司的方向,或者说其他的员工如何办?

可见,总裁指导某个员工是"鱼钩行为",而总裁通过战略来指导所有的员工,才是真正的"长矛行为"。总裁一旦被"鱼钩"钓住,当管理者把大量时间消耗到"鱼钩行为"上时,不仅员工由此会失去自主与独立工作的能力,而且真正应当关注的长矛行为却被忽视了。

现在的问题是,为什么这些企业家或管理者在创业的时候,往往会很"战略",大多会选择正确的时间,正确的地点,做正确的"长矛之事"。为什么成功之后,却有相当多的企业家或高管被鱼钩"钓住"了?

在近十年的企业咨询与培训中,我接触过大大小小上万个企业家与高管,与中国很多著名的企业家或多或少都做过交流,有的甚至成了知音。公正地讲,我所接触的这些企业家或高管都有其优秀的地方,所谓的"成功自有道理"。

但还有另一句话,正是这句话使很多企业家被鱼钩"钓住"了,这句话就是:"优秀往往是卓越的敌人,成功往往是更成功的阻碍。"

为什么优秀反而会成为卓越的敌人?我们先看一个试验吧。美国学者诺斯与安德森(Ross & Anderson)做过一个试验,这个试验的内容是先给每位参加的人输入一个错误的信息,然后让每个人列举支持或反对的理由。结果发现,那些支持理由越多的人,在正确答案公布之后,仍然更多倾向于错误信息是成立的。

这种现象,诺斯与安德森称为"信念顽固症",或者叫"过度自信"。意思是说,成功者在成功之后,即使现实已经否定其成功经验过时,他们仍然会相信自己的信念是正确的。

这又是为什么呢?答案是"欲加之罪,何患无辞"——人们往往会去寻找那些支持自己信念的信息,而有意或者无意地忽略那些不支持自己信念的信息。也就是说,"信念顽固症",或者叫"过度自信",讲的就是大多数成功者在成功之后,只会去寻找那些支持自己信念的信息,而有意或者无意地忽略那些不支持自己信念的信息。

在美国学者诺斯与安德森的研究中,他们发现在以下几种情况下,"信念顽固症",或"过度自信"会让成功者感到既轻松又高效:(1)时间急迫;(2)疲惫不堪;(3)情绪激昂;(4)顾虑重重;(5)成功气盛。

对照一下目前企业家的心态,这些词是多么生动的现实写照呀?也就是说,处于这种状况的企业家或高管,正在享受着他们的"信念顽固症"与"过度自信",而这会让他们很轻易就被鱼钩类事件"钓住"!去做本应当下属或员工去做的事,却把战略给忘记了。

怎么办?怎么让企业家或高管们进入战略状态,去做长矛类的事,而不是沉湎于成功而被鱼钩"钓住"?我的建议有三个:

第一,建立做事的"原罪感",从原点上建立起"长矛"战略思维。所谓"原罪感",就是著名的投资大师索罗斯所说的名言:"我容易犯错。"这句话对于企业家与高管的意义,在于指出了一个我们不太愿意承认的事实,即人其实是很渺小的,困难中的自信是一种美德,而成功后的自信,多半是一种狂妄。面对成功,有效的办法是告诉自己"我会犯错"。

而如何不犯错,那就是敬畏规律,"若神(规律)不在,一切皆无"。

第二,建立面对客户的"空杯心态"。何谓"空杯心态"? 据说古时候一个佛学造诣很深的人,去拜访一个老禅师,老禅师十分恭敬地接待了他,并为他沏茶。可在倒水时,明明杯子已经满了,老禅师还不停地倒。他不解地问:"大师,为什么杯子已经满了,还要往里倒?"大师说:"是啊,既然已满了,干吗还倒呢?"禅师的意思是,既然你已经很有学问了,干吗还要到我这里求教?

市场经济中,最体现规律的便是客户的行为,客户需求是一切竞争的起点与归宿。所以,面对客户需求,倒掉一切自以为成功的经验,留出一些空间给客户,有客户价值做"心之主导",自然就不容易被鱼钩"钓住"。

第三,建立起回报员工的"感恩之心"。经营企业有两个原点,一个是客户,另一个是员工。所谓的战略之道,《论语》中说得很好,那就是"己欲立而立人,己欲达而达人"。如果我们想成就一番事业,那就先成就客户与员工的事业,如果我们想做事顺利,那我们就先要让客户与员工做事顺利。

所以,客户给予我们利益,而员工却是实现这种利益的核心。如何感恩员工,回报员工? 我觉得最好的方式是制造员工成长的制度、组织与文化环境! 猛虎只能生存于森林,雄鹰只能飞翔于天空,优秀的员工只能生存于良好的制度与流程中。所以,对猛虎最大感恩与回报就是更辽阔的森林,对雄鹰最大的感恩与回报就是更广阔的天空,对员工最大的感恩与回报就是更公平的制度、组织与文化环境!

资料来源:淘课网.http://www.taoke.com/article/72421.htm.

第二篇

企业微观经济环境分析

第二篇

企业绩效考核方法

第 2 章

需求函数分析

【学习目标】

通过本章的学习,要掌握影响需求的各种因素、需求函数的建立方法及需求函数估计和预测的一些方法;了解弹性的概念,掌握需求价格弹性、需求收入弹性及需求交叉价格弹性的作用。

【教学要求】

知识要点	相关知识	能力要求
需求函数的建立及分析	个人需求的影响因素及需求函数;市场需求的影响因素及市场需求函数;企业的产品需求和生产要素需求的影响因素及需求函数	掌握影响需求的各种因素及需求函数的建立方法
需求函数的估计与预测	回归分析法;时间序列预测法;季节变动指数分析法;投入产出分析法	掌握回归分析法和时间序列预测法;了解季节变动指数分析法和投入产出分析法
需求弹性及其在企业管理决策中的应用	需求价格弹性;需求收入弹性;需求交叉价格弹性	掌握各种弹性对企业的作用

伟大的公司如何创造需求

这些年来,在中国优秀公司越来越多,而伟大的公司也在呼之欲出。

优秀公司与伟大公司之间的区别在哪里? 前者满足需求,后者创造需求! 中国有许多公司能满足"人民群众日益提高的物质文化需求",但中国仍然缺乏创造需求的公司。回顾中国企业发展的历程,基本上是在追随国际产品、服务、品牌的过程中满足中国市场的需求,但几乎难以找到源自中国的产品和服务风靡国际市场。在我看来,衡量伟大公司的重要标准之一,就是看它能否提供在国际上风行的产品和服务,并且持续地创造需求。

提出这一标准,我深受美国管理学者斯莱沃斯基(Adrian J. Slywotzky)的启发,其著作《需求:缔造伟大商业传奇的根本力量》,正如许多优秀的管理思想,提炼出了一个简洁明晰的理念，关乎一切商业活动的原旨——"人所欲之先，创造其所爱"（Demand：Creating What People Love Before They Know They Want It，实际上这也是著作的原英文书名的直译）。

这方面最著名的例子，无论是福特向家庭推广汽车，还是乔布斯推出的一系列苹果产品，都有一个共同特点：其产品点燃了消费者的需求，而不是相反。斯莱沃斯基提出了成功创造需求的六大关键：

1. 魔力：创造无法割舍的情感共鸣。
2. 麻烦：解决顾客没开口告诉你的困扰。
3. 背景因素：看似无关的因素左右产品成败。
4. 激发力：让"潜在"需求变成"真正"需求。
5. 45度精进曲线：缓慢的改进就等于平庸。
6. 去平均化：一次增加一类顾客。

从其在书中所列举的互联网公司中的亚马逊、奈飞到传统零售业中的魏格曼超市，从高科技的苹果产品到普通的咖啡机 Nespresso，从跨国公司到交响乐队，凡是能为其用户和顾客创造需求的组织，都具备了以上的全部或者数项关键因素。斯莱沃斯基进而断言：科技创新正是创造需求的根基。

但事情并不是那么简单。技术创新并不必然带来需求，即使那些最终导致需求创造的科技创新，一般都要经过漫长、曲折，而且往往是"随机"的演变过程。一个经典的例子，是电子阅读器的历史。

20 世纪 70 年代，施乐公司帕洛阿尔托研究中心（PARC）的科学家，利用嵌入液体之中的微观小球，生成了高对比度、无闪烁的可辨认图像。但施乐并没有应用这项技术。90 年代中期，麻省理工学院媒体实验室的科学家对 PARC 的技术进行完善，他们成立了一家新公司，开始为电子墨水公司开发纸感电子显示器样机，并从当时的顶级电子公司获得了 1.5 亿美元的创业基金。他们至少花了 4 年才完善了电子阅读器的硬件与软件系统，但仍然需要实现批量生产的成本控制。2004 年，索尼公司用电子墨水技术开发了 Librie 电子阅读器，但受到了日本主要出版商的暗中抵制，图书种类有限，版权使用时间很短，而且要通过个人电脑下载。当亚马逊 2008 年推出 Kindle 时，可以无线上网，背后有稳固的出版商关系、庞大而便捷的在线书店、个性化的图书推荐。经过 30 年，电子阅读技术"最终触动了需求的主脉"。

这听起来令人有些沮丧，从技术到产品要花 30 年的时间。但它并不是在一间公司内部完成的，而是一个不间断的科技创新与产品竞争的演进过程，不同的阶段有不同的公司与机构参与进来，最终成就了亚马逊这个需求的创造者。所以，那些伟大的公司，往往并不是最早实现科技创新的公司，也不是最早推出产品的公司，而是最终赋予该产品以"魔力"，从而撬动起一个市场的公司。

我们也可以看到，创造需求的公司，往往又是能够发现并解决人们遇到"麻烦"，从中发现潜在需求，进而推出"杀手应用"式产品的公司。而所有这一切，都必须在一个充满竞争的自由市场环境下才能实现——在开放的市场上，往往意味着国际化的竞争。如果说在科学技术的某些领域，可以通过政府的干预实现突破，可以推出一些新的产品，甚至可能通过垄断与补贴在短时间内带来一些需求,那么真正创造需求的公司,一定是在开放市场中进步,在自由竞争中创新,并成长为伟大的公司。

资料来源:孙宜斌,淘课网,http://www.taoke.com/article/72419.htm,2013-10-25.

2.1 需求函数的建立及分析

需求理论在许多方面指导着企业的经营决策。因为企业的成败主要取决于它通过满足消费者的需求获得销售收入的能力。如果企业不能吸引消费者,就会很快被市场淘汰。需求的基本理论是确定和分析决定消费者的需要和欲望的基本因素。懂得有哪些因素会影响需求,这对于管理者来说是很有用的。这种知识对于企业产品定价决策、销售量预测和制定市场营销策略都是必要的。

2.1.1 个人需求的影响因素及个人需求函数

1. 个人需求的影响因素

个人需求即单个消费者的需求,是指某个消费者在一定时期内在各种可能的价格水平下愿意购买而且能够购买的某种商品的数量。它是消费者购买愿望和购买能力的统一。

消费者对某种商品的需求受许多因素的影响,其主要影响因素如下:

(1) 商品的价格(P_x)。通常情况下,需求量变化与价格变化相反,价格上升,需求量下降;价格下降,需求量上升。价格是影响需求量的一个最重要、最灵敏的因素。消费者的需求量与商品价格之间的反向变化,人们常称之为需求规律。当商品价格上升时,需求量会下降的原因有两个。一个是替代效应。当一种物品的价格上升时,我们会用其他类似的物品来替代它(当牛肉价格上升时,我们可以多吃鸡肉)。价格上升抑制购买量的第二个原因是存在着一种收入效应。当价格上升时,我们的实际收入就会明显降低,削减消费开支是很自然的。

(2) 相关产品价格(P_y)。一种物品的需求常受相关商品价格变化的影响。相关产品包括替代品和互补品。

所谓替代品是指功能或用途基本相同的不同种类的商品,在满足消费者需求时可相互替代,它们互称为替代品。**一种产品的需求与其替代品的价格呈同向变化**。假设你的企业生产彩电,当同行业企业降低彩电价格时,你的潜在顾客,也就是原来可能购买你的彩电的消费者,可能会购买降价彩电。结果就是替代品通过采用降价策略拉动了自身的需求量,而你的产品的需求就相应减少了。

所谓互补产品,指必须和某一产品共同使用的其他产品。**一种产品的需求与其互补品的价格呈反向变化**。如数码照相机和 SD 卡必须配套使用,随着数码照相机价格的下降,有数码照相机的人多了,当然就会增大对 SD 卡的需求。又如,汽车和汽油是互补产品。当汽油涨价时,使用汽车的成本增大,在某种程度上会导致汽车的需求的下降。

(3) 消费者的收入水平(M)。消费者的可支配收入会影响消费者需求。一般地说,正常商品的需求和消费者的收入之间呈同向变化。消费者的收入增加,需求就会增加;收入下降,需求也会下降。

(4) 消费者的偏好(T)。消费者的偏好会随广告内容、时尚和习惯的变化而迅速变化。曾几何时手套被看成是衣着讲究的妇女的必需品,但今天人们只在特殊场合才戴。偏好的这一变化导致对手套的需求减少。相比之下,这几年女性对于化妆品的要求逐渐提高。这一偏好的转移,导致对化妆品需求的增加。偏好会受到文化和历史因素的影响。偏好可以反映心理或生理需要(对饮料、爱情的需要),也可以包括人为创造的需要(香烟或迷人的赛车),还可以反映传统或宗教的影响(美国崇尚牛肉,但食用牛肉在印度却是禁忌,海蜇在日本是鲜美菜肴,但在美国却令人作呕)。

假设消费者同时对多种商品有消费需求,对于不同的商品,会产生不同的喜好,而喜好程度的差异就会表现出一定的次序性。一般来说,如果消费者对一种商品偏好强烈,会使其需求增加;反之,偏好减弱会使其需求减少。

(5) 价格的预期(K)。所谓对价格变化的预期,指的是消费者对一段时期内产品的价格变化趋势的预测。一般而言,消费者的心态,多为"买涨不买落"。消费者认为,当价格看涨时,现在购买会比以后购买更为经济,所以,他们会把将来的需求提前实现。那么,产品的需求也就增大了。反之,则需求减小。例如,消费者普遍预期商品房价格上涨而导致对商品房的"抢购"。相反,当消费者普遍预期价格将下跌时,他们就将减少现期的商品购买量。企业可以利用消费者的这种心态,有意识地引导潜在消费者的购买行为。

以上这些因素可归纳为两类,一类是该产品的价格,即价格因素,另一类是所有除该产品价格以外的因素,即非价格因素。

由于一种商品或服务的价格并不是决定需求的唯一因素,所以在画需求曲线时,我们假定影响需求的其他因素都保持不变。需求量 Q 和价格 P 呈反比关系,P 下降时,Q 上升。需求曲线 D 从左上方向右下方倾斜。如图 2-1 所示。

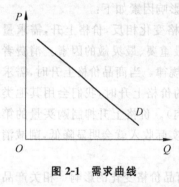

图 2-1 需求曲线

当其他因素不变,由于商品本身的价格而引起的商品需求量的变动,我们称为**需求量的变动**。这种变动的结果表现为商品的价格—需求量组合点沿着既定的需求曲线运动。向上运动,称为**需求量的减少**;向下运动,称为**需求量的增加**。如图 2-2 所示,D 为既定的需求曲线,当价格由 P_0 上升到 P_2 时,a 点沿着既定的需求曲线向上运动到 b 点,需求量从 Q_0 减少到 Q_2;反之,当价格由 P_0 下降到 P_1 时,a 点沿着既定的需求曲线向下运动到 c 点,需求量由 Q_0 增加到 Q_1。

当商品本身的价格不变时,如果其他因素发生变化而引起的商品需求量的变动,我们称为**需求的变动**。这种变动的结果表现为需求曲线发生位移。如图 2-3 所示,当其他因素中一个或几个发生变化,使需求曲线由 D_0 向右移到 D_2,称为**需求的增加**,即消费者在每个价格上比以前需要更多的商品或服务;反之,使需求曲线由 D_0 向左移到 D_1,称为**需求的减少**,即在每个价格上的需求量比以前都减少了。

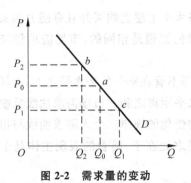
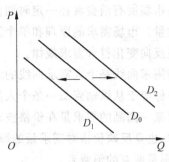

图 2-2 需求量的变动　　　　　图 2-3 需求的变动

例如,如果 A 商品的替代产品价格提高,则 A 商品的需求就会增大,表现为 A 商品的需求曲线的右移,如图 2-4 所示。相反,表现为需求曲线的左移。又如,当互补产品中某一种产品价格上升时,其他产品的需求就会减少,需求曲线左移,如图 2-5 所示。反之则使需求曲线右移。

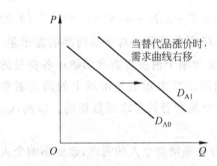

图 2-4 替代产品价格对需求曲线的影响　　图 2-5 互补产品的价格对需求曲线的影响

2. 个人需求函数

个人需求函数就是表示个人需求量与影响这一数量的诸因素之间关系的函数。如果以数学式子来表示某个消费者对某种商品的需求量与各种因素之间的关系,我们就可以得到需求函数为

$$Q_d = f(P_x, P_y, M, T, K) = a_0 + a_1 P_x + a_2 P_y + a_3 M + a_4 T + a_5 K \qquad (2.1)$$

式中:Q_d 为某个消费者对某种商品的需求量;

P_x 表示该商品的市场价格;

P_y 表示与该商品有关的商品(替代商品或互补商品)的价格;

M 表示消费者的收入水平;

T 表示消费者的偏好;

K 表示消费者的价格预期;

$a_i(i=1,2,\cdots,5)$ 是各个变量的系数,表示各种因素对商品需求量的影响程度。

2.1.2 市场需求的影响因素及市场需求函数

个人需求是需求理论的基础。一种商品或服务的市场需求等于所有个人需求之和。在任何价格水平上的市场需求量,都等于在该价格水平上的个人需求量之和。市场需求是指某一市场所有消费者在一定时期内每一价格水平上愿意购买并且有能力购买的某种商品的数量。市场需求的原理和单个消费者需求的原理是相同的，市场需求量与商品价格之间呈反向变化符合需求规律。

市场需求曲线是个人需求曲线的水平相加，即不管在哪个价格水平之上，市场需求曲线的横坐标等于从纵轴到每一条个人需求曲线水平距离之和。市场需求曲线反映所有的消费者对某一商品的需求量在价格波动时产生的变化的规律。个人需求曲线与市场需求曲线一样，也是反映价格对需求量的影响，其不同之处在于，前者的表现主体是个别消费者，后者则是所有的消费者。

某一市场所有消费者对某种商品的需求，除了受单个消费者需求影响因素的影响，还要受市场规模与结构（即市场上的消费者数量与结构）的影响。

市场需求函数是表示某一市场所有消费者需求量与影响这一数量的诸因素之间关系的函数。与单个消费者的需求函数相对应，可以得到如式(2.2)所示的市场需求函数。

$$Q_D = f(P_x, P_y, M, T, K, N)$$
$$= a_0 + a_1 P_x + a_2 P_y + a_3 M + a_4 T + a_5 K + a_6 N \qquad (2.2)$$

在这个市场需求函数式中，Q_D 表示的是某个市场所有消费者对于某商品的需求量。P_x、P_y、M、T、K、$a_i(i=1,2,\cdots,5)$ 这几个符号的含义与单个消费者需求函数中各符号的含义相同，几个变量与市场需求量之间的关系也相同。N 表示的是市场上的消费者数量，当市场上仅有一个消费者时，市场需求函数与单个消费者的需求函数相同。显然，Q_D 与 N 成同方向变动关系。

如果想要增加市场的需求，有两种方法。一种方法是增加个人的需求，改变影响个人需求的因素，如改变现有消费者的偏好，通过设计出功能更为强大的产品促使消费者增加需求的数量。个人需求增加，市场的需求就会增加。另一种方法是增加购买者的人数，也会扩大市场的需求。

2.1.3 企业的产品需求和生产要素需求的影响因素及需求函数

1. 企业的产品需求和生产要素需求的含义

有些商品是个体消费品，有些商品仅由企业购买，比如重型卡车、机械设备和人力资源；有些商品，例如汽油和通信业务，个体消费者和企业都会购买。

消费者购买商品和服务是为满足最终消费之需。而企业不是为它们自己购买商品和服务，而是把这些商品和服务作为投入来生产其他的商品和服务。企业为生产投入所购买的产品可分为原材料、能源、劳动力和资本。企业利用这些投入来制造产出，卖给消费者或其他企业。企业所拥有的客户（消费者或者其他企业）在一定时期内每一价格水平上愿意购买并且有能力购买的企业某种产品的数量，称为企业的产品需求，而企业在一定时期内为生产某种商品和服务而引起的对投入品的需求，称为企业的生产要素需求。

市场上消费者或其他企业对于某个企业的产品需求的大小，决定了该企业将在生产中使用多少投入品，因此，企业对于投入品的需求是一种"引致需求"。市场上对某企业产品的需求量越大，该企业就需要使用相应的更多的投入品。

2. 企业产品需求的影响因素

对于一个特定的企业而言,其产品需求不仅受到上面所提到的商品价格、消费者的收入、相关商品的价格、消费者的数量以及消费者的偏好这些因素的影响,有时还需要考虑其他一些因素对企业所面临的产品需求的影响,这些因素主要包括三个方面。

(1) 市场结构

一个特定企业所面临的产品需求往往与市场(或行业)需求的规模、行业的组织形式以及行业内企业的数量这些因素有关,这些因素可以用"市场结构"一词加以概括。在第6章中将说明根据市场竞争程度的不同,市场结构可以分为完全竞争、垄断竞争、寡头垄断和完全垄断四种类型。在不同的市场上,企业的产品需求与整个市场的需求之间呈现出不同的差异性。

(2) 企业所生产的产品的性质

企业所生产的产品是耐用消费品,还是非耐用消费品,也将影响到企业的产品需求。如果企业所生产的是耐用消费品,那么企业面临的商品需求就较不稳定,因为消费者很容易改变自己对耐用消费品的使用期,如果经济不景气、消费信贷不足,消费者可以通过维修和保养延长耐用消费品的使用期,而将购买新的耐用消费品的时间推迟到经济景气、消费者信贷增加的时期。

(3) 竞争者所做的决策

竞争者所做的决策将影响企业的市场份额。除非所有的企业都降价,否则,一家企业降价就可能导致竞争者销售量的减少。同样,竞争者一次卓有成效的营销活动可能会导致企业市场份额的减少。

如果在市场上,一家企业是唯一的卖家,市场的需求曲线就是企业的产品需求曲线,因而,企业就要承受收入、消费者偏好和其他物品价格等变化的全部影响。同样,企业的价格政策对于企业产品的购买者的影响会很大,但只有一个卖家的情况是很少的。多数情况下,一家企业只供应整个市场的部分产品。因而企业的产品需求曲线就与市场的需求曲线不同。

偏好、收入和其他物品的价格的变化对企业的产品需求和市场需求的影响程度不同。牛肉价格每公斤上涨1元,会使猪肉的市场需求量每年增加100万公斤。今假定有一家小型肉制品厂,它的销售量只占猪肉市场份额的1%。由于它的市场份额很小,牛肉价格的变化对企业销售量的影响,就会比对整个市场的影响小得多。也就是说,如果估计小企业的需求方程,用来表示牛肉价格变化所带来的影响的系数,也会比市场需求方程中的系数小得多。同样,用来表示偏好和收入变化的影响的系数,也会比市场需求方程的系数小。理解这一点对于一个小企业尤其重要,整个市场环境的变好并不会直接导致企业的成功。

当然,市场的需求状况对分公司发展状况的判断也非常有用。例如,如果某分公司的销售业绩平平,那就要看整个行业的状况,看是市场需求萎缩了,分公司的市场份额上升了,还是市场需求增加了,但分公司的市场份额却减少了,总公司的管理者可以据此来判断分公司的经营业绩。另外,对于市场的需求估计不必花费太高代价,从外部研究的分析报告以及公布的数据即可获得。

3. 企业产品需求函数

企业产品需求函数是表示企业的产品需求量与各种影响因素之间关系的函数,可以用下面这样一个函数式来表示:

$$Q'_D = f(P_x, P_y, M, T, \cdots)$$
$$= a_0 + a_1 P_x + a_2 P_y + a_3 M + a_4 T + \cdots \tag{2.3}$$

在式(2.3)中,Q'_D表示某企业产品的需求量。P_x、P_y、M、T这几个符号的含义与单个消费者需求函数中各符号的含义相同,几个变量与企业产品需求量之间的关系也相同。$a_i(i=1,2,3,4)$是各个变量的系数,表示各种因素对企业所面临的商品需求量的影响程度。

式(2.3)是下一节中进行需求估计的基础,通过回归分析等方法,可以估计出各个系数的值,从而确定企业面临的商品需求量与各种影响因素之间的函数关系。在式(2.3)列出的影响因素中,消费者的偏好是一个较难量化的变量。在一定的考察期内,消费者的偏好也可以被假定为稳定不变的,这样一来,我们就可以在式(2.3)中省略去这一影响因素。在需求估计中,也可以通过比较不同时期需求函数的不同,来把握消费者的偏好对于企业面临的商品需求量所产生的影响。

4. 企业生产要素需求的影响因素

企业生产商品销售给消费者或者其他企业,企业从销售中获得利润。企业通过增加投入量,企业的产出增加,从而改变收入。至于一个特定的企业在生产中使用多少投入品,是企业在利润最大化目标下的最优决策问题,对这一问题将在第3章中讨论。

企业的生产要素需求主要受如下因素影响:

(1) 生产要素的价格。当生产要素的价格上升时,该生产要素的需求量将减少。反之,当生产要素的价格下降,该生产要素的需求量将增加。

(2) 企业产品产出的数量。如果产出量比较大,企业便会增加对投入的需求,这将会引起整个需求曲线的移动,因为在每个价位上的产出都会增加。然而,当产出量比较低时,企业对投入的需求会比较低。

(3) 促销手段。企业的购买决策比消费者的购买更为理性。因此,广告在企业购买决策中起的作用比较小,而且告知型广告的效果要强于劝说型广告。其他的促销手段,比如展销会、贸易洽谈会和直销方式能更有效地促进企业的生产要素需求。

(4) 一个企业对投入生产要素的需求还取决于产出品的互补品和替代品的价格。当产出品的替代品的价格上升时,对企业产出品的需求会增加,从而对投入生产要素的需求也会增加。当产出品的互补品的价格上升时,对企业产出品的需求会减少,从而对投入生产要素的需求也会减少。

阅读案例 2-1

汽车用铝:前景可观 步履维艰

随着国家对环保和节能减排的要求日趋严格,车身轻量化成为汽车制造长久的话题。汽车车身自重约消耗 70% 的燃油,铝材的密度是钢材的 1/3,减重效果突出,以铝来代替钢材生产汽车,整车重量可以减少 30%~40%,大大降低油耗。而汽车用铝也是铝企业进行铝材深加工、转化过剩产能重点关注的领域,二者一拍即合。

当前,欧洲、北美等地区正在加快提高乘用车铝化率的步伐。全球最大汽车行业调研公司 HIS Automotive 预测,2025 年全球车身用铝将新增 870 万吨需求,采用全铝车身的车型占比将达到 30%。尽管市场前景广阔,但中国汽车用铝的推广正面临着成本高、技术不完善、厂商和大众在消费上存在偏见等严峻现实。根本上来说,最大的问题仍然是价格。虽然目前铝价已跌至低谷,但其价格仍远远高于钢材,在加工和装配成本上铝也远远超过了钢。美铝公司的汽车结构专家曾称,一辆全铝车身的轿车比钢车身的溢价 65%。同时,大众和一些厂商对铝材的认识不足,对铝合金汽车存在着安全性不高的偏见,加上价钱贵,导致相当一部分消费者和厂商使用积极性不高。

铝制汽车的顺利推广关键在于通过技术上的突破来降低成本。汽车铝材对于加工工艺要求较高,铝加工企业和汽车制造商应联合起来,在增强铝板性能、开发低成本的铝合金和先进的铝合金成形工艺、开发不同材料间的连接技术水平、增加铝合金铸件使用量等方面下功夫,不断降低铝制汽车的生产成本。而转变人们对铝制汽车的看法和消费观念也是推广汽车用铝的一个重要因素。要让消费者了解,虽然铝制汽车的价格要高于传统的钢材汽车,但由于重量轻、油耗低,每年可省下不少油费;单位重量的铝在碰撞中吸能量是钢的 2 倍,铝制汽车在遭遇撞击时的安全系数更高。

国内铝企业和汽车制造企业也都在为铝制汽车的生产推广努力着,忠旺、常铝、中信戴卡等企业在铝板带箔、铝制轮毂等车用铝材项目的开发、合作上有所进展。相信在相关政策支持、技术逐步完善、人们消费理念逐步扭转的情况下,车用铝材的春风能够真正吹来铝行业的春天。

资料来源:中国有色金属报,2014 年 9 月 27 日。

2.1.4 产品生命周期对市场需求和企业的产品需求的影响

企业需求和市场需求都将受到产品生命周期的影响。管理者会不断地寻求与开发新的方法,以便对顾客的需求做出更有效的识别与反应,这些活动导致新产品的问世。市场对于某种新产品的需求不可能永远保持下去。通常的情况是,随着一种新产品的知名度扩大,其市场需求曲线会不断外移。然而,最终,需求曲线将会停止外移,并随着消费者转向其他新产品或经过改进的产品而不断向内移动。新产品需求这一变化规律,就是所谓的产品生命周期。

按照产品生命周期假设,对一项产品的需求通常经历四个主要阶段:导入期、成长期、成熟期以及衰退期。在导入期,产品的需求获得初步增长;在成长期,所有市场的总需求迅速上升;而在成熟期,需求继续增长之后开始转而下降;在衰退期,需求会持续不断地下滑,最终该产品将退出市场。在制订新产品开发计划以及在进行市场进入、退出和产品定价决策时,管理者必须要清楚这样的规律。

在成长期,需求增长将带动一些新企业进入该市场。由于新的企业加入,原有企业通常会损失一些市场份额。如果所有市场总需求增长比新企业加入的速度更快,即使市场份额下降,原有企业仍可以继续保持销售的增长;如果企业的数量增加的速度快于所有市场总需求的增长,则原有企业的产品需求曲线就会向内移动,这种需求曲线的向内移动会压低产品价格和企业利润。

因此,第一个引入一种成功产品的企业有可能会获得"先动优势"。在其他竞争者进入之前,它们已经先享有了较高的利润。它们同样还可以在没有竞争对手的情况下,开发客户基础,也可能有足够的时间改进生产效率。这些优势说明,为什么在现实中有那么多的企业不遗余力地进行新产品的开发。但是,在试图开发新产品的过程中,管理者必须预先考虑他们的政策对潜在竞争对手的进入决策可能产生的影响。

以上的分析也表明:在一个行业的成长期,管理者应该慎重考虑是否应该进入。在这个阶段,竞争有可能非常激烈,而需求有可能在未来某个时间开始下降。要想在这样的环境中生存和发展,相对于竞争对手,企业必须有足够的竞争优势,比如生产成本比较低。

2.2 需求函数的估计与预测

产品的市场需求由很多因素决定,企业要做出正确的经营决策离不开对市场需求的正确估计。进行市场需求预测时,不但需要知道需求理论与概念,而且必须深入市场调查,采用定性分析与定量分析相结合,在定性分析的基础上进行定量分析。利用需求理论和需求函数对具体的产品或企业进行数量分析,在历史经验及现实数据的基础上推导出规律性趋势,概括出规律性问题,为企业决策管理提供服务。本节主要讨论与市场需求估计和预测相关的一些方法和问题。

2.2.1 回归分析法

回归分析是研究变量之间的依赖关系的一种数学方法。一般,变量之间的关系可大致分为两类:第一类是变量之间的关系完全确定,一个变量能够被一个或若干个其他变量按某一规律唯一确定,这种关系称为函数关系;第二类是变量之间具有非确定性的依赖关系,即变量之间既存在密切的数量关系,又不能由一个或几个变量精确求出另一个变量值,但在大量统计资料的基础上,可以判别这类变量之间的数量变化具有的规律性,这种关系通常称为相关关系。例如,商品的价格和销售量之间有一定的关系。一般来讲,价格提高,销售量就会减少,而价格降低,销售量就会增加。但这种关系不是确定性的,我们不能确切地断言价格提高多少,销售量一定降低多少。而且有的时候,价格提高了一些,销售量反而有所增加,因为影响销售量的因素还有诸如个人偏好、收入水平、社会风尚等因素。尽管价格是影响销售量的重要因素,却不是唯一的因素,因此,根据价格并不能精确地求出销售量,也就不能用类似于函数关系的精确表达式来表示这两个变量之间的关系。

回归分析所要研究的就是这类相关关系。相关关系虽不是确定性的,但在大量的观察下,往往呈现出一定的规律性。若将有相关关系的两个变量的对应观察值作为直角坐标平面上点的坐标,并把这些点标在平面上,就得出点的散点图。这样的图称为观察值的散点图。从散点图上一般就可看出变量关系的统计规律性。

尽管变量之间的相关关系不是函数关系,但仍然可以借助相应的函数表达它们的规律性,这样的函数称为回归函数。

研究变量间的相关关系,确定回归函数,以及由此预测和控制变量的变化范围等就是回归分析的内容。在回归分析时,在众多变量中首先要确定一个变量为因变量。其余变量为自变量。经理人员要预测的变量一般称为因变量(y),能够影响因变量数值的诸多变量一般叫作自变量(x)。回归分析如果只涉及两个变量,就称为一元回归分析;如果涉及的变量多于两个,就称为多元回归分析。要找出并确定影响因变量的主要影响因素或自变量,研究人员通常都尽可能全面地掌握影响商品需求的因素,如果忽略了某个重要的自变量,最终计算出来的回归统计结果就可能被严重歪曲。不过,因为收集数据并非易事,而且有时产生数据的费用很高,所以估计模型中包括的自变量也不能太多,一般的经验需求方程中包含的自变量不会超过6~7个。

在进行回归分析时,首先要建立回归方程式。回归方程式有线性和非线性两种。若回归方程中因变量和自变量为一次幂关系,称为线性回归,否则称为非线性回归。

1. 一元线性回归分析预测

所谓一元线性回归分析,就是研究具有线性关系的两个变量相关关系的方法。在实际预测时,选取与预测量(y)关系最紧密的一个影响因素作为自变量(x),建立回归方程,拟合回归曲线,对参数进行统计检验,对预测值进行精度检验和置信区间的估计。

在预测量(y)的众多影响因素中选取一个关系最密切的因素作为自变量(x),建立回归方程,拟合回归曲线。建立回归预测方程如下:

$$\hat{y} = a + bx \tag{2.4}$$

式中:$\hat{y}$——因变量预测值,即预测对象;

x——自变量,即影响因素;

a、b——回归系数,为两个待定参数。

a 与 b 的数值可用最小二乘法求解。求解公式为

$$a = \frac{1}{n}\left(\sum y - b\sum x\right)$$

$$b = \frac{n\sum xy - \sum x \sum y}{n\sum x^2 - \left(\sum x\right)^2}$$

由最小二乘法拟合求出回归曲线后,并不意味着可以进行预测,还要进行必要的统计检验,如用决定系数 r^2 拟合优度检验和参数估计值检验。

【例 2-1】 某公司产品销售量和价格数据如表 2-1 所示,试预测当 $P=25$ 元时的产品需求量。

表 2-1 某公司产品销售量和价格数据

P(元)	Q(台)	P(元)	Q(台)
10	70	21	43
14	64	28	31
17	52	32	20

解:用 Excel 确定回归参数和预测方程,得回归结果如下:

回归统计		回归统计	
Multiple R	0.994 2	标准误差	2.314 7
R Square	0.988 4	观测值	6
Adjusted R Square	0.985 5		

方差分析

	df	SS	MS	F	Significance F
回归分析	1	1 821.90	1 821.90	340.05	0.00
残差	4	21.43	5.36		
总计	5	1 843.33			

	Coefficients	标准误差	t Stat	P-value	Lower 95%	Upper 95%	下限 95.0%	上限 95.0%
Intercept	92.84	2.68	34.69	0.00	85.41	100.27	85.41	100.27
X Variable 1	−2.27	0.12	−18.44	0.00	−2.61	−1.93	−2.61	−1.93

根据回归结果得有效的需求函数为：$Q=92.84-2.27P$。

因此，当 $P=25$ 元时，代入需求函数可得 $Q=36.09$。

2. 多元线性回归分析预测

多元线性回归是简单线性回归的推广，指的是一个因变量对多个自变量的回归。在实践中用多元线性回归模型来描述经济现象、预测经济参数是非常普遍的。

多元线性回归是在预测量(y)的众多影响因素中选取多个关系密切的因素作为自变量(x_i)，建立回归方程，拟合回归曲线。多元线性回归模型可表示成

$$\hat{y} = a + b_1 x_1 + b_2 x_2 +, \cdots, + b_n x_n \tag{2.5}$$

式中：$\hat{y}$——因变量预测值，即预测对象；

$x_1, x_2, \cdots, x_n$——各自变量，即各影响因素；

$a, b_1, b_2, \cdots, b_n$——回归系数，为待定参数。

$a, b_1, b_2, \cdots, b_n$ 的数值可用最小二乘法求解。

估计参数或多元回归方程系数的过程原则上与简单回归分析一样，但因为计算要复杂、费时得多，因此必须由计算机来做。计算机还常规提供估计值的标准差、t 统计值、多元判定系数以及一些用于对结果进行其他统计检验（将在后面阐述）的其他重要统计值。所有需要做的就是建立回归分析，将数据输入电脑，然后解释结果。

多元回归分析的自变量或解释变量的个数应小于观测值的个数，以及在各个自变量之间不存在完全线性关系。

【例 2-2】 某公司每年广告支出(X_1)、研发支出(X_2)和销售量(Y)数据如表 2-2 所示，试说明广告支出、研发支出变化对销售量的影响。

表 2-2 某公司每年产品销售量和价格数据

年(t)	广告(X_1)/百万元	研发(X_2)/百万元	销售量(Q)/百万台	年(t)	广告(X_1)/百万元	研发(X_2)/百万元	销售量(Q)/百万台
1	11	4	44	6	13	5	52
2	9	3	40	7	13	6	54
3	10	3	42	8	14	7	58
4	12	3	46	9	14	7	58
5	12	4	48	10	15	8	60

解：用 Excel 确定回归参数和预测方程，得回归结果如下：

回 归 统 计		回 归 统 计	
Multiple R	0.993 8	标准误差	0.908 9
R Square	0.987 6	观测值	10
Adjusted R Square	0.984 1		

方差分析

	df	SS	MS	F	Significance F
回归分析	2	461.817 0	230.908 5	279.500 5	2.103 7E-07
残差	7	5.783 0	0.826 1		
总计	9	467.6			

	Coefficients	标准误差	t Stat	P-value	Lower 95%	Upper 95%	下限 95.0%	上限 95.0%
Intercept	15.124	3.049	4.960	0.002	7.914	22.334	7.914	22.334
X Variable 1	2.142	0.377	5.684	0.001	1.251	3.033	1.251	3.033
X Variable 2	1.747	0.377	4.628	0.002	0.854	2.639	0.854	2.639

根据以上回归结果，我们能写出如下有效的需求函数：

$$Q_t = 15.124 + 2.142X_{1t} + 1.747X_{2t}$$

以上结果表明，每年广告支出(X_1)和研发支出(X_2)每增加 100 万元，公司的销售量(Y)分别增加 214 万台和 175 万台。

2.2.2 时间序列预测法

时间序列是对某种经济统计指标按照时间先后顺序排列所形成的数值序列。这些按照时间的先后顺序收集起来的数值序列，通常揭示了某种经济现象内在的发展变化趋势(如上升趋势、下降趋势、稳定趋势等)。时间序列预测技术主要是通过对时间序列建立一个描述经济现象变化发展趋势的动态模型,并利用模型在时间上进行外推,从而可以预测某经济现象的未来发展趋势。

在时间序列中,通常包括四种变化成分,即长期趋势、季节性变动、周期性波动和不规则变动。

长期趋势是指序列变动的总的方向性趋势。经济现象时间序列呈现长期趋势,主要是因为有稳定的长期起作用的因素的存在,它促使经济现象沿着一定方向增减变化。

季节性变动是指一年以内的有一定周期规律的、每年重复出现的变动。如服装有季节性消费,各种农产品上市存在季节性,等等。值得注意的是,如果序列按年值表列,就不存在季节性变动。

周期性波动是指围绕着长期趋势出现的、具有一定循环起伏形态的变动,如一个国家或地区的经济发展因为各种错综复杂的原因而出现的周期性波动。在这里,为了论述、研究问题的方便,在进行时间序列预测分析时,我们假定:经济现象只是随时间的变化而变化,本身不受周期变动的影响。

不规则变动则是没规律的变动,它是由于受各种偶然因素的影响而出现的随机变动。对于不规则变动,虽然没有科学的分析方法将它计算出来,但由于不规则变动是一种受随机因素的影响而出现的变动,所以从长期看,我们可以期望这些随机因素的影响会互相抵消,经济现象一般会呈现出受主要因素影响的长期趋势。但是也有一些不规则变动是预见不到但影响较明显的变动,如战争、自然灾害、大罢工等,这些重大的事故应与一般的偶然因素区别对待。

在使用时间序列数据进行估计时,通过把不同时间的因变量和与这个因变量有关的每一个自变量的关系画出来,就可以得知采用哪种函数形式最合适,再根据这种初步分析来确定是线性方程最准确,还是对数方程、指数方程或其他转换形式更恰当。通常可能要尝试多种方案和多种变化才能获得因变量与自变量数据之间的最佳拟合状况。时间序列预测方法有很多,本节主要介绍移动平均法、指数平滑法和趋势曲线预测法对需求量的预测。

1. 移动平均法

移动平均法是用分段逐点推移的平均方法对时间序列数据进行处理,找出预测对象的历史变动规律,并据此建立预测模型的一种时间序列预测方法。

用移动平均法平滑处理的具体做法是每次取一定数量的时间序列数据加以平均,按照时间序列由前向后递推,每推进一个单位时间,就舍去对应于最前面一个单位时间的数据,再进行平均,直至全部数据处理完毕,最后得到一个移动平均值组成的新的时间序列。根据需要这种移动平均处理过程可多次进行。

(1)一次移动平均值的计算

设实际的预测对象时间序列数据为 $Y_t(t=1,2,\cdots,m)$,一次移动平均值的计算公式为

$$M_t^{[1]} = \frac{(Y_t + Y_{t-1} + \cdots + Y_{t-n+1})}{n} \tag{2.6}$$

式中: $M_t^{[1]}$——第 t 周期的一次移动平均值;

n——计算移动平均值所取得的数据个数。

n 的大小对平滑效果影响很大,取得小,平滑曲线灵敏度高,但抗随机干扰的性能差;取得大,抗随机干扰的性能好,但灵敏度低,对新的变化趋势不敏感。所以 n 的选择是用好移动平均法的关键,针对具体的预测问题,选择时,应考虑预测对象时间序列数据点的多少及预测期限的长短。通常 n 的取值范围可在 3~20 之间。

【例 2-3】 已知某企业 15 个月内每月的销售量(见表 2-3),试计算 $n=3$ 时的一次移动平均值。

表 2-3 某企业 15 个月内每月的销售量   单位:万台

月序 t	1	2	3	4	5	6	7	8	9	10	11	12	13	14	15
销售量 Y_t	7	11	6	10	10	12	13	15	14	16	18	17	18	19	19

解:由公式

$$M_3^{[1]} = (Y_3 + Y_2 + Y_1)/3 = 8$$

$$M_4^{[1]} = (Y_4 + Y_3 + Y_2)/3 = 9$$

以此类推,可得出一个移动平均值序列(见表 2-4)。

表 2-4 一次移动平均值序列

月序 t	1	2	3	4	5	6	7	8	9	10	11	12	13	14	15
销售量 Y_t	7	11	6	10	10	12	13	15	14	16	18	17	18	19	19
$M_t^{[1]}$ ($n=3$)	/	/	8	9	8.7	10.7	11.7	13.3	14	15	16	17	17.7	18	18.7

将实际的时间序列数值与计算出的移动平均值序列绘到一个坐标图上(见图 2-6)。通过一次移动平均处理,削弱了随机干扰的影响,较明显地反映出了预测对象的历史变化趋势。一次移动平均值的变化总是落后于实际数据的变化,存在着滞后偏差。

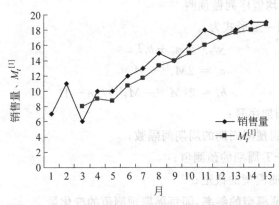

图 2-6 实际数据序列与一次移动平均值序列的对比

(2)二次移动平均值的计算

二次移动平均值要在一次移动平均值的基础上计算,计算公式为

$$M_t^{[2]} = \frac{(M_t^{[1]} + M_{t-1}^{[1]} + \cdots + M_{t-n+1}^{[1]})}{n} \tag{2.7}$$

式中：$M_t^{[2]}$——第 t 周期的二次移动平均值。

根据上例，计算 $n=3$ 时的二次移动平均值。

表 2-5 二次移动平均值序列   单位：万台

月序 t	1	2	3	4	5	6	7	8	9	10	11	12	13	14	15
销售量 Y_t	7	11	6	10	10	12	13	15	14	16	18	17	18	19	19
$M_t^{[1]}(n=3)$	/	/	8	9	8.7	10.7	11.7	13.3	14	15	16	17	17.7	18	18.7
$M_t^{[2]}(n=3)$	/	/	/	/	8.6	9.5	10.4	11.9	13	14.1	15	16	16.9	17.6	18.1

从图 2-7 可以看出，二次移动平均值序列的曲线比一次移动平均值序列的曲线更加光滑、更加滞后。

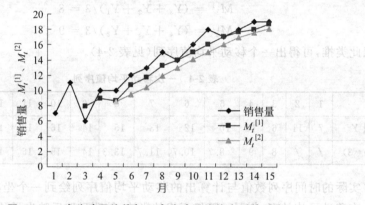

图 2-7 一次移动平均值与二次移动平均值序列的对比

(3) 利用移动平均值序列做预测

线性预测模型的一般形式为

$$y_{t+T} = a_t + b_t T \tag{2.8}$$

$$a_t = 2M_t^{[1]} - M_t^{[2]}$$

$$b_t = 2(M_t^{[1]} - M_t^{[2]})/(n-1)$$

式中：t——目前的周期序号；

T——由目前到预测周期的周期间隔数；

y_{t+T}——第 $t+T$ 周期的预测值；

a_t——线性预测模型的截距；

b_t——线性预测模型的斜率，即每周期预测值的变化量。

根据上例的数据建立预测模型，预测第 17 个月的销售量，目前的月序为 15。

$$a_{15} = 2M_{15}^{[1]} - M_{15}^{[2]} = 2 \times 18.7 - 18.1 = 19.3$$

$$b_{15} = 2(M_{15}^{[1]} - M_{15}^{[2]})/(3-1) = 18.7 - 18.1 = 0.6$$

故可得线性预测模型：

$$y_{15+T} = 19.3 + 0.6T$$

第 17 个月的吞吐量预测值为

$$y_{17} = 19.3 + 0.6 \times 2 = 20.5（万台）$$

二次移动平均预测将近、远期的数据的重要性是同等看待的,这使预测精度受到了影响,为克服这个不足,我们来看看指数平滑预测方法。

阅读案例 2-2

股票价格的移动平均线

股票价格的移动平均线是将若干天的股票价格加以平均,然后连接成一条线,用以观察股价趋势。移动平均线的理论基础是道·琼斯的"平均成本"概念。移动平均线通常使用者有五日、十日、十二日、二十日、三十日、六十日、七十二日、一百二十日、二百五十日、五周、二十周、五十二周等等,其目的在于取得某一段期间的平均成本,而以此平均成本的移动曲线配合每日收盘价的线路变化分析某一期间多空的优劣形势,以研判股价的可能变化。一般来说,现行价格在平均价之上,意味着市场买力(需求)较大,行情看好;反之,行情价在平均价之下,则意味着供过于求,卖压显然较重,行情看淡。

以十日移动平均线为例。将第 1 日至第 10 日的 10 个收盘价,累计加起来后的总和除以 10,得到第一个十日平均价,再将第 2 日至第 11 日收盘价和除以 10,则为第二个十日平均价,这些平均价的连线,即成为十日移动平均线,移动平均线的期间长短关系其敏感度,期间越短敏感度越高。一般股价分析者,通常以五日、十日移动平均线观察短期走势,以十日、二十日移动平均线观察中短期走势,以三十日、七十二日观察中期走势,以十周、二十周移动平均线,研判长期趋势。西方投资机构非常看重 250 天长期移动平均线,以此作为长期投资的依据。行情价格若在长期移动平均线下,属空头市场;反之,则为多买市场。

计算方法:

(1) 日平均价＝当日成交金额÷当日成交股数(亦有直接采用当日收盘价代替日平均价者)。

(2) 六日平均价＝(当日平均价＋前五日平均价×5)÷6。

(3) 十日平均价＝(当日平均价＋前九日平均价×9)÷10。

(4) 三十日、六十日、二百五十日、五周、二十周等平均价计算方法依以此类推。

2. 指数平滑法

指数平滑预测方法是美国经济学家罗伯特·G.布朗于 1959 年在他的《库存管理的统计预测》一书中首先提出来的。该方法给近期的观察值以较大的权数,给远期的实际值以较小的权数,使预测值既能较多地反映最新的信息,又能反映大量的历史资料的信息,从而使预测结果更符合实际。

指数平滑法是移动平均法的改进,对时间序列数据的平滑处理采用加权平均的方法,时间序列数据中各数据的重要程度由近及远呈指数规律递减。

(1) 一次指数平滑值的计算

假设时间序列数据是一个无穷序列：$Y_t, Y_{t-1}, Y_{t-2}, \cdots$,其加权平均值为

$$\beta_0 Y_t + \beta_1 Y_{t-1} + \beta_2 Y_{t-2} + \cdots + \beta_i Y_{t-i} + \cdots$$

其中，$1 \geqslant \beta_i \geqslant 0 (i = 0,1,2,\cdots,$ 且 $\sum \beta_i = 1)$。

令：$\beta_i = \alpha(1-\alpha)^i (i = 0,1,2,\cdots)$

$$\sum \beta_i = \alpha + \alpha(1-\alpha) + \alpha(1-\alpha)^2 + \cdots$$
$$= \alpha[1 + (1-\alpha) + (1-\alpha)^2 + \cdots]$$
$$= \frac{\alpha}{1-(1-\alpha)} = 1$$

用 $\beta_i = \alpha(1-\alpha)^i (i=0,1,2\cdots)$ 对时间序列数据加权，设加权平均值为 $S_t^{[1]}$，则有

$$S_t^{[1]} = \alpha Y_t + \alpha(1-\alpha) Y_{t-1} + \alpha(1-\alpha)^2 Y_{t-2} + \alpha(1-\alpha)^3 Y_{t-3} + \cdots$$
$$= \alpha Y_t + (1-\alpha)[\alpha Y_{t-1} + \alpha(1-\alpha) Y_{t-2} + \alpha(1-\alpha)^2 Y_{t-3} + \cdots]$$
$$= \alpha Y_t + (1-\alpha) S_{t-1}^{[1]}$$

所以一次指数平滑值的计算公式为

$$S_t^{[1]} = \alpha Y_t + (1-\alpha) S_{t-1}^{[1]} \tag{2.9}$$

① 确定 α 值

在运用指数平滑预测方法时，确定合适的 α 值非常关键，它直接影响预测的准确程度。取值的大小体现了 t 期的观察值与预测值之间的比例关系。α 值越大，t 期的实际值对新预测值的贡献就越大，α 值越小时，t 期的实际值对新预测值的影响就越小。因此，当我们比较依赖近期的信息进行预测时，可以取较大的 α 值，而当以往的影响比较大时，可以取较小的 α 值。在实际运用时，也可以结合经验，根据具体情况来选择 α 值，如果时间序列数据的长期趋势比较稳定，应取较小的 α 值（如 $0.05 \sim 0.20$）。如果时间序列数据具有迅速明显的变动倾向，则应取较大的 α 值（如 $0.3 \sim 0.7$）。但通常采用的办法是：取几个不同的 α 值进行预测，比较它们的预测误差，然后选择预测误差最小的 α 值。

② 确定初始值

式(2.9)是一个递推公式，计算 $S_t^{[1]}$ 时，要先知道 $S_{t-1}^{[1]}$，计算 $S_{t-1}^{[1]}$ 时，要先知道 $S_{t-2}^{[1]}$，如此递推下去，计算 $S_1^{[1]}$ 时就需要有一个初始值 $S_0^{[1]}$。当实际数据比较多时，初始值对预测结果的影响不会很大，可以以第一个数据 Y_1 作为初始值，如果实际数据较少（如 20 个以内），初始值的影响就比较大，一般取前几个周期的数据平均值作为初始值。

如果实际时间序列数据的变动主要是随机变动而没有明显的周期变动和增长或下降趋势，我们可以直接用最近一个周期的一次指数平滑值 $S_t^{[1]}$ 作为下一周期的预测值 Y_{t+1}。如果求得的一次指数平滑值时间序列数据有明显的线性增长或下降趋势，与移动平均法相类似，由于一次指数平滑序列相对于实际数据序列存在着滞后偏差，必须在求二次指数平滑的基础上建立预测模型。

(2) 二次指数平滑值的计算与线性预测模型的建立

二次指数平滑模型的计算是对一次指数平滑值序列再作一次指数平滑。二次指数平滑值的计算公式为

$$S_t^{[2]} = \alpha S_t^{[1]} + (1-\alpha) S_{t-1}^{[2]} \tag{2.10}$$

式中：$S_t^{[2]}$——第 t 周期的二次指数平滑值。

求二次指数平滑值也要先确定初始值,通常直接取 $S_0^{[2]} = S_0^{[1]}$,也可以取前几个指数平滑值的平均值作二次指数平滑的初始值。

在二次指数平滑处理的基础上可建立线性预测模型

$$y_{t+T} = a_t + b_t T \tag{2.11}$$

$$a_t = 2S_t^{[1]} - S_t^{[2]}$$

$$b_t = \frac{\alpha}{1-\alpha}(S_t^{[1]} - S_t^{[2]})$$

式中:t——目前的周期序号;

T——由目前到预测周期的周期间隔数;

y_{t+T}——第 $t+T$ 周期的预测值;

a_t——线性预测模型的截距;

b_t——线性预测模型的斜率,即每周期预测值的变化量。

【例 2-4】 根据例 2-3 中的数据用指数平滑法建立线性预测模型,预测第 17 个月的销售量。

解:取指数平滑系数 $\alpha = 0.5$,设初始值:

$$S_0^{[2]} = S_0^{[1]} = (Y_1 + Y_2 + Y_3)/3 = 8$$

月序 t	1	2	3	4	5	6	7	8	9	10	11	12	13	14	15
Y_t	7	11	6	10	10	12	13	15	14	16	18	17	18	19	19
$S_t^{[1]}$	7.5	9.3	7.7	8.9	9.5	10.8	11.9	13.5	13.8	14.9	17.5	17.2	17.6	18.3	18.7
$S_t^{[2]}$	7.8	8.5	8.1	8.5	9	9.9	10.9	12.2	13	14	15.7	16.5	17	17.7	18.2

$$S_1^{[1]} = \alpha Y_1 + (1-\alpha)S_0^{[1]} = 0.5 \times 7 + (1-0.5) \times 8 = 7.5$$

$$a_{15} = 2S_{15}^{[1]} - S_{15}^{[2]} = 2 \times 18.7 - 18.2 = 19.2$$

$$b_{15} = \frac{(S_{15}^{[1]} - S_{15}^{[2]})\alpha}{(1-\alpha)} = 18.7 - 18.2 = 0.5$$

因此可得线性预测模型:

$$Y_{15+T} + T19.2 + 0.5T$$

$$Y_{17} = 19.2 + 0.5 \times 2 = 20.2$$

将上式与用移动平均法求得的预测模型相比较,上式中的斜率明显要小,这是由于指数平滑法更重视近期数据的变化趋势所造成的。

二次指数平滑预测模型仅适用于预测对象的变动趋势呈明显线性的情况。如果预测对象的变动趋势是非线性的,则应在求三次指数平滑值的基础上建立非线性预测模型。

(3) 三次指数平滑值的计算与非线性预测模型的建立

三次指数平滑是对二次指数平滑值序列再作一次数值平滑。

三次指数平滑值的计算公式为

$$S_t^{[3]} = \alpha S_t^{[2]} + (1-\alpha)S_{t-1}^{[3]} \tag{2.12}$$

式中:$S_t^{[3]}$——第 t 周期的三次指数平滑值。

求二次指数平滑的初始值可以直接取 $S_0^{[3]} = S_0^{[2]}$，也可以取前几个指数平滑值的平均值作三次指数平滑的初始值。

在三次指数平滑处理的基础上可建立如下非线性预测模型：

$$T_{t+T} = a_t + b_t T + c_t T^2 \tag{2.13}$$

模型中系数的计算公式分别为

$$a_t = 3S_t^{[1]} - 3S_t^{[2]} + S_t^{[3]}$$

$$b_t = \frac{\alpha}{2(1-\alpha)^2}[(6-5\alpha)S_t^{[1]} - 2(5-4\alpha)S_t^{[2]} + (4-3\alpha)S_t^{[3]}]$$

$$c_t = \frac{\alpha^2}{2(1-\alpha)^2}[S_t^{[1]} - 2S_t^{[2]} + S_t^{[3]}]$$

【例 2-5】 已知企业 11 年内每年销售量见表 2-6，用指数平滑法建立预测模型并预测第 12 年和第 13 年的吞吐量。

解： 通过做散点图分析，实际数据系列呈非线性递增趋势（见图 2-8），故必须在三次指数平滑值的基础上建立非线性预测模型。

表 2-6 一次移动平均值序列　　　　　　　　　　　单位：万吨

年序 t	0	1	2	3	4	5	6	7	8	9	10	11
Y_t		225.2	249.9	263.2	293.6	318.9	356.1	363.8	424.2	466.5	582	750
$S_t^{[1]}$	246.1	239.8	242.9	249	262.3	279.3	302.5	320.9	351.9	386.3	445	536.5
$S_t^{[2]}$	246.1	244.2	243.8	245.4	250.5	259.1	272.1	286.8	306.3	330.3	364.7	416.2
$S_t^{[3]}$	244.5	244.4	244.2	244.6	246.4	250.2	256.8	265.8	277.9	293.6	315	345.3

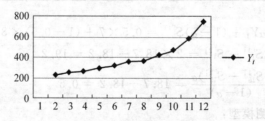

图 2-8 实际数据散点图

$$S_0^{[2]} = S_0^{[1]}(Y_1 + Y_2 + Y_3)/3 = 246.1$$

$$S_0^{[3]} = (S_1^{[2]} + S_2^{[2]} + S_3^{[2]})/3 = 244.5$$

$$a_{11} = 3S_{11}^{(1)} - 3S_{11}^{(2)} + S_{11}^{(3)} = 706.2$$

$$b_{11} = 98.4$$

$$c_{11} = 4.5$$

$$Y_{11+T} = a_{11} + b_{11}T + c_{11}T^2 = 706.2 + 98.4T + 4.5T^2$$

第 12 年的吞吐量预测值为

$$Y_{12} = 706.2 + 984 \times 1 + 4.5 \times 1^2 = 809.1(万吨)$$

第 13 年的吞吐量预测值为

$$Y_{13} = 706.2 + 98.4 \times 2 + 4.5 \times 2^2 = 921(万吨)$$

移动平均法和指数平滑法适用于寻找实际数据序列的长期变动趋势,对数据序列的转折点缺乏鉴别能力。如果遇到序列出现转折点的情况,要靠预测者根据外部影响因素的分析对预测值进行修正。

阅读案例 2-3

三次指数平滑法预测大连港货物吞吐量

大连港是东北地区的最重要的出海口,一直以来承担着我国东北地区 70% 以上的海运货物和 90% 以上的集装箱货物。自 2003 年中央在振兴东北老工业基地战略中提出"把大连建成东北亚重要的国际航运中心"以来,大连港作为航运中心的主要集疏运设施,三年内完成了 240 亿元投资建设,先后建成 30 万吨级原油码头、30 万吨级矿石码头、100 万台汽车物流码头、大窑湾集装箱码头等世界一流码头,泊位最大靠泊能力由 15 万吨提高到了 30 万吨,新增港口通过能力 1.1 亿吨,集装箱通过能力 134 万标准箱。随着大连港基础设施建设速度加快和航运中心建设进一步深入,需要对大连港货物吞吐量进行科学预测,为港口建设及大连东北亚国际航运中心规划提供依据。

腹地经济的快速发展、大连港建设加速都会一定程度导致港口货物吞吐量增长,与此同时,以营口港为代表的周边港口的竞争态势也会给大连港货物吞吐量构成威胁,因此对大连港货物吞吐量进行科学预测,把握未来一段时间的吞吐量变化规律,为管理决策提供依据。

一、大连港货物吞吐量预测

(一)预测方法的选择

港口吞吐量的预测是港口建设及管理决策的依据,目前应用于定量预测的方法很多,需要在搜集到历史数据的基础上,合理分析,选取方便易行、科学准确的预测模型与方法。大连港 1996—2007 年货物吞吐量如表 2-7 所示。

表 2-7　大连港 1996—2007 年货物吞吐量　　　　　　　单位:万吨

年 份	1996	1997	1998	1999	2000	2001	2002	2003	2004	2005	2006	2007
吞吐量 Y_t	6 427	7 044	7 515	8 505	9 084	10 047	10 851	12 602	14 516	17 085	20 046	22 286

由图 2-9 可知,由于国民经济持续稳定增长,大连港货物吞吐量历史数据的走势呈明显的上升趋势,特别是 2003 年以后,国家提出振兴东北老工业基地,把大连建成东北亚重要的国际航运中心,大连港进入发展黄金期,货物吞吐量呈快速增长趋势。对于这样的历史数据,用直线拟合显然不合适,而三次指数平滑法配合的是曲线,且具有时变适应性,在大样本条件下具有渐近最优性的特点。因此,采用三次指数平滑法对大连港货物吞吐量进行外推预测是比较合适的。

(二)三次指数平滑法

1. 初始值确定

应用三次指数平滑法进行预测时,须首先估算初始值 $S_0^{(1)}$,$S_0^{(2)}$,$S_0^{(3)}$,根据经验取前 3

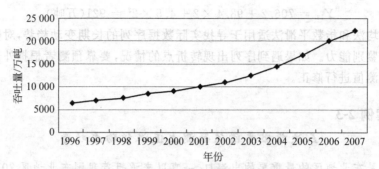

图 2-9 大连港 1996—2007 年货物吞吐量趋势图

个数据的平均值作为一次指数平滑的初始值,即

$$S_0^{[1]} = S_0^{[2]} = S_0^{[3]} = \frac{Y_1 + Y_2 + Y_3}{3}$$

2. 平滑系数 α 值的确定

应用指数平滑法进行趋势预测时,还需要合理确定平滑系数 α 的值。从指数平滑值计算公式可知,下期指数平滑值是在本期本次指数平滑值的基础上,对下期实际值(或者下期前次指数平滑值)与本期本次指数平滑值之间的误差加以适当的调整(乘以系数 α)而得到的,所以当数列呈较稳定的趋势,或者虽有波动,但长期趋势变化不大时,α 宜取小值(0.1~0.3),以充分发挥历史数据的作用。当数列波动较大,长期趋势变化幅度较大时,宜取大值(0.7~0.9),以跟踪近期数据的变化。根据大连港 1996—2007 年货物吞吐量变化趋势图可见,货物吞吐量的变化趋势较大,α 可从 0.7~0.9 中选取。然后将 2005—2007 年的预测值与实际值比较进行误差分析,结果见表 2-8。

表 2-8 一次移动平均值序列

年份	实际值	预测值			误差分析 e_t			误差分析 e_t^2		
		0.7	0.8	0.9	0.7	0.8	0.9	0.7	0.8	0.9
2005	17 085	16 793.8	16 828.2	16 766.3	291.2	256.8	318.7	84 811.1	65 936.7	101 590
2006	20 046	19 421.8	19 506.5	19 337.5	624.2	539.5	708.5	389 572	291 091	502 003
2007	22 286	22 399.3	22 552.5	22 230.1	−113.3	−266.4	55.9	12 839.9	70 982	3 123.9
合计					802.1	529.9	1 083.1	487 223	428 009	606 716

α 的三种不同取值所计算的均方根误差如下:

$$E_r = \sqrt{487\,223.4/3} = 403.0$$

$$E_r = \sqrt{428\,009.4/3} = 377.7$$

$$E_r = \sqrt{606\,716.0/3} = 449.7$$

由以上结果可以看出,当 α 取 0.8 时,均方差较小,预测结果较优,所以平滑系数 α 取 0.8。

(三) 实例预测

首先根据式(2.9)、式(2.10)和式(2.13)计算一次、二次、三次指数平滑值,见表 2-9。

表 2-9 一次、二次、三次指数平滑值的计算数据

年份	Y_t	$S_t^{[1]}$	$S_t^{[2]}$	$S_t^{[3]}$
1996	6 427.0	6 995.3	6 995.3	6 995.3
1997	7 044.0	7 034.3	7 026.5	7 020.3
1998	7 515.0	7 418.9	7 340.4	7 276.4
1999	8 505.0	8 287.8	8 098.3	7 933.9
2000	9 084.0	8 924.8	8 759.5	8 594.4
2001	10 047.0	9 822.6	9 609.9	9 406.0
2002	10 645.3	10 438.2	10 232.0	10 645.3
2003	12 210.7	11 856.2	11 531.3	12 210.7
2004	14 054.9	13 615.2	13 198.4	14 054.9
2005	16 479.0	15 906.2	15 364.7	16 479.0
2006	19 332.6	18 647.3	17 990.8	19 332.6
2007	21 695.3	21 085.7	20 466.7	21 695.3

以 2007 年为第 t 期,计算平滑系数 a_t, b_t, c_t:

$$a_t = 3S_t^{[1]} - 3S_t^{[2]} + S_t^{[3]} = 22\,295.5$$

$$b_t = \frac{\alpha}{2(1-\alpha)^2}[(6-5\alpha)S_t^{[1]} - 2(5-4\alpha)S_t^{[2]} + (4-3\alpha)S_t^{[3]}] = 2\,288.2$$

$$c_t = \frac{\alpha^2}{2(1-\alpha)^2}[S_t^{[1]} - 2S_t^{[2]} + S_t^{[3]}] = -75.1$$

将 a_t, b_t, c_t 的值代入得预测方程为

$$Y_{t+T} = 22\,295.5 + 2\,288.2T - 75.1T^2 = 28\,484.34(万吨)$$

可得大连港 2010 年货物吞吐量的预测值为 28 484.34 万吨。

二、结语

"十一五"是加快推进航运中心的集疏运体系建设的重要时期,根据航运中心发展规划,计划到 2010 年,辽宁沿海港口群吞吐能力超过 5 亿吨,其中大连港吞吐能力达到 2.5 亿吨,到 2020 年,大连港吞吐能力达到 5 亿吨,建成大连东北亚国际航运中心。按照本文预测,近期大连港货物吞吐量仍呈快速增长态势,到 2010 年大连港货物吞吐量将达到 2.8 亿吨,与 2005 年相比,增长了 67%,超出发展规划中的目标值 3 000 万吨。

为了更好地应对大连港货物吞吐量的增长,应该进一步加快基础设施建设,以集约化、大型化、深水型泊位建设为重点,全面提升集装箱、油品、矿石中转、通用件杂货等专业化码头能力,完善集疏运体系。围绕航运中心建设目标,按照"以铁兴港"的思路,提升铁路对核心港区的通达疏运能力,确保大连东北亚国际航运中心建设目标得以实现。

资料来源:阎善郁,李丰岩,荣文竿.三次指数平滑法预测大连港货物吞吐量[J].大连交通大学学报,2009(2).

3. 趋势曲线预测法

趋势曲线预测法是长期趋势预测的主要方法,它是根据时间序列的发展变化趋势,配

合合适的趋势曲线模型,利用模型来推测未来的趋势值。常用的趋势曲线模型有指数曲线模型、多项式曲线模型和成长曲线模型等。本节主要介绍指数曲线模型、多项式曲线模型及其参数的计算,并用实例说明如何进行趋势曲线预测。

(1) 指数曲线预测

当时间序列的发展趋势大体上是逐期按几何级数等比递增或递减,各期的环比速度近似一个常数时,可配合指数曲线模型进行预测。其模型是

$$\hat{y}_t = ab^t \tag{2.14}$$

式中:$\hat{y}_t$——第 t 期的预测值;

a、b——参数;

t——时间序列的时序号。

若对模型两边取对数,则可化为对数直线预测模型:

$$\lg \hat{y}_t = \lg a + t \lg b$$

对于指数曲线模型中参数的估计方法有很多,这里仅介绍最小平方法。最小平方法就是使误差平方和 $\sum (y_t - \hat{y}_t)^2$ 达到最小来估计参数 a、b 的方法。

根据最小二乘法的原理,对于对数直线预测模型,可得标准方程组

$$\begin{cases} \sum \lg y_t = n \lg a + \lg b \sum t \\ \sum t \lg y_t = \lg a \sum t + \lg b \sum t^2 \end{cases}$$

为了简化计算,可取时间序列的中点为时间原点,这时 $\sum t = 0$,可得

$$\begin{cases} \lg a = \dfrac{\sum \lg y_t}{n} \\ \lg b = \dfrac{\sum t \lg y_t}{\sum t^2} \end{cases} \tag{2.15}$$

对上面的方程组求反对数,即可求得 a、b 的估计值。

【例 2-6】 某公司 2003 年至 2014 年的产品出口量如表 2-10 所示,试预测 2015 年的产品出口量。

表 2-10 某公司产品出口量及相应计算数据

年 份	时序号 t	出口量 y_t	$\lg y_t$	$t \lg y_t$	t^2	$\hat{y}_t$
2003	−11	704	2.847 573	−31.323 3	121	641
2004	−9	846	2.927 37	−26.346 3	81	839
2005	−7	1 093	3.038 62	−21.270 3	49	1 099
2006	−5	1 444	3.159 567	−15.797 8	25	1 439
2007	−3	1 812	3.258 158	−9.774 47	9	1 884
2008	−1	2 299	3.361 539	−3.361 54	1	2 466
2009	1	2 971	3.472 903	3.472 903	1	3 229
2010	3	4 123	3.615 213	10.845 64	9	4 228
2011	5	5 553	3.744 528	18.722 64	25	5 536
2012	7	7 621	3.882 012	27.174 08	49	7 248

续表

年份	时序号 t	出口量 y_t	$\lg y_t$	$t\lg y_t$	t^2	$\hat{y}_t$
2013	9	9 575	3.981 139	35.830 25	81	9 490
2014	11	13 131	4.118 298	45.301 28	121	12 425
合计	—	—	41.406 92	33.472 97	572	16 267.62

将表 2-10 中的数据代入式(2.14)得

$$\lg a = 3.450\,58, \quad \lg b = 0.058\,52$$

则 $a = 28\,822.13$，$b = 1.144\,25$。

因此可得指数曲线预测模型为

$$\hat{y}_t = 28\,822.13 \times (1.144\,25)^t$$

将 $t = 13$ 代入预测方程，可得 2015 年该公司的出口量预测值为 16 268。

(2) 多项式曲线预测

多项式曲线预测模型的一般形式如下：

$$\hat{y}_t = a + bt + ct^2 + dt^3 + et^4 + \cdots \tag{2.16}$$

不难看出，直线预测模型 $\hat{y}_t = a + bt$ 是多项式曲线预测模型的一种特殊形式。这里主要介绍常用的二次抛物线和三次抛物线预测模型如何进行需求量的预测。

① 二次抛物线趋势预测

当某种经济变量的时间序列的二次差接近常数，即逐期增减量的增减大体相等时，可配合二次抛物线预测模型进行预测。其模型为

$$\hat{y}_t = a + bt + ct^2 \tag{2.17}$$

式中：$\hat{y}_t$——第 t 期的预测值；

a、b、c——参数；

t——时间序列的时序号。

根据最小二乘法的原理，可得标准方程组

$$\begin{cases} \sum y = na + b\sum t + c\sum t^2 \\ \sum ty = na\sum t + b\sum t^2 + c\sum t^3 \\ \sum t^2 y = na\sum t^2 + b\sum t^3 + c\sum t^4 \end{cases}$$

为了简化计算，可以以时间序列的中点为原点，使 $\sum t$、$\sum t^3$ 为 0，则从上面方程组可得参数 a、b、c 的计算公式为

$$\begin{cases} a = \dfrac{\sum y \sum t^4 - \sum t^2 \sum t^2 y_t}{n\sum t^4 - (\sum t^2)^2} \\ b = \dfrac{\sum ty_t}{\sum t^2} \\ c = \dfrac{n\sum t^2 y_t - \sum y_t \sum t^2}{n\sum t^4 - (\sum t^2)^2} \end{cases} \tag{2.18}$$

【例 2-7】某公司 2006 年至 2014 年的产品销售量及相关数据计算如表 2-11 所示,试预测 2015 年、2017 年的产品销售量。

表 2-11 某公司产品销售量及相关数据计算

年 份	时序号 t	销售量 y_t	一次差	二次差	ty_t	$t^2 y_t$	t^2	t^4	$\hat{y}_t$
2006	−4	574.7	—	—	−2 298.8	9 195.2	16	256	573.63
2007	−3	670.7	96		−2 012.1	6 036.3	9	81	670.45
2008	−2	793.7	123	27	−1 587.4	3 174.8	4	16	796.63
2009	−1	952.7	159	36	−952.7	952.7	1	1	952.14
2010	0	1 136.7	184	25	0	0	0	0	1 137
2011	1	1 351.7	215	31	1 351.7	1 351.7	1	1	1 351.2
2012	2	1 597.7	246	31	3 195.4	6 390.8	4	16	1 594.75
2013	3	1 865.7	268	22	5 597.1	16 791.3	9	81	1 867.65
2014	4	2 169.7	304	36	8 678.8	34 715.2	16	256	2 169.89
合 计		11 113.3			11 972	78 608	60	708	

解:由表 2-11 中的相关数据计算参数 a、b、c 的估值,可得出相应的二次抛物线预测模型为

$$\hat{y}_t = 1\,137 + 199.53t + 14.673t^2$$

利用预测模型进行需求量预测:

2015 年预计需求量:

$$\hat{y}_5 = 1\,137 + 199.53 \times 5 + 14.673 \times 5^2 = 2\,500.78$$

2017 年预计需求量:

$$\hat{y}_7 = 1\,137 + 199.53 \times 7 + 14.673 \times 7^2 = 3\,251.99$$

② 三次抛物线趋势预测

当预测对象时间序列的三次差接近常数时,可考虑配合三次抛物线预测模型来描述呈现这种发展趋势的经济变量。三次抛物线预测模型为

$$\hat{y}_t = a + bt + ct^2 + dt^3$$

式中:$\hat{y}_t$——第 t 期的预测值;

　　　a、b、c、d——参数;

　　　t——时间序列的时序号。

参数 a、b、c、d 的估计同样根据最小二乘法的原理,同时简化计算,可以以时间序列的中点为原点,使 $\sum t$、$\sum t^3$、$\sum t^5$ 为 0,则从上面方程组可得参数 a、b、c、d 的计算公式为

$$\begin{cases} a = \dfrac{\sum y_t \sum t^4 - \sum t^2 \sum t^2 y_t}{n \sum t^4 - (\sum t^2)^2} \\ b = \dfrac{\sum t y_t \sum t^6 - \sum t^4 \sum t^3 y_t}{\sum t^2 \sum t^6 - (\sum t^4)^2} \\ c = \dfrac{\sum y_t \sum t^2 - n \sum t^2 y_t}{(\sum t^2)^2 - n \sum t^4} \\ d = \dfrac{\sum t y_t \sum t^4 - \sum t^2 \sum t^3 y_t}{(\sum t^4)^2 - \sum t^2 \sum t^6} \end{cases}$$

【例 2-8】 某公司 2002 年至 2014 年的产品销售量如表 2-12 所示,试预测 2015 年、2017 年的产品需求量。

表 2-12 某公司 2002 年至 2014 年的产品销售量数据及相关数据计算

年份	时序号 t	销售量 y_t	ty_t	$t^2 y_t$	$t^3 y_t$	t^2	t^4	t^6	$\hat{y}_t$
2002	−6	965	−5 790	34 740	−208 440	36	1 296	46 656	855
2003	−5	1 061.5	−5 307.5	26 537.5	−132 688	25	625	15 625	1 125
2004	−4	1 158	−4 632	18 528	−74 112	16	256	4 096	1 302
2005	−3	1 351	−4 053	12 159	−36 477	9	81	729	1 401
2006	−2	1 447.5	−2 895	5 790	−11 580	4	16	64	1 437
2007	−1	1 544	−1 544	1 544	−1 544	1	1	1	1 428
2008	0	1 544	0	0	0	0	0	0	1 389
2009	1	1 351	1 351	1 351	1 351	1	1	1	1 336
2010	2	1 254.5	2 509	5 018	10 036	4	16	64	1 285
2011	3	1 061.5	3 184.5	9 553.5	28 660.5	9	81	729	1 252
2012	4	1 254.5	5 018	20 072	80 288	16	256	4 096	1 254
2013	5	1 351	6 755	33 775	168 875	25	625	15 625	1 305
2014	6	1 447.5	8 685	52 110	312 660	36	1 296	46 656	1 423
合计		16 791	3 281	221 178	137 030	182	4 550	134 342	

由表 2-12 中的相关数据计算参数 a、b、c、d 的估值,可得出相应的三次抛物线预测模型为

$$\hat{y}_t = 1\,388.8 - 48.75t - 6.941t^2 + 2.671\,2t^3$$

利用预测模型进行需求量预测:

2015 年预计需求量:

$$\hat{y}_7 = 1\,388.8 - 48.75 \times 7 - 6.941 \times 7^2 + 2.671\,2 \times 7^3 = 1\,623.63$$

2017 年预计需求量:

$$\hat{y}_9 = 1\,388.8 - 48.75 \times 9 - 6.941 \times 9^2 + 2.671\,2 \times 9^3 = 2\,335.09$$

2.2.3 季节变动指数分析法

某些预测对象实际数据序列的变动除有随机变动和线性或非线性总体发展趋势之外，还有季节性的周期变动。用回归或指数平滑法寻求预测对象的总体发展趋势，会把有规律的季节性变动平滑掉。因此，对有季节性周期变动的预测对象，不仅要找出其总体发展趋势，还要研究其季节性周期变动规律。下面举例说明季节变动指数的计算方法。

【**例 2-9**】 某公司的两年内每月的销售量数据如表 2-13 所示，试预测下一年各月的销售量。

表 2-13 某公司两年内每月的销售量数据

第一年												
月份 k	1	2	3	4	5	6	7	8	9	10	11	12
销售量实际值 y_T	59.1	55.0	50.2	46.9	46.2	46.1	46.5	47.2	49.5	58.1	64.4	66.2
第二年												
月份 k	1	2	3	4	5	6	7	8	9	10	11	12
销售量实际值 y_T	65.6	63.2	59.2	55.7	54.3	53.1	54.0	54.8	56.3	62.6	69.1	71.9

解：通过作散点图分析，实际数据序列既有线性增长趋势，又有季节性周期变动（见图 2-10）。

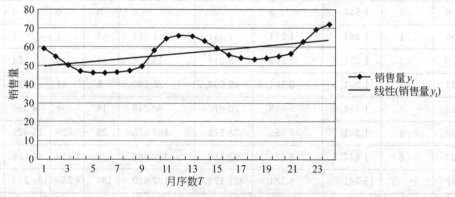

图 2-10 实际数据系列散点图

设自变量为时间 T（以月为单位），用回归法可求得描述预测对象总体变动趋势的线性方程：

$$y_t = 48.85 + 0.611 T$$

式中：y_t——只考虑线性变动趋势时第 T 月销售量的计算值；

T——月序数。

根据上述线性方程求得的近两年内各月销售量的计算值 $y_t(T=1,2,\cdots,24)$ 见表 2-14。

表 2-14 销售量预测值与季节变动指数的计算值

	第一年											
T	1	2	3	4	5	6	7	8	9	10	11	12
月份 k	1	2	3	4	5	6	7	8	9	10	11	12
销售量实际值 y_T	59.1	55.0	50.2	46.9	46.2	46.1	46.5	47.2	49.5	58.1	64.4	66.2
销售量计算值 y_t	49.5	50.1	50.7	51.3	51.9	52.5	53.1	53.7	54.3	55.0	55.6	56.2
季节变动指数 $F_k^1 = y_T/y_t$	1.19	1.10	0.90	0.91	0.89	0.88	0.88	0.88	0.91	1.06	1.16	1.18
	第二年											
T	13	14	15	16	17	18	19	20	21	22	23	24
月份 k	1	2	3	4	5	6	7	8	9	10	11	12
销售量实际值 y_T	65.6	63.2	59.2	55.7	54.3	53.1	54.0	54.8	56.3	62.6	69.1	71.9
销售量计算值 y_t	56.8	57.4	58.0	58.6	59.2	59.8	60.5	61.1	61.7	62.3	62.9	63.5
季节变动指数 $F_k^2 = y_T/y_t$	1.15	1.10	1.02	0.95	0.92	0.90	0.89	0.90	0.91	1.00	1.10	1.13

分别计算第一年和第二年各月份的季节变动指数：

$$F_k^1 = y_T/y_t \quad (k=1,2,\cdots,12; T=1,2,\cdots,12)$$

$$F_k^2 = y_T/y_t \quad (k=1,2,\cdots,12; T=13,14,\cdots,24)$$

如果有 n 年的实际数据，第 i 年各月份的季节变动指数为

$$F_k^i = y_T/y_t$$

$$[i=1,2,\cdots,n; k=1,2,\cdots,12; T=12(i-1)+1, 12(i-1)+2, \cdots, 12(i-1)+12]$$

式中：F_k^i——第 i 年 k 月份的季节变动指数；

y_T——第 T 个月的实际数据；

y_t——根据回归方程求得的第 T 个月预测对象的计算值。

本例中第一、第二年各月份季节变动指数的计算结果见表 2-14。

取各年相同月份的季节变动指数的平均值作为预测中使用的该月份的季节变动指数，即

$$F_k \frac{1}{n} \sum_{i=1}^{n} F_k^i \quad (k=1,2,\cdots,12)$$

式中：F_k——k 月份的季节变动指数。

在求得各月季节变动指数的基础上，即可求得第 m 年各月份的预测值：

$$\hat{y}_T = F_k \cdot y_t \quad [k=1,2,\cdots,12; T=12(m-1)+k]$$

式中：$\hat{y}_T$——第 T 个月（即第 m 年 k 月份）的预测值。

本例中，第三年各月销售量的预测值为

$$\hat{y}_T = F_k \cdot y_t = F_k(48.85 + 0.611T) \quad (k=1,2,\cdots,12; T=24+k)$$

计算结果见表 2-15 和图 2-11。

表 2-15 计 算 结 果

T	25	26	27	28	29	30	31	32	33	34	35	36
月份 k	1	2	3	4	5	6	7	8	9	10	11	12
季节变动指数 F_k	1.17	1.10	1.01	0.93	0.91	0.89	0.89	0.89	0.91	1.03	1.13	1.16
销售量回归计算值 y_t	64.1	64.7	65.3	66.0	66.6	67.2	67.8	68.4	69.0	69.6	70.2	70.8
销售量预测值 $\hat{y}_T$	75.0	71.2	66.0	61.3	60.6	59.8	60.3	60.9	62.8	71.7	79.4	82.2

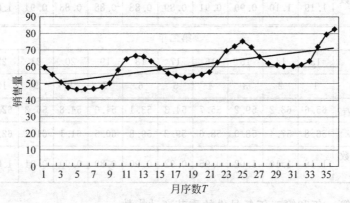

图 2-11 计算结果

2.2.4 投入产出分析法

美国经济学家瓦西里·里昂惕夫(W. W. Leontief)1933年提出了投入产出分析法。投入产出分析法是借助投入产出表研究经济系统各个部分(作为生产单位或消费单位的产业部门、行业、产品等)之间投入和产出的相互依存关系的经济数量分析方法。投入产出分析从一般均衡理论中吸收了有关经济活动的相互依存性的观点,并用代数联立方程体系来描述这种相互依存关系。其特点是:在考察部门间错综复杂的投入产出关系时,能够发现任何局部的最初变化对经济体系各个部分的影响。编制投入产出表是进行投入产出分析的前提。目前,投入产出分析已经拓展到经济研究领域的各个方面,在以下几方面作用尤为巨大:①为编制经济计划,特别是为编制中、长期计划提供依据。②分析经济结构,进行经济预测。③研究经济政策对经济生活的影响。

投入产出表又称里昂惕夫表、产业联系表或部门联系平衡表,是反映国民经济各部门间投入与产出关系的平衡表。国民经济每个部门既是生产产品(产出)的部门,又是消耗产品(投入)的部门。投入产出表是以所有部门的产出去向为行、投入来源为列而组成的棋盘式表格,主要说明两个基本关系。一个关系是,每一部门的总产出等于它所生产的中间产品与最终产品之和,中间产品应能满足各部门投入的需要,最终产品应能满足积累和消费的需要。另一个关系是,每一部门的投入就是它生产中直接需要消耗的各部门的中间产品,在生产技术条件不变的前提下,投入决定于它的总产出。

投入产出表以矩阵形式,描述国民经济各部门在一定时期(通常为一年)生产中的投入来源和产出使用去向,揭示国民经济各部门间相互依存、相互制约的数量关系;同时,它将增值法、收入法、支出法国内生产总值结合在一张表上,细化了国内生产总值核算。投入产出表表式如表 2-16 所示。

表 2-16 投入产出表表式

投入	产出	中间使用					最终使用					总产品价值
		1	2	⋯	n	合计	消费	投资	政府	净出口	合计	
中间投入	1	x_{11}	x_{12}	⋯	x_{1n}	x_1	C_1	I_1	G_1	NX_1	Y_1	X_1
	2	x_{21}	x_{22}	⋯	x_{2n}	x_2	C_2	I_2	G_2	NX_2	Y_2	X_2
	⋯	⋯	⋯	⋯	⋯	⋯	⋯	⋯	⋯	⋯	⋯	⋯
	n	x_{n1}	x_{n2}	⋯	x_{nn}	x_n	C_n	I_n	G_n	NX_n	Y_n	X_n
	合计	N_1	N_2	⋯	N_n	$\sum N$	C	I	G	NX		
增加值	折旧	D_1	D_2	⋯	D_n	D						
	劳动者报酬	W_1	W_2	⋯	W_n	W						
	生产税净额	T_1	T_2	⋯	T_n	T						
	营业盈余	R_1	R_2	⋯	R_n	R						
	合计	M_1	M_2	⋯	M_n							
总收入		X_1	X_2	⋯	X_n							

国民经济由 n 个部门组成。表中横向表示各部门产品的使用情况,也分两个部分。中间使用是指提供给生产部门消耗用的中间产品,最终使用部分是指用于消费、投资等,称为最终产品。两部分之和应该等于产品的总产出。表中纵向表示各部门产品形成时价值构成情况。它由两部分构成。一部分是中间投入部分,表示各部门生产时消耗的中间产品价值。比如,第一部门生产时需要消耗本部门产品 x_{11},第二部门产品 x_{21},第 n 部门产品 x_{n1},消耗的总价值用 N_1 表示,N_2 表示第二部门产品生产时的总消耗,N_n 表示第 n 部门产品生产时的总消耗。另一部分是增加值部分,表示各部门在生产过程中的价值构成,M_1 表示第一部门的新增价值,M_2 表示第二部门的新增价值,M_n 表示第 n 部门的新增价值。它们与中间投入之和构成产品的总收入,分别以 $X_1,X_2,\cdots,X_n$ 表示。

投入产出表中包含两个基本的平衡关系——纵长方形表和横长方形表。这里只介绍横长方形表:中间产品+最终产品=总产出。这一平衡关系用数学公式表示为

$$\begin{cases} x_{11}+x_{12}+\cdots+x_{1n}+Y_1=X_1 \\ x_{21}+x_{22}+\cdots+X_{2n}+Y_2=X_2 \\ \vdots \\ x_{n1}+x_{n2}+\cdots+X_{nn}+Y_n=X_n \end{cases} \quad (2.19)$$

1. 直接消耗系数与直接消耗矩阵

直接消耗系数是生产第 j 个部门一元的产品需要投入第 i 部门多少元的产品,通常记为 a_{ij}:

$$a_{ij}=\frac{x_{ij}}{X_j} \quad (i,j=1,2,\cdots,n)$$

对应的直接消耗系数矩阵为

$$A=(a_{ij})=\begin{bmatrix} a_{11} & a_{12} & \cdots & a_{1n} \\ a_{21} & a_{22} & \cdots & a_{2n} \\ \vdots & \vdots & & \vdots \\ a_{n1} & a_{n2} & \cdots & a_{m} \end{bmatrix}$$

2. 里昂惕夫逆矩阵(完全消耗矩阵)

$$\begin{bmatrix} a_{11} & a_{12} & \cdots & a_{1n} \\ a_{21} & a_{22} & \cdots & a_{2n} \\ \vdots & \vdots & & \vdots \\ a_{n1} & a_{n2} & \cdots & a_{m} \end{bmatrix} \begin{bmatrix} X_1 \\ X_2 \\ \vdots \\ X_n \end{bmatrix} + \begin{bmatrix} Y_1 \\ Y_2 \\ \vdots \\ Y_n \end{bmatrix} = \begin{bmatrix} X_1 \\ X_2 \\ \vdots \\ X_n \end{bmatrix} \quad (2.20)$$

令 $A = \begin{bmatrix} a_{11} & a_{12} & \cdots & a_{1n} \\ a_{21} & a_{22} & \cdots & a_{2n} \\ \vdots & \vdots & & \vdots \\ a_{n1} & a_{n2} & \cdots & a_{m} \end{bmatrix}$, $Y = \begin{bmatrix} Y_1 \\ Y_2 \\ \vdots \\ Y_n \end{bmatrix}$, $X = \begin{bmatrix} X_1 \\ X_2 \\ \vdots \\ X_n \end{bmatrix}$

式(2.19)可写成

$$AX + Y = X$$
$$X - AX = Y$$
$$(I - A)X = Y$$
$$X = (I - A)^{-1} Y$$

式中：$(I-A)$——里昂惕夫矩阵；

$(I-A)^{-1}$——里昂惕夫逆矩阵(完全消耗矩阵)；

X——总产品列向量；

Y——最终产品列向量；

I——单位矩阵。

下面举例说明投入产出预测法。为简化问题，假设有一个三部门的投入—产出表,如表 2-17 所示。

表 2-17 三部门的投入—产出表

投入	产出	中间需求				最终需求	总需求
		部门1	部门2	部门3	合计		
生产部门	部门1	10	30	15	55	45	100
	部门2	40	45	10	95	55	150
	部门3	20	15	5	40	10	50
	合 计	70	90	30	190	110	250
增加值		30	60	20	110		
总产值		100	150	50	250		

根据表 2-17 所给数据计算直接消耗系数,用的矩阵表示为

$$A = \begin{bmatrix} 0.1 & 0.2 & 0.3 \\ 0.4 & 0.3 & 0.2 \\ 0.2 & 0.1 & 0.1 \end{bmatrix}$$

根据直接消耗矩阵计算完全消耗矩阵得

$$(I-A)^{-1} = \begin{bmatrix} 1.47 & 0.51 & 0.6 \\ 0.96 & 1.81 & 0.72 \\ 0.43 & 0.31 & 1.33 \end{bmatrix}$$

假设我们通过预测知道了明年三个部门的最终需求,部门1为50,部门2为60,部门3为15,则用投入产出预测法预测三个部门的总需求为

$$X = (I-A)^{-1}Y = \begin{bmatrix} 1.47 & 0.51 & 0.6 \\ 0.96 & 1.81 & 0.72 \\ 0.43 & 0.31 & 1.33 \end{bmatrix} \begin{bmatrix} 50 \\ 60 \\ 15 \end{bmatrix} = \begin{bmatrix} 113 \\ 167 \\ 60 \end{bmatrix}$$

当最终需求发生了变化,投入产出表也会发生相应的变化。根据变化后最终产品列向量直接消耗矩阵和的乘积,就可进一步预测明年三个部门的投入产出数据,得到修改后的三个部门投入—产出表,如表2-18所示。

$$XA = \begin{bmatrix} 113 \\ 167 \\ 60 \end{bmatrix} \begin{bmatrix} 0.1 & 0.2 & 0.3 \\ 0.4 & 0.3 & 0.2 \\ 0.2 & 0.1 & 0.1 \end{bmatrix} = \begin{bmatrix} 11.3 & 33.4 & 18 \\ 45.2 & 50.1 & 12 \\ 22.6 & 16.7 & 6 \end{bmatrix}$$

表2-18 修改后的三部门投入—产出表

投入	产出	中间需求			最终需求	总需求
		部门1	部门2	部门3		
生产部门	部门1	11.3	33.4	18	50	113
	部门2	45.2	50.1	12	60	167
	部门3	22.6	16.7	6	15	60

阅读案例2-4

投入产出预测在农业产业结构调整中的应用

现代生产的一个特征是高度专业化。农、林、牧、副、渔等产业的产品往往是工业、副业的原材料。生产一些结构复杂的产品(如船舶、汽车、飞机、大型化工设备等),往往需要消耗各行各业的许多产品和原材料。这种高度关联、相互依存的客观现象,就是应用投入产出分析的实际背景。投入产出预测,是从经济系统的整体出发,分析各个部门的相互依存关系,研究部门之间产品流入和输出的数量关系,预测某个或几个部门之间产品流入和输出的数量关系,预测某个或几个部门的投入产出发生某种变化时,其余部门的投入产出会发生什么变化,从而掌握经济系统活动规律的现代管理方法。投入产出预测法的基本用途是:编制发展计划,经济结构分析和综合平衡,预测经济系统的未来状况。

一、投入产出预测在农村产业结构调整中的作用

投入产出法在农村产业结构调整中的作用有以下几个方面:

1. 可作为制订农业结构调整计划和预测的依据。投入产出预测法以某一研究对象(经济实体)是个有机整体的观点出发,综合研究农村各产业具体部门间的数量关系,这里既有农村各产业的综合指标包括总产品、中间产品、收入、积累、消费,又包括了按农产品部门的分解指标,二者有机结合。如利用某一综合产业实体与其各具体产业间的有机数量关系,可以较好地解决农业的全面发展和具体发展某一产业的关系,在综合平衡的基础上,确定每一具体农副产品的生产和分配,从而成为计划和预测的一种重要工具。

2. 正确地反映出农业各产业间内部的关系。投入产出法主要是通过一张纵横交叉的表格,描述农业各产业间内部各产品之间错综复杂的联系,从而使它能从生产消耗和分配使用两个方面来反映农副产品的运动过程,同时反映农副产品的价值形成过程和使用价值运动过程。因为每个部门都同时具有生产者和消费者的双重身份,它要生产出农副产品,按社会需要供给其他部门和领域的消费,又要消费其他部门的产品,通过本身的生产消费过程,才能把农副产品生产出来。这样各种产品的生产和分配相互交织,就形成所有农业与其他部门间相互消耗和相互提供产品的内在联系。

3. 可据此进行数量分析和核算。可以用投入产出表中的各种系数,直接对其农业生产经营进行数量分析、平衡核算和计划计算。

4. 有助于推动农业产业管理现代化。投入产出法与现代数学方法和电子计算技术紧密结合在一起,既可提高分析预测精度,又能推动电子计算机技术在农业中的运用和发展。

二、投入产出预测在农村产业调整中的应用

我国农业生产的特点和近几年来农业生产力发展,农业产业分工和产业化的迅速形成,商品率增长很快和较完备的市场体系的形成,农村经济发展的要求,区域和部门的规划决策,迫切需要综合性预测技术。因此,投入产出预测在农业上便得到广泛的应用,尤其是在农村产业结构调整中的应用更为迫切。

如某地以种植业、畜牧业、林业为最主。由于乱砍滥伐,林业遭到破坏,现在要加快林业发展,恢复生态平衡,在调整农业经营结构时,要对这三种产业进行预测分析,以确定投入和发展方向,2014年三种产业投入产出结构如表2-19所示,确定调整期为5年,在此期间,种植业每年增长速度为2%,畜牧业增长速度为3%,林业增长速度为10%,预测2019年农业生产结构的变化。

$$三个产业的总产值\ X = \sum_{i=1}^{3} X_i = 100 + 100 + 50 = 250$$

2014年的产业结构具体表现为每一产业所占总产值 X 的比重 w,它们分别为

$$种植业:w_1 = \frac{X_1}{X} = \frac{100}{250} \times 100\% = 40\%$$

$$畜牧业:w_2 = \frac{X_2}{X} = \frac{100}{250} \times 100\% = 40\%$$

$$林\quad 业:w_3 = \frac{X_3}{X} = \frac{50}{250} \times 100\% = 20\%$$

表 2-19 2014年三种产业投入产出结构 单位：万元

投入	产出	中间需求				最终需求	总需求
		种植业	畜牧业	林业	合计		
生产部门	种植业	40	30	10	80	20	100
	畜牧业	30	20	20	70	30	100
	林业	20	10	10	40	10	50
	合计	90	60	40	190	60	250
净产值		10	40	10	60		
总产值		100	100	50	250		

用 a_{ij} 表示直接消耗系数,其意义是第 j 部门生产单位产品直接消耗第 i 部门的产品量。根据表 2-19 所给数据计算直接消耗系数,用矩阵表示为

$$A = \begin{bmatrix} 0.4 & 0.3 & 0.1 \\ 0.3 & 0.2 & 0.2 \\ 0.2 & 0.1 & 0.1 \end{bmatrix}$$

直接消耗系数矩阵,最终需求 Y 与农业各部门的总产值 X 之间有如下关系：$X=(I-A)^{-1}Y$。其中 $(I-A)^{-1} = \begin{bmatrix} 2.655 & 1.150 & 1.239 \\ 1.416 & 1.947 & 1.327 \\ 0.841 & 0.531 & 1.726 \end{bmatrix}$。

根据确定的农业各产业发展速度,五年之后各产业的最终产品 Y,将分别达到的预测值为

Y_1(种植业) $= 20 \times (1+0.02)^5 = 22.0816$

Y_2(畜牧业) $= 30 \times (1+0.03)^5 = 34.778$

Y_3(林业) $= 10 \times (1+0.10)^5 = 16.1051$

将求得的各值代入公式：$X=(I-A)^{-1}Y$

$X_1 = 118.57, \quad X_2 = 20.37, \quad X_3 = 64.83$

此计算结果表明,2019 年种植业产值将达到 118.57 万元,畜牧业产值将达到 120.37 万元,林业产值将达到 64.83 万元,三个产业的总产值：$X = 118.57 + 120.37 + 64.83 = 303.77$(万元)。

2019 年农业的产业结构将变为

种植业所占比重 $w_1 = \dfrac{118.57}{303.77} \times 100\% = 39.1\%$

畜牧业所占比重 $w_2 = \dfrac{120.37}{303.77} \times 100\% = 39.6\%$

林业所占比重 $w_3 = \dfrac{64.83}{303.77} \times 100\% = 21.3\%$

由此可以看出,林业生产比重增加了,畜牧业稳定,种植业比重有所下降,产业结构按预定方向略有改进。

2.3 需求弹性及其在企业管理决策中的应用

弹性概念在经济学中得到广泛运用。一般来说，只要两个经济变量之间存在着函数关系，我们就可用弹性表示因变量对自变量的反应敏感程度。在经济学中，弹性的一般公式为

$$\text{弹性系数} = \text{因变量的变动比例} / \text{自变量的变动比例}$$

需求的弹性分析是用来衡量需求量对其影响因素变动的敏感程度，是对需求量相对于其影响因素变动的反应程度进行定量分析的方法。从上节分析可知，一种商品的需求量受诸多因素的影响，其中，最基本的因素是商品的自身价格、消费者收入、相关商品的价格等。所以，本节着重讨论需求的价格弹性、需求的收入弹性及需求的交叉价格弹性。

2.3.1 需求价格弹性

商品的需求量会随自身商品价格的变动而变化，但是，不同的商品对价格敏感程度不同，有些商品，当价格稍有变动时，会引起需求量较大幅度的变化，而另一些商品尽管价格变动幅度较大，需求量却基本不变。

1. 需求价格弹性的概念

需求价格弹性(price elasticity of demand)，简称为价格弹性或需求弹性，是指某种商品需求量对商品自身价格变动的反应程度，是需求量变动的百分比除以价格变动的百分比。它用于衡量当一种商品的价格发生变动时，该商品需求量变动的大小。需求价格弹性一般用需求价格弹性系数 E_d 来表示，Q 代表需求量，ΔQ 代表需求量的变动量，P 代表价格，ΔP 代表价格的变动量，则需求价格弹性系数可用下列公式表示：

$$E_d = \frac{\text{需求量变动的百分比}}{\text{价格变动的百分比}} = \frac{\Delta Q/Q}{\Delta P/P} = \frac{\Delta Q}{\Delta P} \cdot \frac{P}{Q} \tag{2.21}$$

计算出来的需求价格弹性系数为负值，表示商品的价格与商品的需求量呈反方向变动。

2. 需求价格弹性系数的计算

需求价格弹性的计算，一般包括点弹性和弧弹性两种。

(1) 点弹性及其计算。

顾名思义，点弹性就是需求曲线上某一点的弹性(这时意味着 ΔQ 和 ΔP 的量极其微小，接近于零)。需求曲线上任一点的需求价格弹性系数可以计算为

$$E_d = \lim_{\Delta P \to 0} \frac{\Delta Q/Q}{\Delta P/P} = \lim_{\Delta P \to 0} \frac{\Delta Q}{\Delta P} \cdot \frac{P}{Q} = \frac{dQ}{dP} \cdot \frac{P}{Q} \tag{2.22}$$

例如，某商品的需求函数为 $Q = 18 - 2P$，导出点弹性的表达式，并计算价格为 3 时的点弹性。

根据上述公式，可得需求点弹性表达式如下：

$$E_d = \frac{dQ}{dP} \cdot \frac{P}{Q} = (-2) \cdot \frac{P}{Q}$$

当 $P=3$ 时，$Q=18-2\times 3=12$，$E_d=(-2)\times(3/12)=-0.5$

点弹性的意义在于揭示在需求曲线的不同点上需求弹性是不同的。如图 2-12 所示，为了方便起见，假设需求曲线为线性，在需求曲线 D 的中点，弹性系数的绝对值为 1，在曲线的上半段，需求价格弹性系数的绝对值大于 1，这说明在价高时，每降低一定百分比的价格会增加较大的需求量；而在价格水平低时，增减价格对需求量的变化影响减弱。

（2）弧弹性及其计算。

如果价格变动较大时，测定在某一范围内的需求价格弹性，即计算弧弹性。需求弧弹性是指商品需求曲线上两个价格/数量点之间所具有的平均弹性。价格和需求量可以采用平均值来计算其弹性系数，其计算方式如下：

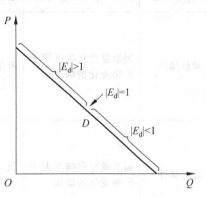

图 2-12　需求价格点弹性

$$E_d = \frac{\text{需求量变动的百分比}}{\text{价格变动的百分比}} = \frac{\Delta Q/Q}{\Delta P/P} = \frac{\Delta Q}{\Delta P} \cdot \frac{P_1+P_2}{Q_1+Q_2} \quad (2.23)$$

应用此公式，上例商品的需求价格弹性计算如下：

价格从 3 上涨到 4 时，$P_1=3$，$P_2=4$，$Q_1=12$，$Q_2=10$

$$E_d = \frac{\Delta Q}{\Delta P} \cdot \frac{P_1+P_2}{Q_1+Q_2} = \frac{10-12}{4-3} \times \frac{3+4}{12+10} = -0.64$$

3. 需求价格弹性的分类

根据需求价格弹性绝对值的大小，可将其分为五类，每类商品需求量随价格变动的反应情况如表 2-20 所示。

表 2-20　不同商品需求价格弹性分类表

分　类	含　义	实　例	数　值	图　形
完全无弹性	无论价格如何变化，需求量都不变	骨灰盒、胰岛素等	$\|E_d\|=0$	
缺乏弹性	需求量变化幅度小于价格变化的幅度	食物；衣服；农产品；住房；饮料；保险等	$\|E_d\|<1$	

续表

分 类	含 义	实 例	数 值	图 形
单位弹性	需求量变化幅度等于价格变化的幅度	报纸等	$|E_d|=1$	
富有弹性	需求量变化幅度大于价格变化的幅度	汽车；旅游；专业服务等	$|E_d|>1$	
完全有弹性	当价格为既定时，需求量无限	货币等	$|E_d| \to +\infty$	

(1) 需求完全无弹性。需求完全无弹性的商品，$|E_d|=0$。需求曲线是一条与横轴垂直的线，表示无论价格如何变动，需求量都不改变。例如，一些特殊的药品像胰岛素，对于一些糖尿病人至关重要，无论价格如何上升或下降，他们都不会改变购买量。

(2) 需求缺乏弹性。需求缺乏弹性的商品，$|E_d|<1$。需求曲线是一条比较陡峭的线，表示需求量变化幅度小于价格变化幅度。例如，米、面粉、食盐等生活必需品。

(3) 需求单位弹性。有需求单位弹性的商品，$|E_d|=1$。需求曲线是一条正双曲线，表示需求量变化幅度等于价格变化幅度。例如报纸。

(4) 需求富有弹性。需求富有弹性的商品，$|E_d|>1$。需求曲线是一条比较平坦的线，表示需求量变化幅度大于价格变化幅度。例如，空调、汽车等高档生活用品，旅游和专业服务等。

(5) 需求有无限弹性。需求有无限弹性的商品，$|E_d| \to +\infty$。需求曲线是一条与横轴平行的线，表示价格既定时，需求量是无限的，或者说对于价格的微小变动，需求量出现了无限大的反应。例如，两台相邻饮料机中的同种同质软饮料，在价格相同的情况下，都会拥有一批消费者，而当一台机器中的软饮料价格上涨时，即使量很小，人们也不会购买，而是购买另一机器的饮料。

4. 需求价格弹性的决定因素

影响需求价格弹性的因素错综复杂，概括起来有如下几个方面。

(1) 消费品的性质。对于生活必需品，像大米、盐、蔬菜等，需求价格弹性较小，而对于奢侈品、可有可无商品，如珠宝首饰、新型手提电脑、欧洲旅行等，需求价格弹性较大。

（2）商品的替代性强弱。一种商品的替代商品种类越多，供应越充足，则其需求价格弹性越大。因为如果该商品的价格上升，顾客能很容易地转向其替代品。例如，苹果、橘子、梨等可以相互替代，苹果价格涨到很高，则苹果的消费者会放弃购买苹果而购买橘子或梨等其他水果，苹果的需求量会下降；反之，替代性弱、替代商品少的商品其需求价格弹性就较小。

（3）商品的消费支出占总消费支出的比重。一种商品的消费支出占消费者总支出的比重越小，需求价格弹性就越小；反之亦然。例如，火柴、铅笔，因为其支出金额占总消费支出的比重很小，所以当其价格变动时，对消费者的购买行为影响不大，需求量变动也就很小。而自行车、彩电、时装等，因为支出数额较大，所以当其价格变动时，需求量的变动相应就大一些。

（4）消费品用途的广泛性。用途越广泛，需求弹性越大；用途越单一，需求弹性越小。如果商品的用途不止一种，可以用来满足不同需要，人们会对这些商品按需要程度的不同，分为不同等级，商品涨价时，消费者将其用在紧要的用途上。例如，木材有很多用途，当柴火、做家具、造房子等，由于木材价格上升很快，人们就会把木材仅用在家具等重要的地方。

（5）时间因素。人们对价格变动做出反应时间的长短也是影响价格弹性的一个因素。以汽油为例，假设汽油价格突然上涨，而你刚买了一辆新汽车。你是否会卖掉汽车而节省经济开支？一般不会。因此，在短期内，汽油的需求可能是非常缺乏弹性的。然而从长期看，你可以根据油价的高低而调整自己的行为。你可以购买小型的节能型汽车、骑自行车或乘公共汽车。对于许多物品来说，消费者调整自己的消费模式意味着在长期内需求弹性比短期高。

当然，商品的需求价格弹性还受许多其他因素影响。例如，消费习惯、商品质量等因素，也会因不同的国家、不同的时期、不同的地方、不同的消费者而不同。因此，在分析需求价格弹性时，要视具体问题作具体分析。

阅读案例 2-5

用需求价格弹性推测需求函数

如果知道在某个价格下，市场的需求数量和此时的需求价格弹性，可以推测该商品的需求函数。如当知道某市市场上某品牌的家用轿车，价格为每辆 16 万元时，年销量为 10 000 辆。估计对该品牌家用轿车的需求价格弹性为 $-3 \sim -2.5$，可以推算某市市场对该品牌家用汽车的需求函数。

$$E_d = \frac{dQ_d}{dP} \cdot \frac{P}{Q_d} = -b \cdot \frac{P}{Q_d} = -2.5$$

那么，将价格每辆 16 万元，年销量 10 000 辆代入 E_d 计算公式，可以计算出 $b = -1 562.5$。

设该品牌汽车的需求函数为

$$Q_d = a - bP$$

将 b 和价格、销量代入需求函数，计算出 $a = 35 000$，得到如果需求价格弹性是 -2.5，

需求函数为

$$Q_d = 35\,000 - 1\,562.5P$$

同样的道理,如果需求价格弹性为-3,也可以计算出需求函数为

$$Q_d = 40\,000 - 1\,875P$$

由此,知道在某市市场上,对该品牌家用汽车的需求函数在 $Q_d = 35\,000 - 1\,562.5P$ 和 $Q_d = 40\,000 - 1\,875P$ 之间。

5. 需求价格弹性与企业的定价决策

销售收入是衡量一个企业经营成果的一个重要指标,每个企业都会很自然地关心自己所经营商品的销售收入情况,而价格的变化与销售量及全部销售收入有着密不可分的关系。但并不是在所有情况下,价格的下降都会使销售收入减少。价格的变动对销售收入产生何种影响,必须结合需求价格弹性给予综合考虑。

销售收入等于销售价格乘以销售数量,可见影响销售收入的两大因素为价格和销售量。根据需求法则,需求量与价格成反比。因此,影响收入的两大因素总是呈反方向变动,即价格上升,销售量下降;价格下降,销售量上升。在既有增加又有减少的情况下,销售收入的变化取决于价格和销售数量这两个因素中哪个因素变化更大或对销售收入影响更大,而要考察这一点,就必须从需求价格弹性角度去考虑价格与需求量之间的关系。当需求富有弹性时,需求量变动幅度大于价格变动幅度,故价格提高,全部销售收入下降,价格降低,全部销售收入上升;当需求缺乏弹性时,需求量变动幅度小于价格变动幅度,故价格提高,全部销售收入增加,价格下降,全部销售收入减少。

价格、需求价格弹性和全部销售收入的变化关系如表2-21所示,当需求富有弹性时,价格与全部销售收入呈反方向变动;而在缺乏弹性时,价格与全部销售收入呈同方向变动;在需求弹性为1时,全部销售收入恰好达到极大值。

表2-21 价格变动、需求价格弹性和全部销售收入的变化关系

$\|E_d\|$ ＼ TR ＼ P	价格 $P \downarrow$	价格 $P \uparrow$
$\|E_d\| > 1$	全部销售收入 ↑	全部销售收入 ↓
$\|E_d\| < 1$	全部销售收入 ↓	全部销售收入 ↑
$\|E_d\| = 1$	全部销售收入不变	全部销售收入不变

需求价格弹性对企业产品定价也具有重要的指导意义,企业在制定价格和经营策略时要充分考虑产品在不同价格中的作用,从而采取不同的定价策略。如果企业生产的产品是富有弹性的,企业若提价则会较大幅度地影响产品需求量,反而使企业总销售收入下降。因此,这类产品应实行"薄利多销"的营销策略,适当降低产品价格,以扩大销售量,增加市场份额。

对于缺乏弹性的产品,则可以采用较高定价策略,这样可以增加销售收入,提高利润。由于商品的价格弹性会随着价格变化而变化,当价格降低时,需求弹性趋小,所以企业在

采取降价促销方式时,不可盲目降价,价格降到一定程度后,需求弹性会变为缺乏弹性,使销售收入减少。因此,降价促销不应是企业的长期竞争策略,而应把竞争手段放在提高产品质量和降低成本上。

在产品的生命周期内,消费者对产品的偏好程度会发生变化,产品价格也是经历从高到低的过程,企业在不同阶段应采取不同的定价策略。

阅读案例 2-6
2008年某汽车锻件市场及价格策略制定

2008年因全球金融危机导致的实体经济急剧恶化的各个阶段:1~9月,汽车锻件市场需求及运行基本正常;到10月开始出现一个有别于历年市场走势较大幅度的下跌,跌幅为25%;在11月、12月更是急剧下跌,其中11月较同年高峰下跌59%,而12月继续恶化,较同年最高峰下跌83%。在此极端的市场环境下,行业物流链几乎停滞断裂,资金链也随之出现问题;企业信心丧失,"现金为王"以渡过难关的呼声不断,对前景的不明使上游企业(客户)捂紧钱袋,几乎停止采购。依据钢材原料市场价格下降幅度,客户提出了锻件至少达到材料同等降幅的要求。

面对这一时期的市场状况,可以得到一个结论:因全球金融危机引发的实体经济危机而引起的市场需求大幅下跌不可逆转,即使答应客户锻件按材料同等降幅调整价格的要求,也不可能增加销量。也就是说,在这一时期,产品已经由富有弹性的市场变成缺乏弹性的市场。按照经济学需求价格弹性原理,要增加企业收益,此时不应是降价促销,而应是适当调高价格,最大程度地提升企业收益。采取这一策略后,两个重要客户的收益如表 2-22 和表 2-23 所示。正确判断市场需求价格弹性变化:原本富有价格弹性的锻件,在极端市场环境下演变为需求缺乏价格弹性。依据变化做出符合需求价格弹性原理的决策:面临市场规模成倍下降而带来的营销压力,适当涨价,公司在这两个主要客户处,便增加了收益约566万元。

表 2-22 客户甲收益对照

零件号	相对涨价幅度/%	公司增加收入/元
A	12.33	60 247
B	11.24	31 683
C	13.64	307 213
E	10.83	114 994
F	16.88	500 162
G	9.73	133 393
H	18.78	868 111
K	18.32	110 569
L	11.88	262 099
合计	—	2 388 471

表 2-23 客户乙收益对照

零件号	相对涨价幅度/%	公司增加收入/元
R	15.54	316 981.99
S	15.7	213 009.75
T	18.13	18 099
U	16.52	17 482.86
V	16.9	568 385.91
W	16.85	1 176 604.11
Q	15.85	1 045.92
P	15.04	176 533.5
Z	15.88	78 767.58
合计	—	3 275 910.62

6. 需求价格弹性、供给价格弹性与税额分摊

政府为了取得一定的财政收入,通常采用向生产者征税的方法。政府征税,税额由厂商与消费者承担的比例取决于产品的需求价格弹性和供给价格弹性。

供给价格弹性是指商品自身价格的变动率与其所引起的供给量变动率之比,它用于衡量当一种商品的价格发生变动时,该商品供给量变动的大小。

如果某种产品的需求价格弹性大于供给价格弹性,税额主要由生产者承担,商品的需求价格弹性越大,生产者承担的比例越高。如果需求有无限弹性,消费者的税额负担为零。反之,如果商品需求价格弹性越小,消费者负担的比例越大,如果需求弹性为零,税额可以完全转嫁给消费者。商品的供给价格弹性越大,厂商承担的税收比例越小,供给价格弹性越小,厂商承担的税收比例越大。如果商品的需求价格弹性和供给价格弹性相等,税额由厂商和消费者均摊。税额分摊的具体情况如图 2-13 和图 2-14 所示。

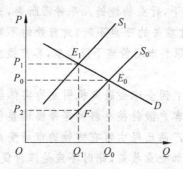
图 2-13　需求价格弹性大于供给价格弹性的税额分摊

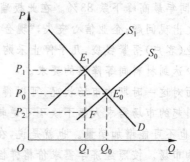
图 2-14　需求价格弹性小于供给价格弹性的税额分摊

在图 2-13 中,需求曲线、供给曲线、均衡点、均衡价格和均衡数量分别用 D、S、E、P、Q 表示。当政府向厂商生产的产品收取 T 单位的定额税时,厂商将税额列入成本,将引起厂商供给曲线的向左移动,由 S_0 移动到 S_1,均衡点由 E_0 移动到 E_1,在需求不变的情况下会导致均衡价格上升,均衡数量减少:均衡价格由 P_0 增加到 P_1,均衡数量由 Q_0 减少到 Q_1。使厂商的供给价格上涨 T 单位(等于政府的征税额),即图 2-13 中的 E_1F,也就是 P_1P_2,而价格上升额为 P_1P_0,P_1P_0 小于 P_1P_2,价格上涨额小于征税额。在征税额 T 中,生产者承担 P_2P_0 单位,消费者承担 P_1P_0 单位。由于商品的需求价格弹性大于供给价格弹性,P_2P_0 大于 P_1P_0,厂商承担的税额比例大于消费者承担的比例。

在图 2-14 中,商品的需求价格弹性小于供给价格弹性,征税额 P_1P_2 中消费者承担的部分 P_1P_0 大于厂商承担的部分 P_2P_0,消费者承担的税额比例大于厂商承担的税额比例。商品的供给价格弹性与需求价格弹性之间的差额越大,这种税额比例的差距就越大。

2.3.2　需求收入弹性

1. 需求收入弹性的概念及计算

需求收入弹性是指某种商品需求量对收入变动的反应程度,是需求量变动的百分比除以收入变动的百分比。以 E_m 表示需求收入弹性系数,Q 代表需求量,ΔQ 代表需求量的变动量,M 代表收入,ΔM 代表收入的变动量,则需求收入弹性系数的一般表达式为

$$E_\mathrm{m} = \frac{\text{需求量变动的百分比}}{\text{收入变动的百分比}} = \frac{\Delta Q/Q}{\Delta M/M} = \frac{\Delta Q}{\Delta M} \cdot \frac{M}{Q}$$

（1）点弹性的计算公式。

如果收入微小变动时,测定在某一点的需求收入弹性,即计算点弹性,其计算公式如下：

$$E_\mathrm{m} = \lim_{\Delta m \to 0} \frac{\Delta Q/Q}{\Delta M/M} = \lim_{\Delta m \to 0} \frac{\Delta Q}{\Delta M} \frac{M}{Q} = \frac{\mathrm{d}Q}{\mathrm{d}M} \frac{M}{Q} \tag{2.24}$$

（2）弧弹性及其计算。

如果收入变动较大时,测定在某一范围内的需求收入弹性,即计算弧弹性,其计算公式如下：

$$E_\mathrm{m} = \frac{\text{需求量变动的百分比}}{\text{价格变动的百分比}} = \frac{\Delta Q/Q}{\Delta M/M} = \frac{\Delta Q}{\Delta M} \frac{M_1 + M_2}{Q_1 + Q_2} \tag{2.25}$$

【例 2-10】 我国 1991—2010 年社会物流总额及国内生产总值数据如表 2-24 所示,试确定需求收入函数和每年的需求收入弹性,并说明需求收入弹性的变动趋势。

表 2-24　我国社会物流总额和国内生产总值数据及需求收入弹性的计算结果

年　份	社会物流总额 Q/亿元	国内生产总值 GDP/亿元	收入弹性 E_m
1991	30 291	21 781	2.322 559
1992	39 188	26 923	2.219 08
1993	54 475	35 334	2.095 068
1994	79 237	48 198	1.964 733
1995	102 230	60 794	1.920 812
1996	110 614	71 177	2.078 414
1997	124 138	78 973	2.054 832
1998	129 388	84 402	2.106 984
1999	139 717	89 677	2.073 167
2000	171 427	99 215	1.869 393
2001	195 442	109 655	1.812 229
2002	233 597	120 333	1.663 872
2003	296 596	135 823	1.479 144
2004	385 038	159 878	1.341 182
2005	481 983	184 937	1.239 352
2006	595 976	216 314	1.172 353
2007	752 283	265 810	1.141 281
2008	899 907	314 045	1.127 189
2009	966 500	340 507	1.137 959
2010	1 254 130	397 983	1.025 001

解：用 Excel 确定回归参数和预测方程，得回归结果如下：

回归统计		回归统计	
Multiple R	0.993 786 8	标准误差	40 937.062
R Square	0.987 612 1	观测值	20
Adjusted R Square	0.986 923 9		

方差分析

	df	SS	MS	F	Significance F
回归分析	1	2.404 89E+12	2.404 89E+12	1 435.033 9	1.281 39E−18
残差	18	30 165 174 861	1 675 843 048		
总计	19	2.435 06E+12			

	Coefficients	标准误差	t Stat	P-value	Lower 95%	Upper 95%	下限 95.0%	上限 95.0%
Intercept	−110 160	15 254.59	−7.221 4	1.02E−06	−142 208.645	−78 111.23	−142 209	−78 111.2
X Variable 1	3.231	0.085 28	37.881 84	1.28E−18	3.051 483	3.409 8	3.051 5	3.409 8

根据回归结果得有效的需求收入函数为：$Q = -110\ 159.936 + 3.23\text{GDP}$。

因此，利用需求收入函数和式(2.23)可计算得到每一年的需求收入弹性，结果如表 2-23 所示，可以看出需求收入弹性呈逐渐下降的趋势。

2. 需求收入弹性与商品的分类

一般来讲，消费者的收入与需求量是同方向变动的。但各种商品的需求收入弹性大小并不相同，依据需求收入弹性数值，可将商品分为以下两种：

(1) 正常品(normal goods)，需求收入弹性系数为正值。说明这种商品的需求量将随着收入的增加(减少)而增加(减少)，经济学中称这种商品为正常品。其中需求收入弹性系数介于 0 和 1 之间的商品，需求量变动的幅度小于收入变动的幅度，称为生活必需品，如粮食、服装等；需求收入弹性系数大于 1 的商品，需求量变动的幅度大于收入变动的幅度，称为奢侈品，如珠宝、笔记本电脑等。

(2) 劣等品(inferior goods)，需求收入弹性系数为负值。说明这类商品的需求量将随着收入的增加(减少)而减少(增加)，称为劣等品，如土豆、玉米面、高粱米等。

3. 商品需求收入弹性对企业的作用

(1) 企业产品结构调整的依据。产品结构指企业经营的各种产品之间的比例关系。任何一家企业在选择经营一种产品时，总是希望这个产品有一个快速增长的市场，也就是希望它在价格方面有一个更大的支配空间。显然，需求收入弹性大的商品可以给企业提供这样的一个机会。因为需求收入弹性大的商品，当收入在逐步增长的时候，需求会以更快的比率增长，也就是说，具有较高需求收入弹性的产品意味着随着国民经济的增长或消费者收入的提高,其需求量增长率会很高。其市场空间的扩张,会比收入增长的速度还要快。反之,如果某种产品的需求收入弹性不断下降,其数值越来越小甚至为负,这意味着,随着消费者收入水平的增加,此种商品的需求量会越来越萎缩,这样的产品应淘汰掉。因此企业要摸清各种产品需求收入弹性其发展趋势,以便及时做出准确的决策。

(2)指导企业的市场定位。市场定位是产品营销的重要手段。假设企业所经营的商品属于需求收入弹性大的商品,那么把市场定位在高收入阶层,就预示着可能会有一个更大的市场需求;如果经营的商品属于需求收入弹性小的商品,那么市场定位时就会针对中低收入阶层。

(3)企业产业选择的标准。对一个实施多元化战略的企业来讲,选择什么产业进入是非常重要的。选择的标准可以有很多。需求的收入弹性是一个很重要的参考依据。在正常情况下,如果某种产品的需求收入弹性不断下降,其数值趋向于零,这就预示着此种商品有出现市场饱和的可能,如果其需求收入弹性为零,该商品的市场已经饱和了。这意味着,不论消费者收入水平怎样变化,对此种商品的需求量都不会改变了。这种产业就不能进入了。要选择需求收入弹性呈上升趋势并且需求收入弹性比较大的产业进入,这意味着随着消费者收入水平的上升,对此种商品的需求量将不断扩大并且其增长率快于国民经济增长。因此企业应增加对需求收入弹性大的产业的资源配置,缩减需求收入弹性小的产业的资源配置。

阅读案例 2-7

从农户需求收入弹性看拉动内需政策

为应对全球经济危机,我国政府在 2008 年 11 月出台了十项经济措施,以进一步扩大内需,促进经济平稳较快增长。这十条经济措施中有三条都涉及促进农村经济增长,包括"加快农村基础设施建设","加快中西部农村初中校舍改造","提高明年粮食最低收购价格,提高各种惠农补贴标准,增加农民收入"。随后在 2008 年 12 月,国家又扩大了"家电下乡"补贴政策的试点范围,来促进农户对家电的消费。由此可见,在经济增长速度放缓的情况下,国家将拉动内需的重点放在了刺激农村消费需求上。这些政策能否有效地刺激农村消费需求,不仅取决于农户收入的增长,还取决于农户的需求收入弹性,即农户收入的增长所能引起的消费支出增长的状况。农户对不同商品和服务的需求收入弹性可能会存在差异,有效的政策干预应尽量针对那些农户需求收入弹性大的商品和服务,这样有助于确定政策的优先顺序,确保政府公共支出的效率。因此,对农户需求收入弹性的测算就显得很有意义。本文拟利用线性 AIDS 模型,根据农村固定观察点 2006 年的农户调查数据来测算农户对各项商品和服务的需求收入弹性,进而针对政府农户收入支持政策的优先顺序提供相应的政策建议。

AIDS 模型由 Deaton 和 Muellbauer 提出,它不仅满足选择偏好公理,考虑了消费品之间的替代关系,并且能够由个人偏好加总为社会偏好等,是一种比较成熟的消费行为模型,被广泛应用于居民消费行为的研究中。

由于我国存在显著的地区差异,因此本文分别从东部、中部、西部地区各选取 3 个样本省,各地区样本省的选择兼顾了南北地域平均分布,在样本省内按照各县经济水平高低选择不同经济水平的样本县的样本农户,最终使用的样本总数为3 133户。

一、农户需求收入弹性估计结果

根据 AIDS 模型估计结果,各消费支出项目的需求收入弹性有较大差异(见表2-25)。一是食品和衣着这类生活必需品的需求收入弹性均小于1,说明农户对这类消费品的支出受收入变化的影响较小。二是居住、耐用品及用品、农村医疗服务和农村文化教育的需求收入弹性均大于1,说明农户对这四种消费项目的支出受收入变化的影响较大。其中农村医疗服务和农村文化教育两项农村公共服务消费项目的需求收入弹性分别居于第一位和第三位。三是交通通信的需求收入弹性稍大于1,高于食品和衣着的收入弹性,但是明显低于居住、耐用品及用品、农村医疗服务和农村文化教育的收入弹性。

表2-25 农户各项生活消费支出弹性值

支出项目	食品	衣着	居住	耐用品及用品	农村医疗服务	农村文化教育	交通通信
需求收入弹性	0.79	0.74	1.26	1.36	1.36	1.29	1.00

二、结论及建议

根据农户消费项目需求收入弹性的估计结果,除食品和衣着外,农户的各项消费支出的需求收入弹性均大于1。因此,从农户的角度来看,政府通过加大对农村公共服务、基础设施的投入来刺激内需是非常必要的。由于农村医疗服务和农村文化教育的需求收入弹性明显高于交通通信的需求收入弹性,因此,在制订投资计划时应优先考虑对医疗卫生和文化教育服务的投入,而对交通通信等基础设施的投入可相对靠后考虑。然而中央为配合刺激内需的十项经济措施所制定的4万亿元投资计划中,用于农村民生工程和农村基础设施的投资为3 700亿元,占9%;用于交通等重大基础设施建设的投资达到了18 000亿元,占45%;而用于医疗卫生和文化教育事业发展的投资只有400亿元,仅占1%。投资计划一半以上的投资被安排在了基础设施建设上。

综合以上分析,从农户需求弹性的角度来考虑,可适当调整当前刺激内需的投资结构,即可适当降低需求收入弹性相对低的交通等基础设施的投资比重,提高需求收入弹性较大的医疗卫生和文化教育事业等公共服务的投资比重,配合收入支持政策以实现公共支出效率的最大化。

资料来源:孙翠清,林万龙.从农户需求收入弹性看拉动内需政策[J].当代经济,2009(5).

2.3.3 需求交叉弹性

1. 需求交叉弹性的概念

需求交叉弹性是需求交叉价格弹性(cross-price elasticity of demand)的简称,它表示一种商品的需求量变动对另一种商品价格变动的反应程度。若以 X、Y 代表两种商品,E_{XY}表示需求交叉弹性系数,P_Y表示 Y 商品的价格,ΔP_Y表示 Y 商品价格的变动量,Q_X表示 X 商品原来的需求量,ΔQ_X表示因 Y 商品价格的变动所引起的 X 商品需求量的变动量,则需求交叉弹性系数的一般表达式为

$$E_{XY} = \frac{X \text{商品需求量变动的百分比}}{Y \text{商品价格变动的百分比}} = \frac{\Delta Q_X / Q_X}{\Delta P_Y / P_Y} = \frac{\Delta Q_X}{\Delta P_Y} \cdot \frac{P_Y}{Q_X}$$

需求交叉弹性可以是正值,也可以是负值,它取决于商品间关系的性质,即两种商品是替代关系还是互补关系。具有互补关系的商品称为互补品,具有替代关系的商品称为替代品。

2. 需求交叉弹性与商品关系的判别

互补商品之间:$E_{XY}<0$。对于互补商品来说,一种商品需求量与另一种商品价格之间成反方向变动,所以其需求交叉弹性系数为负值。比如照相机和胶卷,录音机和磁带等是功能互补性商品,它们之间的需求交叉弹性系数就是负值。一般情况下,功能互补性越强的商品交叉弹性系数的绝对值越大。

替代商品之间:$E_{XY}>0$。对于替代商品来说,一种商品需求量与另一种商品价格之间成同方向变动,所以其需求交叉弹性系数为正值。如茶叶和咖啡,橘子和苹果等,这些商品之间的功能可以互相代替,其交叉弹性系数就是正值。一般来说,两种商品之间的功能替代性越强,需求交叉弹性系数的值就越大。

此外,若两种商品的交叉弹性系数为零,则说明 X 商品的需求量并不随 Y 商品的价格变动而发生变动,两种商品既不是替代品,也不是互补品。

3. 需求交叉弹性对企业的作用

需求交叉弹性主要应用在以下两个方面。

第一,有助于企业制定自身的价格策略。在制定或改变一种产品的价格时,企业需要考虑相关商品的价格变化可能带来的影响。企业如果生产多种产品,其中有替代品或互补品,那么在制定价格时就要考虑替代品或互补品之间的相互影响。

当企业生产的多种产品是替代品时,自身产品之间就发生了竞争。通常新一代产品是老一代产品的替代品,新产品的推出要影响老产品的市场,新产品就有一个推出的合适时机的问题。另外,在一个企业内,如果有几种产品互为替代品,其中某一种产品降低了价格,将可能形成对本企业其他替代产品的影响,未必对企业有利。例如,宝洁同时生产销售海飞丝、飘柔、潘婷、沙宣等多种品牌的洗发水,这些产品互为替代品。当其中一个品牌如海飞丝降价了,将会对飘柔、潘婷、沙宣等多种品牌的洗发水形成替代,海飞丝的销量会增加,其他品牌的销量会较少。未必会导致企业收益增加。但如果不是对自己品牌的替代,而是替代了其他企业的品牌,那对企业就是有利的了。

企业如果生产两种产品,其交叉弹性为负值,说明这两种产品互补。互补产品往往可以分为基本产品和配套产品两种。通常的定价策略是对基本产品定低价,对配套产品定高价。例如,美国生产吉列牌刮胡刀的公司是一家很著名的公司,它的快速发展就是靠对刀片和刀架制定不同的价格,吉列牌的刀片必须使用吉列牌的刀架。它对刀架定低价,对刀片则定高价。顾客买了它的刀架,就必须购买它的刀片。主机和辅机、整机和零件、设备与所需的原料之间都存在着互补关系,大多可以采用这种定价策略。

第二,利用交叉弹性来测定企业间的相互关系。如果不同的企业生产的产品的交叉弹性为负值,说明这两家企业为合作关系。如果不同的企业生产的产品的交叉弹性为正值,说明这两家企业为竞争关系。产品的交叉价格弹性大小将决定同类产品生产者之间竞争的激烈程度。交叉弹性越大,说明两家企业产品之间的竞争越激烈,一家企业必须密切注视另一家企业的经营动向,并及时采取相应的对策,不然就可能在竞争中陷于被动。例如,A 品牌小轿车厂会密切关注 B 品牌小轿车厂的价格政策,如果 B 品牌小轿车厂采用降价、折扣等促销方式,则 A 品牌小轿车厂应利用需求交叉价格弹性,分析市场的竞争情况,采取相应的对策,维护及促进 A 品牌小轿车厂的销售量。它们之间有较高的交叉弹性,竞争比较激烈,无论哪一种品牌小轿车提价都会引起另一种品牌小轿车的需求变化。因此,企业在进行销售活动时,要充分考虑产品的交叉价格弹性,考虑各种可能的因素,降低经营风险。再比如,如果火车车票价格上调的幅度过高,就会使公路客运或航空客运的客源人数明显增多,而使自己在竞争中处于不利的地位。它对企业的经营决策具有重要意义。

需求交叉价格弹性也可以用来帮助企业开拓市场。如一个企业一时无力与名牌产品进行竞争,就可以去生产名牌产品的互补品,这样随着名牌产品的销售量增加,本企业产品的销售量也就会跟着增加。

阅读案例 2-7

需求弹性在企业销售量预测中的应用

分析影响需求的力量和变量,以及估计它们对销售的定量影响对企业制定经营战略和增长计划是非常必要的。影响需求的一些因素是企业能够控制的,另一些因素则是企业不能够控制的。企业通常能够决定它所销售产品的价格、广告费用的水平、产品质量和客户服务,但是却不能控制消费者收入的水平和增长,消费者的价格预期,竞争者的定价决策和竞争者的广告支出、产品质量和客户服务。企业能够估计,相对于影响自己所销售产品的需求量的力量和因素的需求弹性。为了制定最优经营策略和最有效的应对竞争对手经营策略的方式,企业需要这些弹性估计。例如,如果企业的产品是缺乏弹性的,企业将不会降低价格,因为降低价格将会降低总收益,并因此降低企业的利润。同样的,如果企业的销售量相对于广告的弹性是正的,并且比相对于产品质量和客户服务的弹性更高,企业的促销努力会更加集中于广告而不是产品质量和客户服务。

企业的销售量相对于企业不能控制的外部变量的弹性,对于企业最有效地应对竞争对手的竞争策略和制定最合适的成长战略,都是非常关键的。例如,如果企业估计自己产品的需求相对于竞争对手的产品价格的交叉弹性非常高,它就会对竞争者的降价策略迅速做出反应;否则,企业的销售额就会大幅降低。然而,企业在降价前会三思而行,因为害怕引发价格战。此外,如果企业产品的收入弹性非常低,管理层就会知道,企业不能够从收入的提高中获得太大利益,可能就会提高产品质量或者引入收入弹性较高的新产品的生产线。因此,企业应该首先识别影响自己产品需求的所有重要变量。然后,企业应该获得有关各个变量的变化对需求的影响而产生的管理效果的估计。企业应该利用这些信息,估计自己的产品相对于需求函数中每个变量的需求弹性。这对于企业制定短期最优管理决策和长期成长计划都是非常必要的。

例如,假设某公司销售 X 品牌的咖啡,估计的需求回归方程如下所示:

$$Q_X = 1.5 - 3.0P_X + 0.8I + 2.0P_Y - 0.6P_S + 1.2G$$

式中:Q_X——X 品牌咖啡的销售量,百万斤/年;

P_X——X 品牌咖啡的价格,元/斤;

I——个人可支配收入,万亿元/年;

P_Y——竞争品牌的咖啡价格,元/斤;

P_S——糖的价格,元/斤;

G——X 品牌咖啡的广告支出,百万元/年。

假设今年,$P_X = 2$ 元/斤,$I = 2.5$ 万亿元/年,$P_Y = 1.8$ 元/斤,$P_S = 0.50$ 元/斤,$G = 1.0$ 百万元/年。把这些数据代入需求回归方程,可以得到

$$Q_X = 1.5 - 3.0(2) + 0.8(2.5) + 2.0(1.8) - 0.6(0.5) + 1.2(1) = 2(百万斤/年)$$

因此,今年企业 X 品牌咖啡的销售量将会是 200 万斤。

企业可以利用上述信息,得到 X 品牌咖啡相对于自身价格、收入、Y 品牌咖啡的价格、糖的价格、广告支出等变量的需求弹性。因此:

$$E_P = -3\left(\frac{2}{2}\right) = -3; \quad E_I = 0.8\left(\frac{2.5}{2}\right) = 1; \quad E_{XY} = 2\left(\frac{1.8}{2}\right) = 1.8;$$

$$E_{XS} = -0.6\left(\frac{0.50}{2}\right) = -0.15; \quad E_G = 1.2\left(\frac{1}{2}\right) = 0.6$$

该企业可以利用这些弹性预测 X 品牌咖啡明年的需求量。

比如,假设企业计划明年提高 X 品牌咖啡的价格 5%,广告支出增加 12%。企业假定明年个人可支配收入会上升 4%,P_Y 上升 7%,P_S 降低 8%。利用今年的销售量水平(Q_X)200 万斤,上面计算的各种弹性的数据,企业明年的经营政策,以及企业对未来其他各变量的预期,企业就可以预测明年的销售量如下:

$$Q'_X = Q_X + E_P\left(\frac{\Delta P_X}{P_X}\right)Q_X + E_I\left(\frac{\Delta I}{I}\right)Q_X + E_{XY}\left(\frac{\Delta P_Y}{P_Y}\right)Q_X + E_{XS}\left(\frac{\Delta P_S}{P_S}\right)Q_X + E_G\left(\frac{\Delta G}{G}\right)Q_X$$

$$= 2 + (-3)(5\%)(2) + (1)(4\%)(2) + (1.8)(7\%)(2)$$
$$+ (-0.15)(-8\%)(2) + (0.6)(12\%)(2)$$
$$= 2.2(百万斤/年)$$

企业明年的销售量将为 220 万斤。

【本章小结】

企业面对的市场需求曲线,是市场上所有消费者个人需求曲线的横坐标相加。影响企业产品需求的有多种因素,最重要的是产品的价格和消费者的收入。不仅与产品本身的价格有关,也与相关产品的价格,以及未来产品的预期价格有关。

时间序列预测技术主要是通过对时间序列建立一个描述经济现象变化发展趋势的动态模型,并利用模型在时间上进行外推,从而可以预测某经济现象的未来发展趋势。

移动平均法是用分段逐点推移的平均方法对时间序列数据进行处理，找出预测对象的历史变动规律，并据此建立预测模型的一种时间序列预测方法。

指数平滑法是移动平均法的改进，对时间序列数据的平滑处理采用加权平均的方法，时间序列数据中各数据的重要程度由近及远呈指数规律递减。

投入产出分析法是借助投入产出表研究经济系统各个部分之间投入和产出的相互依存关系的经济数量分析方法。

需求弹性是用来衡量需求量对需求影响因素变动的敏感程度。主要讨论了需求价格弹性、需求收入弹性、需求交叉价格弹性。

需求价格弹性是对价格变动敏感程度的量度，为价格引起需求量变动的百分比与价格变动的百分比之比。通常需求价格弹性为负，分五种不同情况：缺乏弹性、富有弹性、单一弹性、完全弹性和完全无弹性。决定需求价格弹性大小的主要因素有消费者对产品的必需程度、替代品的可获得程度，以及在总消费支出中占的比例等。

需求收入弹性是收入引起需求量变动的百分比与收入变动的百分比之比。正常品需求收入弹性为正，低档品需求收入弹性为负。生活必需品需求缺乏收入弹性，奢侈品需求富有收入弹性。

需求交叉价格弹性是一种产品的价格引起另一种产品需求量变动的百分比与该价格变动的百分比之比。需求交叉价格将产品间的关系分成三类：替代品的交叉价格弹性为正；互补品的交叉价格弹性为负；独立品的交叉价格弹性为零。

弹性的计算方法有两种：点弹性和弧弹性。

需求弹性在企业经营决策中有重要的应用价值。对于不同需求价格弹性的产品应当采取不同的价格决策策略，缺乏需求价格弹性的产品不能降价促销。在考虑企业发展时，要特别注意产品的需求收入弹性。对具有需求交叉价格弹性的不同产品，要统筹考虑发展和定价策略。

【中英文关键词】

1. 需求价格弹性　　price elasticity of demand
2. 正常品　　normal goods
3. 劣等品　　inferior goods
4. 需求交叉价格弹性　　cross-price elasticity of demand
5. 需求收入弹性　　income elasticity of demand
6. 投入产出分析　　input-output analysis
7. 生活必需品　　necessities of life
8. 奢侈品　　luxuries
9. 互补品　　complement goods
10. 替代品　　substitute goods
11. 需求函数　　demand function

【综合练习】

一、名词解释

1. 需求
2. 互补品
3. 替代品
4. 需求价格弹性
5. 需求收入弹性
6. 需求交叉弹性

二、选择题

1. 当柴油的价格上升时,农民对拖拉机的需求量将（　　）。
   A. 减少　　　　　B. 保持不变　　　　C. 增加　　　　D. 不能确定

2. 当咖啡的价格急剧上升时,消费者对茶叶的需求量将（　　）。
   A. 减少　　　　　B. 保持不变　　　　C. 增加　　　　D. 不能确定

3. 在同一条需求曲线上,价格与需求量的组合从 M 点移动到 N 点是（　　）。
   A. 需求的变动　　B. 收入的变动　　　C. 需求量的变动　D. 不能确定

4. 下列三种商品中,（　　）的需求价格弹性最大。
   A. 面粉　　　　　B. 大白菜　　　　　C. 点心　　　　D. 不能确定

5. 下列三种商品中,（　　）的需求价格弹性最小。
   A. 食盐　　　　　B. 衣服　　　　　　C. 化妆品　　　D. 不能确定

6. 若对花生米的需求函数为 $Q=20\,000-5P$,Q 是以吨为单位的花生米的需求量,P 是每吨花生米的价格。当价格为每吨 800 元时,对花生米的需求价格弹性是（　　）。
   A. -4　　　　　B. 4　　　　　　　C. -0.25　　　D. 0.25

7. 已知某消费群体每天对鲜花的需求函数为 $Q=120-P$,需求量 Q 的单位为把,P 的单位为元/把。当每把鲜花的价格为（　　）元时,消费者的需求价格点弹性为 -4。
   A. 120　　　　　B. 96　　　　　　　C. 48　　　　　D. 24

8. 如果某种商品的价格有一个百分比不大的下降,会引起需求量更大百分比的上升,那么（　　）。
   A. 边际收益一定是零　　　　　　　　B. 总收益将会下降
   C. 总收益将上升　　　　　　　　　　D. 这种商品没有替代品

9. 沿着一条向下倾斜的线性需求曲线移动,我们可以肯定（　　）。
   A. 需求价格弹性和需求曲线斜率都在变
   B. 需求价格弹性在变,而需求曲线斜率不变
   C. 需求曲线斜率在变,而需求价格弹性不变
   D. 需求价格弹性和需求曲线斜率都不变

10. 若某企业产品国内市场的需求曲线为 $Q_内=30\,000-0.5P$,国外市场的需求曲线为 $Q_外=25\,000-0.5P$。那么该企业产品所面对的需求曲线最好是被看作（　　）。

A. 斜率为 -0.5 的一条直线 B. 斜率为 -1.0 的一条直线
C. 折点在 $Q=25\,000$ 的一条折线 D. 折点在 $P=50\,000$ 的一条折线

11. 市场调查分析表明,某名牌彩电的需求收入弹性为 1.2,而需求价格弹性为 -1.4,预计明年的居民收入将增加 10%,该产品的经理希望在销售量保持不变的前提下能变动明年产品价格。现向你咨询,你的建议是产品的价格最好应当提高( )。

A. 大于 10% B. 等于 10%
C. 小于 10% D. 信息不够,不能做出决策

12. 估计车用汽油的需求价格弹性为 -0.5,而汽车价格对车用汽油的需求交叉价格弹性为 -2,若汽车降价 20%,而车用汽油涨价 50%,那么,对车用汽油的需求量大约会( )。

A. 增加 25% B. 增加 15% C. 不变 D. 减少 15%

三、简述题

1. 为什么市场需求曲线是市场上所有个人需求曲线的横坐标相加?
2. 影响企业产品市场需求的因素有哪些?试举例说明。
3. 什么是需求价格弹性?为什么其通常是负的?可分哪几类?需求价格弹性的大小与哪些因素有关?
4. 你是怎样认识目前我国对住房的需求价格弹性不会是单一弹性的?你对北京市商品住房市场的价格走向有什么预测?
5. 什么是需求收入弹性?需求收入弹性可分哪几类?你怎样认识生活中的低档品?
6. 什么是需求交叉价格弹性?需求交叉价格弹性分哪几类?
7. 什么是点弹性?什么是弧弹性?怎样计算需求价格的点弹性和弧弹性?
8. 不同的需求价格弹性对企业销售收益的变动有什么影响?试举例说明。
9. 需求收入弹性对企业的发展有什么指导意义?
10. 需求交叉价格弹性对企业的价格决策有什么指导意义?

四、计算题

1. 某商品价格是 8 元/件时,需求量为 50 件,若价格为 10 元/件,需求量下降 10 件,求该种商品的需求价格弹性。该商品的价格弹性属于哪一种?
2. 当某种牙膏的价格是 2 元时,需求量是 100 支,价格上涨 1 元,需求量减少 10 支,求该商品的需求价格弹性。
3. 某地市场上,当居民的平均收入水平为每月 200 元时,人均购买 A 种商品的数量是 20 千克,人均收入水平是 300 元时,人均购买量是 22 千克,该种商品的需求收入弹性是多少,请问该商品是属于哪一种需求收入弹性的商品?这种商品是生活必需品还是耐用品?
4. A 种商品的需求量与 B 种商品价格之间存在着如下的数量关系:当 B 种商品的价格由 40 元增加到 50 元时,A 种商品的需求量由 200 件增加到 300 件,试求 A 和 B 这两种商品之间的需求交叉弹性系数,请问这两种商品之间属于哪一种关系?
5. 设供给函数为 $S=2+3P$;需求函数为 $D=10-P$。
(1) 求解市场均衡的价格与产量水平;

(2) 求在此均衡点的供给弹性与需求的价格弹性；
(3) 若征收从量税 $t=1$，求此时新的均衡价格与产量水平；
(4) 求消费者和厂商各承受了多少税收份额；
(5) 用图来表示上述的结论。

【案例分析】

根据以下案例所提供的资料，试分析：

为什么猪肉和食用油的价格变化会出现不同的结果？它体现怎样的经济学原理？从这两个现象我们得到什么启示？

人们对猪肉和食用油价格变化的反应

在我们的生活中，经济学无处不在。大到跨国集团之间的经济博弈，小到日常生活的针头线脑买卖，任何存在商品和交易的地方，就有经济学的影子。我们的生活就是在经济学的各种规律的指导下进行，任何有趣的现象，都可以在经济学中找到相应的解释。下面来分析日常生活中一个有趣的现象，用经济学的原理对它进行合理的解释。

在新闻中经常会报道两类新闻。新闻一就是某某天猪肉价格又上涨了。记者在菜市场采访猪肉档主的时候，最常见的现象就是档主在抱怨，肉价涨了，买肉的人少了，以往一天能卖两头猪的，现在只能卖一头猪。而采访买菜的居民的时候，居民们都说，猪肉涨了，那就少吃点猪肉了，多吃点鸡蛋什么的。为什么会这样呢？为什么猪肉价格涨了，人们就买的少了呢？新闻二就是某某天国内食用油集体调价了，结果人们一方面怨声载道，另一方面又赶快买点屯在家里，预防后面再涨。记者采访的时候，居民的反应就是，涨价都没办法了，也要买的了。这又是为什么呢？为什么食用油价格涨了，人们却没有减少购买呢？其实，这两个现象反映的就是经济学中一个最基本的规律：价格变化所引起的需求量的变化，取决于需求的价格弹性。

那我们根据需求的价格弹性来分析上面的两个现象。

现象一中提到的猪肉存在大量的可替代品，如鸡蛋、牛肉、羊肉、鱼肉、鸡肉，等等。如果猪肉价格涨，人们可以少吃点猪肉，而多吃点鸡肉或鸡蛋，照样可以满足身体所需的营养。就算这几种肉类价格都上涨，人们也可以少吃，甚至暂时不吃肉。因此猪肉的价格弹性就比较大。因此价格的变动就会引起需求量的更大的变动。所以猪肉一涨价，马上就滞销。这是人们在根据经济学原理，自动调节购买品种，来满足自己的需求。

现象二中提到的食用油，在我们的日常生活中是必需品，不管是做饭、炒菜，几乎家家户户每天都要用到。而且替代品也有限，食用油的种类也只有花生油、调和油、葵花籽油、玉米油等。这几种油价格上涨，人们也还是要食用。顶多减少一点用量，况且平均下来，食用油占生活支出的比例非常有限。因此食用油是属于价格缺乏弹性的商品，即便价格上涨，对需求量的影响也是非常有限的。

因此，面对这两个现象，相应的处理措施是不一样的，猪肉价格基本属于市场定价，政策干预很少。猪肉价格上涨，国家会尽量调控更多的替代品来满足人民群众的生活需要，而不会直接控制猪肉价格。而食用油的价格则不同,国家会存在一定的控制措施,不能任由其自由升跌。每次食用油的价格调整都要向国家的相关部门申请,目的就是控制好这些必需品的价格,给人民群众的生活营造一个稳定的环境。

通过上面的两个分析,我们知道影响商品需求的主要因素是商品的价格弹性,而影响价格弹性的因素又在于商品本身的特性,如是否必需品、有否替代品,以及在人们生活中的地位和作用。猪肉涨价就卖得少了,而食用油涨价却没怎么少卖,这些现象都有背后存在的经济学的原因的。而且通过分析我们知道了,任何生活中反映出来的经济现象也都不是偶然和没有因果的,现象背后必然存在经济学的规律在起作用。更多地认识和学习经济学,会有助于我们更好地认识社会的经济现象,更透彻地分析现象背后的原因,对我们认识问题和解决问题,会提供更大的帮助。

第 3 章

生产函数分析

【学习目标】

通过对本章的学习,要了解生产函数的相关概念,重点掌握在短期中如何实现单一可变要素的最优化;在长期中如何实现多种投入要素的最优组合,以及各种投入要素同比例增长产生的规模报酬问题。此外,要掌握估计柯布—道格拉斯生产函数的方法。

【教学要求】

知识要点	相关知识	能力要求
生产要素与生产函数	生产要素与生产函数的含义及种类	掌握生产要素的种类;了解生产函数的几种表达方法;掌握短期和长期的划分标准
短期生产函数分析:一种可变要素的生产函数	总产量、平均产量、边际产量的含义与关系;边际收益递减规律;生产的三个阶段与一种可变生产要素的合理投入	掌握总产量、平均产量、边际产量的相互关系;掌握边际收益递减规律;掌握生产的三个阶段
两种可变生产要素按不同比例变动的生产函数	等产量曲线和等成本曲线的含义及特征;边际技术替代率的含义;生产要素的最优组合;生产要素最优组合的影响因素	掌握等产量曲线和等成本曲线的含义及特征;了解边际技术替代率的含义;掌握生产要素最优组合的条件及影响因素;了解生产要素最优组合的影响因素
两种可变生产要素按相同比例变动的生产函数	规模报酬;规模报酬的变化规律;适度经营规模的确定	掌握规模报酬变化的三种情况;掌握规模报酬与边际报酬的区别;掌握规模报酬的变化规律;了解适度经营规模如何确定
生产函数的经验估计	生产函数经验估计的方法与步骤;几种常用的经验生产函数	了解生产函数经验估计的方法与步骤;掌握估计柯布—道格拉斯生产函数的方法

从本章将开始进行生产者的行为分析。生产者进行生产的目的是为了实现利润最大化。由于利润等于企业总收益 TR 减去总成本 TC,可以写成下列形式:

$$\pi = \mathrm{TR} - \mathrm{TC} = P_{产} Q_{产} - \sum_{i=1}^{n} P_{要i} X_{要i} \tag{3.1}$$

式中：π代表企业的利润；$P_{产}$表示产品价格；$Q_{产}$表示产销量；$P_{要i}$表示第i种生产要素的价格；$X_{要i}$表示第i种生产要素的数量。

对生产者行为的分析是以实现利润最大化为中心，分三章从三个角度进行：

第3章从实物的角度来研究生产者的投入与产出之间的关系。在式(3.1)中，假定产品价格$P_{产}$和生产要素价格$P_{要i}$既定不变，为了实现利润最大化，将取决于投入的生产要素的数量$X_{要i}$与产量$Q_{产}$的关系。为此，需要建立反映投入的生产要素与产出之间关系的生产函数，以确定企业的最优投入决策，即如何在生产要素投入既定时使产量最大，或在产量既定时使投入的生产要素最少。

第4章从价值化的角度来研究生产者的投入与产出之间的关系。在式(3.1)中，成本(TC)是用货币来表示生产要素的投入，收益 TR 是用货币来表示产量。所以，这一章将分析的是用货币表示的投入与产出的关系，将确定利润最大化原则，为企业最优产量决策服务。

第5章从市场的角度研究生产者的利润最大化。在式(3.1)中，假定成本(TC)不变，要实现利润最大化，将取决于产品价格$P_{产}$与产量$Q_{产}$。这一章将分析在四种不同的市场结构下，生产者为了实现利润最大化，应如何确定产品价格$P_{产}$与产量$Q_{产}$。

海尔建成空调智能工厂 可黑灯无人生产

空调业或上演百年发展史上最大变革。2015年3月7日，海尔空调智能互联工厂在郑州正式投产，该工厂应用全球领先的智能设备和生产方式，是目前世界上最先进的空调工厂。最重要的是，在工业4.0促使大规模制造向大规模定制转变的过程中，它颠覆了空调业百年制造逻辑，第一个实现了由"企业造空调"转变为"用户造空调"，开启了空调业的"人人自造"时代。

海尔建成智能互联工厂是承接互联网时代用户个性化需求和订单而进行的创新颠覆。用户可通过定制平台——海尔商城，根据个人的喜好，自由选择空调的颜色、款式、性能、结构等，定制满足其个性化需求的空调。而且，目前海尔正在实践的众创定制，更大发挥了用户的主动权，用户参与设计，进而研发及利用模块商资源等快速将其转化成产品方案。当这些产品方案吸引更多用户最终转化成订单时，智能互联工厂能快速地满足其定制需求。与以往用户只能选择特定商品不同，海尔空调智能互联工厂让用户全流程参与产品的研发、设计、生产等过程，用户不仅是产品的"消费者"，更是产品的"创造者"，用一个时髦的词讲，就是"创客"。

不过，对互联工厂而言，如何快速满足用户个性化定制需求，这对工厂本身在智能化、信息化、数字化等方面的要求越来越高。据悉在郑州投产的海尔空调智能互联工厂已实现8项全球领先，10项国内领先，其满足用户需求能力和产品质量、生产效率均大幅提高，是目前全球空调业产品质量最优，自动化、智能化、信息化等程度最高的世界最先进智能互联工厂。该互联工厂建成的全球首套批量高品质黑灯无人线，完全实现自动无人冲片、串片、涨管,通过设备高精度作业实现效率及产品性能的大幅提升;全球领先的"装配智能机器人群"项目,是全球首个空调外机前装智能机器人社区,实现了空调外机前装部分 5 套机器人的协同装配,并结合信息化 RFID 身份证实现产品—机器人、机器人—机器人之间智能自交互、自换行和柔性生产,在质量方面达到了压机螺母紧固扭矩 100% 精准,降低了产品的噪音。另外,其"自动智能联机测试"项目也属全球领先。其装配自动智能联机测试系统,能自动识别产品,自交互调研设备参数程序测试,实现自判定,不合格不放行,还能结合物联网技术自动关联测试数据,并存储可追溯,该技术实现了制冷制热性能零误判。此外,海尔空调智能互联工厂还拥有全球空调行业自动化程度最高总装外机线,实现机械、U 管、核检、总装 2 项和包装共 6 个方面行业首创,订单交付周期减半,未来个性化定制产品可由 50 多种提升到无限制。另外,用户还能实时了解订单进度,对用户而言,工厂不再是遥不可及的神秘盒子,而变成透明的、可视的"真人秀节目"。

问题:海尔空调智能工厂是怎样的工厂?

资料来源:网易科技,2015-03-10,11:02:54.

企业管理人员要制定生产运营的资源分配决策。生产决策要确定用于生产某一预期产出量的投入要素(如土地、劳动、原料和加工材料、工厂、机器、设备和管理才能等)的种类和数量。生产经理的目标就是以最有效的方式组合资源实现企业利润最大化。生产函数分析能帮助企业管理人员在现有技术条件下,决定如何最有效率地把生产预期产出(商品或服务)的各种投入要素组合起来,实现用最低的成本达到某一既定产量,或利用某一既定的投入要素预算,使产量最大。

3.1 生产要素与生产函数

3.1.1 生产要素

生产,指企业把其可以支配的资源转变为物质产品或服务的过程。这一过程不单纯指生产资源物质形态的改变,它包含了与提供物质产品和服务有关的一切活动。企业雇用劳动力、培训职工、筹措营运资金、购置设备原材料、产品加工和质量监督等活动都是生产过程的构成部分。企业的产出,可以是电视、蛋糕等最终产品,也可以是再用于生产的中间产品,如钢材、面粉等。企业的产品还可以是各种无形的服务,如运输服务等。

生产要素是指人类进行生产所必需的各种经济资源和条件,也就是构成生产力的各种要素,包括人的要素(劳动者)和物的要素(生产资料——劳动资料和劳动对象)。现代西方经济学认为生产要素包括劳动力、土地、资本、企业家才能四种。随着知识经济的兴起和信息高速公路的普及,技术、信息也作为相对独立的要素投入生产,六要素论的说法逐渐形成,而且这些内容随着时代的发展也在不断发展变化。这些生产要素进行市场交换,形成各种各样的生产要素价格及其体系。

劳动,是指生产活动中所投入的人的体力和脑力,是一切具有经济意义的人类活动。

它是生产中最能动、最活跃的因素。工资是劳动力价格的表现。

资本，可以表示为实物形态和货币形态，实物形态又被称为投资品或资本品，如厂房、机器、动力燃料、原材料，等等；资本的货币形态通常称之为货币资本，如股票、债券和借款等。

土地，既可以作为劳动资料，也可以作为劳动对象，是指未经人类劳动改造过的各种自然资源的统称，既包括一般的可耕地和建筑用地，也包括森林、矿藏、水面、天空等。土地是任何经济活动都必须依赖和利用的经济资源，比之于其他经济资源，其自然特征主要是它的位置不动性和持久性，以及丰度和位置优劣的差异性。相对于其他经济资源和生产要素，土地是最难以增加的，其稀缺性比其他生产要素更显著。在土地出让和转让过程中，受让者向出让者交纳的土地使用费是由两部分组成的，一部分是投入土地并形成土地生产力的固定资本即土地资本的折旧和利息，另一部分是为使用土地而支付的地租。地租资本化就表现为土地价格。

企业管理者的组织管理才能也是一种生产要素，包括组织土地、资本、劳动这三种基本生产要素进行生产、创新以提高企业效益的管理技能等。

技术，是人类在实践基础上通过经验总结、科学研究和实验等方式创造和发明出来的可以直接地改进生产的知识和技能。技术一般以知识形态存在，在生产上，技术具有创造性和单一性，在使用和消费上具有持续性，并能在使用和消费中得到改进。技术包括文字、表格、数据、配方等有形形态，也包括实际生产经验、个人的专门技能等无形形态。

信息要素，是指与产品生产、销售和消费直接相关的消息、情报和数据等。

阅读案例 3-1

海洋经济的生产要素

海洋经济的社会资源，是指人类社会提供给海洋经济活动所必需的生产要素。海洋经济的社会资源是海洋经济发展的决定性因素。它包括海洋经济的劳动者、资本、科学技术和信息。海洋经济的劳动者是从事海洋经济活动的主体，是具有积极性和主动性并富有创造能力的社会生产力，是海洋经济发展的决定性因素。海洋经济的资本泛指用于海洋经济活动的资金。它的供应量、使用价格和投向，对于海洋经济生产力系统的规模、构成、分布、运行周期等方面的作用是全方位的。海洋经济的科学技术包括海洋科学和海洋技术。海洋科学是关于海洋运动和发展变化规律的理论；海洋技术是人们开发利用海洋资源，从事海洋活动的经验、方法、技能和工艺等知识的总和。把海洋经济的信息作为海洋经济的资源要素，是因为它是海洋生产力组合方式的引导性力量。

海洋经济的土地是指海洋的各种自然资源，也可简称海洋资源，是指由海洋提供给人类的各种自然物质与自然环境因素的总和，包括海洋生物资源、海洋矿产资源、海洋空间资源、海水化学资源、海洋能源和自然景观资源六大类资源。

海洋生物资源是指海洋水体和相关陆域中能够被人类利用的有生命的活体及其生境

的统称。有生命的活体包括植物、动物和微生物；生境包括与海洋生物关系最密切的滩涂、育卵场所、生物寄居礁体等。海洋矿产资源包括海洋石油和天然气、煤等固体矿产、海滨砂矿多金属结核和富钴锰结壳、热液矿藏和可燃冰六大类。海洋空间资源是由临近海面的上空即海上和海中、海底形成的立体空间。海水化学资源是指海水中溶存的可供开发利用的化学物质。如海水淡水资源、地下卤水资源、海水化学物质资源等。海洋能源是指海水所具有的潮汐能、波浪能、海(潮)流能、温差能和盐差能等可再生自然能源的总称。自然景观资源是指海浪、沙滩、海岸、海底世界等。

3.1.2 生产函数

生产函数是生产理论的核心概念。

生产函数(production function)，就是指在特定的技术条件下，各种生产要素一定投入量的组合与所生产的最大产量之间的函数关系式，其一般形式为

单一产品： $$Q = f(x_1, x_2, \cdots, x_n) \tag{3.2}$$

多种产品： $$Q(y_1, y_2, \cdots, y_n) = f(x_1, x_2, \cdots, x_n) \tag{3.3}$$

式中：Q 表示产量；

x_i 表示各种生产要素的投入量；

y_i 表示企业生产的各种产品的产量。

生产函数表达了在某一技术水平下投入和产出之间的数量关系。技术水平不同，生产函数也不同，技术的任何改进，都会导致产生新的投入、产出关系，从而产生新的生产函数。需要指出的是，生产函数中所指的产量是在所有的要素资源都得到了充分有效的利用下能够生产的最大产量。

为简单起见，假定所有投入的要素归类为两种，即资本(K)和劳动(L)，产品只有一种，这样，生产函数可记为

$$Q = f(L, K) \tag{3.4}$$

生产函数按生产周期划分可以分为短期生产函数和长期生产函数。在这里，短期和长期并不是时间长短的物理概念，而是相对于具体生产过程中投入要素是否可以发生变化。短期指在此期间生产者来不及调整全部生产要素，至少一种生产要素的数量在此期间内无法改变。长期是指在此期间内生产者可以改变所有生产要素。在短期中的生产要素可以分为固定投入要素和变动投入要素。固定要素是在一定时期内不管生产量是多少，生产过程中所使用的这种投入要素的数量都是不变的。比如厂商的工厂和专业化设备。可变要素是在生产过程中其数量随着预期生产量的变化而变化的投入要素。比如，原材料和非熟练工人。所谓短期生产函数，是指企业在只有一种投入要素的数量是可变的，而其他投入要素的数量是固定不变的情况下，其产出量与投入的变动要素数量之间关系的函数。我们运用短期生产函数可以确定企业单一可变要素的最佳投入量。在长期内，厂商可以改变工厂的生产规模和生产能力以及订购更多的制造设备，这样，生产设备将不再是固定投入要素。所有的投入要素都是可以变动的。所谓长期生产函数，是指企业在所有投入要素的数量都可能发生变化的情况下，其产出量与所有投入要素数量之间关系的函数。我们运用长期生产函数可以确定企业多种要素之间的最优化组合及对生产

规模的大小进行经济性分析。

生产函数按技术系数划分可以分为固定技术系数生产函数和可变技术系数生产函数。技术系数指为生产一定量某产品所需要的各种生产要素的投入组合比例。固定技术系数生产函数意味着在产品生产过程中各种投入要素之间的组合比例关系不可改变,无法互相替代,要增加(减少)产量,各种投入要素必须同比例增加(减少)。可变技术系数生产函数意味着各种要素之间的组合比例关系可以变动,可以互相替代,例如为了生产出一定数量的产品,可以采用多用劳动少用资本的劳动密集型生产方法,也可以采用多用资本少用劳动的资本密集型生产方法。大多数产品的生产,是属于可变技术系数生产函数类型的。

生产函数按投入产出量的不同变化速率还可以分为固定生产率生产函数、递增生产率生产函数和递减生产率生产函数。

生产函数除了可以用一个数学模型的形式来表示,也可以用一个表格或图形的形式来表示。

阅读案例 3-2

深溪采矿公司的生产函数

深溪采矿公司(The Deep Creek Mining Company)使用资本(采矿设备)和劳动(工人)开采铀矿石。该公司拥有不同规模的采矿设备(用马力来衡量)。在某一既定时期内,开采矿石的数量只是被安排到作业队中操作既定数量设备(K)的工人(L)人数的函数。

生产函数可以表格形式来描述,如表 3-1 中的数据表明当各种规模的作业队进行生产作业时所生产的矿石数量(以吨来衡量)和投入要素的数量。

表 3-1 两种投入要素和一种产出量

		资本投入要素 K(马力)						
		250	500	750	1 000	1 250	1 500	1 750	2 000
劳动投入要素 L(工人的数量)	1	1	3	6	10	16	16	16	13
	2	2	6	16	24	29	29	44	44
	3	4	16	29	44	55	55	55	50
	4	6	29	44	55	58	60	60	55
	5	16	43	55	60	61	62	62	60
	6	29	55	60	62	63	61	63	6
	7	44	58	62	63	64	64	64	64
	8	50	60	62	63	64	65	65	65
	9	55	59	61	63	64	65	66	66
	10	52	56	59	62	64	65	66	67

深溪采矿公司两种投入要素和一种产出量的生产函数也可用一个三维生产表面图来表示,图 3-1 中与每一种投入要素组合相联系的方柱的高度表示所生产矿石的数量。

我们可以把图 3-1 抽象为图 3-2。

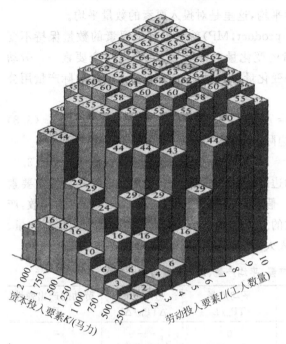

图 3-1　两种投入要素和产出量的三维表面图 1

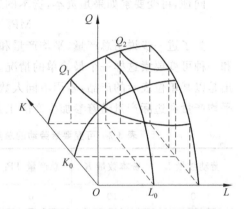

图 3-2　两种投入要素和产出量的三维表面图 2

数据来源：[美]詹姆斯·R.麦圭根,R.查尔斯·莫耶,弗雷德里克·H.B.哈里斯.管理经济学[M].第 10 版.李国津,译.北京：机械工业出版社,2009.

3.2　短期生产函数：一种可变要素的生产函数

3.2.1　总产量、平均产量、边际产量的含义与关系

一种可变要素的总产量（total product, TP）是指企业在某一时期内，在其他所有生产要素的数量都保持不变的情况下，投入一种可变要素所生产的全部产品。设劳动投入量（L）是可变投入要素，则劳动的总产量为 TP_L。

$$TP_L = Q = f(L) \tag{3.5}$$

一种可变要素的平均产量（average product, AP）就是总产量除以用于生产这一总产量的该可变要素的数量，即单位可变要素的总产量。设劳动投入量（L）是可变投入要素，则劳动的平均产量为 AP_L。

$$AP_L = TP_L/L \tag{3.6}$$

当可变要素是资本时，资本的平均产量为 AP_K。

$$AP_K = TP_K/K \tag{3.7}$$

显然,这里的平均产量(要素的平均产量)区别于企业日常所用的平均产量概念(如平均日产量、平均月产量等),那是对时间的平均,这里是对投入要素的数量平均。

一种可变要素的边际产量(marginal product,MP)就是当其他要素的数量保持不变时,可变要素增加一个单位所带来总产量的变化量。如果用 ΔL 表示可变要素——劳动的一个单位增加量,用 ΔTP_L 表示产量的变化量,则增加的这一单位劳动的边际产量用公式表示就是

$$MP_L = \Delta TP_L / \Delta L \tag{3.8}$$

同理,可变要素如果是资本,资本的边际产量有

$$MP_K = \Delta TP_K / \Delta K \tag{3.9}$$

为了进一步说明总产量、平均产量和边际产量这些概念,我们考虑只有一种固定要素和一种可变要素这样一个最简单的情况。假定固定投入是设备,可变投入是工人人数,产出是以某单位表示的产品,若用不同人数的工人与现有的固定设备组织生产,其总产量、平均产量和边际产量随着参加生产的工人人数的变化而变动,结果如表 3-2 所示。

表 3-2 可变要素劳动的总产量、平均产量、边际产量与产出弹性

劳动数量 L	资本数量 K	总产量 TP_L	平均产量 TP_L/L	边际产量 $\Delta TP_L/\Delta L$	劳动的产出弹性 E_L
0	10	0	0	—	
1	10	5	5	5	1
2	10	15	7.5	10	1.33
3	10	30	10	15	1.5
4	10	40	10	10	1
5	10	48	9.6	8	0.83
6	10	54	9	6	0.67
7	10	56	8	2	0.25
8	10	56	7	0	0
9	10	54	6	−2	−0.33

表 3-2 中的第六栏是劳动的产出弹性 E_L(output elasticity of labor)。产出弹性是衡量总产量对投入要素变化率的敏感程度的参数,它等于总产量的变化率除以可变要素投入量的变化率,即

$$E_L = \frac{\Delta TP/TP}{\Delta L/L} = \frac{\Delta TP/\Delta L}{TP/L} = \frac{MP_L}{AP_L} \tag{3.10}$$

这说明,劳动的产出弹性就等于劳动的边际产量与平均产量之比。例如,当 $L=3$ 时,$MP_L=15$,$AP_L=10$,于是 $E_L = MP_L/AP_L = 15/10 = 1.5$。产出弹性是个非常有用的概念。在实际生产中,我们可以先根据经验数据估算出该要素的产出弹性,然后再利用产出弹性大致估计出所需增加的要素投入量。

为了直观地反映总产量、平均产量和边际产量随可变要素劳动投入量的增加而变化

的情形,我们把表 3-2 中它们的有关数据描绘在图 3-3 中。其中反映在资本固定不变的条件下总产量和劳动投入量关系的曲线,称为总产量曲线(TP$_L$);反映劳动投入量与其平均产量和边际产量关系的曲线,分别叫平均产量曲线(AP$_L$)和边际产量曲线(MP$_L$)。

假定劳动投入可以连续变化(比如工人的工作时间可以任意调整),则总产量函数为连续函数,相应地其图形变为光滑曲线,如图 3-4 所示。此时,

$$MP_L = \lim_{\Delta L \to 0} \Delta TP_L / \Delta L = dTP/dL \tag{3.11}$$

对于连续的总产量函数,由式(3.9)和式(3.3)可知,其可变要素的边际产量等于总产量曲线的斜率,而平均产量则等于原点与总产量曲线上某点连线的斜率。

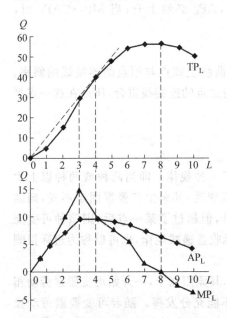

图 3-3 劳动的总产量曲线、平均产量曲线和边际产量曲线

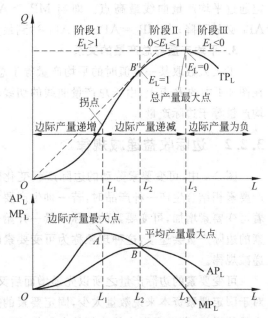

图 3-4 劳动的总产量、平均产量和边际产量的光滑曲线

总产量、平均产量和边际产量作为管理决策评价标准的一个有机整体,了解它们之间的相互关系十分重要。因此,我们将结合图 3-4 对它们之间的关系进行阐述。

1. 边际产量与总产量的关系

从图 3-4 中可以看到,边际产量为正值时,总产量曲线呈上升趋势,此时增加工人能增加总产量;当边际产量为负值时,总产量曲线呈下降趋势,此时增加工人反使总产量减少;当边际产量为零时,总产量为最大。根据高等数学的相关知识可知,总产量曲线上任何一点对应的边际产量数值就等于该点的切线斜率。在可变要素投入刚开始增加的时候,边际产量不断递增,对应的总产量曲线的切线斜率为正,且不断地增大,因此总产量曲线递增且向下凹;当边际产量达到最大值时,总产量曲线上对应点的切线斜率最大,而且这也是总产量曲线的拐点;若继续增加可变要素的投入,边际产量就会逐渐减小,对应的总产量曲线的切线的斜率就要减小,因此总产量曲线向上凸;当边际产量等于零时,总产量曲线的切线斜率为零,这时总产量达到最大值。若可变要素投入还增加,边际产量就会

为负值,对应的总产量曲线的切线斜率就会变为负值,这时总产量就会下降。即当 $MP_L>0$,TP_L 上升;$MP_L<0$,TP_L 下降;$MP_L=0$,TP_L 为最大值。这一图形反映了众多生产过程的典型特征。

2. 边际产量与平均产量的关系

从图 3-4 中还可直观地看出,当边际产量曲线在平均产量曲线之上时,平均产量曲线呈上升趋势;当在平均产量曲线之下时,平均产量曲线呈下降趋势;在两者相交时,这时平均产量的值为最大。总之,当边际产量大于平均产量时,平均产量递增;当边际产量小于平均产量时,平均产量递减;当边际产量等于平均产量时,平均产量最大,边际产量曲线必定通过平均产量曲线最高点。即当 $MP_L>AP_L$ 时,AP_L 必然上升;当 $MP_L<AP_L$ 时,AP_L 必然下降;当 $MP_L=AP_L$ 时,AP_L 达到最大值。

3. 平均产量与总产量的关系

工人人数取某一定值时的平均产量等于总产量曲线上该点与原点的连接线的斜率。在图 3-4 中的 B 点上,由于总产量曲线的切线和其与原点的连接线重合,所以在这一点平均产量等于边际产量。

3.2.2 边际收益递减规律

图 3-4 中,可变要素劳动的边际产量变化体现了一种规律。即当两种或两种以上生产要素相结合生产一种产品时,若一种生产要素可以变动,其余生产要素固定不变,则随着可变要素增加,可变要素的边际产量一开始会上升,但超过某一点后,则该种可变要素的边际产量会递减,这种现象称为可变要素的边际收益递减规律,也可以称为边际报酬递减规律。

可变要素的边际产量之所以先递增而后又递减,其原因在于,一开始可变要素劳动相对于固定要素资本来说数量太少,固定要素的效率不能充分发挥。随着可变要素劳动投入量的增加,劳动和资本的比例趋向最优,资本得到越来越有效的利用,因而生产率不断提高,劳动的边际报酬递增。但是,在固定要素得到最优利用之后,继续增加可变要素劳动的投入,则使得可变要素与固定要素相比数量太多,生产率转而下降,于是劳动的边际产量开始下降,甚至出现负数。

边际收益递减规律是一条经验性的规律,它是从无数的生产实践中总结而来。我们考察所有的生产体系,几乎都可观察到该规律在某种情形下发生着作用。

边际收益递减规律在农业中表现得最为典型。如果在固定的土地面积上增施化肥,开始时,每增加 1 千克化肥能增加的农作物产量是递增的,但当所施化肥超过一定量以后,每增加 1 千克化肥可能增加的农作物数量会递减,甚至超量施肥,致使产量减少。

这一规律告诉我们,并不是任何投入都能带来最大的收益,更不是投入越多,收益一定越大。正因为如此,对生产投入的数量和组合进行科学的分析,对于利用资源,提高经济效益是十分必要的。对于边际收益递减规律的应用还须说明以下几点:

(1) 这一规律假定至少有一种要素的数量是保持不变,它不适用于所有要素的数量都等比例增加的情况。

(2) 边际收益递减规律发生在技术水平不变的情况。如果技术进步了,生产函数会发生变化。

（3）各种生产要素之间的比例必须是能够被改变的。因为只有这样，才能在一种要素的数量保持不变的情况下，增加其他要素的数量，从而改变固定要素与可变要素的比例。

3.2.3 生产的三个阶段与企业的理性选择

根据图 3-4 中总产量曲线、平均产量曲线、边际产量曲线的相互关系，我们可以把可变要素的投入划分为三个区域，分别称为生产的第一、第二和第三阶段，并判断企业在哪个阶段进行生产才是合理的。

生产的第一阶段，可变投入要素的数量小于 L_2。这一阶段生产函数特征是可变要素的边际产量开始递增，然后递减，且一直高于平均产量，使总产量、平均产量均呈上升趋势。因此，增加可变要素的投入引起的总产量的增量总会使得可变要素的平均产量有所提高。那么，只要可变要素的价格和产品的价格不变，并且产品总可以销售，在这一阶段增加可变要素的投入可以使企业利润增加。可见，如果可变投入要素的数量停留在这一阶段在经济上是不合理的。

生产的第二阶段，可变投入要素的数量在 L_2 和 L_3 之间。这一阶段生产函数的特征是可变要素的边际产量是递减的，但仍为正值，不过要小于平均产量，使总产量仍呈上升趋势，平均产量则呈下降趋势。企业生产将在这一阶段进行选择，是经济上合理的阶段。至于企业事实上投入多少可变要素与固定要素相结合，一方面取决于市场对该产品的需求状况，另一方面取决于销售收入与要素总成本之间的关系。下文将要对此进行进一步分析。

生产的第三阶段，可变投入要素的数量大于 L_3。此时，边际产量为负值，使总产量和平均产量均呈下降趋势，显然，这一阶段，增加可变要素投入与固定要素相结合，反而使总产量下降，在经济上是不合理的。

3.2.4 一种可变生产要素的合理投入

在生产的第二阶段中，管理决策的重点是要具体地确定出可变要素的最优投入量，下面就对此进行探讨。

确定单一可变要素的最优投入量，需要解决这样一个问题：在存在生产要素的边际收益递减的情况下，投入多少生产要素是值得的？运用边际分析方法来解决这一问题要涉及两个方面：第一，增加一单位要素投入的花费是多少，这涉及此时的要素价格；第二，增加投入单位要素后能获得的产出的收益是多少，这涉及边际产出量以及此时产品的边际收益。为了对可变要素的最优投入量进行分析，这里先介绍以下两个概念：可变投入要素的边际收益产量(MRP)和可变投入要素的边际支出，即边际要素成本(MRC)。

可变要素 X 的边际收益产量(marginal revenue of product, MRP)是指增加一个单位变动投入要素 X 使总收益增加的数量，它等于可变要素 X 的边际产量 MP_x 乘以因产出量增加而产生的边际收益 MR，即

$$MRP_x = MP_x \cdot MR \tag{3.12}$$

可变要素 X 的边际要素成本(marginal resource cost, MRC)是指增加一个单位变动

投入要素 X 使总成本增加的数量,它等于总成本增加量除以投入要素 X 的增加量,即

$$\text{MRC}_x = \frac{\Delta \text{TC}}{\Delta X} \tag{3.13}$$

式中,ΔX 是可变要素 X 的增加量,ΔTC 是总成本的增加量。

假定可变要素 X 的价格 P_x 保持不变,其他生产要素的数量和价格也固定不变,那么 ΔTC 就等于 ΔX 与 P_x 的乘积。于是

$$\text{MRC}_x = \frac{\Delta \text{TC}}{\Delta X} = \frac{P_x \Delta X}{\Delta X} = P_x \tag{3.14}$$

即边际要素成本等于不变的要素价格。

通过对生产要素边际收益产品和边际要素成本的比较,企业可决定该要素的最优使用量。如果 $\text{MR}P_x > \text{MRC}_x$,说明此时企业的利润不是最大,因为再增加 X 的投入还能增加利润;如果 $\text{MR}P_x < \text{MRC}_x$,说明此时企业的利润也不是最大,因为减少 X 的投入量,反而能增加利润。因此,企业应当使 $\text{MR}P_x = \text{MRC}_x$,这时企业的利润为最大,此时的要素投入量就是最佳使用量。

需要说明的是,如果在企业诸多投入要素中,如果只有 X 是唯一的可变投入要素,那么 MRC_x 就是此时投入要素 X 的价格。但在实际生活中,往往一种可变投入要素投入量的变化,也伴随着其他要素投入量的变化(如随着劳动力的增加,也会带来原材料的增加)。这时,X 的边际成本 MRC_x,除了包括 X 要素的价格外,还应包括增投一个单位 X 而引起的其他要素支出的增加额。

【例 3-1】 某家公司有一定数量不变的工厂和设备,但是可以改变它每天雇用的工人数量。每天生产的计算器数量(Q)和每天雇用的工人数量(L)之间的关系是:$Q = 98L - 3L^2$,公司可以用每只计算器 20 元的价格卖出其(以它现有工厂和设备)能够生产的全部产品,因此,其边际收益等于 20 元。也能以每天 40 元工资雇用它愿意雇用的那么多工人,而且工人是该厂唯一的可变投入要素(其他要素投入量的变化忽略不计),该厂为谋求利润最大化,每天应雇用多少人?

解:由题设条件易知,边际收益 $\text{MR} = 20$,劳动的边际产量为

$$\text{MP}_L = 98 - 6L$$

$$\text{MRP}_L = \text{MP}_L \times \text{MR} = 20(98 - 6L)$$

$$\text{MRC}_L = 40$$

根据可变要素最优量的判别标准有:$\text{MRP}_L = \text{MRC}_L$,即

$$20(98 - 6L) = 40$$

$$L = 16(人)$$

所以,为实现利润最大化,应雇用 16 名工人。

3.3 两种可变生产要素按不同比例变动的生产函数

上节讨论了只有劳动投入可以变化的生产函数,但在实际生产中,企业能够变动的生产要素往往不仅限于一种。在实际生产中,即使在短期,资本也并非总是完全不可变动。

在长期中,所有的生产要素的投入量都是可变的,多种投入要素之间往往也是可以互相替代的。既然投入要素是可变的并且它们之间可以互相替代,那么,这里就存在一个要素投入的最优组合问题。是多用机器设备和少量劳动力相组合,还是少量机器设备与较多的劳动力相组合呢?多种投入要素的最组合问题就是研究在成本一定的条件下,投入要素之间怎样组合,才能使产量大,或在产量一定的条件下,投入要素之间怎样组合,才能使成本最低。为简化问题,我们把多种投入要素归并为两种,即劳动和资本。为了找到这两种投入要素的最优组合,需要利用等产量曲线和等成本曲线进行理论分析。

3.3.1 等产量曲线

我们用三维空间坐标图对劳动和资本投入量的不同组合与产出量之间的关系进行描述,水平坐标轴、斜坐标轴和垂直坐标轴分别表示劳动投入量,资本投入量与产量,假定要素投入无限可分,那么,与任一劳动和资本投入量相对应,存在一个最大产量点,所有这些点组成了一个空间曲面,该曲面即为产量面,如图 3-5 所示,它是生产函数的直观描述。在图 3-5 中,如果把资本投入量固定为 K_0,只允许劳动投入量变动,我们得到截面,它与产量面的交线,就是我们熟悉的劳动要素的总产量曲线,该曲线代表着一个以劳动为唯一可变要素的短期生产函数。同理,如果把劳动投入量固定为 L_0,只允许资本投入量变动,也可以得到资本要素的总产量曲线。而当我们把产量固定为 Q_1、Q_2 时,劳动投入量和资本投入量可以变动,我们得到 Q_1、Q_2 产量水平的截面,与产量面形成交线,将交线投影到劳动投入量和资本投入量的平面上,即得到等产量曲线,它是生产某一特定产量所需投入要素的各种可能组合所形成的曲线。在这条曲线上的各点代表投入要素的各种组合比例,其中的每一种组合比例生产的产量都是相等的。如图 3-6 所示,横坐标为劳动 L,纵坐标为资本 K,图中 Q_1 和 Q_2 曲线即为两个等产量曲线,分别表示在实现产量 Q_1 和 Q_2 的情况下投入要素之间的各种可能组合。如阅读案例 3-2 中,开采同样数量的铀矿石,可以多投入一些劳动(工人),少使用资本(采矿设备),也可多使用资本(采矿设备),少投入一些劳动(工人),最终开采铀矿石的数量是相同的,这样的投入可以有多种组合。

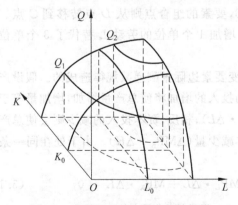

图 3-5 产量面及等产量曲线的投影

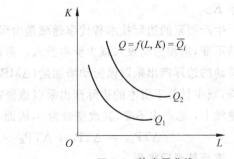

图 3-6 等产量曲线

如图 3-6 所示,等产量曲线具有如下的一些特点。

(1)等产量曲线是从左上向右下倾斜的,是负斜率的,因为要保持等产量,一种要素投入的增加是以另一种要素投入减少作为前提的。

（2）等产量曲线距原点越远,等产量曲线所代表的产量越大。图3-6中等产量线Q_2在Q_1的右上方,因而Q_2大于Q_1。所有等产量线的集合组成等产量图,该图是生产函数的另一种描述方式。

（3）在等产量曲线图中,任意两条等产量线不可能相交。由于每一条等产量线都对应着一个特定的产量,假如两条等产量线相交,那么意味着用交点表示的生产要素的组合可以生产出两个不同的产量,这与我们对生产函数在技术上富有效率的假定相矛盾。

（4）等产量曲线凸向原点,其原因在于我们即将介绍的生产要素边际技术替代率递减。等产量曲线和无差异曲线的几何特性非常相似,但是,它们之间存在着重大区别。等产量曲线代表一定的产量水平,它是企业物质技术关系的客观反映;而无差异曲线只是效用的排序,反映了消费者对商品效用的主观评价。

等产量曲线给出了企业进行生产决策的可行性空间——生产特定的产量,可以使用不同的投入要素组合。这个可行性空间对企业的生产决策有着十分重要的意义。例如,企业在受到某种生产要素的数量约束时,有了可行性空间,就可以考虑选择另一种少用该要素的投入组合,这使企业的生产组织具有了一定的灵活性。

3.3.2 边际技术替代率

进一步分析,我们把在生产技术不变的条件下,维持同样的产量,增加一个单位的某种投入可以替代另一种投入的数量,叫作这种投入要素对另一种投入要素的边际技术替代率,记作 MRTS(marginal rate of technical substitution)。如果用 ΔL 表示劳动投入增加量,ΔK 表示资本投入减少量,用 MRTS_{LK} 表示以 L 代替 K 的边际技术替代率,那么

$$\text{MRTS}_{LK} = -\frac{\Delta K}{\Delta L} \qquad (3.15)$$

从图3-7的等产量曲线可以看出,将劳动的投入从1增加到2,要维护产量不变,就要减少资本的投入,资本的投入从9减少到6,要素的组合点则从 D 点转移到 C 点。此时,劳动 L 对资本 K 的边际技术替代率为3,增加1个单位的劳动 L 替代了3个单位的资本 K。

生产要素的边际技术替代率递减是由可变要素边际报酬递减规律造成的。假设产出保持不变,增加劳动投入减少资本投入。劳动投入的增加将使总产量增加,增加量等于新增劳动的边际产出乘以该劳动增加量($\Delta \text{MP}_L \cdot \Delta L$);相反,资本投入的减少则会使总产量下降,减少量等于资本的边际产出乘以该资本减少量($\Delta \text{MP}_K \cdot \Delta K$)。由于处在同一条等产量线上,总产出不变,其改变量为0,因而

$$\Delta \text{TP}_{LK} = \Delta \text{TP}_L + \Delta \text{TP}_K = \text{MP}_L \cdot \Delta L + \text{MP}_K \cdot \Delta K = 0 \qquad (3.16)$$

重新整理后得到

$$\text{MRTS}_{LK} = -\frac{\Delta K}{\Delta L} = \frac{\text{MP}_L}{\text{MP}_K} \qquad (3.17)$$

即边际技术替代率等于投入要素边际产量之比。根据边际收益递减规律,随着劳动

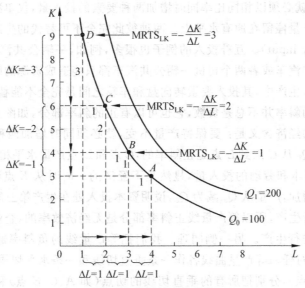

图 3-7 边际技术替代率

投入的连续增加,其边际产量不断下降;而伴随资本投入量的减少,其边际产量却不断上升。所以,由式(3.17)可知 MRTS_{LK} 不断递减。

当劳动的投入量 ΔL 趋近于 0 时,

$$\text{MRTS}_{LK} = \lim_{\Delta L \to 0} \left(-\frac{\Delta K}{\Delta L} \right) = -\frac{dK}{dL} \tag{3.18}$$

这意味着等产量曲线上某一点的边际技术替代率在数值上等于该点切线斜率的绝对值。由于边际技术替代率递减,因而等产量曲线斜率的绝对值越来越小,反映在图 3-7 上,就是等产量曲线凸向原点。

以上我们讨论的是生产要素可以部分替代的情况。一个典型的例子就是,钢铁公司不能只有工人而没有机器,也不能只有机器而没有工人。但是,有关生产过程中投入要素的替代,存在着两种极端的情形:一种是生产要素相互可以完全替代,另一种则是生产要素彼此完全不可替代。

(1) 完全替代。

等产量曲线的形状反映了生产中一种要素所能替代另一种要素的程度,其规律是:等产量曲线的曲率越小,替代程度越大。当生产要素之间存在着完全替代的关系时,等产量线为一直线。如图 3-8 所示,等产量曲线 Q_3 为直线,其上每一点的切线都和它重合,即边际替代率不变,这意味着在生产中劳动(资本)可以以不变的比率替换资本(劳动)。完全替代的例子在现实生活中也可以找到。例如,银行兑付存款既可以完全由人工操作也可以用自动取款机来进行。再如在机场自助办理登机牌。

(2) 完全不可替代。

生产要素完全不可替代是要素替代的另一种极端情形。此时,等产量曲线呈直角形状,如图 3-8 中的等产量曲线 Q_1 所示。在这种情况下,劳动和资本之间不能进行任何替代(边际替代率等于 0),生产一个既定产量,劳动投入量和资本投入量的比率必须是固定的。要增加产量,就必须以相同比率同时增加两种要素的投入量,仅单独增加其中任何一种要素都只能使产量停留在原有水平上。两种彼此完全不可替代的生产要素也称互补投入(complementary input)。互补投入的例子也很多,例如,一辆公共汽车只需一个司机,一个司机两辆公共汽车或者两个司机一辆公共汽车都只能造成资源的闲置而不能增加客运量。再如在汽车生产中,其投入要素转向盘和车轮之间是完全不能替代的。

等产量曲线的斜率并不总是负数,它也可以有正的斜率部分,如图3-9所示。等产量曲线正斜率部分的经济含义是:要保持产量不变,就必须同时增加两种生产要素的投入量。如等产量线 Q_2 从 C 点到 L 点是正斜率的,C 点和 L 点产量水平相同,但 L 点需要比 C 点增加更多的资本和劳动的投入量,显然是不经济的。同时从 E 点到 L 点,劳动固定不变而资本投入增加,产量从 Q_3 减为 Q_2,说明资本投入处在生产第三阶段。由于企业不会在第三阶段进行生产,所以等产量线正斜率部分是无经济效率的,企业将选择等产量曲线的负斜率区域进行生产。另一侧同理。我们把等产量线的负斜率部分称为生产经济区。在图3-9中,对任一等产量曲线各作一条垂直切线和一条水平切线,可得到两个切点(如 Q_1 上的 A、B 点),分别把所有的垂直切线的切点(如 A、C、E 点)和水平切线的切点(如 B、D、F 点)连接起来,得到两条曲线 OG 和 OH,这两条曲线称为脊线(ridge line)。可见,脊线是指从原点出发的经过各等产量曲线有效部分和无效部分交接点的曲线。两条脊线 OG 与 OH 之间的区域就是生产经济区。

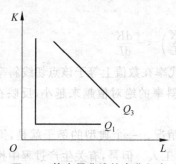

图 3-8　等产量曲线的弯曲程度

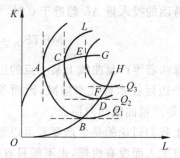

图 3-9　脊线与生产经济区

3.3.3　等成本线

等产量曲线说明了生产一定量的产出可以有不同的投入要素的组合。那么什么组合才是最优组合呢?就要看哪一种组合的成本最低。为此需要引入等成本线的概念。

等成本线是在总成本以及生产要素价格为既定情况下,生产者所能购买到的两种生产要素即资本量和劳动量的各种不同数量组合的轨迹。假定 P_L 代表劳动的价格,P_K 代表资本的价格,以 TC 代表企业的总成本,于是:

$$\text{TC} = P_L L + P_K K \tag{3.19}$$

重新整理式(3.19),使之成为直线方程式形式:

$$K = \frac{\text{TC}}{P_K} - \frac{P_L}{P_K} L \tag{3.20}$$

式中,TC/P_K 是等产量线在 K 轴上的截距,它表示全部成本都用来购买资本时可以取得的资本数量;$-P_L/P_K$ 是两种投入要素价格之比的负值,等于等成本线的斜率。

假如两种投入要素 L 和 K,单位价格分别是 $P_L=20$ 元和 $P_K=40$ 元,则总成本等于 $10L+20K$。如果限定总成本为 200 元,则与此对应的等成本线方程为:$200=20L+40K$,在以 L 为横坐标,K 为纵坐标的平面上,上述等成本线表现为一条直线,在这条直线上 L 和 K 的各种组合,都不会使总成本变化,即如图 3-10 所示的等成本线。X 轴的截距为 10,Y 轴的截距为 5,斜率为 -0.5。

等成本线位置由总成本和投入要素的价格所决定,当总成本和投入要素的价格发生变化将导致等成本线的移动。如果投入要素价格不变,而总成本变动,则等成本线向左右平行移动。总成本增加,等成本线平行向右移动;反之,向左移动。如果总成本不变,而一种投入要素的价格变动,等成本线将发生转动。

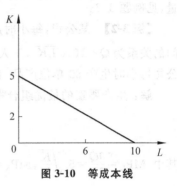

图 3-10 等成本线

3.3.4 生产要素最优组合

在生产要素能够相互替代的情况下,企业有无数要素投入组合可供选择。那么,究竟哪个投入组合是企业应加以选择的最优要素组合呢?最优要素组合是指已知或给定的条件下,实现厂商的利润最大的要素组合。要素的最优组合分两种情况:一是给定成本条件下的产量最大化;二是给定产量条件下的成本最小化。我们需要将等产量曲线与等成本曲线结合在一起来分析。

1. 产量既定成本最小的要素组合

我们可以通过图 3-11 确定产量既定条件下成本最小的生产要素组合。在图 3-11 中

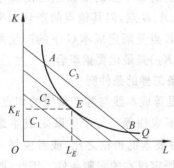

图 3-11 产量既定成本最小的要素组合

有三条等成本线 C_1、C_2 与 C_3,与等产量线 Q 远离、相切和相交。等成本线与既定等产量线的切点 E 是最优的要素组合点。因为在等产量线 Q 上的每个点的要素组合所生产的产量水平是相同的,如 E、A、B 点,但其他点的成本水平都比 E 点的成本高,因此,E 点是既定产量 Q 下的成本最小点,所决定的 (L_E, K_E) 是最优要素组合。

这个 E 点要具备怎样的条件呢?

由于 E 点是等成本线与等产量线的切点,所以这两条线的斜率应相等。如前所述,等产量线上 E 点斜率的绝对值是 E 点的劳动对资本的边际技术替代率,即等于该处劳动的边际产量 MP_L 与资本的边际产量 MP_K 之比。该斜率等于等成本线 C_2 斜率的绝对值,等于劳动的价格 P_L 与资本的价格 P_K 之比。即两种要素的边际产量之比等于两种要素的价格之比,或者说每一种要素的边际产量与它的价格之比相等。同时还有既定产量的限制条件。因此,既定产量下成本最小的最优要素组合条件为

$$\begin{cases} \dfrac{MP_L}{P_L} = \dfrac{MP_K}{P_K} \\ Q^0 = f(L,K) \end{cases} \quad (3.21)$$

我们利用最优要素组合条件,就可以解出 E 点所决定的最优要素组合 (L_E, K_E) 的数量,见例题 3-2。

【例 3-2】 某公司,每小时产量 Q 和工人的数量 L 与每小时所用的机器的数量 K 之间的关系为 $Q=10\sqrt{LK}$,工人的工资是每小时 8 元,机器的价格是每小时 2 元。如果该公司每小时生产 80 单位产品,它应该使用多少工人和机器呢?

解:生产要素的最优组合将满足

$$\frac{MP_L}{P_L} = \frac{MP_K}{P_K}$$

其中,$MP_L = \dfrac{\partial Q}{\partial L} = 5\sqrt{\dfrac{K}{L}}$,$MP_K = \dfrac{\partial Q}{\partial K} = 5\sqrt{\dfrac{L}{K}}$,于是得出 $\dfrac{5\sqrt{K/L}}{8} = \dfrac{5\sqrt{L/K}}{2}$,得:$K=4L$

又因为 $Q=80$,有 $Q=10\sqrt{LK}$

将 $K=4L$ 代入,$10\sqrt{L(4L)}=80$,得 $L=4$,则 $K=16$

于是,在生产 80 单位产品时要使成本最小化,该公司就应当雇用 4 名工人和使用 16 台机器。

2. 成本既定产量最大的要素组合

我们可以通过图 3-12 确定成本既定条件下产量最大的生产要素组合。在图 3-12 中有三条符合生产技术要求的产量线 Q_1、Q_2 和 Q_3,与既定等成本线 C 相交、相切和远离。等产量线与既定等成本线 C 的切点 E 是最优的要素组合点。因为在等成本线 C 上的每个点的要素组合的成本水平是相同的,如 E、A、B 点,但其他点的产量水平都比 E 点低,因此,E 点是既定成本 C 下的产量最大点,所决定的 (L_E, K_E) 是最优要素组合。

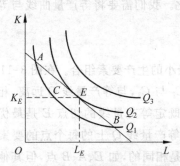

图 3-12 成本既定产量最大的要素组合

这个 E 点要具备怎样的条件呢?

由于 E 点同样是等成本线与等产量线的切点,所以这两条线的斜率应相等。与产量既定成本最小具备相同的条件。即两种要素的边际产量之比等于两种要素的价格之比,或者说每一种要素的边际产量与它的价格之比相等。此外,同时还有既定成本的限制条件。因此,既定成本下产量最大的最优要素组合条件为

$$\begin{cases} \dfrac{MP_L}{P_L} = \dfrac{MP_K}{P_K} \\ P_L L + P_K K = TC \end{cases} \quad (3.22)$$

我们利用最优要素组合条件,就可以解出 E 点所决定的最优要素组合 (L_E, K_E) 的数量,见例题 3-3。

【例 3-3】 某公司是一家从事工程分析的小公司。该公司每月的公司产出 Q,是同它

所使用的工程师的数量 L_1 和技术员的数量 L_2 相关联的,即 $Q=20L_1-L_1^2+12L_2-0.5L_2^2$。工程师的月工资是 4 000 元,而技术员的月工资是 2 000 元。如该公司每月支付的工程师工资与技术员工资总额为 28 000 元,那么,它应该雇用多少工程师和技术员呢?

解:生产要素的最优组合将满足

$$\frac{\text{MP}_{L1}}{P_{L1}}=\frac{\text{MP}_{L2}}{P_{L2}}$$

式中,$\text{MP}_{L1}=\frac{\partial Q}{\partial L_1}=20-2L_1$,$\text{MP}_{L2}=\frac{\partial Q}{\partial L_2}=12-L_2$,于是得出

$$\frac{20-2L_1}{4\,000}=\frac{12-L_2}{2\,000}, \quad 10-L_1=12-L_2, \quad 得:L_2=L_1+2$$

另有:$4\,000L_1+2\,000L_2=28\,000$

将 $L_2=L_1+2$ 代入上式得 $4\,000L_1+2\,000(L_1+2)=28\,000$,$L_1=4$,则 $L_2=6$

于是,在 28 000 元的工资支付总额上要使产量最大化,该公司就应当雇用 4 名工程师和 6 名技术员。

3. 多种投入要素的最优组合

两种投入要素最优组合的原则可以推广至多种投入要素的最优组合。多种投入要素最优组合的条件是:多种要素的边际产量之比等于多种要素的价格之比,或者说每一种要素的边际产量与它的价格之比相等。此外,同时还有既定成本或既定产量成本的限制条件。其数学表达式为

$$\begin{cases}\dfrac{\text{MP}_1}{P_1}=\dfrac{\text{MP}_2}{P_2}=\cdots=\dfrac{\text{MP}_n}{P_n}\\ P_1X_1+P_2X_2+\cdots+P_nX_n=\text{TC}^0 \quad 或 \quad Q^0=f(X_1,X_2,\cdots,X_n)\end{cases} \quad (3.23)$$

式中,$\text{MP}_1,\text{MP}_2,\cdots,\text{MP}_n$ 是投入要素 $X_1,X_2,\cdots,X_n$ 的边际产量,它们相应的价格分别为 $P_1,P_2,\cdots,P_n$。

3.3.5 生产要素最优组合的影响因素

1. 生产要素价格的变动对要素最优组合的影响

生产要素价格变动会对投入要素的最优组合产生影响,因为,如果投入要素的价格比例发生变化,人们就会更多地使用比以前便宜的投入要素,少使用比以前贵的投入要素。

投入要素的价格变动首先将导致成本线的变动,从而改变投入要素的最优组合。例如,如图 3-13 所示,假定等产量曲线为 Q_1,等成本曲线为 C_1,它的斜率代表原来的投入要素的价格比例。这时成本最低的投入要素组合在切点 E_1 点,决定投入要素 K_1 和 L_1 组合。如果劳动力价格不变,资本的价格下降了,就会使投入要素价格比例发生变化,从而使等成本曲线的斜率和位置发生变化。这样,等成本曲线就会从 C_1 转动到 C_2 的位置,成本水平不变,C_2 与等产量曲线 Q_2 切于 E_2 点,也就是说,最优投入要素组合从 E_1 点移到了 E_2 点。在 E_2 点资本的投入量 K 比原来增加了,人工投入量 L 比原来减少了。可见,在成本水平相同的情况下,资本价格的下降,导致最优组合的比例发生变化,致使人工投

入量减少,使资本的投入量增加。资本价格保持不变,而劳动力的价格下降,与之同理,会导致企业用劳动力来替代资本。如图 3-14 所示,最优投入要素组合从 E_1 点移到了 E_2 点。在 E_2 点人工投入量 L 比原来增加了,资本的投入量 K 比原来减少了。

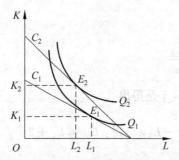

图 3-13　资本价格下降对要素组合的影响

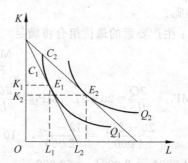

图 3-14　劳动价格下降对要素组合的影响

阅读案例 3-3

较高的能源价格引起投入要素的替代

由于能源是许多部门的重要投入,当能源产品的价格都急剧上涨时,企业会用其他投入要素来替代相对更贵的能源产品。在图 3-15 中,纵轴代表能源的投入量,横轴综合地代表其他投入要素。假设在能源价格上涨之前,一家企业在 E_1 点(即等产量曲线 Q_1 和等成本曲线 C_1 相切)生产。最优的投入要素比率为 10∶7,即每 7 个单位其他投入要素与 10 个单位能源相组合。

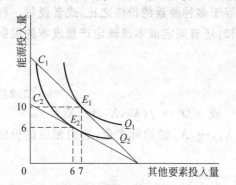

图 3-15　能源成本提高对最优投入量的影响

如果能源价格提高,等成本曲线就会从 C_1 向下移动到 C_2。现在企业就会在 E_2 点经营,这里能源对其他投入要素的比率为 6∶6,即每个单位其他要素与 1 个单位的能源相组合。

因此,较高的能源价格会导致企业用其他投入要素来替代能源。

2. 成本变动对生产要素最优组合的影响——扩展线

在图 3-16 中,假定劳动与资本的价格固定不变,当成本增加时,等成本线 C_1 向 C_2、C_3 平行移动,它们分别与等产量线 Q_1、Q_2、Q_3 相切于 E_1、E_2 和 E_3 点,这些点均代表着成本最小或产量最大原则下生产要素的最优投入组合。把所有等成本线和等产量线的切点连接起来,就得到了扩展线(extension path)。该曲线描绘了企业在每一产出水平上所选择的成本最小化的劳动和资本组合,代表着各产量水平下的最低长期总成本,它为企业扩大生产规模指明了最优路径。

3. 技术进步对生产要素最优组合的影响

到目前为止,我们分析生产函数时,一直都假定技术水平不变,是在技术水平不变的

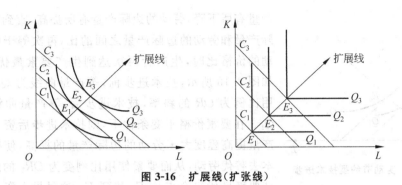

图 3-16 扩展线（扩张线）

前提下，研究要素投入与产出的关系。但技术水平肯定是要发生变化的，并起着十分重要的作用，科学技术已被看作是更重要的生产要素。据有些国家的统计，20 世纪 70 年代以来，国民生产总值的增长中，70% 以上来自技术的进步。科学技术是第一生产力已完全被实践所证明。下面将通过生产函数分析技术进步问题。

技术的进步常常并不能作为一个独立的投入要素而存在，它总是和某种原始投入的基本要素相结合。和资本的投入相结合，表现为采用先进的技术装备、物化的技术、资本的边际产量提高；和劳动相结合，表现为使用高技术的人才、人格化的技术、劳动的边际产量提高。技术进步提高了生产效率、提高了产出水平，用较少的投入就能够生产出与以前同样多的产品。所以，技术进步导致了生产函数的变化，这种变化可以用等产量线的位移来说明。如图 3-17 所示，图中的两条等产量线代表了相同的产量 Q，期初 Q_0，期末 Q_1。期末的等产量线 Q_1 表明，用比期初更少的资本和劳动的投入，就可以生产出与期初同样多的产品。这说明，在这期间技术进步了。用等产量线的位移程度来说明技术进步的程度，位移越大，说明技术进步越快。技术进步的结果必然导致生产函数发生变动，进而等产量线向原点移动。这

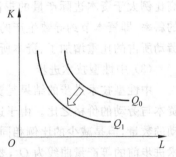

图 3-17 技术进步与等产量线

里讲的技术进步是广义的、综合的。它既包含了发明、创新、模仿、扩散等硬技术知识的进步，也包含了体制、组织和管理等软技术的进步。软技术的作用往往是很难估量的，有时其影响和作用要远远超过某项硬技术的创新。硬技术的投入往往更多地和资本相结合，软技术的投入往往更多地和人的劳动相结合。

技术进步的结果往往导致生产过程中投入要素的比例发生变动。为了便于比较，假定在技术进步前后投入要素的价格相对不变。如果投入要素包括资本与劳动，根据资本边际产量和劳动边际产量变动的不同，将技术进步分为资本使用型技术进步、劳动使用型技术进步和中性型技术进步。

(1) 资本使用型技术进步（劳动节约型技术进步）

在资本使用型技术进步中，技术进步的结果是使资本边际产量的变化大于劳动边际产量的变化，资本的边际产量提高得更快。在资本和劳动的价格比保持不变的情况下，原来的生产要素最优组合点不合适了，应当增加资本投入、减少劳动的投入，使资本的边际

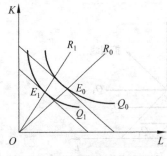

图 3-18 劳动节约型技术进步

产量有所下降,劳动的边际产量有所提高,直到资本的边际产量和劳动的边际产量之间的比,再次等于资本和劳动的价格比时,生产者再次达到生产要素最优组合点。如图 3-18 所示,技术进步前,等产量曲线为 Q_0,要素使用比例为 OR 的斜率,技术进步后,等产量曲线内移到 Q_1。在要素价格不变条件下,则技术进步后资本的边际产量提高程度大于劳动的边际产量的提高,使得会以资本去替代劳动,从而要素使用比例变为 OR_1 的斜率。生产要素最优组合点从 E_0 移到 E_1,这时投入资本和劳动之间的数量比例就改变了,资本所占比重增加了、劳动所占比重减少了。

(2) 劳动使用型技术进步(资本节约型技术进步)

在劳动使用型技术进步中,技术进步的结果是使劳动的边际产量的变化大于资本边际产量的变化,要增加劳动的投入、减少资本的投入,直到劳动的边际产量和资本的边际产量之间的比例,再次等于劳动与资本的价格比时,生产者也就达到了新的优化选择点。如图 3-19 所示,技术进步前的等产量曲线为 Q_0,要素使用比例为 OR 的斜率,技术进步后,等产量曲线内移到 Q_1。在要素价格不变条件下,由于技术进步后劳动边际产量的提高比例大于资本边际产量的提高比例,因而会以劳动替代资本,要素使用比例变为 OR_1 的斜率,即资本节约导致生产的劳动投入更加密集。生产要素最优组合点从 E_0 移到 E_1,劳动所占的比重增加了、资本所占的比重减少了。

(3) 中性型技术进步

中性型技术进步的结果是资本的边际产量与劳动的边际产量的变化均相同,仍保持资本与劳动的价格之比。由于边际产量的提高,要维持原有产量,须减少投入的资本与劳动的数量,但是减少的比例相同,使各自在总投入中的比例保持不变。如图 3-20 所示,技术进步前的等产量曲线为 Q_0,要素使用比例为 OR 的斜率,技术进步后,等产量曲线内移到 Q_1,生产要素最优组合点从 E_0 移到 E_1,要素使用比例仍为 OR 的斜率,称作中性型技术进步。

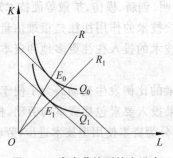

图 3-19 资本节约型技术进步

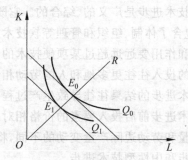

图 3-20 中性型技术进步

劳动节约型技术进步表示有效资本增加的比例大于有效劳动增加的比例;资本节约型技术进步表示有效劳动增加的比例大于有效资本增加的比例;中性型技术进步表示有效资本增加的比例等于有效劳动增加的比例。

设技术进步前的生产函数为
$$Q = f(K, L) \tag{3.24}$$
技术进步后的生产函数为
$$Q^* = g(K, L) = f[\alpha(t)K, \beta(t)L] \tag{3.25}$$
式中,α 和 β 分别代表有效资本和劳动变动的比例,其值大于 1。有
$$\mathrm{MP}_K^* = \frac{\partial g}{\partial K} = \alpha \frac{\partial f}{\partial K} = \alpha \mathrm{MP}_K \tag{3.26}$$
式(3.26)表示资本的边际产量(MP_K^*)以 α 比例提高。
$$\mathrm{MP}_L^* = \frac{\partial g}{\partial L} = \beta \frac{\partial f}{\partial L} = \beta \mathrm{MP}_L \tag{3.27}$$
式(3.27)表示劳动的边际产量(MP_L^*)以 β 比例提高。
$$\mathrm{MRTS}_{KL}^* = \frac{\mathrm{MP}_L^*}{\mathrm{MP}_K^*} = \frac{\beta \mathrm{MP}_L}{\alpha \mathrm{MP}_K} = \frac{\beta}{\alpha} \mathrm{MRTS}_{KL} \tag{3.28}$$
即边际技术转换率(MRTS_{KL}^*)的变动比例为 β/α。

如果 $\alpha = \beta$,则 $\mathrm{MRTS}_{KL}^* = \mathrm{MRTS}_{KL}$,为中性技术进步;

$\alpha > \beta$,则 $\mathrm{MRTS}_{KL}^* < \mathrm{MRTS}_{KL}$,为节约劳动的技术进步;

$\alpha < \beta$,则 $\mathrm{MRTS}_{KL}^* > \mathrm{MRTS}_{KL}$,为节约资本的技术进步。

3.4 两种可变生产要素按相同比例变动的生产函数

我们上一节对最优投入要素组合进行的讨论,一直集中在研究各生产要素投入量怎样结合才算合理这一问题。企业在生产的长期规划中需要考虑的另一个与要素投入密切相关的问题是:如果所有要素的投入量等比例增加时总产量将如何变化?这就是规模报酬(return to scale)问题。规模报酬分析的是企业所有要素的投入量等比例变化即生产规模变化与所引起的产量变化之间的关系。企业只有在长期内才能变动全部生产要素,进而变动生产规模,因此企业的规模报酬分析属于长期生产理论问题。

3.4.1 规模报酬

1. 规模报酬变化的三种情况

规模报酬变化是指在其他条件不变的情况下,企业内部各种生产要素按相同比例变化时所带来的产量变化。企业的规模报酬变化可以分为规模报酬递增、规模报酬不变和规模报酬递减三种情况。

(1) 若总产量的增长比例大于要素投入的增加比例,是规模报酬递增;

(2) 若总产量的增长比例等于要素投入的增加比例,则是规模报酬不变;

(3) 若总产量的增长比例小于要素投入的增加比例,则是规模报酬递减。

我们可以用数学方法对规模报酬进行表述。以一般生产函数为例,
$$Q = f(L, K) \tag{3.29}$$
假设劳动与资本投入量同时增加 h 倍(即 L,K 均乘以系数 h),若产量随之增长 λ

倍,那么上式可进一步写为

$$\lambda Q = f(hL, hK) \quad (3.30)$$

这样,通过系数 λ 与 h 之间的比较,可以得到以下三种关系:
(1) $\lambda > h$,生产函数的规模报酬递增;
(2) $\lambda = h$,生产函数的规模报酬不变;
(3) $\lambda < h$,生产函数的规模报酬递减。

规模报酬的三种情况也可以用等产量曲线图表示,如图 3-21 所示。在图 3-21 的三张分图中,每张分图都有三条等产量曲线 Q_1、Q_2、Q_3 和一条由原点出发的生产方法射线 OR,图中的等成本线均略去。

生产方法射线是用来表示一个生产方法的。一个生产方法是指这样一种生产要素的组合方式:两种生产要素的投入量始终以固定比例的增减来适应产量增减的需要。一个生产方法可以用一条由原点出发的射线来表示,这就是生产方法射线,如图 3-20 中的射线 OR。

射线上任何一点所代表的生产要素的组合与经过该点的等产量曲线所代表的产量之间是一一对应的关系。生产方法射线 OR 表示:当产量水平分别为 100、200 和 300 个单位时,两种生产要素的绝对投入量都发生了变化,但是它们之间的相对比例是一个常数,即 $\frac{K_1}{L_1} = \frac{K_2}{L_2} = \frac{K_3}{L_3}$。

从比较等产量曲线和生产方法射线可以看到,尽管它们都反映生产要素投入量的变化,但等产量曲线表示以投入量的相对比例的变化所实现的要素替代来维持固定的产量水平;而生产方法射线表示以相对比例不变的方式来改变要素投入量以生产出不同的产量。

图 3-21(a)表示规模报酬递增,例如由 A 点到 B 点,两要素的增加比例为 $\frac{L_1 L_2}{OL_1} = \frac{K_1 K_2}{OK_1} < 1$,而产量增加的比例为 100%,产量的增加比例大于两要素增加的比例。在规模报酬递增的情况下有 $OA > AB > BC$。规模报酬递增的主要原因在于生产规模扩大以后,企业能够利用更先进的技术和机器设备等生产要素,使得企业内部的生产分工能够更合理和专业化,从而提高了生产效率。一个典型的例子是汽车制造业,一般来说,汽车生产企业的生产规模越大,它的生产成本往往越低,因而更具有竞争优势。

图 3-21(b)表示规模报酬不变,例如由 D 点到 E 点,两要素增加的比例为 $\frac{L_1 L_2}{OL_1} = \frac{K_1 K_2}{OK_1} = 1$,产量增加的比例是 100%,产量增加的比例和两要素增加的比例是相同的。在规模报酬不变的情况下有 $OD = DE = EF$。规模报酬不变的原因是:由于在规模报酬递增阶段的后期,大规模生产的优越性已得到充分发挥,厂商逐渐用完了种种规模优势。同时,厂商采取各种措施努力减少规模不经济,以推迟规模报酬递减阶段的到来。在这一阶段,生产规模增加幅度与报酬增加幅度基本相等,企业产品生产处于基本维持正常运转的

局面。另外,当企业对现有的生产能力进行复制时,规模报酬不变。例如一个企业将所有的要素投入都增加两倍,建造两座同样的工厂,就会使产量也增长两倍。

图 3-21(c) 表示规模报酬递减:例如由 G 点到 H 点,两要素增加的比例为 $\frac{L_1L_2}{OL_1}=\frac{K_1K_2}{OK_1}>1$,产量增加的比例是 100%,产量增加的比例小于两要素增加的比例。在规模报酬递减的情况下有 $OG<GH<HI$。规模报酬递减一般出现在企业的生产规模过于庞大的场合。这时,专业化分工的好处已充分利用,而信息的传递缺乏效率;部门林立导致摩擦增多;管理者和生产者缺少必要的交流,等等。这些因素都会降低生产要素的生产率,使得产出的增长率落后于投入的增长率。即使在汽车制造业这样的行业,规模报酬递增也不是绝对的。如果一家汽车生产企业不断扩大生产规模,会使得管理不便,管理效率降低,内部通信联系费用增加,在购销方面需要增设机构,等等,最终必然进入规模报酬递减的阶段。

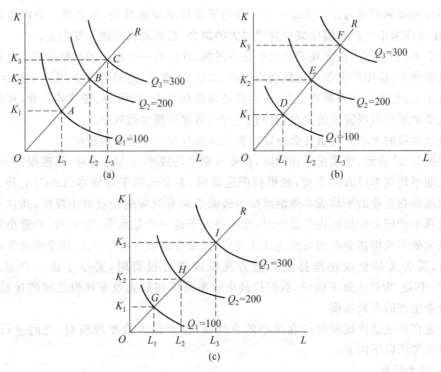

图 3-21 规模报酬的三种情况

2. 规模报酬和边际报酬的区别

不要把规模报酬和边际报酬混淆起来,它们是两个完全不同的概念。前者阐述的是增加所有要素的投入时产量将怎样变动,而后者则指增加一种可变要素的投入量而其他要素固定不变时边际产量将如何变化。所以,一种生产函数既显示出递增的规模报酬又显示出生产要素边际报酬递减是完全可能的。

3. 规模报酬的变化规律

一般来说,企业规模报酬的变化呈现出如下的规律:当企业从最初的很小的生产规模开始逐步扩大的时候,企业面临的是规模报酬递增的阶段。在企业得到了由生产规模扩大所带来的产量递增的全部好处之后,一般会继续扩大生产规模,将生产保持在规模报酬不变的阶段。这个阶段有可能比较长。在这个阶段之后,企业若继续扩大生产规模,就会进入一个规模报酬递减的阶段。

3.4.2 适度经营规模的确定

一个行业或一个厂商生产规模过大或过小都是不利的,每个行业或厂商都应根据自己生产的特点确定一个适度规模。厂商选择适度规模的原则,是尽可能使生产规模处在规模报酬不变阶段。所谓**适度经营规模**就是在一定的技术水平前提下,企业的生产资源投入的增加(即生产规模的扩大)正好使产量或收益递增达到最大。如果一个厂商的规模报酬是递增的,则说明该厂商的生产规模过小,此时应扩大规模以取得规模报酬递增的利益直到规模报酬不变为止。如果一个厂商的规模报酬是递减的,则说明厂商的生产规模过大,此时应缩小生产规模以减少规模过大的损失,直到规模报酬不变为止。

对于不同的行业,适度规模的大小是不同的,并没有一个统一的严格标准。通常对于需要投资量大、所用的设备先进复杂的行业,如冶金、汽车、造船等行业,生产规模大,适度规模也就大;相反对于需要资金少、所用设备简单的行业,如服装、餐饮等行业,规模小才能更灵活地适应市场需求的变化,有利于生产,适度规模也就较小。

企业规模的大小究竟由什么决定?企业是否存在一个适度的规模?

如图 3-22 所示,规模报酬递增时,企业长期平均成本(LAC)下降;规模报酬不变时,企业长期平均成本(LAC)不变;规模报酬递减时,企业长期平均成本(LAC)上升。最小效率规模是指企业的平均成本逐渐减少至最低点时所对应的企业最小规模,其含义是企业在选择生产能力规模或进行投资时,至少要大于这一产量水平,图中 Q_1 为最小效率规模。最大效率规模指企业的规模达到该点后,如果继续增加企业产量,该企业的平均成本将上升,其含义是企业在选择生产能力规模或进行投资时,要小于这一产量水平,图 3-22 中 Q_2 为最大效率规模。我们把最小效率规模和最大效率规模之间的规模区间,称为企业生产的有效规模。

企业在确定适度规模时应在最小效率规模 Q_1 和最大效率规模 Q_2 之间进行选择。选择时应考虑以下因素:

1. 技术因素

企业规模是与一定的技术条件相适应的。企业规模的扩大必然需要生产能力的扩大,而生产能力的扩大又是以技术进步为前提的。企业规模既有伴随技术进步而逐步扩大的趋势,同时又受到技术条件的制约。所以,企业规模只能是与生产技术密切相关的一种动态组合。一般地,需要投资的数量大,所用的设备复杂先进的行业,适度经营规模就大,如冶金、机械、汽车制造、造船、化工等重工业企业,生产规模越大经济效益越高;相反,需要投资的数量少,所用设备比较简单的行业,适度经营规模小。例如,服装、服务这类企业,生产经营规模较小,能更灵活地适应市场需求的变动,对生产更有利。

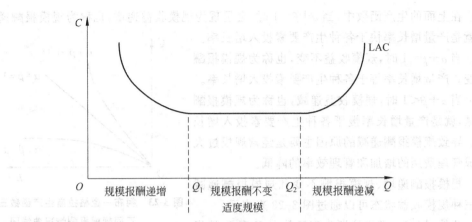

图 3-22 规模报酬与适度规模递减

2. 市场供求

企业要想扩大规模,必须明确地把握时机,既要对市场供求状况及变动趋势做出正确的预测,又要对产品的相关行业及社会供求总量的平衡状况做出正确的判断。市场需求量大,标准化程度高的产品,生产经营单位的适度规模就大一些,企业可以从生产规模扩大过程中更多地获益。相反,市场需求量少,适度经营规模就小一些。

3. 管理因素

一般来说,企业的规模与管理的难度成正比,与管理的效率成反比。大企业必须分设复杂的管理层次,设计众多的激励和监督机制,这就必然增加企业非生产人员和设备的数量,从而造成企业成本上升和费用增加。

4. 产品相关性因素

从事多种产品生产的企业,其产品之间的相关性越小,需要的技术设备和劳动投入就越多,产品成本也就越高。另外,产品的相关性越小,各类产品之间的管理体制就越不同,相互之间的协调配合也就越复杂,从而使管理和生产效率下降。反之,相关性比较强的产品有些设备和资源可以共用,相应可以节省许多开支,在设计生产规模大小时,产品之间的相关性因素也是必须要考虑的问题。

此外,影响企业确定适度经营规模的因素还有许多,如产品供销物流的通畅程度、能源的供给和政府的政策等。这些也都是在确定适度规模时必须加以考虑的因素。从全社会来说,每个企业的适度经营规模提高了,产品的供给能力也就增强了。

3.4.3 柯布—道格拉斯生产函数与规模报酬

柯布—道格拉斯生产函数(Cobb-Douglas production function)是在生产研究中运用极为广泛的生产函数。其形式为

$$Q = AK^{\alpha}L^{\beta} \tag{3.31}$$

式中,A, α, β 为大于零的参数。

当 K 和 L 增加 $\lambda (\lambda > 1)$ 倍时,

$$Q' = A(\lambda K)^{\alpha}(\lambda L)^{\beta} = \lambda^{\alpha+\beta} A K^{\alpha} L^{\beta} = \lambda^{\alpha+\beta} Q \tag{3.32}$$

在上面的生产函数中，当 $\alpha+\beta>1$ 时，会呈现为规模收益递增，也称为规模报酬递增，也就是产量增长率快于各种生产要素投入增长率。

当 $\alpha+\beta=1$ 时，规模收益不变，也称为规模报酬不变。产量增长率等于各种生产要素投入增长率。

当 $\alpha+\beta<1$ 时，规模收益递减，也称为规模报酬递减，就是产量增长率慢于各种生产要素投入增长率。导致规模报酬递减的原因主要是经营规模过大造成管理费用的增加和管理效率的降低。

规模报酬递增、规模报酬不变和规模报酬递减这三种规模收益状态可以通过图 3-23 来表示。

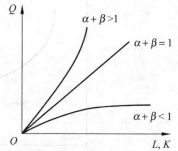

图 3-23　柯布—道格拉斯生产函数三种不同规模报酬情况曲线图

此外，柯布—道格拉斯生产函数中 K 和 L 的指数 α 与 β 分别等于 K 和 L 的产出弹性 E_k 与 E_L。

$$E_k = \frac{MP_k}{AP_k} = \frac{\frac{\partial}{\partial K}(AK^\alpha L^\beta)}{AK^{\alpha-1}L^\beta} = \frac{A\alpha K^{\alpha-1}L^\beta}{AK^{\alpha-1}L^\beta} = \alpha \tag{3.33}$$

$$E_L = \frac{MP_L}{AP_L} = \frac{\frac{\partial}{\partial L}(AK^\alpha L^\beta)}{AK^\alpha L^{\beta-1}} = \frac{AK^\alpha \beta L^{\beta-1}}{AK^\alpha L^{\beta-1}} = \beta \tag{3.34}$$

3.5　生产函数的经验估计

生产函数对企业的生产决策具有重要的参考意义，它不仅可以帮助决策者确定最优产出量、最优要素投入组合等，而且只有了解在现有技术条件下生产富有效率时投入和产出之间的关系，企业才能正确评价过去和目前的生产效率究竟谁高谁低，从而明确差距，发现问题并解决问题，这一切有赖于能否把真正反映了企业生产实际的生产函数找出来。应该指出，生产函数只是对现实生产的近似的经验估计。企业需要根据实际生产状况，收集大量的数据与资料基础上，来估计生产函数。和需求函数的估计一样，估计生产函数最常用的方法也是回归分析。通过第 2 章的学习，我们对回归分析的技术方法已有了一定的了解，因此本节不再对此进行过多的叙述。下面，就生产函数经验估计的方法和步骤做一个一般性的介绍。

3.5.1　生产函数经验估计的方法与步骤

为了用回归分析来估计生产函数，首先需要收集充分的有关投入与产出的数据资料。数据的来源可以是本企业，也可以是同行业其他类似企业或有代表性的企业，具体怎么选择视需要与方便而定。我们知道，要使回归分析得到的函数和样本的拟合程度符合要求，所收集的样本容量必须足够大，这就对数据的收集提出了一个要求。通常，我们用来估计生产函数的数据是时间序列数据或横截面数据。前者取自抽样企业的各个不同生产时期，而后者取自许多样本企业的特定生产时期。一般来说，采用时间序列数据，由于只需从很少的企业（本企业或代表性企业）进行抽样，因而数据的收集比较容易。但是，时间序列数据覆盖的时间跨度大,难以保证期间企业的生产技术没有发生变化,而这恰恰是生产函数得以成立的一个基本前提。

与时间序列数据相比,横截面数据的时间跨度小,可以排除在此期间技术进步的可能性。但是,横截面数据的采集需要考察为数众多的企业,这具有一定的难度。另外,运用横截面数据隐含地假定了各抽样企业的技术水平没有差异,这和实际情况不一定相符。不过,我们可以认为据此估计的生产函数反映了行业的平均(或有代表性的)技术水平,因此,横截面数据仍然具有重要意义。

收集到充分的数据资料之后,下一步就是数据处理工作,需要把各种数据分门别类整理好,剔除那些不重要、不可靠或与问题无关的数据,对数据进行初步的比较和分析,尽量找出生产要素与产出之间,生产要素与生产要素之间的大致关系。在此基础上,设计一个能总体上反映这些关系的回归方程,然后运用样本进行回归分析,求出回归方程的参数。最后,检验得到的回归方程与样本的拟合程度,若满足要求,那么,经验生产函数就估计出来了。

3.5.2 几种常用的经验生产函数

设计回归方程是个比较复杂的工作。但是,在注意样本的特殊规律的同时,可以考虑借用几种常用的经验生产函数。

1. 三次方程生产函数

从理论上讲,三次方程是最合适的生产函数形式,它的一般形式为

$$Q = a + bKL + cK^2L + dKL^2 - eK^3L - fKL^3 \tag{3.35}$$

其中 a、b、c、d、e、f 都是大于零的参数。这种生产函数具有普遍性。它既体现了任一要素的边际产量同时取决于资本和劳动这一重要特点,又反映了投入要素的边际产量先递增后递减的性质。

式(3.35)看起来参数多、比较复杂,而且是一个非线性回归模型。但是我们可以把它化为熟悉的多元线性回归模型。令

$$KL = X_1, \quad K^2L = X_2, \quad KL^2 = X_3, \quad K^3L = X_4, \quad KL^3 = X_5$$

代入式(3.35),得

$$Q = a + bX_1 + cX_2 + dX_3 - eX_4 - fX_5 \tag{3.36}$$

我们可以用这一较简单的模型把参数 a、b、c、d、e、f 估计出来。

2. 柯布—道格拉斯生产函数

在估计生产函数时,柯布—道格拉斯生产函数的运用极为广泛。其形式为

$$Q = AK^\alpha L^\beta \tag{3.37}$$

式中,A,α,β 为大于零的参数。

如果我们对式(3.37)两边取对数,可得

$$\ln Q = \ln A + \alpha \ln K + \beta \ln L \tag{3.38}$$

可见,柯布—道格拉斯生产函数的对数形式是线性方程,可以用最小二乘法估计方程(3.38)的系数,也即方程(3.37)的参数。

3. 固定比例生产函数

在两种生产要素完全不可替代的投入方式中,只有一种生产方法,即该两种生产要素以固定比例投入生产。相应地,我们称这种生产函数为固定比例生产函数,其公式为

$$Q = \min\left(\frac{K}{V}, \frac{L}{U}\right) \tag{3.39}$$

式中,V,U 分别为资本 K 和劳动 L 的技术系数。

这种生产函数存在 $Q = \frac{K}{V} = \frac{L}{U}$ 的情况。对产量有决定性影响的是那种成为"瓶颈"因素的限制性生产要素。例如,设 $V=4$,$U=2$,需要生产 100 单位 Q,为此,必须同时投入 400 单位 K 和 200 单位 L,使 $K/L=V/U=2$,才能得到既定产量。而无论是资本还是劳动投入量小于要求数量,都会导致产量的下降。

固定比例生产函数也称为里昂惕夫生产函数(Leontief production function),由于它只适用于采用一种固定生产方法的场合,因而在实际分析中运用较少。

阅读案例 3-4

中国航空运输生产函数的实证研究

航空运输作为一种运输方式而存在,其生产活动实现的是旅客和货物在空间位置上的转移,这种转移不能以实物形态独立存在。其服务产品的特征决定了其不可存储性,即不能通过产品存货数量的变化以适应市场需求波动。因此,航空运输企业必须首先从社会运输需求出发,分析当前航空运输市场需求及发展趋势。在全面和准确分析当前和未来航空运输市场需求的前提下,航空运输企业要了解或估算整个行业和自身企业现有要素资源条件下的生产能力。如果估算方法过于简单,并且对航空运输生产能力影响因素考虑不够全面,往往造成估算结果与实际偏差较大。如对现有航空运输生产能力估算过高,而运输需求迅猛增长,从而不能满足社会发展需要;而估算过低,盲目扩大航空公司规模等,会造成大量资金闲置浪费。因此对航空运输生产能力的估算具有重要意义。通过对航空运输生产函数的估计,不仅可以为估测航空运输企业生产能力提供一个较为准确的方法,而且还有利于航空运输企业根据市场需求、供给和自身经营战略,进行关键要素的投入配置,从而有效避免出现因生产能力过高而出现闲置浪费或生产能力过低而制约企业发展的现象。

一、航空运输生产函数

航空运输企业所完成的运输任务是把旅客和货物运达目的地,这不仅表现在运送了多少,而且还表现在运送了多少距离。航空运输总周转量是运输量与运送距离的乘积,综合反映航空运输企业的工作量。航空运输的完成依赖于空中运输载体飞机来进行。对航空运输企业而言,航空运输飞机属于稀缺的资本品,拥有一定数量的飞机是航空公司成立的物质前提。自然而然,运输飞机成为影响航空运输生产的第一个关键要素。由于飞行驾驶劳动的技术特殊性以及飞行员数量相对紧缺,使得飞行驾驶劳动也成为影响航空运输生产的第二个关键要素。此外,航空运输企业的运营过程同时也是消耗物质资料的过程。航空运输企业在运输生产过程中,其主要生产工具飞机需要消耗大量的燃油。航空

燃油成本是航空公司最大的成本之一，如 2006 年，美国航空公司的燃油成本占整个航空公司成本的 25% 左右，而中国航空公司的燃油成本占整个航空公司的成本比重更大，大约 35%～40%。由于燃油在航空运输中的特殊地位，民航运输业往往将航空燃油的消耗单独进行统计。因此，燃油也是影响航空运输生产的另一个关键要素。航空运输生产技术进步主要表现为航空器运输容量和性能的提高，以及航空运输生产组织过程中的协调管理技术进步，这在航空运输生产组织过程中十分明显，因此必须考虑技术进步问题。当然，航空运输企业的外部基础设施，如空域利用程度、民用航空机场数量和布局等可能会限制航空运输产出量。当空域和机场利用都未达到饱和时，这种限制影响可以忽略不计。

由此，可以假定航空公司的航空运输产出主要取决于航空运输飞机资本、航空燃油消耗和飞行驾驶劳动。借用 C-D 生产函数，可以假设航空运输生产函数为

$$Q = AL^{\alpha}K^{\beta}M^{\gamma}$$

式中：Q 表示航空运输产出；K、L、M 分别表示运输飞机资本投入、飞行驾驶劳动投入和航空燃油消耗投入；A、α、β、γ 为参数，$0 < \alpha, \beta, \gamma < 1$。

为了便于模型参数估计，先对 C-D 生产函数进行对数变换，可用如下对数线性回归模型进行参数估计：

$$\ln Q = \ln A + \alpha \ln L + \beta \ln K + \gamma \ln M + \mu$$

令 $q = \ln Q$，$A' = \ln A$，$l = \ln L$，$k = \ln K$，$m = \ln M$，则有待估计：

$$q = A' + \alpha l + \beta k + \gamma m + \mu$$

二、中国航空运输生产函数建立

根据中国民航统计资料，以运输总周转量指标来衡量产出 Q，运输飞行的正驾驶员人数（根据中国民用航空飞行规则，机长必须由正驾驶员担任，其他飞行人员根据需要进行比例配置）衡量投入 L，以运输飞机架数衡量投入 K，航空燃油消耗 M，1990—2005 年各变量数据整理如表 3-3 所示。

表 3-3 中国航空运输产出及投入

年份	Q	K	L	M	$q = \ln Q$	$l = \ln L$	$k = \ln K$	$m = \ln M$
1990	249 950	204	1 153	1 186 414	12.429 016	7.050 122 5	5.318 12	13.986 446
1991	320 663	221	1 491	1 324 206	12.678 146	7.307 202 3	5.398 162 7	14.096 324
1992	428 456	315	1 384	1 697 242	12.967 943	7.232 733 1	5.752 572 6	14.344 515
1993	511 821	373	1 245	2 114 665	13.145 73	7.126 890 8	5.921 578 4	14.564 407
1994	584 122	406	1 299	2 351 456	13.277 87	7.169 35	6.006 353	14.670 55
1995	714 385	416	2 327	2 714 348	13.479 18	7.752 335	6.030 685	14.814 06
1996	806 078	443	2 581	3 013 533	13.599 94	7.855 932	6.093 57	14.918 62
1997	866 771	485	2 263	3 275 193	13.672 53	7.724 447	6.184 149	15.001 89
1998	929 736	523	2 089	3 775 825	13.742 66	7.644 441	6.259 581	15.144 13
1999	1 061 127	510	2 163	3 873 709	13.874 84	7.679 251	6.234 411	15.169 72

续表

年份	Q	K	L	M	$q=\ln Q$	$l=\ln L$	$k=\ln K$	$m=\ln M$
2000	1 225 007	527	2 178	4 941 338	14.018 46	7.686 162	6.267 201	15.413 15
2001	1 411 918	566	2 352	5 355 681	14.160 46	7.763 021	6.338 594	15.493 67
2002	1 649 266	602	2 483	6 000 746	14.315 84	7.817 223	6.400 257	15.607 39
2003	1 707 946	664	4 052	6 048 778	14.350 8	8.306 966	6.498 282	15.615 37
2004	2 309 985	754	4 439	7 887 726	14.652 75	8.398 184	6.625 392	15.880 82
2005	2 612 724	863	4 553	8 780 754	14.775 9	8.423 542	6.760 415	15.988 07

注：Q 表示航空运输总周转量（$10^4 t \cdot km$）；K 表示运输飞机数量（架）；L 表示正驾驶飞行员人数（人）；M 表示航空燃油消耗量（t）。

利用 Excel 数据分析功能对估计模型 $q = A' + \alpha l + \beta k + \gamma m + \mu$ 进行回归，如表 3-4 所示。

表 3-4 回归分析结果

回归统计		回归统计	
关系数	0.998 8	标准误差	0.037 0
判定系数	0.997 6	观测值	16
调整后的判定系数	0.997 0		

	自由度	回归和残差平方和	回归和残差平方和与自由度的比值	F 统计量	显著性 F 的值
回归分析	3	6.937 7	2.312 6	1 683.386	5.2×10^{-16}
残差	12	0.016 5	0.001 4		
总计	15	6.954 1			

	截距	X_1	X_2	X_3
回归系数	−1.998 8	0.136 6	0.248 5	0.872 2
标准误差	0.476 0	0.048 3	0.115 2	0.082 8
回归检验统计量	−4.199 5	2.830 7	2.157 6	10.535 7
P 值	0.001 2	0.015 2	0.051 9	2.03×10^{-7}
置信下限	−3.035 9	0.031 5	−0.002 5	0.691 9
置信上限	−0.961 8	0.241 8	0.499 4	1.052 6
下限 95%	−3.035 9	0.031 5	−0.002 5	0.691 9
上限 95%	−0.961 8	0.241 8	0.499 4	1.052 6

$$q = -1.9988 + 0.1366l + 0.2485k + 0.8722m$$

由于调整后的判定系数的取值为 0.9970,可见在运输总周转量取值的变差中,能被运输飞机架数、飞行正驾驶员人数和航空燃油消耗量的变化所解释的比例为 99.70%,接近于 1,充分说明本多元回归模型对样本观测值具有很理想的拟合度。同时,由于显著性 F 的取值为 5.2×10^{-16},可见这个多元线性关系在显著性水平 0.05 上能通过检验。由于变量 $l=\ln L$ 和 $m=\ln M$ 对应的 P 值均小于 0.05,所以变量 $l=\ln L$ 和 $m=\ln M$ 在 95% 的概率下显著,而变量 $k=\ln K$ 对应的 P 值为 0.0519>0.05,但 0.0519<0.1,因此变量 $k=\ln K$ 在 90% 的概率下显著。

把相关参数的估计值代入变换前的生产函数,则中国航空运输生产函数的估计模型(1990—2005 年)可以表示为

$$Q = 0.1355 L^{0.1366} K^{0.2485} M^{0.8722}$$

式中:Q 表示航空运输周转总量;K 表示运输飞机架数;L 表示飞行正驾驶员人数;M 表示航空燃油消耗量(t)。

$\alpha=0.1366, \beta=0.2485, \gamma=0.8722$ 处在 (0,1) 之间,可见参数估计都符合经济意义。

三、中国航空运输生产函数特征分析

根据 1990—2005 年度估计的中国航空运输生产函数模型,可以观察航空运输生产的一些特征:

首先,中国航空运输的产出运输总周转量主要取决于运输飞机数量、飞行正驾驶员数量和航空燃油消耗量。这三种关键投入的变化可以在 99% 左右的程度上解释产出的变化。因此,航空运输企业在进行其他投入决策时,必须依据这三种关键要素的存量及其变化情况进行适当配置。

其次,由于 $\alpha+\beta+\gamma=1.2573$,大于 1,说明就中国航空运输生产整体而言规模报酬递增。由于规模报酬递增是规模经济的一种特例,或者说规模报酬递增是规模经济的充分条件而非必要条件,因此,中国航空运输生产整体上具有规模经济的特征。航空运输业由于具有线路通过密度经济、运输枢纽的通过能力经济和运载工具的运载能力经济等特点决定了其应该具有相当的规模经济性,这一点国外的很多学者通过实证研究的方法都已证实。但是,不同国家面积的大小不同,经济发展、运输网和运输业的技术及管理水平存在很大差距,因此不同国家航空运输业的规模经济性应有不同程度的差异。同时,企业内部机制是决定其规模效应发挥程度的基础和决定因素。因此,中国航空运输企业应通过不断完善企业的内部机制和提高管理水平等措施,逐步提高中国航空运输业的规模效应。

资料来源:陈林.中国航空运输生产函数和成本函数的实证研究.中国民航大学学报.2008,26(1):43 46.

【本章小结】

生产要素是指人类进行生产所必需的各种经济资源和条件,也就是构成生产力的各种要素,包括人的要素(劳动者)和物的要素(生产资料——劳动资料和劳动对象)。现代西方经济学认为生产要素包括劳动力、土地、资本、企业家才能四种。随着知识经济的兴起和信息高速公路的普及,技术、信息也作为相对独立的要素投入生产。

生产函数就是用图表或数学模型，把不同数量的投入要素与所能生产的最大产出量联系起来。生产函数有多种不同的表达方式，其中柯布—道格拉斯生产函数是十分常用的类型。

对于存在一种变动投入要素的生产函数来说，边际产量就是在生产过程中多使用一个单位的变动投入要素所能生产的总产量的增量变化。平均产量就是总产量与生产这个产量所使用的变动投入要素数量之比。

边际收益递减规律是指所有其他的生产要素保持不变，生产过程中变动要素的使用量不断增加，超过了某一点之后就会导致总产量的边际增加量递减。

单一可变要素的最优化问题说明了生产要素的边际收益递减规律，并分析了生产的三阶段，得出结论：生产要素的合理配置只能在第二阶段，单一可变生产要素的最优化生产的标准是边际收益产量 MRP＝边际要素成本 MPC，边际收益产量 MRP_x 定义为增加一单位变动投入要素 x 使总收益的增加量，等于边际产量（MP_x）乘以因产出量增加而产生的边际收益（MR）。边际要素成本定义为增加一单位变动投入要素给总成本带来的增加量。

生产的等产量曲线代表可以用来生产某一既定水平产量的各种投入要素的所有组合。

边际技术替代率就是生产过程中总产量保持不变时，一种投入要素可以被另一种投入要素代替的比率，它等于两种投入要素的边际产量之比。

等成本曲线是在总成本以及生产要素价格为既定情况下，生产者所能购买到的两种生产要素即资本量和劳动量的各种不同数量组合的轨迹。

要达到产量约束条件的成本最低（或成本约束条件的产量最高），要求生产过程的运行处于这样一点上：每一种要素的单位货币成本所得到的边际产量都相等。

两种投入要素的最优配置的必要条件：

两种要素的边际产量之比等于两种要素的价格之比，或者说每一种要素的边际产量与它的价格之比相等，同时还有既定产量的限制条件（或同时还有既定成本的限制条件）。

规模报酬就是由所有投入要素按一定比例增加所造成的生产过程中产出量的比例增加。

三种类型的规模报酬及其产生的原因。

柯布—道格拉斯生产函数被大量地应用于经验研究，它是一种乘法指数函数，产量是每种投入要素的（非线性）单增函数。柯布—道格拉斯生产函数具有各种性质，可以使人们根据参数估计得出有关规模经济的结论。

【中英文关键词】

1. 生产函数　　　　　　　　　production function
2. 投入　　　　　　　　　　　input
3. 柯布—道格拉斯生产函数　　Cobb-Douglas production function
4. 短期　　　　　　　　　　　short run

5. 长期　　　　　　　　　　long run
6. 边际产量　　　　　　　　marginal product
7. 平均产量　　　　　　　　average product
8. 生产弹性　　　　　　　　elasticity of production
9. 边际产量收益　　　　　　marginal revenue product
10. 边际要素成本　　　　　　marginal factor cost
11. 生产的等产量线　　　　　production isoquant
12. 边际技术替代率　　　　　marginal rate of technical substitution
13. 生产过程　　　　　　　　production process
14. 规模报酬　　　　　　　　returns to scale
15. 技术效率　　　　　　　　technical efficiency
16. 扩展线　　　　　　　　　extension path
17. 最小效率规模　　　　　　minimum efficient scale，MES
18. 最大效率规模　　　　　　maximum efficient scale

【综合练习】

一、选择题

1. 如果一种投入的边际产量为正，但它随着投入单位数量的增加而递减，那么（　　）。
   A. 总产量达到了最大，正要开始下降
   B. 总产量正在增加，但增加的速度越来越慢
   C. 平均产量一定正在下降
   D. 企业应该减少生产

2. 当边际产量小于零时，要素的投入阶段是（　　）。
   A. 阶段Ⅰ　　　　B. 阶段Ⅱ　　　　C. 阶段Ⅲ　　　　D. 以上都不对

3. 理性的生产者选择的生产区域应是（　　）。
   A. $MP_L > AP_L$ 阶段
   B. MP_L 下降阶段
   C. $AP_L > MP_L > 0$ 阶段
   D. MP_L 与 AP_L 相交之点起至 MP_L 与横轴交点止

4. 如果某种可变要素的平均产量高于它的边际产量，那么（　　）。
   A. 边际产量一定是在随着该投入的增加而增加
   B. 边际产量一定在沿着平均产量移动
   C. 平均产量一定是在随着该投入的增加而增加
   D. 平均产量一定是随着该投入的增加而减少

5. 如果连续地增加某种生产要素，在总产量达到最大值时，边际产量曲线与（　　）相交。
   A. 平均产量曲线　　　　　　　　　　　B. 纵轴

C. 横轴　　　　　　　　　　　　D. 总产量曲线

6. 若当投入 6 个单位的劳动时，AP_L 为 15 个单位。而投入第 7 个单位 MP_L 为 18 单位，那么（　　）。

　　A. AP_L 在上升，劳动的边际产量也在上升

　　B. AP_L 在上升，而劳动的边际产量在下降

　　C. AP_L 在上升，劳动的边际产量可能上升也可能下降

　　D. AP_L 在下降，而劳动的边际产量在上升

7. 边际收益递减规律成立的前提条件是（　　）。

　　A. 生产技术既定

　　B. 按比例同时增加各种生产要素

　　C. 连续增加某种生产要素的同时保持其他生产要素不变

　　D. A 和 C

8. 等产量曲线上的各点代表了（　　）。

　　A. 为生产相同产量，投入要素的组合比例是固定不变的

　　B. 为生产相同产量，投入要素的价格是不变的

　　C. 生产相同产量的投入要素的各种组合比例

　　D. 为生产相同产量，成本支出是相同的

9. 等产量线和等成本线有一个共同点：这两条线上的任何一点都代表（　　）。

　　A. 总产出水平　　　　　　　　B. 以美元计的总成本

　　C. 投入品数量的组合　　　　　D. 投入品价格的组合

10. 一条等成本线描述了（　　）。

　　A. 不同产出价格下的产量

　　B. 投入品价格变动时，成本相同的两种投入品的数量

　　C. 给定支出水平下企业能够采购的两种投入品的组合

　　D. 对企业具有同等效用的投入组合

二、计算题

1. 假定某厂商只有一种可变要素劳动 L，产出一种产品 Q，固定成本为既定，短期生产函数 $Q = -0.1L^3 + 6L^2 + 12L$，求解：

(1) 劳动的平均产量 AP_L 为极大值时雇用的劳动人数；

(2) 劳动的边际产量 MP_L 为极大值时雇用的劳动人数；

(3) 平均可变成本极小（AP_L 极大）时的产量；

(4) 假如每人工资 $W = 360$ 元，产品价格 $P = 30$ 元，求利润极大时雇用的劳动人数。

2. 已知某厂商的生产函数为 $Q = L^{\frac{3}{8}} K^{\frac{5}{8}}$，又设 $P_L = 3$ 元，$P_K = 5$ 元。

(1) 求产量 $Q = 10$ 时的最低成本支出和使用的 L 与 K 的数量。

(2) 求产量 $Q = 25$ 时的最低成本支出和使用的 L 与 K 的数量。

(3) 求总成本为 160 元时厂商均衡的 Q、L 与 K 的值。

3. 某企业 $Q = 4L^{0.5}K^{0.9}$，问：

(1) 资本和劳动的产出弹性各为多少？如果企业增加资本（或劳动）的投入量 10%，

产出将增加多少?

(2) 该企业的规模报酬是递增、递减,还是不变?如果企业资本和劳动的投入量各增加 10%,产出将增加多少?

4. 下面是某城市公交运输系统的柯布—道格拉斯生产函数:
$$Q = AL^\alpha K^\beta M^\gamma$$
式中:L——按工人小时计算的劳动投入;

K——以公共汽车台数为单位的资本投入;

M——以升为单位的燃料投入;

Q——以百万公里行车里程衡量的产量。

5. 假设使用过去 25 年的年度数据来估计模型中的参数,得到以下生产函数结果:
$$Q = 0.111\,2L^{0.45}K^{0.3}M^{0.2}$$

(1) 确定劳动、燃料、资本投入要素的产出弹性。

(2) 假设明年劳动投入(工人小时)增加 2%(其他投入保持不变),确定产量变化的大约百分比。

(3) 假设明年资本投入(公共汽车数量)减少 3%(即旧公交车退出运营),假定其他投入保持不变,确定产量变化的大约百分比。

(4) 这个公交系统的特点表现为何种类型的规模报酬?

【案例分析】

根据以下案例所提供的资料,试分析:

我国家电业为什么要"机器人换人"呢?它体现怎样的经济学原理?

家电业"机器人换人"

2014 年,在人力资本贵、招工难、需要提高生产效率等多重因素影响下,家电整机企业及上游零配件企业,逐渐意识到"机器人换人"的作用。尽管与汽车、手机等行业相比,机器人在家电行业的应用仍处于初级阶段,但家电企业在"机器人换人"方面的探索却从未止步。

一、各种因素催热需求

"'机器人换人'是美的集团的长期战略。"7 月 25 日,在中国家用电器协会常务理事会上,美的集团总裁助理王金亮表示,通过"自动化、智能化、少人化"等各种手段减员增效,是美的近年来转型的重要内容。"到 2015 年,美的在'机器人换人'方面的投入将超过 10 亿元。"

无独有偶,在谈及海尔转型时,海尔集团董事会副主席、轮值总裁周云杰也特别提到,海尔未来的目标是要做"无人化工厂"。通过自动化设备减员增效也是海尔一直在做的。据了解,海尔洗衣机生产线原来 90 多人,应用自动化设备后,现在只需要 30 人,效率还提高了 1 倍。

2013 年,创维彩电提出"311"机器人战略,即"投资 3 000 万元、节约 1 000 人、建成

1条自动化生产线",标志着创维制造总部"机器人战略"正式提上议事日程。

不仅整机企业,以上海日立、美芝、加西贝拉、钱江为代表的上游零配件企业,为了适应家电企业制造升级的整体战略,在"机器人换人"方面的动作甚至更为超前。据了解,上海日立应用机器人已经有10年的历史,2009年成立了自主研发制作专用设备的部门——现代制造技术中心,为上海日立各工厂提供机器人自动化、先进生产线的制造。2014年,该部门正式成为事业部。

"中国劳动力成本每年以10%甚至超过10%的速度不断增长,中国已不再是低收入、低成本的国家,通过提升生产工艺装备的自动化、智能化水平,向自动化要效益实现减员增效在家电行业蔚然成风。"中国家用电器协会秘书长徐东生说。

媒体报道的统计数据显示,从2004年到2013年的10年间,中国制造业从业人员的平均工资增长了3倍,年平均增幅为15%。国家信息中心信息开发部的数据显示,2013年,洗衣机企业员工工资的平均增幅为15%~18%。迅速增加的劳动力成本给利润微薄的家电制造业带来极大的压力。不仅如此,新一代务工人员对工作环境更为挑剔,一些危险、艰苦、枯燥的岗位往往招不到工人。

"机器人运用在危险、艰苦的生产环境中,可减少一线工人的流失。"某业内人士对《电器》记者说。据他介绍,现阶段家电行业应用的机器人主要为机械手和机械臂,大多应用在生产线的前端和末端,如物料搬送、焊接、捆包装箱等环节。这些岗位工作辛苦且枯燥,人员不稳定,采用机器人后不仅解决了这个问题而且大幅提高了工作效率。

"以前提升产能主要依靠增加生产线,现在越来越多的家电企业通过技术改造提高装备水平、通过提高自动化程度来提升生产效率。"徐东生说。北京师范大学所进行的一项制造业单位劳动力成本研究结果表明,劳动生产率增长速度如果超过工资增长速度,可以降低企业的单位劳动力成本。家电企业正努力通过提高生产效率,消减各项成本上升带来的影响。据王金亮介绍,2014年美的集团预计收入规模与2010年相当,但员工人数为12万人,比2010年减少40%。星星家电集团总经理杨文勇说,星星一条生产线进行自动化改造后,同样的时间内产量由1 000台提升到1 700台。

二、应用范围逐步扩大

据《电器》记者了解,无论人力还是物力,许多家电整机及配套企业在设备自动化改造方面的投入"不遗余力"。

据创维有关负责人介绍,公司成立专门的自动化研发项目组、自动化工装小组、设备维护组,并且不断增加对自动化生产、机器人研发方面的投入,购买先进的自动化设备。创维"311"工程项目共90项,涉及平板厂、机芯厂、模具厂、注塑厂、电源厂和元件厂。

海尔为了保证自动化方案落地,内部建立专门对接的小微团队,在自动化项目实施的全环节/工序投入资金,包括物流智能配送,总装模块化下机器人自动紧固、自动焊接等和前工序黑灯车间。

美的有关负责人为《电器》记者梳理了2012年至今美的空调和热水器在"机器人换人"方面的成果。2012年,美的空调成立了专业的机器人设计加工团队,自主研发了电子、钣金加工装配机器人生产线。目前,在机器人应用方面,美的家用空调注塑生产线共计投入接近200台、总装成品下线超过100台,其他电子、部装装配机器人接近200台。

美的热水器事业部针对线内品质、人机和谐、停线、防错等方面展开自动化改造，并已经在成品码垛、内胆端盖自动焊接等生产工序实现机器人或机械手应用。

上海日立电器有限公司副总裁李海滨介绍说，目前上海日立的生产线上已经拥有180多台机器人，2014年在建项目接近50台，主要运用在各工厂的物料搬送、焊接、组装、捆包装箱等环节。其中，上海工厂钣金线已经实现了从投料到壳体成品全线机器人作业。李海滨对《电器》记者形象、生动地介绍了钣金工厂压缩机壳体生产线上"机械臂"机器人的工作内容："料板被卷成圆筒形状后，输送到整形环节，机器人用机械臂上的一只'手'快速抓起壳体，传至整形机器，然后用另外一只'手'先把已整形好的壳体灵活拿起，送至下一环，再把之前抓的壳体准确地放上整形机器。一抓一放之间，一个转身即处理了两台壳体，一个壳体的处理时间不过几秒钟。"

为提升生产线自动化水平，提高生产效率，加西贝拉压缩机有限公司大胆创新，改变新项目组线方式，由自动单机转向自动连线。如装配线采用"岛型"与"流线型"融合的方式，通过大量的"机器人换人"，提升了装配自动化水平，有效保证直通率；核心部件曲轴箱精加工采用回转式专机自动连线方式，节省用工60%，零件一致性大大提高；壳体焊接线，从原单机手工操作改为自动化连线生产后，两条生产线减员50%。

三、积极效果初步显现

目前家电业"机器人换人"还处于初级阶段，机器人应用大多集中于生产线的前端和末端。尽管如此，多家企业负责人对《电器》记者表示，目前的自动化改造效果已经令他们非常满意，"机器人换人"可提高生产效率和产品一致性，并且改善了一线员工的工作状态。

"我们所说的机器人自动化解决方案不只是为了节约人力，更是为了提高用户全流程体验，提高产品质量水平和标准化，改善员工操作环境，同时培育员工由操作型向知识型转型。"海尔有关负责人表示，"'机器人换人'的前工序可实现智能无人化黑灯车间，'总装'环节做到模块化下的智能机器人组装，物流环节实现'端到端'的智能输送。以目前海尔已达成的一条自动化内筒生产线为例，通过'机器人换人'，生产效率比原先提升3倍，机器人焊接产品质量比过去提高20倍。"

据创维有关负责人介绍，目前开展的自动化机器人项目为一年内收回成本、短期可收益的优势项目，普遍来说效益可提高20%左右。以一台电视机后盖装配为例，人工打螺钉为4~6颗，在采用自动打螺钉之后，原来三人的工作量现在只需两台机器人完成，产能效率可以提高21.9%。

上海日立有关负责人还为《电器》记者提供了一组数据，详细对比了应用机器人后2013年生产线人数以及生产效率的变化：生产线改造前每班人数为10人，班产能为2 949台，人均操作设备1.2台；通过"机器人换人"，投入机器人8台，每班人数仅为3人，班产能达到3 392台，人均操作设备7.7台，人均班产能也从约295台提升至约1 131台。

引入机器人能够使一些艰苦甚至高危的环节得到极大地改善。美的有关负责人举例说，美的空调一家工厂中的部分高焊线，需要工人从39℃的高温烘干炉中取出蒸发器行走2~3米后，再将其搬运到高焊线立放。"这个看似简单的动作，工人每天需重复3 600次弯腰、转身等动作，作业环境又高温难耐，导致该岗位流失率一直居高不下。"这位人士介绍,"引入机器人从事这个环节的工作后,整个流水线的工作都顺畅了。"

四、发展前景广阔

对于"机器人换人"未来的应用,主流家电企业表示,将继续加大对生产自动化方面的投入力度,并做好未来3~5年的规划。徐东生表示,国内家电企业在"机器人换人"方面今后还将会逐渐增加比例,可以说家电企业未来"机器人换人"具有很大的发展空间。据悉,家电企业未来"机器人换人"的发展方向,体现在打造智能化工厂、加大机器人应用范围、优化工艺及提高产品标准化等方面。

海尔有关负责人表示,未来将持续推进智能化机器人实施、落地,打造更多智能化工厂。首先,海尔将搭建更为开放的平台,持续吸引更多一流资源来平台交互方案,达成不断升级、持续引领的自动化解决方案;其次,打造设备智能化集成体系,从国家层面建立行业引领的标准,像德国工业4.0一样,输出家电智能自动化实施的统一标准;再次,未来自动化设备能够满足与人的智能交互,实现智能柔性生产,可自我感知、自我分析、自我维护,建立一个高度灵活的个性化和数字化的产品与服务制造模式,满足用户高度个性化的需求;最后,智能产品具有独特的可识别性,可以在任何时候被识别,知道整个被制造过程的细节,甚至能半自动地控制智能制造的各个阶段,例如用户可以直接参与产品的设计、构造、生产、物流及回收的各个阶段。

美的有关负责人坦言,美的空调已经连续三年每年投入1.5亿元进行自动化改造,未来在这方面的投入仍是"上不封顶"。在制造环节,美的空调将全面依靠自动化设备、机器人来提升人员效率和产品质量。目前,美的家用空调在国内共有7个制造分厂,2015年工人将减至2.5万人,减员后所剩下的工作量,将全部由自动化设备或者机器人完成,在一些关键零部件组装、焊接和测试等方面,也将加大机器人的应用范围。在热水器方面,美的将会按照自动化的三年规划,在装配、焊接、冲压等领域推进机器人替代人工的自动化生产。

目前,创维在自动化方面做出的努力,不仅包括在设备方面的投入,也包括在工艺优化和产品的标准化方面所做的工作,目的是为今后进一步推进自动化铺路。据透露,创维将把互联网技术应用到自动化设备实时监控中,实现设备联网。同时,创维增加生产设备的自主控制,把分散的、自主的、智能化制造设备,通过网络的形式连接在一起,使其更具动态性和灵活性,以迎合客户对产品个性化、多样化、多变化的需求,在三年内,大力研发行业通用工序机器人,在彩电生产领域节省50%的人工。

资料来源:中国家电网,http://news.cheaa.com/2014/0813/416394_2.shtml,2014-08-13,09:21.

第 4 章

成本—收益函数分析

【学习目标】

通过本章的学习,将首先了解短期成本的分类,掌握各类短期成本的相互关系及变动规律,了解短期成本与长期成本的关系,以及成本理论范畴的一些基本概念;其次要了解成本与收益之间的关系,掌握利润最大化的基本原则。

【教学要求】

知识要点	相关知识	能力要求
短期成本函数分析	短期成本的分类;各类短期成本曲线的变动规律及其相互关系;短期产量曲线与短期成本曲线关系	掌握各类短期成本曲线的变动规律及其相互关系;掌握短期产量曲线与短期成本曲线关系
长期成本函数分析	长期总成本、长期平均成本和长期边际成本	掌握长期成本与短期成本的关系
成本理论范畴的一些概念	规模经济和规模不经济;内在经济与内在不经济;外在经济与外在不经济;范围经济与范围不经济;学习曲线	掌握规模经济和规模不经济的区别;了解内在经济与内在不经济、外在经济与外在不经济、范围经济与范围不经济;掌握学习曲线的意义
收益与利润最大化原则	总收益、平均收益和边际收益;利润最大化原则	掌握总收益、平均收益和边际收益之间的关系;掌握利润最大化原则
盈亏平衡分析与经营杠杆率	盈亏平衡分析;优劣平衡分析;经营杠杆率	掌握盈亏平衡分析和经营杠杆率分析法

本章仍然是分析生产者的行为,分析的是成本与收益的关系。4.1 节至 4.2 节分析短期和长期成本;4.3 节介绍成本理论范畴的一些概念;4.4 节分析收益与利润最大化问题;4.5 节是成本与收益结合的分析方法。

上一章主要研究企业的生产理论,从实物角度研究了投入与产出之间的关系,解决了企业应该怎样组织生产这一基本问题。但是,迄今为止,我们所关心的两个重要问题仍未得到解决。那就是,在生产规模一定的情况下,企业应该如何决定最优产量?它又该如何确定最佳的生产规模?这两项经济决策必须建立在成本分析的基础之上。实际上,企业一切经营管理决策的制定都需要预先估计和比较决策的实施将引起的成本以及将取得的收益,并力图使两者的差额——利润达到最大。成本分析正确与否,直接决定了经营管理决策的科学程度,并很可能因此决定了企业的前途和命运。所以,成本分析是经营管理决策的关键一环,它在管理经济学中占有极其重要的地位。

企业成本管理的重要性

做管理,做企业,离开不了两件事:提升营业额,降低成本!

企业要发展,离不开销售,销售越好,营业额越高,企业的发展就越大。但销售好,营业额高,还需重视一个重要的因素——成本的控制!试想,如果一个企业一个月营业额是一百万,而它的实际成本更高,那么它有利润吗?没有!一般情况下,成本降低的幅度,要比营业额增加的幅度要大,企业的利润才可能增加,所以控制成本是势在必行的关键工作。良好的成本控制管理可以降低产品成本,提高企业盈利能力,提高市场竞争能力,促进企业改善经营管理,有利于企业的持续发展。

下面我们看一个例子,对于同样问题两个企业的做法。

著名的日化企业联合利华在生产线上遇到了一个难题,就是生产香皂的生产线出现一定比例的香皂盒漏装现象,也就是说,有些香皂盒里没有装香皂就下了生产线。针对这个难题,联合利华召集了几位拥有博士学位的工程师来解决难题,经过半年多的努力,耗资数百万美元后,解决方案终于出来了:在生产线上设置了一个类似X光照射的设备,就像乘坐火车和飞机前的安检设备一样,没有装肥皂的空盒马上能透视和检测出来。联合利华管理层对这个方案很满意。

面对同样的问题困扰,一个肥皂小厂把这个问题交代给了生产线上的一位小工,他冥思苦想之后,给出了解决方法:他把两只大铁风扇,放到香皂的生产线两侧,对这生产线上的肥皂盒狂吹,没有装香皂的空盒,因重量轻,自然被风吹下生产线,这个问题在不花一分钱的情况下,迎刃而解。

问题:阅读完以上资料,你对成本控制有何看法?

4.1 短期成本函数分析

什么是成本、成本函数?成本函数与生产函数是什么关系?

4.1.1 短期成本函数

成本函数表示成本与产量之间的关系。其一般形式可以写为

$$C = f(Q) \tag{4.1}$$

成本函数可由各种产量水平下的最优投入组合及投入要素的价格推导而出,即由生产函数和生产要素价格决定。如果生产中只使用资本(K)和劳动(L)两种生产要素,资本

的价格用 P_K 表示,劳动的价格用 P_L 表示,则生产一定产量的成本方程写为

$$TC(Q) = P_K K(Q) + P_L L(Q) \tag{4.2}$$

在短期,企业受固定要素(厂房、设备等)的限制,其生产能力基本确定,因而它的主要任务就是利用现有生产能力组织生产创造利润。如果生产中只使用资本(K)和劳动(L)两种生产要素,并且资本(K)是固定要素,资本的价格用 P_K 表示,劳动的价格用 P_L 表示,则生产一定产量的短期成本函数方程为

$$STC(Q) = P_K K_0 + P_L L(Q) = b + f(Q) \tag{4.3}$$

短期总成本函数是由短期生产函数和生产要素价格决定,把不同的产量与不同的成本联系起来了。

4.1.2 短期成本的分类

1. 固定成本、可变成本、短期总成本

在短期,企业至少有一种投入要素固定不变,无论期间企业是否生产,也不管其生产多少,发生在这些固定要素上的支出都不可变动。这种不随产量增减而变动的成本称为固定成本(fixed costs)。固定成本包括借入资本的利息、租用厂房和设备的租金、与时间转移有关的折旧费、财产税、受合同约束在停产期间不能解雇的职工工资等。

可变成本(variable costs)是随产量变动而变动的成本,它与企业在可变要素上的支出相联系。可变成本包括:原材料费用、可随时解雇的工人的工资、货物税以及其他随产量增减而变动的投入要素的成本。短期之中,企业只能通过增减可变要素的投入量来调整产量,这就产生了可变成本函数。可变成本函数的形式为

$$VC = f(Q) \tag{4.4}$$

式(4.4)表明,可变成本 VC 是产量 Q 的函数,它描述生产任一产量水平所需的最低可变成本,这是因为企业总是用最优的(也即成本最小的)投入要素组合来进行生产。函数关系取决于生产函数和生产要素的价格。

固定成本(FC)与可变成本(VC)之和就是企业生产的总成本(total costs,TC),即

$$STC(Q) = FC + VC = b + f(Q) \tag{4.5}$$

式中 b 是等于固定成本 FC 的常数。可见,和可变成本函数一样,总成本函数也是产量的函数,它们变化的方向与幅度完全一致,区别只是总成本函数多了一项常数(固定成本)。

2. 平均固定成本、平均可变成本、短期平均成本

企业在很多决策分析中(如价格、产量决策)都要用到平均成本,因此,我们很有必要探讨一下平均成本及其函数。由总成本、可变成本和固定成本函数可以方便地推导出与它们相对应的平均成本函数。

平均固定成本(average fixed cost,AFC)是单位产品所分摊的固定成本,它等于固定成本除以总产量。其公式为

$$AFC = \frac{FC}{Q} \tag{4.6}$$

类似的,平均可变成本(average variable cost,AVC)和平均总成本(average total cost,AC)分别是平均每单位产品所应分摊的可变成本与总成本,它们分别等于可变成本、总成本除以总产量,即

$$\text{AVC} = \frac{\text{VC}}{Q} \tag{4.7}$$

$$\text{SAC} = \frac{\text{STC}}{Q} = \frac{\text{FC}+\text{VC}}{Q} = \text{AFC}+\text{AVC} \tag{4.8}$$

3. 短期边际成本

短期边际成本(marginal cost,MC)是增加一单位产量所引起的短期总成本增加量,其公式为

$$\text{SMC} = \frac{\Delta \text{STC}}{\Delta Q} \tag{4.9}$$

由于固定成本不随企业产出水平的变化而变化($\Delta \text{FC}=0$),因此,边际成本也就是增加一单位产量所引起的可变成本的增加量,即为

$$\text{SMC} = \frac{\Delta(\text{VC}+\text{FC})}{\Delta Q} = \frac{\Delta \text{VC}}{\Delta Q} \tag{4.10}$$

边际成本说明了企业要增加多少成本才能增加一单位的产出。

为了说明短期成本函数如何从厂商的生产函数中导出,以及各种短期成本函数之间的关系,我们仍然采用生产理论中深溪采矿公司的例子。假定生产矿石需要两种投入要素:资本和劳动。不同规模的资本设备 K 用马力数作为衡量标准。采矿设备由不同数量的劳动力 L 来开动。表 4-1 列出一定时期内用不同的资本—劳动投入要素组合所生产的矿石产量。

假定每期使用采矿设备的租金成本为一马力 0.20 元,每期雇佣一个工人(劳动)的成本为 50 元。由此形成任何一种给定的劳动 L 和资本 K 的投入要素组合的总成本方程 $TC=50\times L+0.20\times K$。

假定这家采矿公司签有一项租赁协议,租赁一台 750 马力的采矿设备(资本)。这就是说,在短期生产中,此公司在采矿过程中可以使用的资本数量固定为 750 马力。因此,不管生产的矿石数量是多少,每期发生的固定成本都是 150 元(=0.20 元×750)。该厂商必须以表 4-1 第三栏所列的资本—劳动组合中的某一种来完成生产过程。在资本设备固定为 750 马力的投入要素组合中,使用更多(更少)的劳动,产量就可以增加(减少),因此劳动是采矿生产中的变动投入要素。

表 4-2 所列为这家采矿公司的短期成本函数。短期变动成本 VC 等于 50 元乘以采矿生产中使用的工人数量(L)。短期固定成本 FC 等于 750 马力设备的租赁成本(150 元)。短期的总成本就是固定成本和变动成本之和。

总成本函数一旦确定,即可导出平均成本函数和边际成本函数。平均固定成本 AFC、平均变动成本 AVC 和平均总成本 AC 等于相应的固定成本、变动成本和总成本除以生产的数量。

表 4-1 两种投入要素和一种产出量

		资本投入要素 K(马力)							
		250	500	750	1 000	1 250	1 500	1 750	2 000
劳动投入要素 L (工人的数量)	1	1	3	6	10	16	16	16	13
	2	2	6	16	24	29	29	44	44
	3	4	16	29	44	55	55	55	50
	4	6	29	44	55	58	60	60	55
	5	16	43	55	60	61	62	62	60
	6	29	55	60	62	63	61	63	62
	7	44	58	62	63	64	64	64	64
	8	50	60	62	63	64	65	65	65
	9	55	59	61	63	64	65	66	66
	10	52	56	59	62	64	65	66	67

表 4-2 深溪采矿公司的短期成本函数

产量 Q	变动成本		固定成本		总成本 TC=FC+VC (元)	平均固定成本 AFC=FC/Q (元)	平均变动成本 AVC=VC/Q (元)	平均总成本 ATC=TC/Q (元)	边际成本(增量成本) MC=ΔTC/ΔQ (元)
	劳动投入要素 L	VC=50×L (元)	资本投入要素 K	FC=150(元)					
0	0	0	750	150	150	—	—	—	—
6	1	50	750	150	200	25.00	8.33	33.33	50/6=8.33
16	2	100	750	150	250	9.38	6.25	15.63	50/10=5.00
29	3	150	750	150	300	5.17	5.17	10.34	50/13=3.85
44	4	200	750	150	350	3.41	4.55	7.95	50/15=3.33
55	5	250	750	150	400	2.73	4.55	7.27	50/11=4.55
60	6	300	750	150	450	2.50	5.00	7.50	50/5=10.00
62	7	350	750	150	500	2.42	5.65	8.07	50/2=25.00

注:产量变化用离散单位测定,即处理 ΔTC/ΔQ 的关系时,增量成本概念可与边际成本互换。增量成本是一个与决策有关的成本概念,指由于任何决策(包括产量决策)导致的总成本的变化量,它一般不用每个单位去测定。而边际成本仅与产量变化相联系,它是用每个单位去测定。可见,增量成本比边际成本使用范围更为广泛。

图 4-1、图 4-2 是根据表 4-2 中的数据画出的。从图 4-1 可以看到,TC 曲线与 VC 曲线具有相同的形状,只是向上移动 150 元。

4.1.3 各类短期成本曲线的变动规律及其相互关系

为了进一步研究各种短期成本曲线的变动规律及相互关系,现在假定短期成本曲线

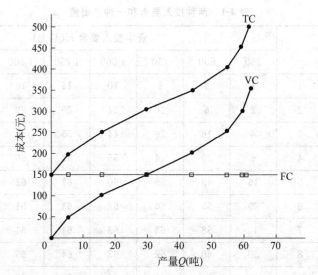

图 4-1 深溪采矿公司的短期总成本、可变成本、固定成本曲线

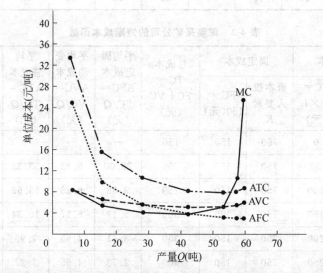

图 4-2 深溪采矿公司的短期边际成本、平均总成本、平均可变成本、平均固定成本曲线

由图 4-3 中平滑的连续函数来表示。

1. 总成本曲线、可变成本曲线、固定成本曲线和边际成本曲线

在图 4-3(上)中显示的是总成本曲线、可变成本曲线和固定成本曲线。由于固定成本 FC 是不随产量变化而变化的常量,因而其为一条平行于产量轴的水平直线。可变成本在产量为零时也等于零,之后随着产量的增加而增加。在到达拐点 b' 之前,因为企业投入的可变要素相对固定要素来说数量过少,其边际产量不断递增,所以可变成本增长的比率逐渐减慢,VC 曲线因此而向上凸;过拐点 b' 之后,可变要素与固定要素相比逐渐富裕,其边际产量开始递减,此时增加一定比率的产量要求投入更大比率的可变要素,因而可变成本增长的速度越来越快,反映在图 4-3 中就是拐点 b' 之后 VC 曲线下凹。由于总成本

等于固定成本与可变成本之和,因而总成本曲线是可变成本曲线和固定成本的垂直相加。这决定了总成本曲线的形状与可变成本曲线的形状完全一样。

VC 曲线和 TC 曲线的斜率等于边际成本 MC。随着产量从 0 逐渐增加到 Q_2,边际成本 MC 下降,对应于变动成本 VC(和总成本 TC)以递减的速度增加,曲线向上凸,当产量超过 Q_2,边际成本 MC 上升,对应于变动成本 VC(和总成本 TC)以递增的速度增加,曲线下凹。MC 曲线的最低点 b'' 与 TC 曲线的拐点 b 和 VC 曲线的拐点 b' 相对应。

当产量为 Q_1 时,VC 曲线和 FC 曲线相交于 a 点,AVC 曲线和 AFC 曲线相交于 a' 点,有 VC=FC,AVC=AFC。

2. 短期平均成本曲线、平均固定成本曲线、平均可变成本曲线和边际成本曲线

从总量的成本曲线可得出平均的成本曲线。在图 4-3(上)中,原点与 FC 曲线、VC 曲线及 TC 曲线上各点连线的斜率分别等于 AFC、AVC 和 AC;在图 4-3(下)中显示的是三条平均成本曲线和一条边际成本曲线。由于固定成本保持不变,因而随着产量的连续增长,平均固定成本不断递减。其余两条平均成本曲线表现出一个共同特征——它们都先递减而后递增,呈现出"U"字形。我们看到,MC 曲线先于 AVC 和 AC 曲线开始上升。当 MC 曲线位于 AVC 曲线和 AC 曲线的下方时,这两条曲线不断下降;而当 MC 曲线位于它们的上方时,这两条曲线则不断上升。MC 曲线与 AVC 曲线和 AC 曲线分别交于它们的最低点 d' 点和 c' 点。

当射线 od 切 VC 曲线于 d 点,d 点切线的斜率和 d 点与原点连线的斜率将相等,即对应于 d' 点,有 MC=AVC。同理,射线 oc 切 TC

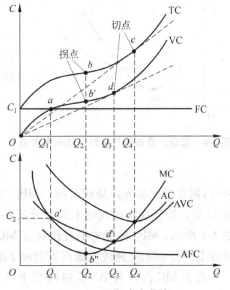

图 4-3 短期成本曲线

曲线于 c 点,对应于 c' 点,有 MC=AC。MC 曲线穿过 AVC 曲线及 AC 曲线的最低点。

AVC 曲线先于 AC 曲线开始递增。其原因在于,AC 是 AVC 与 AFC 之和,由于 AFC 曲线总是下降的,因而只要 AVC 曲线下降,AC 曲线必然下降。AVC 曲线上升时,由于 AFC 曲线还是下降的,AC 曲线不会马上上升。仅当平均可变成本的增加额(ΔAVC)大于平均固定成本的减小额时,AC 曲线才表现为递增(ΔAC>0)。AVC 曲线与 AC 曲线都上升,但由于 AC 中含有 AFC,故它永远高于 AVC 曲线。产出量增加时,AVC 曲线不断逼近 AC 曲线,但不能与之相交。AC 曲线和 AVC 曲线的垂直距离等于 AFC,它们之间的距离不断缩小。

4.1.4 短期产量曲线与短期成本曲线关系

1. 短期平均可变成本与可变要素平均产量的关系

假设劳动是唯一的可变要素,其价格(即工资率)P_L 固定不变,在此情形下,任一产量水平对应的可变成本 VC 就等于劳动投入量 L 与其价格的乘积，即 $VC = P_L \cdot L$，可得：

$$AVC = \frac{VC}{Q} = \frac{P_L \cdot L}{Q} = \frac{P_L}{\frac{Q}{L}} = \frac{P_L}{AP_L} \quad (4.11)$$

式(4.11)说明，平均可变成本等于劳动的工资与劳动的平均产量之比。由于 P_L 固定，因而 AVC 与 AP_L 之间是反比关系。由第 3 章 3.2 节的内容，我们知道 AP_L 先递增而后递减，其曲线是倒 U 形。这样，当 AP_L 递增时 AVC 递减，AP_L 递减时 AVC 递增，即 AVC 曲线呈现 U 字形。AP_L 曲线的最高点对应 AVC 曲线的最低点。如图 4-4 所示。

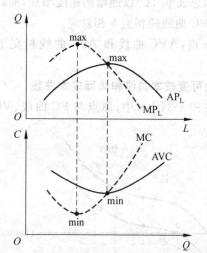

图 4-4 短期产量曲线与短期成本曲线关系

2. 短期边际成本与可变要素边际产量的关系

假设劳动是唯一的可变要素，其价格（即工资）P_L 固定不变，在此情形下，任一产量水平对应的边际成本 MC 为

$$MC = \frac{\Delta VC}{\Delta Q} = \frac{P_L \cdot \Delta L}{\Delta Q} = \frac{P_L}{\frac{\Delta Q}{\Delta L}} = \frac{P_L}{MP_L} \quad (4.12)$$

式(4.12)表明边际成本 MC 和边际产量 MP_L，两者的变动方向是相反的。MP_L 先递增、后递减，MC 先递减、后递增，其曲线同样呈 U 形。边际成本曲线的上升部分反映了边际报酬递减规律的作用。这种对应关系如图 4-4 所示：MP_L 曲线的上升段对应 MC 曲线的下降段；MP_L 曲线的下降段对应 MC 曲线的上升段；MP_L 曲线的最高点对应 MC 曲线的最低点。

由于 MC 曲线与 AVC 曲线交于 AVC 曲线的最低点，MP_L 曲线与 AP_L 曲线交于 AP_L 曲线的最高点，所以，MC 曲线和 AVC 曲线的交点与 MP_L 曲线和 AP_L 曲线的交点是对应的，如图 4-4 所示。

3. 短期总成本、可变成本与总产量的关系

由以上的边际产量和边际成本的对应关系可以推知，总产量和总成本之间也存在着对应关系。当总产量 TP_L 曲线下凹时，总成本 TC 曲线和可变成本 VC 曲线是上凸的；当总产量 TP_L 曲线上凸时，总成本 TC 曲线和可变成本 VC 曲线是下凹的；当总产量 TP_L 曲线存在一个拐点时，总成本 TC 曲线和可变成本 VC 曲线也各存在一个拐点。

4.1.5 短期成本函数估计

成本是决定竞争优势的重要因素之一，利用成本与产量变化反映出来的信息，指导企业的生产决策有着重要的意义。通过构造企业的短期成本函数，可以清楚地了解企业的产量与成本之间的关系，即随着产量的变化，成本将表现出的变化趋势，清楚平均成本的变动情况，及时控制产量与生产规模，掌握边际成本的变化状态等，以便为企业的决策和选择提供可靠的依据，使企业的生产经营决策更加科学。

估计短期成本函数最常用的方法是时间序列回归法。为了避开把固定成本分配于各种不同产品,我们通常对产量回归全部可变成本,以得出企业的可变成本函数,然后再加上经过适当估计得到的固定成本,短期总成本函数就可以被估计出来了。

用回归分析方法估计可变成本函数,与估计生产函数相似,也可分为两大步骤:第一步是收集相关的成本—产量数据,第二步是建立回归模型对成本进行回归分析。

1. 成本—产量数据的收集与处理

要使估计出来的成本函数真实可信,关键是成本和产量数据收集不出现失误。具体来讲,就是要求:

(1) 确定成本的性质,合理收集与调整成本数据。企业会计成本记录是我们所能收集到的关于企业成本数据的第一手资料。它是实际发生的现行成本或过去成本,即历史成本。成本分析应该使用经济成本而非单纯的历史成本或会计成本。所以,收集数据时必须对会计成本加以调整或修改,以得到决策所需的经济成本。

(2) 收集与调整产量数据。如果企业同时生产多种产品,加工工艺类似,原材料相近,在收集和计算产量数据时,可以各种产品的同行业一般单位成本为依据,将各种产品的产量进行转换,然后汇总产量。但在加工工艺不同,原材料也不同的情况下,则不能进行产量转换处理。

(3) 成本与产量的时差调整。在实际生产中,成本的发生和产品的生产往往不是同时进行的,而是有先有后,存在着一定的时差。因此,为保证成本函数反映的成本—产量关系正确无误,必须按照产品生产的时期分配相应的成本,而不能按成本发生时期进行分配。

(4) 观察期长度的确定。由于短期成本函数反映的是在技术水平既定的情况下,企业的生产规模与其成本和产量的关系,这对估计成本函数所需的观察期提出了要求:它必须长到允许产量和成本有充分的变化,同时又必须短到企业的生产规模和技术水平没有改变。前者保证统计的样本容量足够大,后者则保证估计出的成本函数能够在理论上成立。尽管观察期的最佳长度因具体情况而异,但最常用的观察时期为一个月,并连续观察 2 年至 3 年。

2. 短期成本函数的构造

有关的成本—产量数据收集充分之后,就可以着手进行回归分析了。这里的关键问题是如何确定成本曲线的正确函数形式,即怎样建立一个适当的回归模型。

由于三次函数的图形是 S 形,和我们在成本理论中讨论的可变成本曲线相似,因此,这种函数形式被广泛应用于可变成本的经验估计。其方程为

$$VC = aQ + bQ^2 + cQ^3 \tag{4.13}$$

式中 a、b、c 是有待估计的参数。可变成本函数一旦得出,其对应的平均可变成本函数及边际成本函数即可顺势导出,它们的方程分别为

$$AVC = \frac{VC}{Q} = a + bQ + cQ^2 \tag{4.14}$$

$$MC = \frac{dVC}{dQ} = a + 2bQ + 3cQ^2 \tag{4.15}$$

阅读案例 4-1

短期成本函数在企业管理决策中的应用

在对某公司实地调查的基础上,构造了该公司的成本函数,并在生产决策中加以运用,取得了满意的效果。

一、数据的收集与处理

（一）成本数据的收集

在 2013 年、2014 两年中选择生产连续性、均衡性较好的 20 个月作为观察区,来构造该公司的成本函数。详细数据见表 4-3。表中折旧费与管理费按月定量摊入,不随着产量的变化而变化,因此对短期的决策影响小,所以在短期成本函数的估计过程中,我们只考虑了变动成本的变化,只要有了 VC 的函数我们就可以得出 AVC 和 MC 的函数。因为构造成本函数是为决策而用,所以在上述成本数据的搜集过程中,考虑了机会成本,原材料的价格大多按市场价格计算,对于库存材料的价格均请相关的人员予以合理地估计,这样可以充分地反映资源的利用效率。

表 4-3　成本费用表　　　　　　　　　　　　　单位:万元

时间	原材料	工资	制造费	燃料费用	合计	折旧及管理费
2013.5	97.68	10.69	15.84	7.79	132.00	75
2013.6	136.71	14.96	22.17	10.91	184.75	75
2013.7	146.10	15.99	23.69	11.65	197.43	75
2013.8	243.90	13.32	45.77	13.77	316.76	75
2013.9	154.98	16.96	25.13	12.36	209.43	75
2013.10	384.57	42.09	62.36	30.67	519.69	75
2013.11	404.53	44.28	65.60	32.26	546.67	75
2013.12	242.44	32.64	39.47	17.41	331.96	75
2014.1	292.95	32.97	41.34	17.48	384.74	75
2014.2	216.14	30.48	32.70	16.99	296.31	75
2014.3	191.64	15.94	18.60	15.77	261.95	75
2014.4	112.18	9.80	11.90	8.12	142.00	75
2014.5	200.28	20.22	41.86	8.43	270.79	75
2014.6	280.38	24.90	31.32	29.23	365.83	75
2014.7	227.30	26.89	48.92	15.00	318.11	75
2014.8	165.16	18.08	26.78	13.97	223.99	75
2014.9	168.64	18.94	27.08	13.60	228.26	75
2014.10	340.21	32.24	55.16	27.12	454.73	75
2014.11	168.28	18.42	27.30	13.42	227.42	75
2014.12	156.38	17.12	25.36	12.47	211.33	75

(二)产量数据的处理

该公司有薄膜、平网和泡沫三种产品,加工工艺类似,原材料相近,而薄膜的产量最大。为了考察总体成本的变化情况,在计算中将三种产品的产量进行了转换。在转换过程中,将此三种产品以各自同行业的一般单位成本为依据,转化为加工工艺较稳定,产量最大的薄膜的产量,具体转化过程见表 4-4。将所有产量数据转化处理并与相应的成本数据匹配汇总得表 4-5。

表 4-4 产品转化率 单位:元

产品	薄膜	平网	泡沫	产品	薄膜	平网	泡沫
单位成本	1.036	0.9842	2.2933	转化率(i)	100%	95%	221.36%

表 4-5 转化产量与总变动成本

时间	薄膜		平网		泡沫		合计	TVC
	A	$A \times 1$	B	$B \times 0.95$	C	$C \times 2.2136$	D	
2013.5	50	50	7	6.65	14	30.99	87.64	132.00
2013.6	75	75	27	25.65	34	75.26	175.91	184.75
2013.7	86	86	31	29.45	42	92.97	208.42	197.43
2013.8	142	142	27	25.65	42	92.97	260.62	316.76
2013.9	124	124	29	27.55	28	61.98	213.53	209.43
2013.10	320	320	32	30.40	50	110.68	461.08	519.69
2013.11	348	348	40	38.00	55	121.75	507.75	546.67
2013.12	79	79	53	50.35	35	77.48	206.83	331.96
2014.1	249	249	42	39.90	47	104.04	392.94	384.74
2014.2	225	225	45	42.75	46	101.83	369.58	296.31
2014.3	184	184	46	43.70	43	95.18	322.88	261.95
2014.4	61	61	9	8.55	13	28.78	98.33	142.00
2014.5	136	136	8	7.60	30	66.41	210.01	270.79
2014.6	162	162	25	23.75	44	97.40	283.15	365.83
2014.7	155	155	28	26.60	34	75.26	256.86	318.11
2014.8	220	220	8	7.60	3	6.64	234.24	223.99
2014.9	231	231	7	6.65	26	57.55	295.20	228.26
2014.10	323	323	21	19.95	37	81.90	424.85	454.73
2014.11	158	158	34	32.30	47	104.04	294.34	227.42
2014.12	143	143	23	21.85	38	84.12	248.97	211.33

注:表中 A、B、C、D 分别代表薄膜、平网、泡沫和总产量;A、B、C 与 i 相乘代表各自转化后的产量;D 表示转化后合计的产量。

(三) 成本函数的构造

将产量作为自变量(设为 Q),可变成本作为因变量(设为 VC)。基于二者之间关系的经济理论上的分析以及成本与产量数据的散点图(这里从略),三次曲线表现出很好的拟合优度,且可反映出实际的成本与产量之间的关系。故此可用三次曲线来拟合成本函数。设其形式为

$$VC = aQ + bQ^2 + cQ^3$$

其中 a、b、c 为待定系数,VC 代表可变成本,Q 代表产量。

以最小二乘法解得可变成本函数的系数为

$$(a \quad b \quad c) = (2.31 \quad -7.22\times10^{-3} \quad 9.84\times10^{-6})$$

则可变成本函数为

$$VC = 2.31Q - 7.22\times10^{-3}Q^2 + 9.84\times10^{-6}Q^3$$

经检验,$R^2=0.82$,$F=24.44$,所以成本与产量显著相关,该函数有效。于是

$$MC = \frac{d(VC)}{dQ} = 2.31 - 1.44\times10^{-2}Q + 2.95\times10^{-5}Q^2$$

$$AVC = \frac{VC}{Q} = 2.31 - 7.22\times10^{-3}Q + 9.84\times10^{-6}Q^2$$

$$STC = 75 + 2.31Q - 7.22\times10^{-3}Q^2 + 9.84\times10^{-6}Q^3$$

二、基于成本函数的企业管理决策

通过分析成本函数,管理者可清楚地知道企业在不同产量情况下的成本状况,进而可以使企业决策更加科学合理。

(一) 最佳产品结构的确定

企业生产的薄膜、平网和泡沫三种产品,根据经济学的基本理论易知是处于垄断竞争的市场结构之下,所以面临着比较平缓的市场需求曲线。尽管三种产品的加工工艺和使用的原材料有着许多相同之处,但由于产品的用途不同,所以,三种产品各自有自己的需求曲线。为了在生产中把握总量成本和产量的关系,核定出利润最大时生产塑料制品的能力,以确定出合理的产品结构,设薄膜、平网和泡沫的需求量分别为 q_1、q_2 和 q_3,则在此价格水平上总的塑料制品的需求量为

$$Q = q_1 \times 100\% + q_2 \times 95\% + q_3 \times 221.36\%$$

由于企业生产三种产品,因此要实现最大利润,就必须合理地组织此三种产品的生产结构。设利润为 π,销售收入为 TR,则

$$\pi = TR - TC = q_1 f_1(q_1) + q_2 f_2(q_2) + q_3 f_3(q_3) - $$
$$(75 + 2.31Q^* - 7.22\times10^{-3}Q^{*2} + 9.84\times10^{-6}Q^{*3})$$

s.t.

$$q_1 \times 100\% + q_2 \times 95\% + q_3 \times 221.36\% = Q^*$$

构建拉格朗日函数如下:

$$\pi = q_1 f_1(q_1) + q_2 f_2(q_2) + q_3 f_3(q_3) - (75 + 2.31Q^* - $$
$$7.22\times10^{-3}Q^{*2} + 9.84\times10^{-6}Q^{*3}) - $$

$$\lambda(q_1 \times 100\% q_2 \times 95\% + q_3 \times 221.36\% - Q^*)$$

其中 q 代表产量，λ 为拉格朗日乘子。

根据微积分的极值定理可知，对 q 和 λ 分别求偏导数并令其等于零，将得到四个方程组，解方程组可得 q_1、q_2 和 q_3。这样在企业实现利润最大化的情况下，就确定出了企业合理的产品结构。

（二）价格决策

企业产品的定价决策是企业按照价值规律和供求规律的要求，根据国家的价格政策和有关的定价原则、办法及市场供求状况，调整或制定企业经营的产品和服务的价格。能否制定出合理的价格关系到企业产品能否占领市场，产品能否顺利地通过市场转移到消费者手中以实现其价值。定价过低不能收回成本，定价过高产品的竞争力就会减弱，会丢失市场份额，甚至会被竞争者挤出某一市场。

产品的供需状况、企业成本和竞争因素是企业定价过程中必须考虑的三个因素。构造出成本函数后，企业就清楚地知道了不同产量下的边际成本，这时如果企业又清楚地知道自己的产品价格弹性，就可以根据边际成本和产品的价格弹性进行定价。即

$$MC = MR = P\left(1 - \frac{1}{|E_d|}\right)$$

$$P = \frac{MC}{1 - \frac{1}{|E_d|}}$$

例如，估计平网的价格弹性为 -5，2014 年 1 月份平网产量为 42 吨，而本月该厂总产出转化为标准产量后为 392.94 吨，本月平网产量核定为标准产品产量后为 39.9 吨，占总产出的 10%。将总产量代入边际成本函数得 $MC = 1.21$ 万元。其中平网的边际成本占 10%，而由于平网产量增加而导致总边际成本增加的数额为 0.121 万元。根据价格决策公式，平网的合理价格应确定为 0.1008 万元/吨。

（三）利用成本函数制订合理的成本计划

成本函数反映的是企业在一定的技术水平下，以最高效率进行生产时企业的货币投入与实物产出之间的关系，并且是一种较为均衡和稳定的投入与产出关系。所以成本函数是加强成本计划的一个有利工具。

首先，利用成本函数预测未来某时期的成本值；其次，把预测得到的成本值在生产经营的各个环节按实际情况分摊。在这个过程中一定要注意各项成本分摊的合理性；最后，将分摊到各个环节的成本制订严格的目标，并形成计划，使之对生产经营过程中的各项费用的发生加以严格的控制。

4.2 长期成本函数分析

在长期内，厂商可以根据产量的要求调整全部的生产要素投入量，因此，厂商所有的成本都是可变的。厂商的长期成本可分为长期总成本、长期平均成本和长期边际成本，分别表示为 LTC、LAC 和 LMC。本节将顺次对厂商的长期总成本、长期平均成本和长期边

际成本进行分析,并进一步分析这三条长期成本曲线之间的相互关系。

4.2.1 长期总成本

1. 企业扩展线与长期总成本曲线

厂商在长期对全部要素投入量的调整意味着对企业的生产规模的调整。也就是说,在长期,厂商可以在每一个产量水平上选择最优的生产规模进行生产。长期总成本(LTC)是指厂商在长期中在每一个产量水平上所能达到的最低总成本。我们可借助第3章3.3节介绍的扩展线来推导长期总成本曲线。如图4-5所示,扩展线是由不同的等产量线和等成本线之间切点连线构成的,它代表着各产量水平下的最低长期总成本。从扩展线上相应的成本和产量数值就可得到长期总成本曲线的数值。比如,从图4-5中的点 E_1 可以得到成本—产量组合(C_1,Q_1),然后标在图4-6中。用同样的方式得到成本—产量组合(C_2,Q_2)和(C_3,Q_3)。把这些点连接起来就形成如图4-6所示的长期总成本(LTC)曲线。

长期总成本函数可以写为

$$LTC = LTC(Q) \tag{4.16}$$

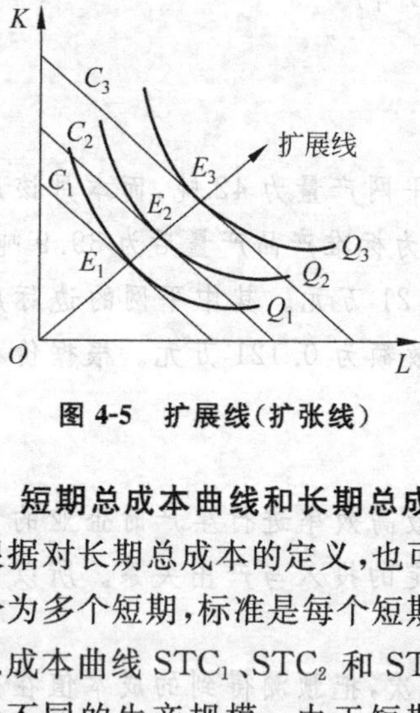

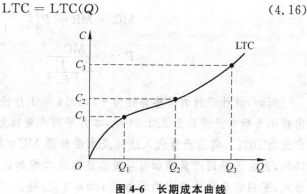

图4-5 扩展线(扩张线)

图4-6 长期成本曲线

2. 短期总成本曲线和长期总成本曲线

根据对长期总成本的定义,也可以由短期总成本曲线来推导长期总成本曲线。把长期细分为多个短期,标准是每个短期都改变了对固定要素的投入。如图4-7所示,有三条短期总成本曲线 STC_1、STC_2 和 STC_3,它们分别代表三个不同的生产规模。由于短期总成本曲线的纵截距表示相应的固定成本FC的数量,因此,从图中三条短期总成本曲线的纵截距可知,STC_1 曲线所表示的固定成本FC小于 STC_2 曲线,STC_2 曲线所表示的固定成本FC又小于 STC_3 曲线,而固定成本FC的高低往往表示生产规模的大小。因此,从三条短期总成本曲线所代表的生产规模看,STC_1 曲线最小,STC_2 曲线居中,STC_3 曲线最大。

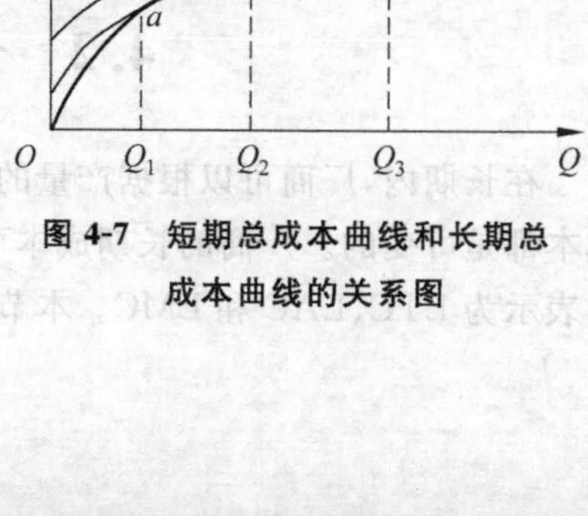

假定厂商生产的产量为 Q_2,厂商存在三种生产规模选择,选择过小的生产规模 STC_1 的成本 OC_1,

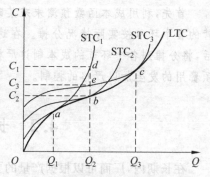

图4-7 短期总成本曲线和长期总成本曲线的关系图

选择生产规模 STC_2 的成本 OC_2，选择过大的生产规模 STC_3 的成本是 OC_3。厂商在长期可以变动全部的要素投入量，选择最优的生产规模生产，即选择成本最低的生产规模生产。由于 $OC_1 > OC_3 > OC_2$，所以，厂商必然会选择 STC_2 曲线所代表的生产规模进行生产，从而将总成本降低到所能达到的最低水平，即厂商是在 STC_2 曲线上的 b 点进行生产。类似地，在长期内，在 a 点上生产产量为 Q_1 时，厂商会选择 STC_1 曲线所代表的生产规模；在 c 点上生产产量为 Q_3 时，厂商会选择 STC_3 曲线所代表的生产规模。这样，厂商就在每一个既定的产量水平实现了最低的总成本。

虽然在图 4-7 中只有三条短期总成本线，但在理论分析上可以假定有无数条短期总成本曲线。这样一来，厂商可以在任何一个产量水平上，都找到相应的一个最优的生产规模，都可以把总成本降到最低水平。也就是说，可以找到无数个类似于 a、b 和 c 的点，这些点的轨迹就形成了图 4-7 中的长期总成本 LTC 曲线。长期总成本曲线是无数条短期总成本曲线的包络线。在这条包络线上，在连续变化的每一个产量水平上，都存在着 LTC 曲线和一条 STC 曲线的相切点，该 STC 曲线所代表的生产规模就是生产该产量的最优生产规模，该切点所对应的总成本就是生产该产量的最低总成本。所以，LTC 曲线表示长期内厂商在每一产量水平上由最优生产规模所带来的最小生产总成本。

长期总成本 LTC 曲线是从原点出发向右上方倾斜的。它表示：当产量为零时，长期总成本为零，之后随着产量的增加，长期总成本 LTC 曲线先以递减的速率增加，经拐点之后，再以递增的速率增加。

我们在后面将要分析的长期边际成本曲线的形状特征，还可以进一步解释长期总成本曲线的形状特征。

4.2.2 长期平均成本

1. 长期平均成本曲线与短期平均成本曲线

长期平均成本 LAC 表示厂商在长期内按产量平均计算的最低总成本。长期平均成本函数可以写为

$$\text{LAC}(Q) = \text{LTC}(Q)/Q \tag{4.17}$$

长期平均成本曲线可以根据长期总成本曲线画出。具体的做法是：把长期总成本曲线 LTC 上每一点的长期总成本值除以相应的产量，便得到这一产量上的长期平均成本值。再把每一个产量和相应的长期平均成本值描绘在产量和成本的平面坐标图中，便可得到长期平均成本 LAC 曲线。此外，长期平均成本曲线也可以根据短期平均成本曲线求得。为了更好地理解长期平均成本曲线和短期平均成本曲线之间的关系，在此着重介绍后一种方法。

在图 4-8 中有三条短期平均成本曲线 SAC_1、SAC_2 和 SAC_3，它们各自代表了三个不同的生产规模。在长期，厂商可以根据产量要求，选择最优的生产规模进行生产。假定厂商生产 Q_1 的产量，则厂商会选择 SAC_1 曲线所代表的生产规模，以 OC_1 的平均成本进行生产，而对于产量 Q_1 而言，平均成本 OC_1 是低于其他任何生产规模下的平均成本的。假定厂商生产的产量为 Q_2，则厂商会选择 SAC_2 曲线所代表的生产规模进行生产，相应的最小平均成本为 OC_2；假定厂商生产的产量为 Q_3，则厂商会选择 SAC_3 曲线所代表的生

产规模进行生产,相应的最小平均成本为 OC_3。

如果厂商生产的产量为 Q'_1,则厂商既可选择 SAC_1 曲线所代表的生产规模,也可选择 SAC_2 曲线所代表的生产规模。因为这两个生产规模生产 Q'_1 产量的平均成本相同。这时,厂商有可能选择 SAC_1 曲线所代表的生产规模,因为该生产规模相对较小,厂商的投资可以少一些。厂商也有可能考虑到今后扩大产量的需要,而选择 SAC_2 曲线所代表的生产规模。厂商的这种考虑和选择,对于其他的类似的两条 SAC 曲线的交点,如 Q'_2 的产量,也是同样适用的。

由以上分析可见,沿着图中所有的 SAC 曲线的实线部分,厂商总是可以找到长期内生产某一产量的最低平均成本。由于在长期内可供厂商选择的生产规模是很多的,在理论分析中,可以假定生产规模有无限个,从而可以有无数条 SAC 曲线,于是,便得到图 4-9 中的长期平均成本 LAC 曲线。显然,长期平均成本曲线是无数条短期平均成本曲线的包络线。在这条包络线上,在连续变化的每一个产量水平,都存在 LAC 曲线和一条 SAC 曲线的相切点,该 SAC 曲线所代表的生产规模就是生产该产量的最优生产规模,该切点所对应的平均成本就是相应的最低平均成本。LAC 曲线表示厂商在长期内在每一产量水平上,通过选择最优生产规模所实现的最小的平均成本。

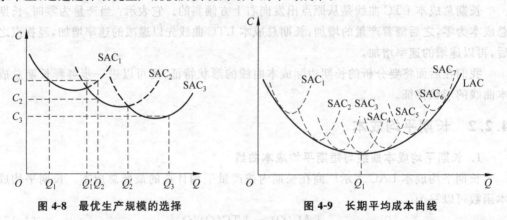

图 4-8 最优生产规模的选择　　　　图 4-9 长期平均成本曲线

从图 4-9 还可以看到,LAC 曲线呈现出 U 形的特征。而且,在 LAC 曲线的下降段,LAC 曲线相切于所有相应的 SAC 曲线最低点的左边;在 LAC 曲线的上升段,LAC 曲线相切于所有相应的 SAC 曲线最低点的右边。只有在 LAC 曲线的最低点上,LAC 曲线才相切于相应的 SAC 曲线(图中为 SAC_4 曲线)的最低点。

2. 长期平均成本曲线的类型

(1) U 形长期平均成本曲线。如图 4-9 中的 LAC 曲线呈 U 形的特征。随着产量增加,长期平均成本不断下降;产量达到 Q_1,长期平均成本最低;继续增加产量,长期平均成本逐渐递增。所以,当产量等于 Q_1 时,达到最佳的成本水平,为最佳规模点。

(2) 瓶底形长期成本曲线。随着产量增加,平均成本逐渐下降,产量达到一定值时,平均成本达到最低点;继续增加产量,平均成本保持不变;产量增加到另一个值时,平均成本开始逐渐上升。在图 4-10 中,平均成本保持不变的区间是 (Q_1, Q_2)。企业的最佳规模就在这个区间内。有时,政府也根据这个区间来制定政策,如反垄断法规定企业规模的上限时,至少不能把它定在最小最佳规模 Q_1 以下,否则,就必然会伤害到"规模经济"所带来的效益。

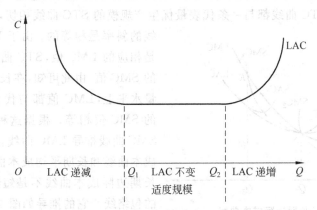

图 4-10　瓶底形长期平均成本曲线

(3) L 形长期平均成本曲线。在图 4-11 中,随着产量增加,平均成本总是下降。这种曲线所代表的产业具有显著的"规模经济"的特点。当产量小于 Q_1 时,随着产量的增加,平均成本的下降速度比较大;产量大于 Q_1 时,平均成本的下降速度减缓。因此,Q_1 点所代表的规模,是长期平均成本曲线呈 L 形的企业,为了获得盈利必须达到的最低规模,也称"经济规模"。一般产品结构或生产技术比较复杂的产业,就具有这样的特点,如汽车产业。我国汽车生产成本水平普通较高的一个非常重要的原因就是,多数企业规模没有达到经济规模的要求。此外,供应网点

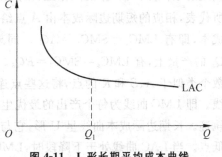

图 4-11　L 形长期平均成本曲线

比较密集的产业,如供电、供水、航空运输、铁路等,也表现为 L 形的长期成本曲线。

4.2.3　长期边际成本

长期边际成本 LMC 表示厂商在长期内增加一单位产量所引起的最低总成本的增量。长期边际成本函数可以写为

$$\text{LMC}(Q) = \frac{\Delta \text{LTC}(Q)}{\Delta Q} \tag{4.18}$$

或

$$\text{LMC}(Q) = \frac{d\text{LTC}(Q)}{dQ} \tag{4.19}$$

每一产量水平上的 LMC 值都是相应的 LTC 曲线的斜率。

长期边际成本 LMC 曲线可以由长期总成本 LTC 曲线得到。只要把每一个产量水平上的 LTC 曲线的斜率值描绘在产量和成本的平面坐标图中,便可得到长期边际成本 LMC 曲线。长期边际成本 LMC 曲线也可以由短期边际成本 SMC 曲线得到。下面将对

这种方法予以说明。

从图 4-7 中可见,长期总成本曲线是无数条短期总成本曲线的包络线。在长期的每一个产量水平,LTC 曲线都与一条代表最优生产规模的 STC 曲线相切,这说明这两条曲线的斜率是相等的。由于 LTC 曲线的斜率是相应的 LMC 值,STC 曲线的斜率是相应的 SMC 值,由此可知,在长期内的每一个产量水平上,LMC 值都与代表最优生产规模的 SMC 值相等。根据这种关系,便可以由 SMC 曲线推导 LMC 曲线。但是,与长期总成本曲线和长期平均成本曲线的推导不同,长期边际成本曲线不是短期边际成本曲线的包络线。它的推导如图 4-12 所示。

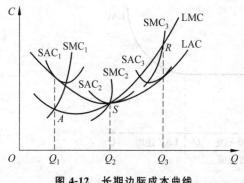

图 4-12 长期边际成本曲线

图 4-12 中,在每一个产量水平,代表最优生产规模的 SAC 曲线都有一条相应的 SMC 曲线,每一条 SMC 曲线都过相应的 SAC 曲线的最低点。在 Q_1 的产量上,生产该产量的最优生产规模由 SAC_1 曲线和 SMC_1 曲线所代表,相应的短期边际成本由 A 点给出,AQ_1 既是最优的短期边际成本,又是长期边际成本,即有 $LMC_1=SMC_1=AQ_1$。同理,在 Q_2 的产量上,有 $LMC_2=SMC_2=SQ_2$。在 Q_3 的产量上,有 $LMC_3=SMC_3=RQ_3$。在生产规模可以无限细分的条件下,可以得到无数个类似于 A、S 和 R 的点,将这些点连接起来便得到一条光滑的长期边际成本 LMC 曲线。即 LMC 曲线为每个产出的最优生产规模所对应的短期边际成本曲线上的相应点的轨迹。长期边际成本曲线呈 U 形,它与长期平均成本曲线相交于长期平均成本曲线的最低点。当 LAC 曲线处于下降段时,LMC 曲线一定处于 LAC 曲线的下方,也就是说,此时 LMC<LAC,LMC 将 LAC 拉下;相反,当 LAC 曲线处于上升段时,LMC 曲线一定位于 LAC 曲线的上方,也就是说,此时 LMC>LAC,LMC 将 LAC 拉上。

4.3 成本理论范畴的一些概念

4.3.1 规模经济与规模不经济

图 4-9 中的长期平均成本曲线呈先降后升的 U 形,长期平均成本曲线的 U 形特征是由长期生产中的规模经济和规模不经济决定的。

在企业生产扩张的开始阶段,厂商由于扩大生产规模而使经济效益得到提高,这叫规模经济(economies of scale)。当生产扩张到一定的规模以后,厂商继续扩大生产规模,就会使经济效益下降,这叫规模不经济(dis-economies of scale)。或者说,厂商产量增加的倍数大于成本增加的倍数,为规模经济;相反,厂商产量增加的倍数小于成本增加的倍数,为规模不经济。一般来说,在企业的生产规模由小到大的扩张过程中,会先后出现规模经济和规模不经济。正是由于规模经济和规模不经济的作用,决定了长期平均成本 LAC 曲线表现出先下降后上升的 U 形特征。

在第三章生产理论中分析长期生产问题时,我们已经指出,企业长期生产表现出规模报酬先是递增的,然后是递减的。规模报酬的这种变化规律,也是造成长期平均成本LAC曲线表现出先降后升特征的一种原因,如图4-13所示。但是,规模报酬分析是以厂商以相同的比例变动全部要素投入量为前提条件的,即各生产要素投入量之间的比例保持不变。而事实上,厂商改变生产规模时,通常会改变各生产要素投入量之间的比例。所以,在一般的情况下,厂商的长期生产表现出由规模经济到规模不经济的过程。更确切地说,规模经济和规模不经济的分析包括了规模报酬变化的特殊情况。因此,规模经济概念更为一般,它包含规模报酬递增的特殊情形。

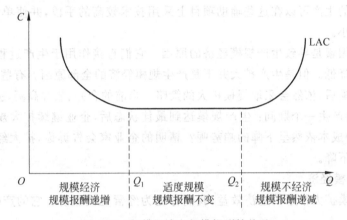

图4-13 规模经济和规模报酬的关系

规模经济通常以成本—产出弹性 E_c 来衡量。成本—产出弹性(cost-output elasticity)表示产出的变动率所引起的长期总生产成本的变动率:

$$E_c = \frac{\frac{\Delta LTC}{LTC}}{\frac{\Delta Q}{Q}} = \frac{LMC}{LAC} \tag{4.20}$$

式(4.20)说明成本—产出弹性等于长期边际成本与长期平均成本之比。在LAC曲线的下降阶段,有LMC<LAC,因而 $E_c<1$,即存在着规模经济;而在LAC曲线的递增部分,则有LMC>LAC,因而 $E_c>1$,规模不经济。在LAC曲线的最低点,LMC=LAC,因此 $E_c=1$,既不存在规模经济,也不存在规模不经济。

导致规模经济的原因主要有以下几方面。

1. 生产规模经济

(1) 随着生产规模的扩大,分摊到单个产品上的厂房设备、管理费用等固定成本就会相应减少,同时也能更好地满足某些技术的要求。例如,在现代生产中,有些工序需要大型高效的设备,如果采用小规模的生产,就会使单件产品对这些设备使用的分摊成本提高。只有大规模生产,才会产生明显的生产效益。另一个意义来说,不使用大型设备,那么,技术水平较低的生产,往往是需要更多的人工的投入,结果也不能降低成本。此外,如果一个生产需要多道工序,每道工序需要一样设备,而每样设备的效率可能都是不一样的,那么为了保证每样设备的产出的均衡,我们可以这么计算:各样设备的每小时产量的最小公倍数,除以各样设备的小时产量,所得的数值就是每道工序所需要的设备台数。显然,工序越复杂,这个数值就越大。这种多工序的生产就更能体现规模经济的优势。

(2) 专业化生产。我们知道分工可以提高生产效率。而实现分工的前提则是大规模的专业化生产。企业推行专业化生产,可以使用专门的设备。专门的设备与通用的设备相比,能够产生更高的效率,可以降低生产成本。另外,大规模生产可以深化分工,而细分工作岗位,可以缩短工人熟悉工艺的时间,并使他们能够更为熟练、快速地完成工作。

(3) 辅助生产的经济性。一般产品的生产,除了直接的生产过程,还需要有一个辅助的生产过程,如配套零件的生产、设备维修等等。这些辅助生产多数都属于劳动密集型的生产。大规模的生产可以在这些辅助项目上采用技术较高的手段,并使单件产品对它们的分摊成本更小。

以上三个因素是导致生产规模经济的原因。它们直接作用于生产过程,使平均成本在规模扩大时降低。但是生产扩大并不是产生规模经济的全部原因。有些企业已经达到最佳的生产规模后,依然会采取规模扩大的策略。当前的合并、兼并高潮,就是这种现象。那么,我们就会产生一个疑问:生产规模达到最佳状态后,企业继续扩大规模,是凭借什么因素,使平均成本依然呈下降的趋势呢?精明的企业家会告诉你,扩大经营规模,也可以使平均成本下降。

2. 经营规模经济

因经营规模扩大带来的经济效益,我们称之为经营规模经济。它的产生原因主要有六个:

(1) 管理优势。一般在小企业会发现这种现象,它的管理人员往往是身兼数职,如此做法的结果就是管理权限不明确,以及管理人员不能充分发挥其特长。企业规模较大,就可以对管理人员进行较合理的分工,做到人尽其才,达到较高的管理效率。此外,大规模企业也较有能力使用自动化办公设备,从而提高管理的自动化水平,获得较高的管理效率并降低管理成本。这就是规模经济的管理优势。

(2) 营销优势。大规模生产可以使一定量的销售费用做到集约使用,降低单位产品的销售成本。以广告和售后服务为例,大规模的企业较有能力在广告和售后服务上做较大的投入,获得明显的宣传效果和建立较为完善的售后服务网络。这种优势尤其体现在产品的地域市场较大的情况下。如果企业规模较小,它的广告投入和为客户提供的售后服务,可能就会占用一大笔成本。而在一定的成本控制下,它不可能做好售后服务。同时只有产品生产规模比较大时,才能更有利于对需求富有弹性的商品实行薄利多销。

(3) 采购优势。生产规模扩大,对生产要素需求量增加,因批量采购可以节约交易费用并获得高效、低成本的运输而引起采购成本的下降。比如在采购价格要素供给商可以给予一定的数量折扣,同时在谈判和签订合同时可以节约时间等。

(4) 融资优势。在贷款或集资时,企业获得成功的可能性是以其信用为支撑的。相对而言,大规模的企业,占有较大的市场份额,产品比较稳定,抵抗风险的能力比较强,因而资信程度也较高,它们更容易获得借贷方或投资方的信任。实际上,多数国家的金融系统都对中小企业规定了特殊利率。以我国为例,这个利率就比对大企业的贷款利率高三个百分点。因而中小企业使用资金的成本也会比较高。

(5) 科研优势。创新是企业发展的重要手段。大规模企业能够投入雄厚的资金,支持科研,并且大规模生产也能使单件产品分摊的科研成本更少。相反,中小企业很难负担对科研的投入,其单位科研成本也会比较高。

(6) 储藏的规模经济。即由于原料采购后或产品出售前的集中存放,因存放数量的增加而使单位储藏成本减少,大规模生产为原料和产品的大量储藏创造了有利的条件。

规模不经济产生的原因主要有:

(1) 管理机构臃肿

企业规模越大,意味着其管理的难度越大。假设企业设立多个管理部门,而这些部门之间的权责划分不明确,可能出现交叉或某些事情无人负责的现象,只要某个环节出现这样的现象,就会影响整个管理流程。这种部门林立、权责不清的现象,就是管理机构臃肿。它的结果是管理效率低下,并增加管理成本,是导致平均成本上升的主要原因。

(2) 内部运行低效率

相对而言,大企业的中层管理人员感受到的市场压力可能会比较小。他们或是不直接与市场接触,或是没有高层管理人员需要完成指标的压力。总之,中层管理人员较为缺乏市场竞争的激励,因此他们的主观能动性也会比较低,结果也是造成管理低效率。

"内部运行低效率"的现象,在国内外都是常见的,被戏称为"大企业病"。对于这个问题,我们也许可以借鉴邯钢(邯郸钢铁集团有限责任公司)的经验。邯钢推行内部市场法,分解市场压力,使每个环节的管理人员,以及生产人员,都能够意识到市场竞争。实践证明,内部市场法在抑制"内部运行低效率"的现象相当有效。

(3) 信息传递的低效率

一般,大规模企业的管理层次比较多,而层次越多,信息传递的回路就越长,同时,层层传递,也会影响信息的准确度。有一个关于信息传递的实验可说是广为人知,一则消息,经过二十个人的传递,就会变成另外一个消息了。总之,管理多层次,一是造成信息传递速度慢;二是影响信息的真实性,结果都会导致企业对市场反应的迟钝。

(4) 产品的寿命周期。一般来说在产品生产的投入期,由于经营管理、技术熟练程度和市场开发等方面原因,可能会出现规模不经济的情况。但随着产品生产进入成长期和成熟期,会逐渐进入规模经济的状态。产品经营进入衰退期,由于设备老化,新产品进入市场等因素的制约,企业经营也会出现规模不经济的状态。

因而,并非所有企业,规模越大,平均成本越低。选择什么样的规模,企业要考虑它自身的产品特点和生产技术条件所能确定的最佳生产规模,以及它自身的管理水平所要求的最佳经营规模。忽视这两个方面的制约,一味地采取扩张策略,那么,结果出现的不是规模经济,而是规模的不经济。

阅读案例 4-2

我国航空公司加入航空联盟——规模经济的内在要求

一、航空公司趋向结盟源于民航业特性

一般而言,任何行业都可能出现联盟,这是市场经济自我调节的手段之一。但是民航业的联盟,却发展得比其他行业更稳固,形成了三大联盟"主宰"世界民航市场的格局。统计数字显示,三大航空联盟占据了全球民航客运市场约80%的份额。

截至2010年,世界三大航空联盟星空联盟、天合联盟和寰宇一家都已经走过了10年的发展历程。而我国的国航、东航和南航三大航也早已悉数选择了自己合适的航空联盟。国航加入了星空联盟,东航和南航加入了天合联盟。2012年11月18日厦航加入天合联盟。至此,全球三大航空联盟已"收编"了中国内地及香港的七家航空公司。

各航空公司之所以如此热衷加入航空联盟,与民航业的特性有很大关系。航空运输业的飞机、航材、地面服务设施和IT系统等方面都需要投入巨大的成本。如果航空公司规模较小,单位成本就比较高,而若航空公司有所联合,规模扩大,则能"摊薄"单位成本。

此外,航空业受到国际间的航空协定和国内航空法规的限制。某一家航空公司因为航权等因素的影响,可能无法顺利地实现其全球化发展战略,这就需要航空公司通过寻求合作伙伴来共同完成。

二、联盟有助于航线网络完善　实现"无缝隙"服务

航空业是一个网络型产业,从全局角度看,航线网络的优劣和协同效率的高低是航空公司的核心竞争力。加入航空联盟可以使航空公司借助联盟网络资源达到自身网络拓展的目的,从而提高自身竞争能力。此外,航空公司加入航空联盟后,有利于降低运行成本。成本的降低主要通过两个方面来实现:一方面是共同分担。盟友间共享售票处、网站、机场休息室、值机柜台等方面的设施设备,就会减轻单一航空公司的运行成本。另一方面是盟友间的代码共享降低了航空公司对飞机的投入。

厦航将借助联盟平台,与联盟的成员航空公司开展深度合作,拓展航线网络,提高服务水平,增加收入,更好地实现"独具特色、顾客首选、亚太一流"的战略发展目标。

国航通过与11家星空联盟成员的代码共享合作,已经将通航点增加至189个,大幅加大了国航航线网络的密度和广度。

东航和南航在加入天合联盟后,其航线网络也得到了进一步的完善。通过与联盟成员公司的航线网络的衔接和融合,东航和南航的旅客可通过一票到底、行李直挂和"无缝隙"中转到达世界100多个国家的800多个目的地。

参加联盟的航空公司,与其他实力相似的航空公司相比,由于规模经济而降低了成本,结果使联盟成员公司具有新的比较优势可以获得更大的利益。

4.3.2　内在经济与内在不经济

厂商的生产规模扩大之所以会引起产量或收益的不同变动,可以有不同的原因。如果是由于内部原因造成的,可以用内在经济与内在不经济两种理由进行解释。

1. 内在经济

内在经济是指一个生产经营单位在生产规模扩大时由自身内部原因所引起的产量或收益增加。

引起内在经济的原因主要有:

(1)可以使用更加先进的机器设备。机器设备这类生产资源具有不可分割性。当生产规模很小时,无法购置先进的大型机器设备,即使购置了也无法充分发挥其效能。只有在大规模的生产中,大型的先进机器设备才能充分发挥其效能,使产量大幅度提高。

(2) 可以实行专业化生产。在大规模的生产中,生产专业分工可以更细,这样就有助于提高工人的技术水平,同时也有利于实现管理劳动专业化,提高生产效率。

(3) 可以对副产品进行综合利用。在小规模生产过程中,许多副产品往往被作为废品处理,而在大规模生产中,可以对这些副产品进行再加工,变废为宝。

(4) 方便生产资源和产品的购买与销售。实行大规模的生产可以使生产经营者在市场竞争中居于有利的地位,可以通过操纵价格升降来使自己在生产资源购买、产品销售等方面获得好处。

2. 内在不经济

内在不经济是一个生产经营单位由于本身生产规模过大而导致产量或收益的减少。

引起内在不经济的原因主要有:

(1) 管理效率的降低。生产规模过大,则会使生产经营单位的管理机构过于庞大,管理上会出现许多漏洞,降低管理效率,从而出现生产规模增大,产品产量或收益反而减少的现象。

(2) 生产资源价格与销售费用增加。生产资源的供给由于资源稀缺性的限制,受到来源和供给费用的约束,生产规模过大,必然会大幅度增加对生产资源的需求,从而使生产资源的价格上升。同时由于生产规模过大,产品大量增加,产品销售的难度也会加大,需要增设销售机构和增加销售人员,从而会使销售费用增加。因此,从规模报酬原理进行分析,并不是所有的厂商都会从经营规模扩大过程中获得好处。

4.3.3 外在经济与外在不经济

影响生产经营单位规模经济大小的因素除了内部原因外,还有来自于外部的原因。外部原因主要是行业规模变动的影响。一个行业是由多个生产同种产品的生产经营单位组成的,它的大小会影响到每个生产经营单位的产量和收益。

1. 外在经济

整个行业生产规模的扩大,给个别生产经营单位所带来的产量与收益的增加称为外在经济。

引起外在经济的原因是:个别生产经营单位可以从整个行业的扩大中得到更加方便的交通条件和辅助设施,更多的信息与更好的人才,从而使产量与收益增加。

2. 外在不经济

一个行业的生产规模过大也会使个别生产经营单位产量与收益减少,这种情况称为外在不经济。

引起外在不经济的主要原因是:一个行业过大会使生产经营单位之间的竞争更加激烈,各个生产经营单位为了争夺生产资源与产品销售市场,必须付出更大的代价。因此,整个行业的扩大,会使个别生产经营单位的规模经济性因竞争激烈,环境污染严重,交通紧张等原因而降低。

3. 长期平均成本曲线的位置移动

上面提到的企业的规模经济和规模不经济是就一条给定的长期平均成本 LAC 曲线而言的,决定的是长期平均成本曲线的 U 形特征。至于长期平均成本 LAC 曲线的位置

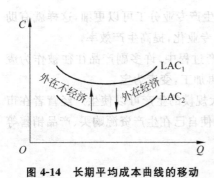

图 4-14 长期平均成本曲线的移动

的变化原因,则需要用企业的外在经济和外在不经济的概念来解释。企业外在经济是由于厂商的生产活动所依赖的外界环境得到改善而产生的。例如,整个行业的发展,可以使行业内的单个厂商从中受益。相反,如果厂商的生产活动所依靠的外界环境恶化了,则会造成企业的外在不经济。例如,整个行业的发展,使得生产要素的价格上升,交通运输紧张,从而给行业内的单个厂商的生产带来困难。外在经济和外在不经济是由企业以外的因素所引起的,它影响厂商的长期平均成本曲线的位置。在图 4-14 中,企业的外在经济使 LAC_1 曲线向下移至 LAC_2 曲线的位置。相反,企业的外在不经济使 LAC_1 曲线上移至 LAC_2 曲线的位置。

4.3.4 范围经济与范围不经济

许多企业并不仅仅生产一种产品,而是同时进行两种以上产品的生产。例如,航空公司既运送旅客也发送货物,高校兼顾教育与科研等等。这些例子中的企业通常在联合生产多种产品时拥有技术和成本的优势,包括资源和信息的共享、可提高效率降低成本的统一经营管理等。还有一种联合生产的情况则是有些企业在生产主要产品的过程中也会产生一些副产品,而对之加以利用于企业是有利的。冶炼厂是这种情况的典型,它们在电解主要金属产品时将得到大量的阳极泥,从中可以提炼出多种贵重金属(如黄金、白银等),这些贵金属是其利润的重要组成部分。

如果多种产品的联合生产比单独生产这些产品成本更低,我们就说存在范围经济(economies of scope);反之,若联合生产比单独生产成本更高,则是范围不经济(diseconomies of scope)。我们在前文中举的都是有关范围经济的例子。下面再举个范围不经济的例子。某农场主在其果林中套种经济作物,由于果树与作物相互发生不利影响,最终导致两头歉收,成本大增,经营失败,失败原因在于果树与经济作物的联合生产在技术上不可行。

范围经济与规模经济是两个不同的概念,它们之间没有直接联系。企业既可能在规模不经济的条件下获得范围经济,也可能在范围不经济时却享有规模经济的好处。例如,家具业属劳动较密集的行业,仅生产一种家具并不具有规模经济的优势,但是,同时生产沙发、衣柜、卧床等多种产品既可提高原料的利用率,又可扩大市场销路,比单独生产一种产品平均成本更低,因而拥有范围经济的利益。而一个跨行业的企业集团,由于其下属企业各自独立在一个产品领域生产经营,因而享有规模经济。但就其单个企业而言并未获得范围经济。

4.3.5 学习曲线

在生活中,我们可以看到一些电子科技产品如手机、MP3、计算机之类的,价格不断在下降,那么,生产这些产品的企业是否还有利润呢?回答是肯定的。因为企业能够在生产过程中不断获取有关经验,提高生产效率,因而其平均生产成本通常会随企业累积产出的增长而下降。也就是说,对于每个时期给定的产出水平,许多时段不断增长的累积总产出通常会提供制造经验,使企业降低它们的平均生产成本。形成这种现象的具体原因包括:(1)工人对设备和生产技术有一个学习与熟悉的过程,生产实践越多,他们的经验就越丰富,技术就越熟练,完成一定生产任务所需的时间也就越短。例如,一名新工人第一次装配自行车也许要花费 10 个小时,而到他第一百次装配的时候,可能就只要 3 个小时了。因为工人获得了生产经验而更有效率。(2)企业的产品设计、生产工艺、生产组织会在长期的生产过程中得到完善,走向成熟,这将使产品的成本降低。(3)企业的供应商和企业合作的时间越长,他们对企业的了解越全面,配合就可能越及时、有效,从而降低企业的平均生产成本。

学习曲线(learning curve)是描绘了企业平均生产成本随累积产出的上升而下降的关系的曲线。它与规模报酬递增不同,它指的是随企业每个时间段产出的增加而不断下降的平均成本,企业的生产规模并未发生变化。而规模报酬递增是企业的生产规模可随产量的增长而变动,使长期平均成本下降。

图 4-15 是企业学习曲线的一般形状,横轴表示某时刻企业累积生产的产品数量,纵轴表示相应的平均生产成本。学习曲线凸向原点。

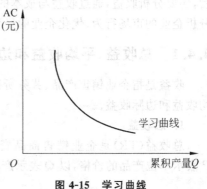

图 4-15　学习曲线

学习曲线的函数形式可表达为

$$\text{AC} = aQ^{-b} \qquad (4.21)$$

式中:AC 是累积产量为 Q 时企业的平均生产成本,a、b 是大于零的常数。a 的经济含义是第一单位产出的平均成本,b 则反映企业学习效应的大小,b 越大,平均成本下降的速度越快(即学习曲线越陡),学习效应越显著;反之,平均成本下降很慢,学习曲线比较平缓,学习效应不显著。

对式(4.21)左右两边取对数,得

$$\log \text{AC} = \log a - b\log Q \qquad (4.22)$$

若以 $\log \text{AC}$ 为纵轴,$\log Q$ 作为横轴,学习曲线就变为一条向右下倾斜的直线,$-b$ 为它的斜率。运用累积产量 Q 和与其相对应的平均成本的历史数据,我们可以用回归分析法估算出式(4.22)的参数 $\log a$ 和 b,进而得出学习曲线。a 和 b 的值将因产品不同和企业不同而不同。

学习曲线已经在许多制造业和服务部门得到证明。学习曲线对企业的经营管理决策具有重要意义。在得出企业学习曲线之后,企业就能知道每一累积产出水平下的平均生产成本,判断学习效应是否显著。据此,结合其他信息(如市场需求状况),企业可以确定累积产出在达到某一数量时,产品价格应定在什么水平,等等。

为了说明学习曲线怎样才能被用在具体的事例中,我们假定某家机床制造商的管理者得出其企业的学习曲线,以对数形式表示是

$$\log \text{AC} = 4 - 0.3\log Q$$

从这个等式可以估计企业未来每单位产品的成本将下降多少。例如,如果企业管理者要估计第 100 台特型机床的成本,答案是

$$\log AC = 4 - 0.3\log 100 = 4 - 0.6 = 3.4$$

由于 3.4 的反对数是 2 512,答案是第 100 台特型机床的成本将是 2 512 美元。

学习曲线的下降速度在不同企业之间存在着一定的差异,员工周转率越低,生产中断(将导致"遗忘")越少,下降速度就越快,企业从其他同类产品的生产中转移知识的能力就越强。对多数企业而言,累计产出每翻一番,平均成本就显著下降 20%～30%。

4.4 收益与利润最大化原则

企业的目标是追求利润最大化,利润是收益与成本间的差额。当我们了解了成本之后,还要分析收益,通过收益与成本的比较,才能明确利润最大化的含义和实现条件,进而分析企业的市场行为,优化企业的经营决策。

4.4.1 总收益、平均收益和边际收益

收益是指企业销售产品、劳务所得到的收入。企业收益主要有三个概念:总收益、平均收益和边际收益。

1. 总收益

总收益(TR)是企业销售商品资本或提供劳务所得到的全部货币收入额。如果以 P 表示单位产品的价格,以 Q 表示产品的销售量,则总收益 TR 用公式可以表示为

$$TR(Q) = PQ \tag{4.23}$$

如果企业生产多种产品,每种产品的销售价格用 $P_1, P_2, \cdots, P_n$ 表示,每种产品的销售量用 $Q_1, Q_2, \cdots, Q_n$ 表示,则总收益为

$$TR(Q) = P_1Q_1 + P_2Q_2 + \cdots + P_nQ_n$$
$$= \sum_{i=1}^{n}\sum_{j=1}^{n} P_iQ_j \quad (i, j = 1, 2, \cdots, n) \tag{4.24}$$

总收益的大小受销量和价格两种因素的影响。

2. 平均收益

平均收益(AR)是销售一定量商品或提供一定量劳务时,每单位商品或提供单位劳务所得到的货币额。它等于总收益与销售量之比,即

$$AR(Q) = \frac{TR(Q)}{Q} = P \tag{4.25}$$

平均收益等于单位商品或劳务的市场价格。

3. 边际收益

边际收益(MR)是指销售量每增加一单位时,总收益的变动量。它代表收益的变化率,也就是总收益曲线的斜率。边际收益可用下列公式表示:

$$MR(Q) = \frac{\Delta TR(Q)}{\Delta Q} \tag{4.26}$$

$$MR(Q) = \frac{dTR(Q)}{dQ} \tag{4.27}$$

上式表明,边际收益(MR)也是销售量(Q)的函数,是总收益对销售量的一阶导数。

4.4.2 基于价格因素确定总收益、平均收益和边际收益的曲线

首先讨论商品价格固定的情况。所谓商品价格固定,是指不管企业销售多少产品,其价格是不变的。

1. 商品价格固定情况下的企业收益曲线

为了讨论价格对收益的影响,下面我们用假设的数据来计算总收益、平均收益和边际收益。假设某公司专门生产优盘,其收益情况如表4-6所示时,该公司的总收益、平均收益和边际收益就很容易计算出来。商品价格固定下的企业收益曲线,如图4-15所示。

表 4-6 价格、销售量、收益表

价格（元）	销售量（个）	总收益（元）	平均收益（元）	边际收益（元）
45	0	0	—	—
45	1	45	45	45
45	2	90	45	45
45	3	135	45	45
45	4	180	45	45
45	5	225	45	45

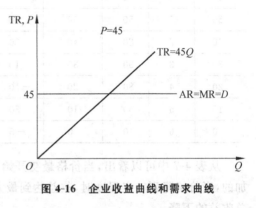

图 4-16 企业收益曲线和需求曲线

如表 4-6 和图 4-16 所示,总收益 $TR(Q) = \bar{P} \cdot Q$,是产量的函数。企业的总收益曲线随产量或销量的增加而成比例增加,显然,总收益曲线为一条由原点向上方倾斜的直线。在这种情况下,企业会最大限度地利用现有生产能力进行生产,因为价格是不变的,企业可多生产也可少生产,但企业的产量越多,总收益也越多。在固定价格下,企业的总收益是一条不断上升的直线,其斜率(总收益变动与销售量变动之比)是一个常数,等于 45。也就是说,在固定价格下,边际收益(总收益曲线的斜率)也是固定的,并且等于商品价格。多销售一个优盘,所增加的总收益等于 45 元。而且,在价格固定的情况下,$AR(Q) = MR(Q) = \bar{P}$;企业的产品需求曲线、平均收益曲线和边际收益曲线三者重合,都是从既定价格出发的一条水平直线。

2. 商品价格变动情况下的企业收益曲线

我们再讨论一下价格变动情况下的企业收益状况。如果企业在市场上影响很大,销售量在整个行业的供给中占很大的比重,企业就不能保证在固定的价格下任意销售自己的产品。若想销售更多的产品,企业必须不断降低价格。企业面对的是一条负斜率的需求曲线,企业的收益不仅取决于销售量,而且取决于市场价格。销售量的增加,一方面增加总收益,另一方面使整体价格下降,使每单位的销售收益下降。在这种情况下,增加销售是否增加收益就不一定了。

为了说明价格变动情况下的企业收益情况,我们假设某公司是一个大型计算机配件厂,市场对该公司优盘的需求量随着价格下降而增加,其需求和收益情况如表4-7所示。

表 4-7 中,当价格为 60 元/个时,没有人愿意买这种产品,总收益为 0,平均收益和边际收益无法计算。当价格为 50 元/个时,总收益为 50 元/个×1 个＝50 元,平均收益是 50 元÷1 个＝50 元/个。当销售量从 0 个增至 1 个时,总收益从 0 元升到 50 元,因此边际收益为 50 元/个。当价格为 40 元/个时,销售量为 2 个,总收益是 80 元,平均收益为 80 元÷2 个＝40 元/个。当销售量从 1 个增至 2 个时,总收益从 50 元升到 80 元,边际收益为 30 元/个。同理,我们可以算出在其他价格下的总收益、平均收益和边际收益。

表 4-7 价格、销量、收益表

价格 (元/个)	销售量 (个)	总收益 (元)	平均收益 (元)	边际收益 (元)
60	0	0	—	—
50	1	50	50	50
40	2	80	40	30
30	3	90	30	10
20	4	80	20	−10
10	5	50	10	−30
0	6	0	0	−5

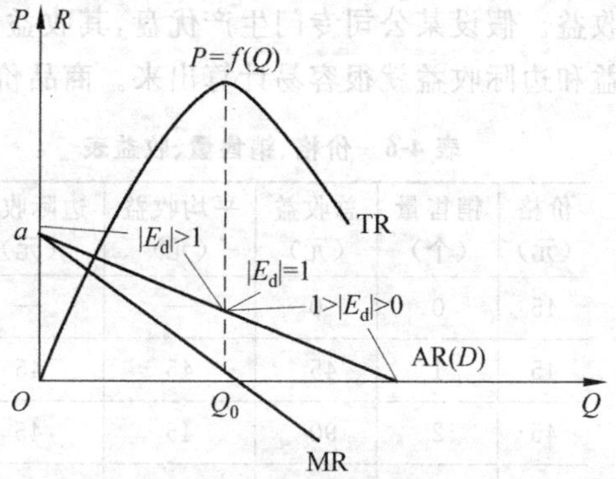

图 4-17 企业收益曲线

从表 4-7 中可以看出,当价格最初开始下降时(或需求量增加时),总收益最开始是增加的,当价格降到一定程度时,收益达到最大。过了这一点后,价格继续下降的话,就造成总收益的下降。

平均收益在给定的需求量下,总等于价格,但价格是变动的,$AR(Q)=P=f(Q)$;在价格下降时,边际收益一直在下降,甚至最终变为负值。

为什么会出现这种情况呢?同样是价格下降,为什么在开始时总收益上升而后来变成总收益下降了呢?通过表 4-7 和图 4-17 可知,价格下降时总收益的增减与需求价格弹性 E_d、边际收益有关。因为在商品价格变动情况下,边际收益曲线与需求曲线从同一点出发下斜,边际收益曲线不再与价格(需求曲线)重合,而是越来越低于需求曲线,与横轴相交于需求曲线与横轴相交点的一半处。$MR(Q)=\dfrac{dTR(Q)}{dQ}=P\left(1-\dfrac{1}{|E_d|}\right)$。当 $|E_d|=\infty$ 时,$MR=AR=P$;当价格处于较高水平时,需求价格弹性为富有弹性,$|E_d|>1$,$MR>0$,这时随着价格的下降,销售量即需求量增加,TR 将不断增加;当价格下降到 $|E_d|=1$ 时,$MR=0$,TR 达到最大;当价格继续降低时,需求价格弹性变为缺乏弹性,$1>|E_d|>0$,$MR<0$,这时随着价格的下降,销售量即需求量在增加,但 TR 将不断递减,而提高价格则会增加总收益。

4.4.3 利润最大化原则

我们假设企业的目标是利润最大化,我们希望建立这样一种决策准则,它能够使企业找到会使总利润(即总销售收益减去总成本)达到可能的最大值的产量。下面来讨论这个问题。

1. 利润最大化原则的经济含义

厂商实现利润最大化所要遵循的原则可以表述为：在其他条件不变的情况下，厂商应该选择最佳的产量，使得最后一单位产量所带来的边际收益等于所付出的边际成本。通常可以简单地说，厂商实现利润最大化的原则是使边际收益等于边际成本，即 MR＝MC。

为什么只有当 MR＝MC 时，厂商才能实现最大的利润呢？或者说，这个利润最大化原则的经济含义到底是什么呢？

如果厂商处在 MR＞MC 的生产阶段上，这就表明每增加一单位产量所得到的收益增量大于所付出的成本增量。权衡增量得失，显然，厂商会发现在这一阶段上，继续增加产量会增加总利润。所以，只要 MR＞MC，厂商就会不断地增加产量，以得到尽可能多的经济上的好处。但是，随着产量的逐步增加，边际收益和边际成本都会发生变化。一方面，边际收益或不变或会下降。如前所述，当需求曲线为一条水平线时，边际收益不变，见图4-16；当需求曲线向右下方倾斜时，边际收益会下降，见图4-17。另一方面，边际成本会逐渐由递减变为递增。于是，原先的 MR＞MC 的状况就会随着产量的不断增加而逐步转化为 MR＝MC 的状况。而一旦达到 MR＝MC 的产量点时，厂商便得到了因扩大产量而带来的全部经济上的好处，获得了他所能得到的最大利润。

在达到 MR＝MC 的利润最大化的产量点以后，如果厂商还继续增加产量的话，那么，边际收益仍会保持不变或继续下降得更低，边际成本会继续上升得更高，生产就会进行到 MR＜MC 的阶段上。在这一生产阶段上，厂商每增加一单位产量所得到的收益增量小于所付出成本增量，这显然会使厂商的总利润减少。所以，只要 MR＜MC，厂商就会减少产量，以避免这种损失。而随着产量不断减少所引起边际收益和边际成本的变化（这种变化与增加产量时的变化相反），最后会使厂商又回到 MR＝MC 的最佳产量点上。

由此可见，不管是厂商增加产量，还是减少产量，厂商必须要寻找一个最佳产量，在这个产量点上，他既能得到由产量变动所可能带来的总利润增加的全部好处，又能避免由产量变动所可能带来的总利润减少的全部损失。这个最佳的产量点必然只能是使 MR＝MC 的均衡点。所以，MR＝MC 是厂商实现利润最大化的均衡条件。

这里还需特别指出的是：当厂商处在 MR＝MC 的利润最大化的均衡点时，并不意味着厂商一定能获得利润。对 MR＝MC 时的利润状况的正确理解应该是：在 MR＝MC 的产量均衡点上，厂商可能盈利，也可能亏损。如果厂商是盈利的，那么，这时的利润一定是相对最大的利润；如果厂商是亏损的，那么，这时的亏损一定是相对最小的亏损，或者说，这时利润负值的绝对值是最小的。简单地讲，当厂商实现 MR＝MC 的利润最大化的原则时，不管是盈利还是亏损，厂商都处在由既定的收益曲线和成本曲线所能产生的相对最好的情况之中。

由此而产生的进一步的问题是：在 MR＝MC 时，如果厂商是亏损的，那么，厂商应采取什么对策呢？换句话说，厂商到底是应该继续生产，还是停产呢？这就需要从短期生产和长期生产两个不同的角度来分析这个问题。

在短期内，当厂商实现了 MR＝MC 的均衡条件但又亏损时，厂商会处在以下两种情况下。第一种情况是：厂商尽管是亏损的，但厂商的平均收益大于平均可变成本，即

AR>AVC。在这种情况下,厂商会继续进行生产。因为在短期内固定成本总是存在的。厂商如果继续进行生产,其收益除了弥补全部的可变成本之外,还可以弥补部分的固定成本,所以生产要比不生产强。第二种情况是:厂商不但亏损,而且厂商的平均收益还小于平均可变成本,即 AR<AVC。在这种情况下,厂商就会停止生产。因为厂商如果在这种情况下还进行生产,就会连可变成本都弥补不上,更谈不上对固定成本的弥补了。

在长期内,当厂商实现了 MR=MC 的均衡条件但又亏损时,厂商或者退出原行业,或者对原有的生产规模进行调整。不管是以上两种对策中的哪一种,都可以理解为厂商在原有生产规模上的生产过程的终止。因为在长期内,厂商只有在平均收益大于或等于平均成本的条件下,即 AR≥AC 时,才会继续提供产品;相反,在平均收益小于平均成本的亏损条件下,即 AR<AC 时,厂商就会停止在原有生产规模上的生产。

2. 利润最大化原则的图示

下面利用图 4-18 和图 4-19 来说明商品价格固定和变动情况下厂商利润最大化的原则。我们将有关的收益曲线和成本曲线结合在一起,每个图分上下两张平面坐标图,其中,在上图中,给出了总收益(TR)曲线、总成本(TC)曲线以及总利润(π)曲线。在下图中,给出了边际收益(MR)曲线、边际成本(MC)曲线。在图中,利润最大化的产量为 Q_c。

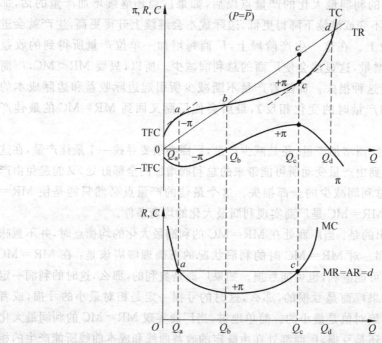

图 4-18 商品价格固定情况下的厂商利润最大化原则

在商品价格固定情况下,总收益 TR 曲线为一条直线,平均收益 AR 曲线、边际收益 MR 曲线和需求曲线 d 三条线重叠,如图 4-18 所示。产量从 0 增加到 Q_b 之前,总成本大于总收益,即 TR<TC,厂商处于亏损状态,每个产出水平的亏损额等于 TC−TR。π 曲线是一条利润曲线,位于横轴之下。产量为 Q_b 时,总收益等于总成本,即 TR=TC,厂商利润为零,π 曲线与横轴相交。随着产量继续增加到 Q_d 之前,总收益大于总成本,即

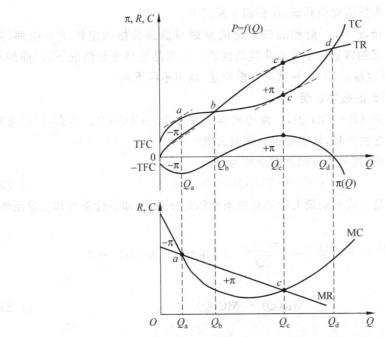

图 4-19　商品价格变动情况下厂商利润最大化原则

TR＞TC，厂商有利润，每个产出水平的利润额等于 TR－TC。π 曲线位于横轴之上。产量为 Q_d 时，总收益再次等于总成本，即 TR＝TC，厂商利润为零，π 曲线与横轴相交。随着产量继续增加，厂商将再次开始亏损，π 曲线位于横轴之下。

总收益曲线(TR)在特定产出水平的斜率为该产出水平的边际收益 MR。对应地，总成本 TC 曲线在特定产出水平的斜率代表边际成本 MC。在图 4-18 中，产量 Q_a 和 Q_c 都满足 MR＝MC 的条件，也就是总收益曲线的斜率和总成本曲线的斜率将相等，而总利润曲线的斜率为零。也就是说，这两个产量点的利润都是利润极值。但是，在 Q_a 的产量上，总成本大于总收益，即 TR＜TC，边际收益 MR 曲线的斜率为零，边际成本 MC 函数的斜率为负值，即有 $MR'＞MC'$，所以这时的利润极值是极小值，即在 Q_a 的产量上厂商的亏损是最大的。而在 Q_c 的产量上，总收益大于总成本，即 TR＞TC，边际收益 MR 曲线的斜率仍为零，边际成本 MC 曲线的斜率为正值，即有 $MR'＜MC'$，所以这时的利润极值是极大值。

产量从 0 增加到 Q_a 之前，边际成本大于边际收益，即 MR＜MC，厂商每增加生产一个产量，都是赔钱，每个产量的亏损额等于边际成本减去边际收益，随着产量的增加，累积亏损额不断增加，在产量为 Q_a 时，MR＝MC，厂商的累积亏损达到最大。在产量开始大于后，MR＞MC，厂商每增加生产一单位产量，都是盈利，逐步抵消此前亏损，亏损减少，当产量增加为 Q_b 时，累积盈利正好等于抵消此前亏损，厂商利润为零。当产量大于 Q_b 时，MR 仍然大于 MC，厂商每增加生产一单位产量，都是盈利的，每单位产量的盈利额等于边际收益减去边际成本，厂商累积利润不断增加。在产量为 Q_c 时，MR＝MC，厂商的累积利润达到最大。当产量大于 Q_c 后，MC 又开始大于 MR，厂商每增加生产一单位产量,都是赔钱的,逐步抵消此前利润,使利润不断减少。

在商品价格变动情况下,厂商利润最大化的原则与商品价格固定情况下同理,如图 4-19 所示。两种情况的区别在于收益曲线的区别。在商品价格变动情况下,厂商的总收益(TR)曲线和边际收益(MR)曲线状况如前所述,这里不再重述。

3. 利润最大化原则的数学证明

厂商的收益函数为 $TR=TR(Q)$,厂商的成本函数为 $TC=TC(Q)$。那么,厂商应遵循什么原则来选择最佳的产量,从而使得利润最大呢?

如果以 π 代表利润,则可以得到利润函数为

$$\pi(Q) = TR(Q) - TC(Q) \tag{4.28}$$

下面分别求出满足上式利润最大化的必要条件和充分条件,即一阶条件和二阶条件。

一阶条件为

$$\frac{d\pi(Q)}{dQ} = \frac{dTR(Q)}{dQ} - \frac{dTC(Q)}{dQ} = MR(Q) - MC(Q) = 0$$

即

$$MR(Q) = MC(Q) \tag{4.29}$$

二阶条件为

$$\frac{d^2\pi(Q)}{dQ^2} = \frac{dMR(Q)}{dQ} - \frac{dMC(Q)}{dQ} < 0$$

即

$$MR'(Q) = MC'(Q) \tag{4.30}$$

由此可以得到如下结论:当产量满足边际收益等于边际成本的条件时,即 $MR=MC$ 时,如果边际收益 MR 的变化率小于边际成本 MC 的变化率(或者说,边际收益 MR 曲线的斜率小于边际成本 MC 曲线的斜率),则该产量上的利润就是最大的利润值。

显然,用数学证明的厂商利润最大化的原则,除了有 $MR=MC$ 的必要条件以外,还包括了 $MR'<MC'$ 的充分条件。但在西方经济学中,一般就将利润最大化的原则简称为 $MR=MC$ 的原则。

📖 阅读案例 4-3

厂商利润最大化的产出水平的确定

当企业的总收益和总成本函数已知时,可以利用微积分准确计算出使总利润最大化的产出水平及最大利润额。

设企业的总收益函数为:$TR=100Q-2Q^2$

总成本函数为:$TC=30+120Q-5Q^2+\frac{1}{12}Q^3$

用总收益减去总成本,可得出总利润函数:$\pi=-\frac{1}{12}Q^3+3Q^2-20Q-30$

为求出使总利润最大化的产出水平,我们令其对产量的一阶导数函数为零,解得产出数量。故有

$$\frac{d\pi(Q)}{dQ} = -\frac{1}{4}Q^2 + 6Q - 20 = 0$$

为解该方程,我们首先将等式两边同乘以-4,并进行因式分解:

$$Q^2 - 24Q + 80 = 0$$
$$(Q-20)(Q-4) = 0$$

即 $Q=20$ 和 $Q=4$。

我们必须用最大值的二阶条件进行检查,以确定利润是否在 $Q=4$ 或 $Q=20$ 点达到最大值。利润的二阶导数为

$$\frac{d^2\pi(Q)}{dQ^2} = -0.5Q + 6$$

在 $Q=4$ 点,二阶导数为正,故利润在该产量点为最小值。在 $Q=20$ 点,二阶导数为负,故利润在该产量点为最大值。所以,企业总利润最大化的产量为 $Q=20$。

我们将企业利润最大化的产量代入总利润函数,便可得出最大利润值。

$$\max\pi = -\frac{1}{12} \times 20^3 + 3 \times 20^2 - 20 \times 20 - 30 = 103.33$$

综上,企业总利润最大化的产量为 $Q=20$,最大利润值 $\max\pi = 103.33$。

4.5 盈亏平衡分析与经营杠杆率

本节首先介绍管理决策中常用的盈亏平衡分析法,它是分析固定成本、可变成本、销售收入和利润之间关系的一个重要工具。然后,我们运用盈亏平衡分析法研究企业经营杠杆率对其获取利润能力的影响。

4.5.1 盈亏平衡分析

盈亏平衡分析,又叫损益平衡分析,也有称之为本、量、利分析,是研究产品成本、产量、利润三者之间内在联系,并为决策者提供科学依据的现代化管理方法。盈亏平衡分析通过盈亏平衡的计算,分析和评价项目的产品成本、产量、收入与利润之间的制约关系,最终分析项目对风险的承受能力。

1. 盈亏平衡点(保本点)产量

由于固定成本与产量增减无关,只有变动成本才与产量有关,则成本可如下表达:
设 TC——年总成本;
　FC——年固定成本;
　v(AVC)——单位变动成本;
　P——单位产品售价;
　Q_c——计划产量或计划销售量;
　TR——计划销售额。
则 $TC = FC + vQ$,$TR = PQ$。

若令 Q_0 为盈亏平衡点(保本点)产量,则此时 TR=TC,于是有:$PQ_0 = FC + vQ_0$,得

$$Q_0 = \frac{FC}{P-v} \qquad (4.31)$$

固定成本、变动成本、产量之间的关系如图4-20所示。其中,Q_0即盈亏平衡点产量。

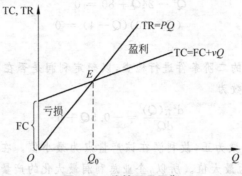

图 4-20 线性盈亏平衡

如考虑税收问题。设盈亏平衡点为Q_0',t为营业税率或消费税率,则

$$Q_0' = \frac{FC}{P(1-t)-v} \qquad (4.32)$$

盈亏平衡点(保本点)产量越低,项目方案适应市场变化的能力就越大,反之越小。

2. 盈亏平衡点单价

利用盈亏平衡分析法,还可求出在计划产量Q_c、年固定成本FC和单位变动成本v不变时,销售单价至少为多大,企业才不盈不亏。

设P_0——国家角度考虑时的盈亏平衡的最低单价;

P_0'——企业角度考虑时的盈亏平衡的最低单价。

若令P_0为盈亏平衡点(保本点)价格,则此时 TR=TC,有 $P_0Q_c = FC + vQ_c$,得

$$P_0 = \frac{FC}{Q_c} + v \qquad (4.33)$$

$$P_0' = \frac{FC}{Q_c(1-t)} + \frac{v}{1-t} \qquad (4.34)$$

若已知实际价格为P,则可以从国家角度和企业角度来判定实际价格所具有的潜力$P-P_0$或$P-P_0'$。此潜力实际是在市场竞争中允许降价的最大幅度。

3. 边际利润及边际利润率

$P-v$为单位产品边际利润,则$(P-v)Q_c$即为销售收入减变动成本,即总的边际利润,也称之为边际贡献。

边际利润率可表示为

$$\text{边际利润率} = \text{边际利润(边际贡献)}/\text{销售收入}$$
$$= \frac{(P-v)Q_c}{PQ_c} = \frac{P-v}{P} \qquad (4.35)$$

4. 生产能力利用率

$$\text{生产能力利用率} = \text{盈亏平衡时产量}/\text{计划产量}$$
$$= \frac{\text{盈亏平衡时的销售收入}}{\text{计划产量完成时的销售收入}}$$

$$= \frac{Q_0}{Q_c} = \frac{TR_0}{TR_c} \tag{4.36}$$

不难看出，盈亏平衡时生产能力利用率越低，则剩余的可盈利的作业能力越大，该项目或该计划可盈利就越多，抗风险的能力就越强。一般如果大于75%就有一定的风险。

5. 安全边际及安全边际率

计划产量完成时的销售额与盈亏平衡时的销售额的差额称为安全边际。安全边际越大，说明可盈利的余地越大，该计划越趋安全。

安全边际 = 计划产量完成时的销售额 − 盈亏平衡时的销售额 = $TR_c - TR_0$

安全边际与计划产量完成时的销售额之比称为安全边际率。

$$安全边际率 = \frac{TR_c - TR_0}{TR_c} \tag{4.37}$$

不同安全边际率所代表的企业经营安全状况见表4-8。

表 4-8 企业经营安全状况

安全边际率	30%以上	25%~30%	15%~25%	10%~15%	10%以下
安全状况	安全	较安全	不太好	要警惕	危险

上述各指标，均可以国家和企业两个角度计量，倘无特殊说明，均从国家角度考虑。

【例 4-1】 某企业有一营业计划，拟生产产品 1 250 件，单价为 10 000 元/件，变动成本为 4 800 元/件，年固定成本为 320 万元，消费税为 5%，试进行盈亏平衡分析，求解各指标。

解：(1) 盈亏平衡点产量

$$Q_0 = \frac{FC}{P-v} = 616(件); \quad Q'_0 = \frac{FC}{P(1-t)-v} = 681(件)$$

(2) 盈亏平衡点单价

$$P_0 = \frac{FC}{Q} + v = 7\,360(元/件); \quad P'_0 = \frac{FC}{Q(1-t)} + \frac{v}{1-t} = 7\,747(元/件)$$

(3) 边际利润及边际利润率

边际利润(边际贡献) = $(P-v)Q_c = (10\,000 - 4\,800) \times 1\,250 = 650(万元)$

边际利润率 = 边际利润(边际贡献)/销售收入 = $\frac{(P-v)Q_c}{PQ_c} = \frac{P-v}{P} = 52\%$

(4) 生产能力利用率

$$生产能力利用率 = \frac{Q_0}{Q_c} = \frac{TR_0}{TR_c} = 616/1\,250 = 49.3\%$$

(5) 安全边际及安全边际率

安全边际 = 计划产量完成时的销售额 − 盈亏平衡时的销售额 = $TR_c - TR_0$
$= 1\,250 \times 10\,000 - 616 \times 10\,000 = 634(万元)$

$$安全边际率 = \frac{TR_c - TR_0}{TR_c} = (1\,250 - 616)/1\,250 = 50.72\%$$

从盈亏平衡分析的各项指标来看，该企业较为安全，面临的风险不大。

4.5.2 优劣平衡分析

我们把盈亏平衡分析思想和方法用于不同方案的比较,其结果就不是不盈不亏,而是两方案哪个好或一样好的问题。对不同方案进行比较选优时,既要考虑到可行,又要考虑总体效益高,其可行是指每个方案都满足或超过目标要求;其优劣,是指达到相同质量、产量情况下,哪一个方案好些。

若两个方案中,$FC_2 > FC_1$,$v_2 > v_1$,如图 4-21 所示,因为方案 2 成本高,因此,肯定方案 1 好。若 $FC_2 > FC_1$,$v_2 < v_1$,如图 4-22 所示,则要具体讨论了。

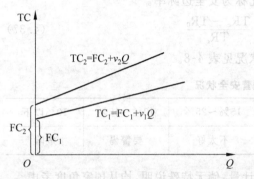

图 4-21　$FC_2 > FC_1$,且 $v_2 > v_1$ 的优劣平衡图　　图 4-22　$FC_2 > FC_1$,且 $v_1 < v_2$ 的优劣平衡图

从图 4-21 可知,只要 $FC_2 > FC_1$,$v_1 < v_2$,总会有一点 Q_0 产生,该点对应的两方案成本相等,说明在 Q_0 点的产量下,两方案盈亏一样多。若收益相同,并以盈亏多少作为选择方案基准的话,当计划产量 $Q \geq Q_0$ 时,由于方案 1 的成本高于方案 2,所以应选择方案 2;当 $Q < Q_0$ 时,则应选择方案 1。由于 Q_0 点在方案比较中具有独特之处,因此,求 Q_0 很有意义。

上述优劣平衡分析可用于不同工艺方案的选优,不同设备方案的选优,购买、自制与租赁的选优;不同方案的初步选优,等等。

【例 4-2】 某产品加工有三个可行的工艺方案,其有关数据如下表:

单位:元

方案	Ⅰ	Ⅱ	Ⅲ
FC	64.25	83.92	1 023.98
v	6.451	5.409	4.26
P	7.5	7.5	7.5

求:各方案自己的盈亏平衡点产量并选择出各方案在什么产量区间内为优(以获得利润多为好)。

解:(1) 盈亏平衡点产量计算

方案 Ⅰ 盈亏平衡点产量为 $Q_1 = 62$(单位)

方案 Ⅱ 盈亏平衡点产量为 $Q_2 = 41$(单位)

方案Ⅲ 盈亏平衡点产量为 $Q_3 = 317$（单位）

（2）优劣平衡点产量计算及选优

方案Ⅰ、方案Ⅱ 优劣平衡点产量为 $Q_{12} = \dfrac{F_2 - F_1}{v_1 - v_2} = 19$（单位）

方案Ⅱ、方案Ⅲ 优劣平衡点产量为 $Q_{23} = \dfrac{F_3 - F_2}{v_2 - v_3} = 822$（单位）

优劣平衡点产量计算结果如图4-23所示。从图中不难判断出各方案在什么产量区间内最优。从图4-23可知：

若 $0 \leqslant Q < 19$，方案Ⅰ为最优；
$19 \leqslant Q < 822$，方案Ⅱ为最优；
$Q \geqslant 822$，方案Ⅲ为最优。

考虑到 0～19 个单位的区间，各方案（包括Ⅰ方案）均不可行，因此，方案Ⅰ实际上没有既可行又优越的区间。同理，方案Ⅱ盈亏平衡点产量为 41 个单位，因此，方案Ⅱ可行而又优越的区间为 $41 \leqslant Q < 822$。方案Ⅲ可行而又优越的区间为 $Q \geqslant 822$。

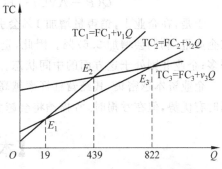

图 4-23 三个方案的优劣平衡图

4.5.3 经营杠杆率

经营杠杆率（the rate of operating leverage）指企业固定成本与可变成本的比率，它反映了企业生产经营中使用固定要素代替可变要素的程度。为提高市场竞争力和获取更多的利润，企业常常需要进行技术改造和设备的更新换代，引进新的自动化程度更高的机器，这往往导致企业的固定成本上升而可变成本相对下降，从而引起经营杠杆率的上升。因此。对于企业决策者来说，需要弄清楚的就是经营杠杆率和利润两者之间的关系。

经营杠杆度（the degree of operating leverage, DOL）就是衡量产销量的变动对利润额的影响程度的一个指标。所谓经营杠杆度，是指产品销售量的变动百分比所导致的利润额的变动百分比，是一个弹性概念。用公式表示就是

$$\text{DOL} = \dfrac{\Delta \pi / \pi}{\Delta Q / Q} \tag{4.38}$$

对于线性关系，由于 $\pi = Q(P - \text{AVC}) - \text{FC}$ 和 $\Delta \pi = \Delta Q (P - \text{AVC})$，代入式(4.38)，经整理，得到

$$\text{DOL} = \dfrac{Q \cdot (P - \text{AVC})}{Q(P - \text{AVC}) - \text{FC}} \tag{4.39}$$

式(4.39)的分子其实就是全部产销量的贡献余额，而分母则代表企业的全部利润或亏损额。

【例 4-3】 三个企业的产量和价格相同，为 $Q = 40\,000$ 台，$P = 5$ 元/台。企业Ⅰ，$\text{FC}_1 = 100\,000$ 元，$\text{AVC}_1 = 2$ 元；企业Ⅱ，$\text{FC}_2 = 60\,000$ 元，$\text{AVC}_2 = 3$ 元；企业Ⅲ，$\text{FC}_3 = 25\,000$ 元，$\text{AVC}_3 = 4$ 元。试比较三个企业的经营杠杆度。

解：企业Ⅰ的经营杠杆度：

$$\text{DOL} = \frac{Q \cdot (P - \text{AVC})}{Q(P - \text{AVC}) - \text{FC}} = \frac{40\,000(5-2)}{40\,000(5-2) - 100\,000} = 6$$

企业Ⅱ的经营杠杆度：

$$\text{DOL} = \frac{Q \cdot (P - \text{AVC})}{Q(P - \text{AVC}) - \text{FC}} = \frac{40\,000(5-3)}{40\,000(5-3) - 60\,000} = 4$$

企业Ⅲ的经营杠杆度：

$$\text{DOL} = \frac{Q \cdot (P - \text{AVC})}{Q(P - \text{AVC}) - \text{FC}} = \frac{40\,000(5-4)}{40\,000(5-4) - 25\,000} = 2.67$$

于是，在企业Ⅰ，销售量增加1%会引起利润增加6%；在企业Ⅱ，利润会增加4%；而在企业Ⅲ，利润会增加2.67%。因此，企业Ⅰ的利润对于销售量的变动要比企业Ⅲ敏感得多；企业Ⅱ则处于这方面的中间状态。

企业资本越密集，其经营杠杆率越高，相应的经营杠杆度也越高。经营杠杆度高在盈利时有优势，但在亏损时，亏损额将会越大。

【本章小结】

成本理论以生产理论作为基础。由于生产理论区分为短期生产理论和长期生产理论，相应地，成本理论也区分为短期成本理论和长期成本理论。无论是短期成本，还是长期成本，它们都是产量的函数。

短期成本有七种：总成本 TC、总不变成本 TFC、总可变成本 TVC、平均总成本 AC、平均不变成本 AFC、平均可变成本 AVC 以及边际成本 MC。在理解七条短期成本曲线的各自特征及其相互之间的关系时，关键是抓住短期生产的基本规律，即边际报酬递减规律。根据该规律，我们可以由短期生产的先上升而后下降的倒 U 形的边际产量 MP 曲线出发，推导出相应的先下降而后上升的呈 U 形的短期边际成本曲线。并且，进一步由边际成本曲线出发，推导出其他六条短期成本曲线。

长期成本有三种：总成本 LTC、平均总成本 LAC 和边际成本 LMC。在理解三条长期成本曲线的各自特征及其相互之间的关系时，关键是抓住：在长期中，厂商在每一个产量上都是通过对最优生产规模的选择来将生产成本降到最低水平。也就是说，在长期中，厂商通过对最优生产规模的选择，使得每一单位的产量都以最小的成本被生产出来。由此，可以推导出长期总成本 LTC 曲线是无数条短期总成本 STC 曲线的包络线，长期平均成本 LAC 曲线也是无数条短期平均成本 SAC 曲线的包络线，并进一步推导出长期边际成本 LMC 曲线。

企业长期生产的规模经济和规模不经济（即内在经济和内在不经济）决定了长期平均成本 LAC 曲线的 U 形特征；企业长期生产的外在经济和外在不经济决定了长期平均成本 LAC 曲线位置的高低。而且，由长期平均成本 LAC 曲线的 U 形特征出发，可以进一步解释三条长期成本曲线之间的相互关系。如果多种产品的联合生产比单独生产这些产品成本更低，我们就说存在范围经济；反之，若联合生产比单独生产成本更高，则是范围不经济。

学习曲线是描绘了企业平均生产成本随累积产出的上升而下降的关系的曲线。它与规模报酬递增不同,它指的是随企业每个时间段产出的增加而不断下降的平均成本,企业的生产规模并未发生变化。而规模报酬递增是企业的生产规模可随产量的增长而变动,使长期平均成本下降。

收益是指企业销售产品、劳务所得到的收入。企业收益主要有三个概念:总收益、平均收益和边际收益。

在其他条件不变的情况下,厂商应该选择最佳的产量,使得最后一单位产量所带来的边际收益等于所付出的边际成本。通常可以简单地说,厂商实现利润最大化的原则是使边际收益等于边际成本,即 MR=MC。

盈亏平衡分析用于研究厂商在不同产量水平上收益、成本和经营利润之间的关系。分析人员通常根据线性的成本—产量关系和收益—产量关系构建一个盈亏平衡图,确定在一个有限的产量范围内厂商的经营性质。盈亏平衡点的定义就是经营总收益等于总成本时的产量水平。在线性盈亏平衡模型中,用固定成本除以价格与单位变动成本之差(贡献毛利)就可找到盈亏平衡点。经济杠杆出现于厂商使用具有固定经营成本的资产的时候。经营杠杆度(DOL)衡量的是由销售额(或产量单位)百分之一变化所引起的厂商的利润额的百分比变化。随着厂商的固定经营成本的上升,其 DOL 会提高。

【中英文关键词】

1. 成本函数　　　　　　cost function
2. 固定成本　　　　　　fixed costs
3. 可变成本　　　　　　variable costs
4. 边际成本　　　　　　marginal cost
5. 规模经济　　　　　　economies of scale
6. 内部规模经济　　　　internal economies of scale
7. 外部规模经济　　　　external economies of scale
8. 规模不经济　　　　　dis-economies of scale
9. 范围经济　　　　　　economies of scope
10. 范围不经济　　　　　dis-economies of scope
11. 盈亏平衡分析　　　　break-even analysis
12. 经营风险　　　　　　business risk
13. 贡献毛利　　　　　　contribution margin
14. 经营杠杆　　　　　　operating leverage
15. 经营杠杆度　　　　　degree of operating leverage, DOL
16. 学习曲线　　　　　　learning curve

【综合练习】

一、选择题

1. 当某企业的固定成本为 10 000 元,在 AC=5 元/件,AVC=3 元/件时,产量是( )件。
   A. 1 250　　　　　B. 2 000　　　　　C. 5 000　　　　　D. 7 500

2. 对应于边际报酬递减阶段,STC 曲线( )。
   A. 以递增的速率上升　　　　　B. 以递增的速率下降
   C. 以递减的速率上升　　　　　D. 以递减的速率下降

3. 在从原点出发的直线与 TC 的切点上,AC( )。
   A. 是最小的　　　　　　　　　B. 等于 MC
   C. 等于 AVC+AFC　　　　　　D. 上述都正确

4. 短期平均成本曲线呈 U 形的原因与( )有关。
   A. 规模报酬　　　　　　　　　B. 外部经济与不经济
   C. 要素的边际报酬变动　　　　D. 固定成本与可变成本所占比重

5. 随着边际产量先递增后递减,边际成本( )。
   A. 先递减后递增　　　　　　　B. 先递增后递减
   C. 保持不变　　　　　　　　　D. 无规则变动

6. 假如增加一单位产量所带来的边际成本大于产量增加前的平均可变成本,那么在产量增加后,平均可变成本一定( )。
   A. 减少　　　　　B. 增加　　　　　C. 不变　　　　　D. 不能确定

7. 已知产量为 500 单位时,平均成本是 2 元,产量增加到 550 单位时,平均成本等于 2.5 元,在这个产量变化范围内,边际成本( )。
   A. 随着产量的增加而上升,并在数值上大于平均成本
   B. 随着产量的增加而上升,并在数值上小于平均成本
   C. 随着产量的增加而下降,并在数值上小于平均成本
   D. 随着产量的增加而下降,并在数值上大于平均成本

8. 下列说法中正确的是( )。
   A. 在产量的某一变化范围内,只要边际成本曲线位于平均成本曲线的上方,平均成本曲线一定向下倾斜
   B. 边际成本曲线在达到一定产量水平后趋于上升,是由边际报酬递减规律造成的
   C. 长期平均成本在达到一定产量水平后趋于上升是由于边际报酬递减规律所造成的
   D. 在边际成本曲线上,与平均成本曲线交点以上的部分构成商品的供给曲线

9. 假定两个人一天可以生产 60 单位产品,4 个人一天可以生产 100 单位产品,那么( )。
   A. AVC 是下降的　　　　　　　B. AVC 是上升的

C. $MP_L > AP_L$ D. MP_L 是 40 单位
10. 当 LAC 曲线下降时，LAC 曲线切于 SAC 曲线的最低点（　　）。
　　A. 总是对的　　B. 绝不对　　C. 有时对　　D. 不能判断

二、计算题

1. 考虑下列变动成本函数（Q＝产量）：$VC = 200Q - 9Q^2 + 0.25Q^3$，固定成本等于 150 元。

a. 确定总成本函数。

b. 确定(i)平均固定成本函数，(ii)平均变动成本函数，(iii)平均总成本函数，(iv)边际成本函数。

c. 确定平均变动成本函数取其最小值时的 Q 值。

d. 确定边际成本函数取其最小值时的 Q 值。

e. 在一张图上画出 $Q = 2, 4, 6, \cdots, 24$ 时的 AVC 函数和 MC 函数。

f. 根据题 a 中画出的成本函数，确定能使 AVC 和 MC 最低的 Q 值。

g. 对题 f 的答案与上面题 c 和题 d 得到的结果加以比较。

2. 假定总成本函数如下：
$STC = 2\,000 + 15Q - 6Q^2 + Q^3$，其中 Q 为产量。请回答以下问题：

(1) 产量为 2 000 个单位时，TFC 为多少？产量为 5 000 个单位时又是多少？

(2) 产量为 2 000 个单位时，AFC 为多少？产量为 5 000 个单位时又是多少？

(3) 产量为 10 个单位时，AVC 是多少？MC 为多少？ATC 为多少？

(4) 在哪一个产量下，可变要素的边际产量开始递减？

(5) 在哪一个产量下，可变要素的平均产量开始递减？

3. 已知某厂商的总成本函数为 $TC = 6Q + 0.05Q^2$，产品的需求函数为 $Q = 360 - 20P$，求该厂商利润最大时的产量、销售价格和利润。

4. 已知垄断者的总成本函数 $TC = 40Q + 6Q^2$，产品需求函数为 $Q = 120 - P$，求：利润极大时的销售价格、产量和利润？

【案例分析】

根据以下案例所提供的资料，试分析：

1. 量本利分析法在火力发电企业经营决策中如何应用？
2. 量本利分析法对火力发电企业的指导意义。

量本利分析法在火力发电企业的应用

随着电力体制改革的不断深入，发电企业正进入一个崭新的市场环境，作为电力市场中具有平等地位的经营主体，在市场规则的约束下从事生产经营活动。因此，发电企业必须从市场经济的新视角审视企业的经营策略和发展战略，对原有的管理机制、模式、内容及方法进行重新选择和组合，管理模式要逐渐向竞争管理转变，最终使企业利润最大化。量本利分析就是为了增加企业利润，提高经济效益，对营业收入、发电成本和利润之间的变量关系进行分析研究的一种有效方法,值得借鉴和应用。

一、量本利原理分析

量本利分析法也称盈亏平衡分析法,它是根据销售量、成本、利润三者之间的关系,用来预测利润和控制成本的一种数学分析方法,是企业经营决策中常用的一种定量确定型决策方法。

量本利分析法的核心是盈亏平衡点(break even point,BEP)的分析。盈亏平衡点是指在一定的销售量下,企业的销售收入等于总成本,即利润为零,并以盈亏平衡点为界,销售收入高于此点则企业盈利,反之企业亏损。因此,企业在从事经营活动的过程中,应最大限度地缩小盈亏平衡点的销量或销售收入,尽量提高盈利销量,实现企业利润最大化目标。

假设电厂处于达到设计能力的正常时期,营业收入为

$$TR = P \times Q \tag{1}$$

其中:TR 为营业收入;P 为上网电价;Q 为上网电量。

火力发电企业的成本分为固定成本和变动成本两部分。固定成本是指在一定时间内不受业务量增减变动影响而保持不变的成本,对发电企业来说就是不受发电量变化影响而保持不变的成本。各项固定成本包括维护材料费、职工薪酬、大修费、折旧费、其他费用等,即不随发电量变化的费用。变动成本是指随着业务量的变化而成正比例变动的成本。对火力发电企业来说主要包括燃煤费、燃油费、水费、动力费、排污费、消耗性材料费(包括化学药品、脱硫石灰石粉、脱硝氨水)等。这些项目发生金额的多少和机组的发电量高低有关,是影响利润水平的关键因素。

总成本等于固定成本与变动成本之和,它与产量的关系也可近似看成线性关系。即

$$TC = v \times Q + FC \tag{2}$$

其中:v 为变动成本;FC 为固定成本。

因为利润是营业收入与总成本之差,由此建立利润模型,即

$$\pi = TR - TC \tag{3}$$

$$\pi = P \times Q - (v \times Q + FC) \tag{4}$$

其中 π 表示利润。

令 $\pi = 0$,在盈亏平衡点上,因该项经济活动盈亏平衡,利润为零,营业收入恰好等于总成本,设盈亏平衡点的总产量为 Q^*,则有

$$PQ^* = v \times Q^* + FC \tag{5}$$

第一,盈亏平衡产量为

$$BEP(Q) = Q^* = FC/(P-v) \tag{6}$$

反映不发生亏损时的最低产量,一般地,盈亏平衡产量值越小,说明企业保本能力越强,即抗风险能力越大。

第二,盈亏平衡销售价格为

$$BEP(P) = P^* = FC/Q_m + v \tag{7}$$

其中 Q_m 为火电厂设计发电能力。

当前火电厂存在基数电价和市场交易价格,则上网电量平均价格 P 平均为

$$P_{平均} = (P_{基数电价} * Q_{基数电量} + P_{市场交易价格} * Q_{市场电量})/(Q_{基数电量} + Q_{市场电量}) \quad (8)$$

其中,$Q_m = Q_{基数电量} + Q_{市场电量}$。

只要 $P_{平均} > P^*$,火电厂就实现盈利。

第三,盈亏平衡生产能力利用率。

若火电厂设计发电能力为 Q_m,则

$$BEP(E) = Q^*/Q_m \times 100\% = FC/[(P-v) \times Q_m] \quad (9)$$

反映不发生亏损时的最低生产能力利用率,大于 $BEP(E)$ 即盈利,该值越低,说明企业抗风险能力越强。

第四,盈亏平衡单位变动成本。

若按照设计生产能力进行生产和销售,且销售价格已定,则

$$BEP(v) = P - v/Q_m \quad (10)$$

只有营业收入达到固定成本与变动成本之和(保本点)时,企业才能收回投资并得以长期维持发展,只有在高于保本点时,企业才能盈利,当收入高于其变动成本但低于总成本时,此时边际利润虽为正值但不能全部弥补固定成本,此时仅能维持简单再生产,当价格低于其单位变动成本时,边际利润为负值,此时生产越多,则亏损越多,企业应停止生产。

二、量本利分析法在经营决策中的应用

例如:某火力发电厂装机容量 2×100 MWh,企业要求编制月度电量和利润计划,当月该企业计划一台机组检修,一台机组运行,企业每月除了一定的基数电量计划以外,还需从市场上拿到一定量的交易电量才能完成电量计划。已知当月单位变动成本 200 元/MWh,固定成本 8 000 万元。

试确定:第一,若当月企业预计平均上网电价 390 元/MWh(含税),企业盈亏平衡点的上网电量。

第二,若当月基数上网电价为 457 元/MWh(含税),市场交易价格为 290 元/MWh(含税),预计上网电量为 5.5 亿 kWh,企业最多拿多少市场交易电量才能保本。

第三,若企业进行竞价上网,已知当月最大发电能力下的上网电量为 6 亿 kWh,则企业可接受的最低上网电价。

分析:(1) $BEP(Q) = Q^* = FC/(P-v) = 8\,000/(390/1.17 - 200)/10 = 6$ 亿 kWh,即当月需销售大于 6 亿 kWh 的上网电量企业盈利,否则亏损。

(2) 盈亏平衡销售价格:$BEP(P) = P^* = FC/Q_m + v = 8\,000/5.5/10 \times 1.17 + 200 = 370.18$ 元/MWh

$$P_{平均} = \frac{P_{基数电价} * Q_{基数电量} + P_{市场交易价格} * Q_{市场电量}}{Q_{基数电量} + Q_{市场电量}} > P^* = 370.18$$

即:$[457 \times (6 - Q_{市场电量}) + 290 \times Q_{市场电量}]/6 > 370.18$

解得:$Q_{市场电量} < 3.12$ 亿 kWh。

即企业从市场拿小于 3.12 亿 kWh 的市场交易电量才能保证不亏损。

(3) 盈亏平衡销售价格:$BEP(P) = P^* = FC/Q_m + v = 8\,000/6/10 \times 1.17 + 200 = 356$ 元/MWh

即：企业在竞价上网中，最低可接受价格为356元/MWh。

三、量本利分析法实践指导意义

从上述分析可以看出，对于发电企业来说，建立以市场需求为导向，以经济效益为中心，以成本核算为核心，以节支增供为重点的全新的管理机制和经营机制，成为电力企业适应"厂网分开、竞价上网"工作的重中之重。要求发电企业必须将电力发展的着眼点由量的增加转到质的提高上来，由生产导向型向市场导向型转变，实施低成本战略，以先进的指标和较低的成本增强市场竞争力。

1. 加强生产管理，促进节能减排，满足低成本运营

降低成本是发电企业提高利润水平的最有效途径，必须在生产管理上加大力度，加强对设备的维护和保养，降低材料费、检修费，减少浪费，从而降低生产成本，增加企业利润。降低成本首先要降低变动成本，变动成本中的燃煤费又是重中之重。燃煤成本占全部成本的70%以上，是企业的创效阵地。

降低变动成本的关键是要降低燃煤成本。降低燃煤成本首先要降低采购成本，这就要求燃煤采购人员要密切关注和分析燃煤市场价格与供求关系，利用电煤需求淡季，抓住燃煤市场的有利商机，大批量采购优质低价煤，控制高价煤的进煤量，使得全年平均燃煤成本最小化。要加强燃煤靠港、卸船、入厂后各个环节的管理，协调好各个环节，严控"滞期费"；健全燃煤的购入和存储制度，严控入厂燃煤供应质量，降低入厂入炉煤热值差，通过规范的基础管理挖掘潜能，降低燃煤综合成本。要加强设备的运行管理、节能管理、检修管理，降低机组供电煤耗和厂用电来降低燃煤耗用成本。其次要降低固定成本。降低固定成本主要是通过加强各项费用的预算和管理来实现。如加强材料的采购管理，大小修费用、更新改造费用管理和其他各种费用管理等，同时规范废旧物资的处理流程，杜绝任何浪费。采取积极有效的借贷策略，降低财务费用，以降低固定成本，从而减少盈亏平衡点上网电量，提高盈利的能力。加强变动成本控制，采取一系列的行之有效的措施，减小单位上网电量的变动成本，提高盈利的空间。

2. 紧密联系全面预算管理，实施企业低成本战略

量本利科学管理的主要目的是建立科学的预测体系。通过与全面预算管理紧密结合，实现对企业费用项目、资本性支出项目的核算管理，通过对实际成本的控制和核算，为企业实现竞价上网提供实时成本，实现企业年度目标的预算决策，同时为其他部门提供年度、月度费用指标预测数据，作为实际发生的费用和指标的控制依据，汇总月度、年度各项费用、指标的实际发生值并进行分析和对比。

通过量本利分析对企业进行预算控制，是整个生产经营系统实现全面预算计划和闭环控制的重要环节与核心流程。其作用是有组织、有系统地运用预算、计划、控制、核算、分析和考核等方法，对构成成本的各种因素及影响成本的各个环节实施管理，达到降低成本、提高效益的目的。通过准确地进行成本费用的归集和分配提高计算的及时性与准确性。同时通过定额管理、实际成本的核算及成本计划，能够更为有效地进行全面预算管理的预测、计划、分析和考核，从而更好地提高企业的成本管理水平。

3. 提高全员市场竞争意识，培养成本观念

发电企业竞价上网后，发电企业不仅应该树立行业竞争的观念，还应在企业内营造竞

争氛围。企业的一切决策要靠企业自己,效益的好坏取决于管理的质量、竞争的结果,取决于企业和个人创造效益的本领。

首先要大力宣传发电市场竞争的紧迫性,使职工有危机感,树立竞争危机意识。发电企业要想真正实现成本管理方式的改变,就必须在全员参与的角度下增强成本管理意识,最大限度地发挥员工在成本管理中的主体作用,这就要求企业不仅要加强管理人员的成本意识,还需要注意培养全体员工的成本意识,从而使企业的成本管理工作落实到每一个员工身上,形成一种全员化的成本管理方式。

其次要加强科学管理,转变管理思想,积极和同类型的企业对标,进行倒逼成本分析,找出影响成本的因素,开辟降低发电成本的途径。在保证系统安全和稳定运行的前提下,围绕经济效益,改变粗放管理模式,以实现利润最大化为目标,在管理中求生存,向管理要效益。只有富有进取心和竞争意识,同时具有全新市场经济知识的职工,才能使发电企业在电力竞争中立于不败之地。

四、结论

综上所述,通过量本利分析可以看出,决定发电企业在电力市场竞争中能力高低的关键是如何降低企业的成本,没有低成本的营运战略,发电企业就不可能有良好的市场竞争力,因此,企业必须着眼于建立竞争机制,营造良好的竞争环境和培养成本管理观念,增强核心竞争力,实现可持续发展。

资料来源:游小俊.量本利分析法在火力发电企业的应用[J],中国电力教育,2014.(9).

第 5 章

市场结构与企业决策行为分析

【学习目标】

通过本章的学习,将了解市场结构的决定条件及类型,理解并掌握四种市场结构企业短期和长期均衡分析;理解生产者剩余、产品变异和广告竞争等概念;掌握集中度和赫芬达尔—赫希曼指数指标的作用。

【教学要求】

知识要点	相关知识	能力要求
市场结构概述	市场结构的决定条件;市场结构的类型及区别;不同市场结构企业均衡分析的步骤	掌握市场结构的决定条件及类型
完全竞争市场与企业决策	完全竞争市场的含义;完全竞争市场企业的需求曲线、价格和收益曲线;完全竞争市场企业的短期决策、长期决策;完全竞争市场企业和行业的短期供给曲线;生产者剩余	了解完全竞争市场的含义;掌握完全竞争市场企业的需求曲线、价格和收益曲线的特点;掌握完全竞争市场企业短期和长期均衡的条件;了解完全竞争市场企业和行业的短期供给曲线;了解生产者剩余的含义
完全垄断市场与企业决策	完全垄断市场的含义及成因;完全垄断市场企业的需求曲线和收益曲线;完全垄断市场企业的短期决策、长期决策;完全垄断市场和完全竞争市场的比较	了解完全垄断市场的含义及成因;掌握完全垄断市场企业的需求曲线和收益曲线;掌握完全垄断市场企业短期和长期均衡的条件;了解完全垄断市场和完全竞争市场的比较
垄断竞争市场与企业决策	垄断竞争市场的含义及特征;垄断竞争市场企业的需求曲线;垄断竞争市场企业的短期决策、长期决策;垄断竞争条件下的品质竞争和广告竞争	了解垄断竞争市场的含义及特征;了解垄断竞争市场企业的需求曲线;掌握垄断竞争市场企业短期和长期均衡的条件;了解产品变异和广告竞争
寡头垄断市场与企业决策	寡头垄断市场的含义及特征;集中度和赫芬达尔—赫希曼指数;相互勾结和非相互勾结的寡头垄断市场定价模型与企业决策	了解寡头垄断市场的含义及特征;掌握集中度和赫芬达尔—赫希曼指数指标的作用;掌握相互勾结和非相互勾结的各种寡头垄断市场定价模型;了解博弈论的基本思想

2014年我国汽车产销量世界第一

2014年全球共生产汽车8 626万辆,比2013年微增1.01%。我国累计生产汽车2 372.29万辆,同比增长7.3%,占全球的25.5%。中国为世界第一大汽车生产国。2014年全球共销售汽车8 520万辆,比2013年增长了3.35%。我国累计销售汽车2 349.19万辆,同比增长6.9%,销量保持世界第一,占全球的27.6%。具体来看,2014年,6家企业(集团)销售汽车1 859.33万辆,占汽车销售总量的79.2%。其中,上汽销量突破500万辆,达到558.37万辆,东风、一汽、长安、北汽和广汽分别达到380.25万辆、308.61万辆、254.78万辆、240.09万辆和117.23万辆。前四位分别占全国汽车总销量的23.8%、16.2%、13.1%和10.9%。由此,我国汽车产业前四位的市场集中度CR_4为64%。

我国的汽车产业是属于何种市场结构?

本章也是分析生产者的行为,是从市场的角度研究生产者的利润最大化问题,将分析在四种不同的市场结构下,假定生产者成本(TC)不变,生产者应如何确定产品价格$P_产$与产量$Q_产$以实现利润最大化。我们将在生产、成本—收益分析基础上,研究各种市场结构中企业的行为。市场结构是指市场的主体,以及主体之间的关系。它包含的内容是:市场由谁构成、每一个构成主体的规模和它们各自对市场的影响,以及主体之间是如何相互作用和影响的。分析市场结构的意义就在于:它是企业的外部环境。在市场经济环境下,企业总是依据市场变化选择合适的策略和行为。如果偏离了市场环境的约束和市场的要求,任意选择策略和行为,企业不可能获得预期的效果。分析企业所处的市场的环境以及结构,是企业决策必然要考虑的前提条件。在不同的市场结构下企业面临的市场需求曲线有一定的差别,同时,企业的供给曲线除取决于生产函数和成本函数外,也与其所处的市场结构有关。本章将着眼于分析不同的市场结构中企业如何根据自身所面临的需求和生产的成本在短期和长期选择其产出水平和价格,以实现利润最大化的目标,以及各企业在进行价格和产量决策时的相互影响。

5.1 市场结构概述

5.1.1 市场结构的决定条件

在经济学中,市场结构分析被视为研究企业行为的基础。市场结构决定着企业的行为,企业的行为又决定市场绩效。反过来说,市场绩效、企业的市场行为与市场结构之间也有反作用的关系。区分不同的市场结构,有不同的分析角度和分析方法。通常是按照竞争或垄断程度的高低来划分市场结构的类型。用以衡量竞争或垄断程度、进而决定市场结构的经济条件主要有以下六个。

1. 交易者数量多少

市场交易者数量多少是指市场中买者与卖者的个数,这是影响市场竞争态势与竞争特性的第一位因素。用集中率和赫芬达尔—赫希曼指数两个指标可以考察市场中的商品是由一个企业、几个企业还是许多企业所提供的,进而判断市场结构。

(1) 集中率

集中率是指在一个行业中,若干最大企业的产出占该行业总产出的百分比,用来表示该类市场竞争的激烈或垄断程度。集中率通常用 CR_n 来表示,计算公式为

$$CR_n = \sum_{i=1}^{n} S_i \tag{5.1}$$

式中:CR_n 为市场上前 n 家企业的集中度,一般选择最大的 4 家、8 家或 20 家企业,如 CR_4 表示最大的四家企业的产出占总产出的百分比;S_i 为第 i 个企业所占的市场份额;n 为该行业中企业的总数。

一般地,当存在一个或几个企业处于支配地位时,集中率较高,相应的垄断程度会很高。当市场由大量小规模企业构成,集中率很低,市场竞争性会很强。因而,对于具有不同的集中率的市场,企业要面对不同程度的竞争或垄断,它们必然有不同的行为表现,企业之间关系的密切程度也是不一样的。

(2) 赫芬达尔—赫希曼指数

赫芬达尔—赫希曼指数(Herfindahl-Hirshmann Index,HHI),简称赫芬达尔指数,是一种测量产业集中度的综合指数。它是指一个行业中各市场竞争主体所占行业总收入或总资产百分比的平方和,用来计量市场份额的变化,即市场中厂商规模的离散度。它的计算公式为

$$HHI = 10\,000 \times \sum_{i=1}^{n} \frac{X_i}{X} = 10\,000 \times \sum_{i=1}^{n} S_i^2 \tag{5.2}$$

式中:HHI 为赫芬达尔指数;X 为市场的总规模;X_i 为第 i 个企业的规模;S_i 为第 i 个企业所占的市场份额;n 为该行业中企业的总数。

赫芬达尔—赫希曼指数是计算某一市场上 50 家最大企业(如果少于 50 家企业就是所有企业)每家企业市场占有份额的平方之和。显然,HHI 越大,表示市场集中程度越高,垄断程度越高。该指数不仅能反映市场内大企业的市场份额,而且能反映大企业之外的市场结构,因此,能更准确地反映大企业对市场的影响程度。

赫芬达尔指数是产业市场集中度测量指标中较好的一个,具有如下特点:

① 当独家企业垄断时,该指数等于 1,当所有企业规模相同时,该指数等于 $1/n$,故而这一指标在 $1/n \sim 1$ 之间变动。企业间市场占有率差别越大,HHI 越大,表明企业规模分布的不均匀度越高,市场垄断因素在增强;企业总数越多,HHI 越小,表明市场竞争因素在增强。

② 兼有绝对集中度和相对集中度指标的优点,并避免了它们的缺点。因为该值对规模较大的上位企业的市场份额反应比较敏感,而对众多小企业的市场份额小幅度的变化反应很小。

③ 可以不受企业数量和规模分布的影响,较好地测量产业的集中度变化情况。

2. 产品的差别化程度

产品的差别化程度是指一个产业市场上,不同企业生产的产品差别的大小。

产品差异的程度与市场竞争的程度关系密切,一般来说,同质的产品具有完全替代

性,顾客将在不同企业之间进行选择,这样企业就会面临广泛的竞争;反之,如果某种产品与其他产品的差异非常之大,又没有可替代的产品,生产该种产品的企业也就不会有多少竞争对手。

在理论上,无论产品的客观属性是否有差别,只要消费者对它们有不同的偏好,愿意支付不同价格,这些产品就可以算作不同质的产品。但如果假设某些产品毫无差别,或假设产品差异小得可以忽略不计,那么,这类产品就叫作同质产品。

产品的差别化程度体现在四个方面:

(1) 物理差异。包括质量、结构和性能方面的差异。这是产品形成差异的基础,也是增强产品差异的有力手段。

(2) 心理差异。指消费者对不同企业的心理认知的差异。企业的知名度越高,越容易获得消费者的支持。企业都希望做出知名品牌,目的就是获得消费者的认同和喜爱,从而掌握支配产品价格的主动权。从另一个意义上考虑,我们在分析消费者的偏好对需求曲线的影响时,认识到偏好增强能够促进需求,同时,偏好增强时,需求曲线的斜率变大,表明需求价格弹性变小,企业可通过提高价格获得更大的销售收入。

(3) 服务差异。主要指企业为客户提供的售后服务在内容和水平上的差异。服务是产品价值构成的一个重要部分,尤其是在竞争激烈的市场上,对服务质量的考虑,就成了消费者选购产品时主要的比较方向。个性化服务越来越受到企业家的重视。

(4) 地域差异。指生产企业和销售企业的地理位置不同。由于存在生产和销售的空间差异,一个产品在不同地方销售,可能在价格上也会出现较大的差异。所以,不同地方的消费者就可能面对不同的价格。

假设消费者在选购商品时所考虑的,包括了上述所讲的四个因素,那么,我们就说,产品的差别很大;如果消费者只考虑到其中一个或两个因素,可以认为,产品的差别程度属于中等;如果消费者只是稍稍地考虑到其中一个因素,而且对产品没有提出很高的要求,那么,产品的差别很小。根据消费者对产品的哪些方面会提出较为强烈的要求,可以判断这种产品存在哪些方面的差异。获得差别优势的企业,能够在市场上占有更大的空间和更强的支配价格的能力。

产品差异大小不仅决定企业间竞争的程度,也决定竞争的形式。差异大的产品,企业间的竞争更集中在非价格方面。而差异小的产品,消费者主要对价格作比较,所以,企业的竞争主要体现在价格竞争上。如钢材属于差别较小的产品,生产钢材的企业之间的竞争主要集中在价格方面,对他们来说,成本控制的水平是决定竞争成败的关键。

3. 产业市场的进入、退出条件

市场的进入障碍是指新企业进入市场的难易程度。

一般而言,进入障碍较高的产业,新进入的企业往往需要付出较高的投入,这个投入会转移到企业的成本中,使其平均成本较高。根据新企业的平均成本与产业链上原有企业的平均成本的比较,可以判断一个产业市场的进入难易程度。如果前者远高出后者,那么,这个产业存在较高的进入障碍;如果前者接近后者,我们就说,这个产业的进入障碍较低。

进入障碍对市场竞争的影响。不同的进入障碍,意味着不同程度的市场竞争。如果产业市场的进入障碍较高,新企业很难进入产业,即使原有企业在一定范围内提高价格,也不会吸引大量的新企业进入,竞争程度相对较低。如果产业市场的进入障碍较低,新企业比较容易进入市场,当原有企业提高价格的时候,新企业受高价格的吸引,大量涌入这个产业,与原有企业分享市场,竞争较为激烈。

一般地,规模经济、产品的差别程度、企业经营初期必须支付的绝对成本、技术专利费用以及政策法规等因素,是构成一个产业进入障碍的主要因素。企业可以根据进入障碍的形成因素来分析一个市场进入障碍的大小。

限制企业退出市场的因素——资本沉没的比重。

企业要退出一个产业市场时,可能会面对很多困难。企业退出市场时,在原有设备的处理上,它可能要采取变卖的手段。而变卖的价格往往低于设备进厂的价格,这就导致企业在退出市场的时候,损失了部分资本。此外,当企业转向生产或经营时,一般需要支付原有员工的遣散费。企业退出市场时所遭受的资本损失,我们称之为"沉没资本"。

如果一个产业市场的退出障碍较高,企业不愿意在损失较多的情况下强行退出产业,这类产业就会出现生产能力过剩,使竞争更为激烈,企业支配价格的能力也会明显弱化。

总之,无论是进入障碍,还是退出障碍,都直接影响产业市场上各企业之间的竞争强度和竞争内容。

4. 政府介入的程度和企业制度

政府介入是调控经济运行和弥补市场缺陷的重要手段。不同国家的政府介入经济的程度不同。在政府介入较多的产业市场上,企业之间的竞争相对较弱。例如,企业要想进入城市公用事业、军火生产等领域,往往受到政府管制措施的制约,这些行业的竞争性很低。政府介入程度较小的市场上,企业之间的竞争就较为激烈。

此外,企业制度也在影响着市场的竞争条件。一般地,国有企业高度集中的产业市场,由于受制度的限制,它们对竞争的反应不如其他所有制的企业灵活,因此大量存在国有企业的产业市场其竞争性较差,而以其他所有制的企业为主的产业市场的竞争较为激烈。

5. 厂商对价格控制能力

这种结构变量是由前两种变量中派生出来的。从卖者也就是企业的角度看,如果行业由为数众多的企业构成,且生产同质产品,企业间将展开充分的竞争。每个小企业会因为对价格没有控制能力而被称为"价格接受者";但如果某种产品仅由一家企业生产、销售,"独此一家、别无分店",该企业就能够左右市场价格,而被称为价格制定者。在现实经济中,大多数企业对价格的控制能力介于完全的价格接受者和价格制定者之间。

6. 交易者所得到的信息是否完全

消费者与生产者如果能获得市场上全部信息,叫信息的完全性。完全信息也是一个相当严格的条件,它要求买者与卖者对市场中所有与交易有关的信息完全了解,一般地,如果信息不完全,消费者不能清楚地了解商品的属性,生产者不能及时准确地了解需求、成本等信息,市场的竞争程度就会降低。

以上是决定市场结构的六个主要因素。我们可以通过对这些因素的分析,认识自身企业所处的产业市场的性质,采取相应的行为。

5.1.2 市场结构的类型及区别

一般地,按照上述的决定条件,根据市场的竞争或垄断程度,可以将现实中的市场大体分成四种市场结构类型,即完全竞争市场、完全垄断市场、垄断竞争市场和寡头垄断市场。

1. 完全竞争市场

完全竞争市场是市场结构中的一种极端状态,其主要特征是:市场中有大量的卖者与买者,商品是同质的,进入和退出是完全自由的,信息是完全的。类似的市场:农产品市场等。

2. 完全垄断市场

完全垄断是与完全竞争相对的另一种极端情形。在完全垄断市场中,只有唯一的卖者,而且其生产的商品没有相近的替代品,由于某些原因,完全垄断的市场进入通道被封锁,而信息是不完全的。类似的市场:铁路、邮政、军事工业、航天工业、煤气等行业所在市场。

3. 垄断竞争市场

垄断竞争市场比较接近于完全竞争,市场中有大量买者与卖者,市场的进入与退出也是完全自由的。但重要的不同在于,垄断竞争市场中商品是有差别的,有差别的商品可以由不同的企业生产,而有些企业也可能同时生产几种有差别的商品,但前一种情形更具有一般性。垄断竞争与完全竞争市场的另一个差别是,对垄断竞争市场的分析并不要求信息的完全性。类似的市场:零售业、服务业、服装业、纺织业、食品业、餐饮业等行业所在市场。

4. 寡头垄断市场

如果某类商品只有少数几家企业生产,而其他的企业要进入该市场相当困难,我们就可认为该市场是寡头垄断市场。在这种市场结构下,寡头企业生产的商品可以认为是同质的(如钢铁、原油),大多数情况下则是有差别的(如不同品牌的汽车等)。一般来说,寡头垄断市场中的信息是不完全的。类似市场:石油、航空、汽车、钢铁等行业所在市场。

完全垄断市场、寡头垄断市场和垄断竞争市场又被统称为非完全竞争(imperfect competition)市场,这是相对于完全竞争市场而言的。现实中,企业往往处在非完全竞争条件下。完全竞争(perfect competition)市场和完全垄断市场是两种较极端的情况。垄断竞争(monopolistic competition)市场和寡头垄断(oligopoly)市场在现实中更为普遍,其中垄断竞争市场更类似于完全竞争市场,而寡头垄断市场更接近于完全垄断市场。四种不同类型市场结构的特征比较如表 5-1 所示。

表 5-1 不同市场结构间的差别

市场结构类型	交易者数目(市场集中度)	产品差别程度	企业进入市场难易程度	政府介入的程度和企业制度	个别企业控制价格程度	信息完全性
完全竞争市场	很多(CR_n很小)	同质无差别	完全自由	无政府介入、民营企业	没有	完全信息
垄断竞争市场	很多(CR_n通常很小)	有差别	相当自由	无政府介入、民营企业	一些	不完全信息
寡头垄断市场	几个($CR_4>60\%$或$CR_3>50\%$)	同质或有些差别	难以进入和退出	有政府介入、国有企业	相当程度	不完全信息
完全垄断市场	一个($CR_1=100\%$)	没有替代品	不能进入	有政府介入、国有企业	很大,但受一定管制	不完全信息

5.1.3 不同市场结构厂商均衡分析的步骤

在不同的市场结构中,厂商需要经过三个步骤来确定自己的均衡,进而决定均衡产量和价格。这三个步骤是:

(1) 确定企业面临的需求曲线 d 和边际收益曲线 MR。

(2) 确定企业的成本曲线,特别是边际成本曲线 MC。

(3) 根据利润最大化原则(MR=MC),即均衡条件,确定使企业利润最大(或亏损最小)的均衡产量,再根据需求曲线确定相应的均衡价格。

5.2 完全竞争市场与企业决策

5.2.1 完全竞争市场的含义

完全竞争市场是指不存在任何阻碍和干扰的、没有外力控制的、不包含任何垄断因素的自由竞争市场结构。

完全竞争市场只是一种纯理论的模式,在现实生活中完全具备其特征的市场几乎是不存在的。我们更加经常地会观察到一些非完全竞争性质的市场特征。在现实生活中有一些近似这种市场结构,例如出租车市场和某些农产品市场。一家企业所面临的市场究竟是否近似于完全竞争的市场,实践中,判断的主要标准有两条:①是否有很多竞争对手?②能不能随意提价?

尽管完全竞争市场只是理想中的市场模型,但它在说明和预测现实的经济行为方面还是很有用的,是研究市场运行机制和其他市场结构的基础。在理论上,完全竞争市场的资源配置效率是最优的,从而也成为衡量现实世界中各种市场的效率的一种标尺。因此,研究完全竞争市场的理论十分重要。

5.2.2 完全竞争市场企业的需求曲线、价格和收益曲线

在完全竞争市场中,商品的价格是由行业需求曲线和行业供给曲线的交点决定的。如图 5-1 所示,行业需求曲线(D)是个别消费者需求曲线的加总,是向右下方倾斜的,它是生产该产品的所有企业所共同面临的需求曲线。行业供给曲线(S)则是个别企业供给曲线的加总,是向右上方倾斜的。行业的需求曲线(D)和供给曲线相交于 E 点,决定价格水平 P_0。

每个完全竞争企业被认为是一个价格的接受者,它改变销售量不会引起市场价格的变动。它只能按现行的市场价格销售它希望销售的全部数量,所以它没有必要降价;同时它也不能提价,因为产品完全同质,而且信息完备,它稍一提价,消费者就会转而购买其他企业的产品,自己产品的销售量便降为零。所以,在完全竞争条件下,企业不存在价格决策问题。单个企业的需求曲线是一条由行业供求决定的价格水平 P_0 出发的具有完全价格弹性的水平线,如图 5-2 所示。

第5章 市场结构与企业决策行为分析

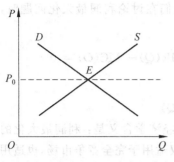

图 5-1 完全竞争市场的价格决定

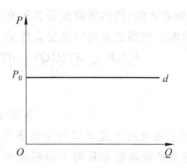

图 5-2 完全竞争市场企业的需求曲线

由于完全竞争企业面对既定的价格,企业的总收益 TR 等于商品的市场价格 P_0 乘以出售商品的数量 Q:

$$\text{TR} = R_0 Q \qquad (5.3)$$

P_0 是常数,因此总收益曲线 TR 是一条向右上方倾斜的直线,并且以 P_0 作为曲线的斜率,它只与售出商品的数量 Q 成正比,见图 5-3。

平均收益是 AR 企业出售商品后平均单位商品所获得的货币额,是销售总额除以所出售商品的数量。在完全竞争市场上,对企业而言,商品的市场价格不变,这样,平均收益就等于商品的市场价格:

$$\text{AR} = \text{TR}/Q = P_0 Q/Q = P_0 \qquad (5.4)$$

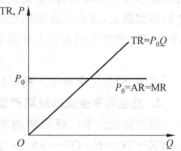

图 5-3 完全竞争市场企业的收益曲线

边际收益 MR(marginal revenue)是企业每增加销售一个单位商品所带来的总收益的增量。若商品是连续无限可分的,边际收益就成了总收益对销售量的导数:

$$\text{MR} = \Delta \text{TR}/\Delta Q = P_0 \Delta Q/\Delta Q = P_0 \quad \text{或} \quad \text{MR} = d\text{TR}/dQ = P_0 \qquad (5.5)$$

可见,边际收益也等于商品的市场价格。

由此,我们得到 $P_0 = \text{AR} = \text{MR}$ 这一完全竞争市场的显著特征。在图形上表现为企业的需求曲线(价格线)、平均收益曲线和边际收益曲线这三条线重合在一起,见图 5-3。

既然在完全竞争条件下价格是由市场决定的,企业能出售它想出售的任何数量的产品,那么它的产量是否是无限的呢?回答是否定的。我们需要进一步来研究企业的最优产量决策问题。

5.2.3 完全竞争市场企业的短期决策

短期内,企业的固定投入不变,企业规模来不及调整,但可以随需求状况的变动,在一定范围内调整可变投入以改变产量,使得利润最大或亏损最小。

1. 企业利润的最大化及厂商短期均衡条件

企业的利润等于企业的总收益减去企业的总成本,即

$$\pi(Q) = \text{TR}(Q) - \text{TC}(Q) \qquad (5.6)$$

这里的总成本包含了正常利润在内,因此利润是指超过正常利润的超额利润,又称为经济利润。这意味着当超额利润为零时,企业生产所使用的各种生产要素(土地、资本、劳

动力、经营者才能)仍然能够获得其正常的报酬。我们在讨论利润最大化问题时,利润均指超额利润。利润最大化的必要条件是

$$\frac{d\pi(Q)}{dQ} = \frac{dTR(Q)}{dQ} - \frac{dTC(Q)}{dQ} = MR(Q) - MC(Q) = 0$$

即

$$MR(Q) = MC(Q) \tag{5.7}$$

对于上面这两个式子读者应该非常熟悉了,其经济学含义是:利润最大化的必要条件可表达为边际收益 MR 等于边际成本 MC,这不仅适用于完全竞争市场,也适用于其他类型的市场。企业在决定产量时,为求得利润最大,总是同时考虑增加产量能增加的收益和成本,即边际收益和边际成本。只要边际收益大于边际成本,企业就会增加生产;如果边际成本大于边际收益,企业就会减少生产,直到边际收益和边际成本相等为止。此时企业的利润最大,或者亏损达到最小。在完全竞争市场中,价格 P_0 是既定的常数,且 $P_0 = AR = MR$,所以其利润最大化的必要条件为

$$P_0 = AR = MR = SMC \tag{5.8}$$

式(5.8)为完全竞争厂商短期的均衡条件,也是短期最优产量的决定条件。

2. 完全竞争企业的短期产量决策

根据完全竞争厂商短期的均衡条件 $P_0 = AR = MR = SMC$ 决定最优产量后,利润 $\pi = TR - TC = P \cdot Q^* - SAC \cdot Q^* = (P - SAC) \cdot Q^*$,可得知厂商短期均衡时是盈利还是亏损,取决于市场价格和均衡时的平均成本,存在以下三种情况:

(1) 当 $P > SAC$ 时,$\pi > 0$ 有超额利润;

(2) 当 $P = SAC$ 时,$\pi = 0$ 盈亏相抵;

(3) 当 $P < SAC$ 时,$\pi < 0$ 有最小亏损。

① 当 $AVC \leqslant P < SAC$ 时,亏损 $\pi < TFC$,企业继续生产;

② 当 $P < AVC$ 时,亏损 $\pi > TFC$,企业停止生产。

下面我们用图 5-4(a)和图 5-4(b)来说明完全竞争企业的短期产量决策。

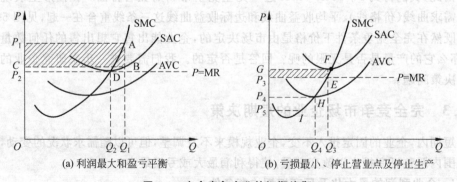

(a) 利润最大和盈亏平衡　　　　　(b) 亏损最小、停止营业点及停止生产

图 5-4　完全竞争企业的短期均衡

(1) 企业获得超额利润。如图 5-4(a)所示,当行业供求决定的市场价格为 P_1 时,企业根据 $P_1 = MR = SMC$ 找到均衡点 A,确定相应的均衡产量为 Q_1。如果产量 $Q > Q_1$,则 $SMC > MR$,企业减少生产会增加利润;如果产量 $Q < Q_1$,则 $MR > SMC$,企业扩大生产会

增加利润,最终使得企业短期均衡产量确定在 Q_1。矩形 P_1AQ_1O 的面积代表企业的总收益 $TR=P_1 \cdot Q_1$,矩形 CBQ_1O 的面积代表企业的总成本 $TC=SAC \cdot Q_1$,企业可获得的超额利润 $TR-TC$ 就表现为矩形 P_1ABC 的面积,超额利润 $\pi=Q_1 \cdot (P_1-SAC)$,如图中阴影部分所示。这时由于 $P_1 > SAC$,企业能获得超额利润。

(2) 企业获得正常利润。在图 5-4(a)中,若市场价格降为 P_2,MR 与 SMC 交于 SAC 的最低点 D,D 点决定了企业的产量为 Q_2。在 D 点,$P_2=SAC$,$TR=TC=$ 矩形 P_2DQ_2O 的面积,因此 $\pi=0$,企业收支相抵,既无盈利也无亏损。SAC 的最低点 D 被称为盈亏平衡点。此时,企业获得正常利润,超额利润为零,企业如果在其他点生产,都会出现亏损。

(3) 企业的短期亏损最小。如果市场价格进一步降低到图 5-4(b)所示的 P_3 时,MR 与 SMC 的交点 E 位于平均成本曲线最低点和平均可变成本曲线最低点之间,即 $AVC < P_3 < SAC$,这时企业会出现亏损,亏损额 $\pi=Q_3 \cdot (SAC-P_3)$,为图中矩形 P_3EFG 的面积。这意味着企业虽然收不回全部成本,但能收回全部可变成本和一部分固定成本,相对于企业停产,要亏损全部固定成本,亏损要小。因此,当 $P_3 > AVC$,亏损额 $\pi < TFC = Q_3 \cdot (SAC-AVC)$ 时,企业在短期还是应当继续经营下去,并按 $MR=SMC$ 原则确定产量,使亏损最小。

(4) 企业的停止营业点。倘若市场价格再进一步下降到图 5-4(b)所示的 P_4,MR 与 SMC 相交于平均可变成本的最低点 H,H 点决定了企业的产量 Q_4,这时 P_4 恰好等于平均可变成本 AVC。$TR=P_4Q_4=TVC$,企业刚好回收全部可变成本,平均可变成本曲线最低点 H 成为短期停止营业点(shut-down point),它的意义是当市场价格 P 高于停止营业点对应的价格水平 P_4 时,企业短期仍可以继续生产,当低于停止营业点对应的价格水平 P_4 时,企业就要停止生产。因为在短期里厂商无论生产还是不生产,固定成本都是要支付的,只要价格高于可变成本,厂商生产就是有利的。这时生产不仅能收回全部的可变成本,还能够补偿一部分固定成本,可以减少损失,若厂商不生产,将损失全部的固定成本。

(5) 企业停止生产。假如市场价格还在下降,下降到图 5-4(b)所示的 P_5,MR 与 SMC 的交点时,已低于平均可变成本。这时,企业不仅不能收回固定成本,而且还要损失部分可变成本,而企业不生产也不过是损失固定成本,所以理性的企业绝不会在这个范围内进行生产,因为越生产亏损就越大。

由此可以得出完全竞争厂商短期均衡要点:

是否生产,取决于 $P \geqslant AVC_{min}$;

是否最优,取决于 $P=SMC$;

是否盈亏,取决于 $P > SAC_{min}$。

5.2.4 完全竞争企业和行业的短期供给曲线

1. 完全竞争企业的短期供给曲线

供给曲线是表示产品价格与供给量之间关系的曲线。它是说在每一给定的价格下,企业愿意生产多少产品供给市场。由于在完全竞争市场上,$P=MR=SMC$ 时企业均衡,所以 SMC 曲线即完全竞争企业的短期供给曲线,符合供给曲线的定义,但是这个供给曲线只有大于 AVC 才有效,否则如果价格出现在 AVC 最低点的下方,企业就会停止生产。当边际成本大于 AVC 时,给定价格 P_1 就会产生一个企业产量 Q_1,给定价格 P_2,就会产生产量 Q_2,这说明 SMC 具有供给曲线的特征。SMC 在 AVC 以下的部分企业处于停止营业的状态,此区域的供给是无效的。所以,完全竞争企业的短期供给曲线就是企业的边际成本曲线(SMC)位于平均可变成本曲线(AVC)最低点及最低点以上的部分。图 5.5 左图中的边际成本曲线(SMC)实线部分即是图 5-5 右图中的完全竞争企业短期供给曲线。

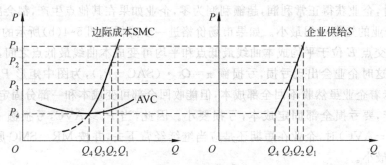

图 5-5　某企业的短期供给曲线

2. 行业的短期供给曲线

就某一行业的全体企业而言,行业的供给量是该行业每个企业的供给量加总而成,既然在完全竞争市场条件下,企业的短期供给曲线与 SMC 曲线位于 AVC 最低点以上的部分重叠,在价格不变情况下,将行业内所有企业的 SMC 曲线与市场价格相对应的数量水平加总,即可得到该行业的供给曲线或市场的供给曲线。

如图 5-6 所示,假设某行业由三家企业组成,其市场供给曲线分别为 S_A、S_B 和 S_C,且它们在市场价格低于 1 时,供给量都为 0,当市场价格大于等于 1 时,则市场的供给曲线 $S=S_A+S_B+S_C$。当市场价格为 1 时,三家企业的产量分别为 3、5、11,相加后得到的总产量为 19;当市场价格为 3 时,三个企业的产量分别为 6、11、16,相加后得到的总产量为 33,以此类推,可以将整个行业的供给曲线画出来。需要指出的是,三家企业不能构成完全竞争市场所需要的众多数量,我们这里只是为分析方便,用于说明众多企业对形成市场总供给的作用。当是 n 家企业的情形时,对应于价格 P 的市场供给量为这 n 个企业的供给量之和,即 $Q+Q_1+Q_2+\cdots+Q_n$。

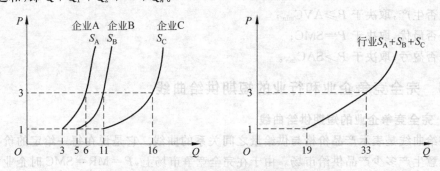

图 5-6　完全竞争市场中行业的短期供给曲线

【例 5-1】 设某完全竞争产品市场有 100 个相同的企业,每个企业的总成本函数为 $STC=30q+q^2+300$,求市场供给函数。

解:企业边际成本函数为 $SMC=30+2q$,由于是完全竞争市场,所以 $P=SMC$,即 $P=30+2q$,企业平均可变成本函数为 $AVC=30+q$,当 $q=0$ 时,AVC 达到最低点,即停止营业点,因此得 $AVC_{min}=30$。

所以,每个企业的短期供给曲线为:$P=30+2q_i$,$q_i=15+0.5P(P\geqslant 30)$

市场的供给函数为:$Q=100q_i=1\,500+50P(P\geqslant 30)$

5.2.5 生产者剩余

生产者剩余(producer surplus)指企业在提供一定数量的某种产品时实际接受的总价格与愿意接受的最小总价格之间的差额。企业从事生产或经营总是要追求利润最大化,而保证利润最大化的条件就是要使 $MR=SMC$,只要 $MR>SMC$,企业就是有利的。由于在完全竞争市场里,$MR=P$,因此只要价格 P 高于边际成本 SMC,企业进行生产就可以得到生产者剩余。此时企业实际接受的总价格就是价格线以下的总收益,而企业愿意接受的最小总价格便是边际成本线以下的总边际成本。用图形来表示,价格直线和边际成本曲线所围成的面积即为生产者剩余,如图 5-7(a)中阴影部分的面积。用公式表示即为

$$PS = P_0Q_0 - \int_0^{Q_0} f(Q)dQ \tag{5.7}$$

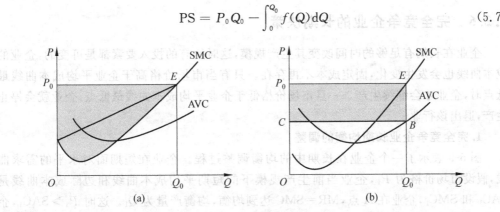

图 5-7 厂商的生产者剩余

在短期中,生产者剩余还可以用厂商的总收益与总可变成本的差额来衡量。因为在短期中,企业的固定成本是无法改变的,总边际成本之和必然等于总可变成本。当产量为 1 时,可变成本即是边际成本,即发 $VC(1)=SMC(1)$,当产量为 2 时,$VC(2)=SMC(1)+SMC(2)$,依此类推,$VC(Q_0)=SMC(1)+SMC(2)+\cdots+SMC(Q_0)$。表明可变成本可以用边际成本曲线与横轴之间的面积来表示,等于 $\int_0^{Q_0} f(Q)dQ$,又因为 $VC(Q_0)=AVC(Q_0)\cdot Q_0$,为图 5-7(b) $OCBQ_0$ 的面积,即有 $\int_0^{Q_0} f(Q)dQ=OCBQ_0$ 的面积,所以图 5-7(b)中阴影矩形 CP_0EB 的面积便是生产者剩余,它等于总收益减去总可变成本。

生产者剩余与利润密切相关,但两者不相等。生产者剩余等于总收益减去可变成本,

而利润等于总收益减去总成本(包括可变成本与固定成本),即

生产者剩余

$$PS = TR - VC \tag{5.10}$$

利润

$$\pi = TR - VC - FC \tag{5.11}$$

这意味着在短期中,当固定成本为正时,生产者剩余大于利润。

企业享有生产者剩余的范围取决于他们的生产成本。成本较高企业享有的生产者剩余较少,而成本较低的企业享有较多的生产者剩余。将所有的私人企业的生产者剩余加总起来就是市场的生产者剩余,如图 5-8 中阴影部分的面积。

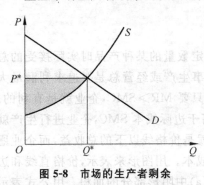

图 5-8 市场的生产者剩余

在图 5-8 中,市场供给曲线始于纵轴上代表市场成本最低企业的平均可变成本的那一点,生产者剩余也就是在产量 $O \sim Q^*$ 之间位于产品市场价格以下和供给曲线以上的那部分面积。

在以后的内容中我们将会看到,生产者剩余与消费者剩余这两个概念结合在一起,是分析经济效率和社会福利的十分有用的工具。

5.2.6 完全竞争企业的长期决策

企业在长期有足够的时间改变其生产规模,这时所有的投入要素都是可变的,企业的成本曲线也会发生变化,固定成本不再存在。只有当市场价格高于企业平均成本曲线最低点时,企业才会继续生产。一旦市场价格低于企业平均成本曲线最低点,企业就会停止生产,退出该行业。

1. 完全竞争企业长期均衡的调整

图 5-9 表示了一个企业在长期中的均衡调整过程。企业在短期面对水平的需求曲线,假设市场价格为 P_1,企业当前生产规模下的短期平均成本曲线和边际成本曲线是 SAC_1 和 SMC_1,企业在 A 点,MR=SMC 达到均衡,均衡产量为 Q_1。这时 $P_1 > SAC_1$,企业能获得经济利润,图中用矩形 $ABCD$ 的面积表示。然而这个企业规模并不理想,因为此时 $SAC_1 > LAC$,说明企业只要扩大规模,就能享受规模经济的好处,降低成本。企业认为市场价格将保持在 P_1,所以它将扩大企业规模,使得 LMC=MR=P_1,这时企业的短期边际成本曲线和短期平均成本分别移动到 SMC_2 和 SAC_2,并且 P_1 = MR = SMC_2 = LMC,SAC_2 = LAC,均衡产量为 Q_2。这一规模的调整使得企业获得的经济利润由 $ABCD$ 扩大到 $EFGD$。当产量大于 Q_2 时,边际成本将大于边际收益,企业的利润会减少。因此,完全竞争企业要在长期获得最大利润,要满足

$$P = AR = MR = LMC \tag{5.12a}$$

完全竞争企业要实现规模最优,又要满足

$$SAC = LAC \tag{5.12b}$$

以上是单个企业为实现最大利润而做出的规模调整,实际上在完全竞争市场中其他企业

也会相应做出规模调整,并且由于企业可以自由进入和退出该市场,企业最终规模的确定取决于市场的长期均衡。

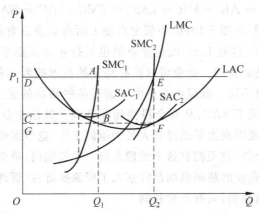

图 5-9　完全竞争企业长期均衡的调整过程

2. 完全竞争企业的长期均衡

假如市场中所有企业都可获得超额利润,都扩大规模,同时其他企业纷纷进入该市场,使产量进一步增加,结果势必造成市场供给曲线向右移动,市场价格下降。在新的价格面前,企业又会根据 $P=AR=MR=LMC$ 的原则调整生产规模。如果这时仍有超额利润,市场供给还会增加,价格也继续下降。如果出现了亏损,有一部分企业就会退出该行业,整个市场供给就会减少,价格又会上升。这样不断调整的结果是出现零利润的长期均衡。由于企业取得了正常利润,就不存在退出该行业的压力,由于没有超额利润,也就没有吸引其他企业进入市场的动因,这样就形成了企业和整个市场的长期均衡。

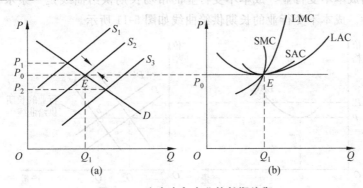

图 5-10　完全竞争企业的长期均衡

在图 5-10 中,如果最初市场价格是 P_1,企业可以得到超额利润。正如我们前面分析的,企业会扩大生产规模,并且新的企业会加入该行业,促使市场供给曲线由 S_1 右移直至 S_2,相应地,价格由 P_1 降到 P_0[见图 5-10(a)]。如果价格由 P_1 降到 P_2,企业会出现亏损,企业会收缩生产规模,一部分企业退出该行业,价格又回升到 P_0,E 点就是企业和行业的长期均衡点。对于单个企业而言,E 点满足 $P_0=AR=MR=LMC=SMC=LAC=SAC$[见图 5-10(b)],这时价格等于短期和长期平均成本最低点,经济利润为零;同时价

格也等于短期和长期边际成本,企业获得了最大的利润。所以完全竞争企业的长期均衡条件是

$$P = AR = MR = LMC = SMC = AC = SAC \tag{5.13}$$

为了简化起见,我们在图 5-10(b)中假定市场上所有企业具有相同的成本曲线,其成本曲线都如图上的 SAC,这时 LAC 既是企业的也是行业的长期平均成本曲线。这一假定对于达到均衡并不是必要的。企业可以拥有特定的技术或者某种稀缺的资源,这都会使企业的成本函数有所不同。低成本企业由于拥有某些稀缺的要素,例如较高的管理水平,使其平均成本曲线低于 SAC,从而会得到超额利润。其他企业看到低成本企业获得大量的超额利润,就会雇用高水平的经理人员为他们工作,竞争促使企业愿意为高质量的生产要素支付更高的价格,直至拥有这个经理人员。在长期内,单个企业差异的利润优势也因此而消失,短期内企业的超额利润最终落入了资源所有者(管理者)手中,这就导致了企业在长期内没有超额利润,只有正常利润。

5.2.7 行业的长期供给曲线

在完全竞争条件下,行业的长期供给曲线又可分为成本固定不变行业的长期供给曲线、成本递增行业的长期供给曲线和成本递减行业的长期供给曲线三种。

1. 成本固定不变行业的长期供给曲线(constant cost industry)

成本不变行业是指行业内企业的平均成本不因行业供应量的变化而变化。即当行业供给量增加,从而对原料的需求量也增加时,因该行业所用原材料(或其他投入要素)在这种原材料总用途中所占比重很小,因此,对原材料需求量的增加,不影响原材料的价格,要素增加则单位产品的成本不随产量扩大而变化,从而企业的长期平均成本 LAC 不变。这样的行业叫成本不变行业。成本不变行业的市场长期供给曲线是一条水平线,具有完全的价格弹性。成本不变行业的长期供给曲线如图 5-11 所示。

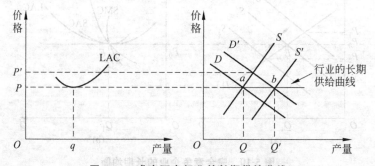

图 5-11 成本不变行业的长期供给曲线

图 5-11 中,q 和 Q 分别为原长期均衡时企业和行业的产量;D 为原市场需求曲线;S 为原市场供给曲线;OP 为均衡价格;LAC 为长期平均成本曲线。如果市场上需求增加,需求曲线从 D 移向 D'。此时,从短期看,价格就会提高到 P',但从长期看,只要价格高于平均成本,有经济利润,新企业就会进入该行业,使供给曲线 S 向右移动。由于该行业是成本不变行业,行业供给增加,平均成本仍保持不变,所以 S 移动到 S',使价格又回到 P,即平均成本最低点,此时这个行业又处于新的长期均衡状态。这样,如果 D 与 S 的

交点为 a，D' 与 S' 的交点为 b，那么连接 a、b 的直线就是成本不变行业的长期供给曲线。它反映了价格与行业供给量之间的长期关系，在图 5-11 中，$Q'-Q$ 即超产部分，由新企业承担，单个企业的供给量不变。从长期看，市场价格始终是 P，不变。如果需求增加，供给量可无限扩大。

2. 成本递增行业的长期供给曲线（increasing-cost industry）

如果随着行业供给的增加，会引起原材料价格的上涨，这时企业的长期平均成本 LAC 就会提高，这种行业叫成本递增行业。在图 5-12 中，企业产量 q 和行业供给量 Q 处于原长期均衡状态。D 为原需求曲线；S 为原供给曲线；OP 为原均衡价格；原长期成本曲线为 LAC。现假定需求曲线从 D 移向 D'，这时价格就会提高，企业就能得到经济利润，新企业就会进入，使供给曲线 S 向右移动。由于企业数目增多，该行业就需要更多原材料和其他投入资源，原材料就会涨价，成本就会提高，企业的长期平均成本 LAC 就会上移，企业经济利润就会减少。当供给曲线 S 右移到 S'，长期平均成本 LAC 上移到 LAC′，新的价格 P' 恰好等于新的成本曲线 LAC′ 的最低点，这时企业又处于长期均衡状态。这时的均衡价格为 OP'。这样，如果 D 与 S 的交点为 a，D' 与 S' 的交点为 b，那么连接 a、b 的直线就是成本递增行业的长期供给曲线。这是一条斜率为正值的曲线，它意味要增加行业产量就要提高产品价格。现实中经常会看到行业产出增加抬高了原材料的价格，从而提高了企业的生产成本，这种情况为"外部不经济"。

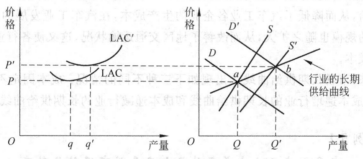

图 5-12　成本递增行业的长期供给曲线

3. 成本递减行业的长期供给曲线（decreasing cost industry）

如果在长期一个行业供给增加后会使各企业的生产成本下降，则该行业称为成本递减行业。这种情形与成本递增行业类似，只是在这样的行业中，生产规模的扩大将导致要素成本的下降，使企业的平均成本曲线向下方移动。在图 5-13 中，企业产量 q 和行业供给量 Q 处于原长期均衡状态。D 为原需求曲线，S 为原供给曲线，OP 为原均衡价格，原长期成本曲线为 LAC。现假定需求曲线从 D 移向 D'，这时价格就会提高，企业就能得到经济利润，引起原有企业产出的增加和新企业的进入，使供给曲线 S 向右移动。由于企业数目增多，该行业就需要更多原材料，促使原材料生产行业规模扩大，生产成本降低。这样企业所需的原材料就会降价，成本就会降低，企业的长期平均成本 LAC 就会下移，企业经济利润就会增多，又会引起原有企业产出的增加和新企业的进入。当供给曲线 S 右移到 S'，长期平均成本曲线 LAC 下移到 LAC′，新的价格 P' 恰好等于新的成本曲线 LAC′ 的最低点，这时企业又处于长期均衡状态。这时的均衡价格为 OP'。这样，如果

D 与 S 的交点为 a，D' 与 S' 的交点为 b，那么连接 a、b 的直线就是成本递减行业的长期供给曲线。这是一条斜率为负值的向下倾斜的曲线，它意味着行业产量的增加，产品价格会下降。这种情况为"外部经济"。

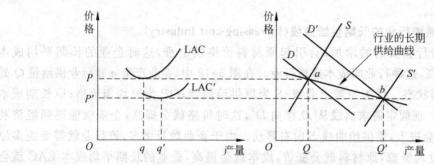

图 5-13 成本递减行业的长期供给曲线

由于行业供给增加而成本随之降低的主要原因是外部经济。外部经济也称行业经济（industry economy），指的是整个行业扩大所带来的企业成本曲线整体下移。一般认为，外部经济的来源可以分为两个方面：一方面是投入要素价格降低，要素的劳动生产率提高；另一方面是外部各种经济环境条件改善，比如说汽车工业迅速发展时，对轮胎的需求剧增，伴随轮胎加工和橡胶工业的大规模发展，以及相应制造技术的完善，将形成质优价廉的轮胎供给，从而降低了汽车工业各企业的生产成本，在汽车工业发展的同时，某一地区其他行业的规模也随之扩大，从而改善了地区交通运输状况，这又使各行业内的企业都能降低运输成本。

归纳起来，市场长期供给曲线会出现如下三种不同的情况：成本固定不变行业的长期供给曲线、成本递增行业的长期供给曲线和成本递减行业的长期供给曲线。

阅读案例 5-1

中国电力工业由垄断结构向竞争性市场结构转变

电力工业是保证国民经济实现可持续增长的重要基础产业，由于电力产品的产销瞬时与不可存储的特点，以及其网络供给与资本密集的要求，自电力工业诞生以来，各国均按照规模经济的理论采取发电、输电与配售电垂直一体化的垄断体制。随着经济的发展和社会进步，无论是东方还是西方，也无论是计划经济还是市场经济，电力工业的垄断体制都受到了越来越大的挑战。这种挑战一方面来自于电力用户对降低电价和提高服务质量的要求，另一方面也来自于政府和所有者提高效率的要求。因此，传统的垄断体制被逐步列入改革议程，电力体制改革就像其他传统的行业如银行、保险、民航、电信、铁路、石化一样，面临的改革之路是：从自然垄断到有序竞争，通过行业重组与分拆，引入竞争的机制和规范的监管制度来达到提高效率、降低价格、改善服务的目的。

2012 年 6 月 28 日，国家电监会发布《电力监管年度报告（2011）》（以下简称《报告》）。《报告》显示，2011 年，我国电力工业继续保持快速增长势头，转变发展方式进展明显，安全生产形势基本稳定，市场秩序良好，节能减排取得明显成效，完成了各项目标任务，为国民经济和社会发展做出了应有的贡献。电监会将坚持依法依规、公平公正、服务大局、监管为民,突出抓好"六项重大监管",务实推进"三项改革任务",切实做好"四项监管服务",继续努力促进电力工业科学发展,以优异成绩迎接党的十八大胜利召开。

据《报告》分析,2011年,我国电力工业在新的起点上实现了又好又快发展,发电量和电网规模已居世界第一位。转变发展方式进展明显,电源结构逐步优化,水电装机2.3亿千瓦,年发电量6 900亿千瓦·时,风电并网运行规模超4 500万千瓦,均居世界第一。技术装备水平显著提高,在大型空冷机组、循环流化床机组应用等方面取得国际领先地位。电力节能降耗成效明显,火电供电煤耗为330克/千瓦·时,较2005年下降11%,达到世界先进水平。电力体制改革迈出重要步伐,中国电建、中国能建组建完成,电网企业主辅分离取得实质性进展。《报告》也反映了电力工业发展过程中存在的一些问题,尤其是由于近年来煤炭价格攀升,加之财务成本增多,导致发电经营困难。2011年,五大发电集团电力业务合计亏损151.17亿元,全国火电投资下降26%。

《报告》显示,截至2011年年底,全国累计颁发发电企业许可证20 299家(装机容量6 000千瓦以上累计实际颁发5 093家);1 000千瓦以下小水电豁免8 365家,符合条件的企业已基本普及持证。

截至2011年年底,全国38家输电企业获得了电力监管机构颁发的输电类电力业务许可证。全国累计颁发供电企业许可证2 977家(约占全国企业总数98%),除部分偏远地区及少数供电营业区存有争议的企业外,基本实现了持证经营。完善发电机组进入及退出商业运营确认制度,出台了《发电机组进入及退出商业运营管理办法》,初步建立了退出机制。2011年,在承装(修、试)电力设施及电工进网作业许可管理方面,电监会各派出机构共查处了36起违反许可制度的典型案件。

资料来源:电监会网站,http://www.law-lib.com,2012-6-28 10:12:25.

5.3 完全垄断市场与企业决策

完全垄断市场是与完全竞争市场相对立的另一种极端的市场结构,又称独占。完全垄断市场包括卖方垄断和买方垄断两种情况,前者是指市场上只有一个卖方,但有许多买方;后者是指市场上只有一个买方,而有许多的卖方。本节将仅分析卖方垄断的情况。

5.3.1 完全垄断市场的含义及成因

1. 完全垄断市场的含义

完全垄断市场是指整个市场只有唯一生产者的市场结构。整个市场完全处于一家企业所控制的状态。

完全垄断市场的特征主要有:

1) 整个市场只有一个生产者。由于完全垄断企业是市场唯一的生产者,企业的供给就是行业的供给,它可以自行决定其产品的产量和销售价格,并因此使自己利润最大化。因此与完全竞争企业不同,完全垄断企业是价格的制定者。

2) 产品没有替代品。完全垄断企业的产品没有近似的替代品,即其产品的交叉价格弹性为0,因此消费者不可能购买到性能等方面相似的替代品,只能购买垄断企业的产品。

3) 存在进入壁垒。其他企业进入这一市场非常困难,会面临专利、技术、资源、成本及政策法律等方面的障碍,即使进入该市场也很难站稳脚跟,从而完全排除了竞争。

现实经济中,完全具备这三个特征的市场是不存在的。通常认为,公用事业近似于完全垄断市场。

2. 完全垄断市场的成因

完全垄断市场形成的原因是多种多样的,主要有以下五个方面:

1) 政府特许

政府出于某种特殊需要,通过特许经营,给予某些企业或部门独家经营某种产品或劳务的权利。这种独家经营的权利是一种排他性的独有权利,是国家运用行政和法律的手段赋予并进行保护的权利,使独家经营企业不受潜在新进入者的竞争威胁,从而形成合法的垄断。

政府特许主要是基于三个方面的考虑,一是基于某种福利需要的考虑,例如盐;二是基于保证国家安全的考虑,例如各种武器、弹药的生产;三是基于国家财政和税收收入的考虑,国家对某些利润丰厚的商品进行垄断经营,例如烟草等。

2) 发明专利

某项产品、技术或劳务的发明者拥有专利权以后,在专利保护的有效期内形成了对这种产品、技术和劳务的垄断,其他任何生产者都不得进行这种产品、技术和劳务的生产与使用,或模仿这些发明进行生产。许多跨国公司都是依靠其拥有的独特的技术和知识产权来形成对市场的垄断,例如微软公司拥有 Windows 操作系统设计的专利、辉瑞公司拥有抗艾滋病药物的专利以及丰田公司拥有混合动力汽车的专利等。

3) 资源独占

当生产者拥有并且控制了生产所必需的某种资源的供给时,限制或阻止了其他生产者的进入,可以有效地阻止竞争,从而形成了对这些资源和产品的完全垄断。例如世界80%钻石资源一度都被南非的德比尔斯公司控制,加拿大国际镍公司有一段时间控制了近90%的世界已知的镍矿储藏量等等。

阅读案例 5-2

钻石恒久远,一颗永流传

产生于一种关键资源所有权垄断的典型例子是南非的钻石公司德比尔。德比尔控制了世界钻石生产的80%左右。虽然这家企业的市场份额不是100%,但它也大到足以对世界钻石价格产生重大影响。

德比尔拥有多大的市场势力呢?答案大部分取决于有没有这种产品的相近替代品。如果人们认为翡翠、红宝石和蓝宝石都是钻石的良好替代品,那么,德比尔的市场势力就较小了。在这种情况下,德比尔任何一种想提高钻石价格的努力都会使人们转向其他宝石。但是,如果人们认为这些其他石头都与钻石非常不同,那么,德比尔就可以在相当大程度上影响自己产品的价格。德比尔支付了大量广告费。乍一看,这种决策似乎有点奇怪。如果垄断者是一种产品的唯一卖者,为什么它还需要广告呢?德比尔广告的一个目的是在消费者心目中把钻石与其他宝石区分开来。当德比尔的口号告诉你"钻石恒久远，一颗永流传"时，你马上会想到翡翠、红宝石和蓝宝石并不是这样。而且，要注意的是，这个口号适用于所有钻石，而不仅仅是德比尔的钻石——德比尔垄断地位的象征。如果广告是成功的，消费者就将认为钻石是独特的，不是许多宝石中的一种，而且，这种感觉就使德比尔有更大的市场势力。

资料来源：毛蕴诗，张颖.管理经济学理论与案例[M].北京：机械工业出版社，2012：198.

4）规模经济

某些行业只有投入大量的资金，企业具有了进行大规模生产的能力和优势，才可能使生产成本降下来，即存在明显的规模经济。这个行业只需要一个企业进行生产就能满足整个市场的产品供给。在这种情况下，如果某个企业凭借雄厚的经济实力和其他优势，达到这一生产规模，该企业就能够以低于其他企业的生产成本向市场提供全部供给。那么这个企业就可能垄断整个行业的生产和销售。这种由于规模经济形成的垄断也称为自然垄断。如市政自来水公司，在一座城市里，若有几家自来水公司同时提供产品和服务，同时在地下铺设自来水管道，虽然消费者有了不同选择的机会，但会带来资源的极大浪费。而如果只有一个企业来提供产品和服务，则具有经济性。几乎所有的市政产品和服务都属于这种情况。

5）品牌锁定

亦称消费者锁定，有些企业建立起消费者对其产品的忠诚度，消费者对其产品有特定的偏好，消费者会锁定某品牌的产品而不愿购买其他品牌的产品，那么该企业可以通过消费者的忠诚度和偏好维持垄断。企业的品牌锁定能够创造很强的进入壁垒，使新的竞争者的进入十分困难。如苹果公司的产品拥有众多的粉丝，每当新产品上市，都会有很多消费者不惜彻夜排队去购买。微软和可口可乐也都是典型的品牌锁定而形成垄断的例子。

5.3.2 完全垄断企业面临的需求曲线和收益曲线

1. 需求曲线

因为完全垄断市场只有一个企业，所以完全垄断企业面临的需求曲线就是市场的需求曲线。这与完全竞争市场是不同的。完全垄断企业的需求曲线是一条向右下方倾斜的曲线，如图5-14所示。销售量与价格呈反向变动，表明完全垄断企业可以通过改变销售量来控制市场价格，即减少销售量来提高市场价格，增加销售量来降低价格。

凡是带有垄断因素的不完全竞争市场中，包括后面将要介绍的垄断竞争市场和寡头垄断市场，单个企业的需求曲线向右下方倾斜，不存在垄断企业的供给曲线，因为垄断条件下，产品价格和供给量之间不存在唯一的一一对应的关系。

2. 收益曲线

在完全垄断市场上，平均收益曲线 AR 与需求曲线是重合的，即 $AR=D=P$，这一点与完全竞争市场相同。与完全竞争市场不同的是，垄断企业的边际收益曲线 MR 与平均收益曲线 AR 是分离的，边际收益曲线 MR 位于平均收益曲线 AR 的下方，而且比平均收益曲线 AR 陡峭。如图5-15所示。当完全垄断企业多生产一单位产品时，就必须降低其所销售产品的价格，而价格的下降会使其已经卖出的产品收益减少，结果完全垄断企业的边际收益小于其价格和平均收益。

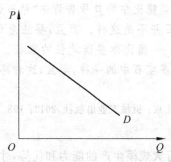
图 5-14 完全垄断企业的需求曲线

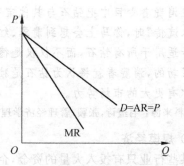
图 5-15 完全垄断企业的收益曲线

5.3.3 完全垄断企业的短期决策

虽然垄断企业是市场价格的制定者,但并不是说价格想定多高就能定多高。企业决策的目标不是价格高,也不是收益大,而是利润最大化。因此在完全垄断市场企业决策仍然要遵循边际收益等于边际成本这个利润最大化的基本原则。垄断企业根据边际收益 MR 等于边际成本 MC 这一均衡条件来决定产量,产量决定后,再依据其需求曲线来决定产品的价格。

和完全竞争市场一样,短期内,垄断企业对产量的调整也要受到限制,因为产量的调整同样要受到固定生产要素(厂房、设备等)无法调整的限制,因此,垄断企业在既定的生产规模下通过调整产量和价格,来实现短期均衡条件 MR=SMC,存在三种获利情况。

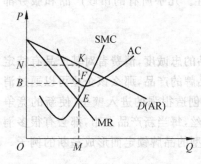
图 5-16 完全垄断企业的短期均衡(1)

获得超额利润的情况,如图 5-16 所示。当 MR=SMC 时,决定了产量为 OM,依据需求曲线,决定市场价格为 ON。此时,垄断企业总收入为矩形 $ONKM$ 的面积,生产总成本为矩形 $OBFM$ 的面积。由此得出,利润为总收入与总成本的差,即矩形 $BNKF$ 的面积。此时垄断企业会获得超额利润。

收支相抵的情况,如图 5-17 所示。依据 MR=SMC,决定了产量为 OM,再根据需求曲线,决定市场价格为 ON。此时,由于平均成本曲线 AC 与平均收益曲线 AR 相切,切点为 K,所以总收入和生产总成本均为矩形 $ONKM$ 的面积,即处于收支相抵的状态,因此利润为零。此时,垄断企业收支相抵,获得的是正常利润。

亏损的情况,如图 5-18 所示。当 MR=SMC 时,决定了产量为 OM,依据需求曲线,决定市场价格为 OB。此时,垄断企业总收入为矩形 $OBKM$ 的面积,生产总成本为矩形 $ONFM$ 的面积。由于总收入小于总成本,所以垄断企业会有亏损,大小为矩形 $BNFK$ 的面积。

产品价格虽然低于短期平均成本,但只要高于平均可变成本,垄断企业虽然会有亏损,但短期内仍将继续生产。但如果产品价格低于平均可变成本,那么企业将停止生产,以使亏损降至最低。

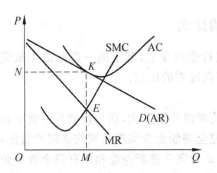
图 5-17 完全垄断企业的短期均衡(2)

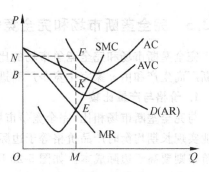
图 5-18 完全垄断企业的短期均衡(3)

5.3.4 完全垄断企业的长期决策

短期内,完全垄断企业会和完全竞争企业一样,并不总能盈利。但从长期来看,完全垄断企业能够获得超额利润。如图 5-19 所示,假设完全垄断企业最初依据 $SMC_1 = MR$ 进行生产,产量为 OM,价格为 ON,获得的经济利润为 $HNAB$,但此时只是短期均衡,而不是长期均衡。为了赚得更大的利润,垄断企业将扩大其厂房设备的规模,短期平均成本曲线调整为 SAC_2,短期边际成本曲线调整为 SMC_2,此时 SMC_2 与 MR 相交,确定短期均衡产量为 OR,均衡价格为 OJ,获得利润 $KJGF$,而且此时垄断企业也处于长期均衡,因为 LMC 经过 SMC_2 与 MR 的交点。

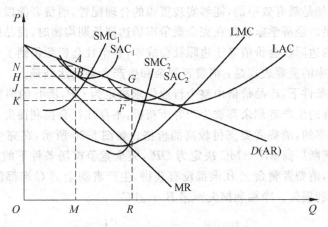
图 5-19 完全垄断企业的长期均衡

在长期中,完全垄断企业可以通过调节产量与价格来实现利润最大化,长期均衡的条件是 MR=LMC=SMC,此时,SAC=LAC。在长期均衡时,完全竞争企业没有超额利润,只获得正常利润,而完全垄断企业长期内不仅企业生产规模是可调整的,而且存在进入壁垒,因此一般会获得超额利润。完全垄断企业在高价少销与低价多销中进行选择,以便使所达到的产量能实现利润最大化。

5.3.5 完全垄断市场和完全竞争市场的比较

完全垄断市场和完全竞争市场的比较是站在行业角度上,基于同一产品由1家完全垄断厂商生产和由 n 家完全竞争厂商进行生产有何区别的比较。

1. 价格与产量比较

与完全垄断市场相比,完全竞争市场在长期均衡时产量较大,而价格较低。完全竞争企业实现长期均衡时产品价格等于边际成本,而完全垄断企业实现长期均衡时产量低,产品价格则要高于边际成本。如图 5-20 所示,其中 d 为完全垄断企业和所有完全竞争企业的需求曲线即为行业的需求曲线。$S(MC)$ 是完全垄断企业的边际成本曲线,也为行业的供给曲线,也即是所有完全竞争企业边际成本之和。在完全竞争市场条件下,产品价格由整个行业供求决定为 OP,总产量为 OQ;在完全垄断市场条件下,产品价格由垄断厂商 $MR=MC$ 决定为 OP',产量为 OQ'。即 $OP<OP'$,$OQ>OQ'$。长期均衡时,完全竞争企业无论是长期成本还是短期成本都达到最低,企业的超额利润为零。而此时完全垄断企业往往由于产量水平相对较低,使得平均成本没有达到最低点,获得了超额利润。

完全竞争市场的特征使得企业通常缺乏创新的积极性,而且商品是同质的,没有任何的差别,不能满足消费者不同的消费需求。完全垄断企业通过对市场的垄断就可以获得超额利润,所以也缺乏创新的动力。但也有经济学家认为,垄断企业经济实力雄厚,而且技术创新能够带来更多的超额利润,所以企业还是具有一定的创新积极性的。

2. 社会福利的比较

完全竞争市场是最有效率的,能够实现资源的合理配置,消费者能以最低价格购买产品,获得最大满足。经济学家认为在完全竞争市场达到长期均衡时,商品的价格等于边际成本,说明商品的边际社会价值等于边际社会成本,整个社会资源得到了合理的配置。竞争性市场具有效率的重要表现是:消费者剩余和生产者剩余达到最大。如图 5-21 所示,在完全竞争市场条件下,产品价格由整个行业供求决定为 OP,所有的消费者剩余都被消费者所获得,所有的生产者剩余都被生产者所获得,不存在社会福利损失。而完全垄断市场则是最缺乏效率的,消费者要支付较高的价格。如图 5-20 所示,在完全垄断市场条件下,产品价格由垄断厂商 $MR=MC$ 决定为 OP',完全竞争市场条件下的消费者剩余 $□A$ 被垄断厂商获得,消费者剩余 $\triangle B$ 谁都没有获得,生产者剩余 $\triangle C$ 谁都没有获得。垄断性市场导致净福利损失。净福利损失 $=\triangle B+\triangle C$。

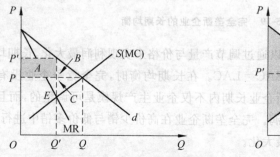

图 5-20　完全垄断市场和完全竞争市场的比较

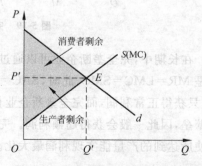

图 5-21　完全竞争市场的社会福利

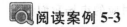

阅读案例 5-3

微软反垄断案

1975年微软公司创立,20世纪90年代以来,微软在全球多个国家和地区不断遭到了反垄断诉讼。

1998年5月,美国联邦政府司法部协同加利福尼亚和华盛顿在内的18州1市,指控微软垄断操作系统,将浏览器软件与视窗操作系统软件非法捆绑销售,违反美国《谢尔曼法》将它告上法庭。杰克逊法官做出将微软一分为二的判决。微软提出上诉。2001年6月,法庭认为微软为维持Windows操作系统在个人计算机操作系统领域的垄断地位而采取非法手段。但法庭并没有判决将微软一分为二。2001年11月,微软与美国司法部和9个州达成了和解协议。2002年,美国联邦法院批准了微软与美国司法部最终达成的和解协议。司法部对微软的监管本应于2007年结束,但后来两次被推迟,首先是在2006年决定将监管日期推迟到2009年,后来又推迟到2011年。长达13年之久的微软反垄断案于2011年5月12日彻底结束。

1998年12月,美国太阳微电子公司率先向欧盟反垄断执法机构欧盟委员会投诉微软公司,开启了欧盟对微软公司的反垄断调查。微软公司被指控意图利用自己在个人计算机操作系统市场上的绝对优势挤占服务器软件市场,其表现是微软公司拒绝向服务器行业的竞争对手提供相关技术信息,导致竞争对手开发的软件无法与微软"视窗"(Windows)操作系统充分兼容。2004年欧盟反垄断执法机构欧盟委员会认定,微软公司凭借其在个人计算机操作系统领域的优势地位,在市场上打压竞争对手,委员会认定微软违规,对其开出一张4.97亿欧元的巨额罚单,并责令其在120天内向其他竞争对手开放代码,在90天内提供不带自身媒体播放器的视窗操作系统版本,并向服务器软件行业的竞争对手开放兼容技术信息。2004年6月,微软公司向欧洲初审法院提出诉讼,请求推翻欧盟委员会的决定。欧洲初审法院认为,一方面,微软公司拒绝向服务器行业的竞争对手提供相关技术信息,导致后者开发的软件无法与微软"视窗"操作系统充分兼容,危及市场竞争。另一方面,微软公司将自身媒体播放器嵌入"视窗"操作系统的"捆绑"行为,剥夺了消费者的选择权,同时存在削弱竞争的重大威胁。欧盟委员会2007年10月22日宣布,美国微软公司已同意完全履行欧盟2004年对其做出的反垄断处罚决定。2008年2月27日,欧盟委员会对美国微软公司开出8.99亿欧元(约合13.5亿美元)的罚单,理由是微软公司拒不遵守欧盟反垄断决定。欧盟反垄断执法机构欧盟委员会和欧洲初审法院对于微软反垄断案的判决和处罚,实际上都认同一个理由,即微软公司滥用其在个人计算机操作系统领域的绝对优势,凭借Windows系统的独占优势不正当地抢占其他市场,打压竞争对手,阻滞技术进步,从而构成了违法的垄断行为。

资料来源:陈俊,吴墨.微软反垄断案给我们留下的启示[J].国际市场,2008(7):28-31。

5.4 垄断竞争市场与企业决策

前面介绍了完全竞争市场和完全垄断市场都是比较极端的情况,在现实中比较常见的是介于两者之间的垄断竞争市场和寡头垄断市场。想想打开电视,广告最多的是哪些产品?化妆品、服装、药品、保健品、酒和家用电器等产品,这些产品对应的市场我们称之为垄断竞争市场。

5.4.1 垄断竞争市场含义及特征

1. 垄断竞争市场的含义

垄断竞争市场是一种既带有垄断特征,又带有竞争特征的市场结构。它是指市场上有许多企业生产和销售相近但有差别商品的市场结构。经济中许多产品都是有差别的,这里所说产品的差别是指同种产品之间在质量、包装、牌号、销售条件甚至服务质量上的差别,如肥皂、洗发水、毛巾、服装、布匹等日用品市场,餐馆、旅馆、商店等服务业市场,牛奶、火腿等食品类市场,书籍、药品等市场大都属于此类。因此,垄断竞争是一种普遍现象,比较接近现实的市场情况。

从某种意义上说,垄断竞争企业既是竞争者又是垄断者。与完全垄断市场相比,垄断竞争市场与完全竞争市场更为接近。因为垄断竞争企业生产有差别的产品,这些产品之间具有一定程度的替代性。这样,企业之间为争夺更大利润而相互竞争。同时,垄断竞争企业产品的差异性使每个企业都有一部分消费者对其产品格外偏爱和信任,从而,它们对产品价格有一定的影响作用。例如,一份报纸把自己的价格略微提高,消费者购买数量会下降,但该报纸不会失去所有的消费者;同样,该报纸把自己的价格略微下降,消费者购买数量会增加,但该报纸不会夺走该市场上所有的消费者。这与完全竞争市场不同。完全竞争企业只要提高价格,就会失掉所有顾客。从这种意义来说,垄断竞争企业是自己产品的垄断者。

2. 垄断竞争市场的特征

1) 存在大量的生产者

市场上企业数目众多,单个企业对市场的影响很小或不明显,因此企业间为抢占市场和争夺客户而引发各类竞争。每个企业都要在一定程度上接受市场价格,但又都可对市场施加一定程度的影响,不完全接受市场价格。另外,企业之间也无法相互勾结来控制市场。因此可以说垄断竞争企业是市场价格的影响者。

2) 产品具有差别性

产品差别是指在同样的价格下,如果购买者对某家企业的产品表现出特殊的爱好时,就说该企业的产品与同行业内其他企业的产品具有差别。同行业中不同企业的产品互有差别,要么是质量差别,要么是功能差别,要么是非实质性差别(如包装、商标、广告等引起的印象差别),要么是销售条件差别(如地理位置、服务态度与方式的不同造成消费者愿意购买这家的产品,而不愿购买那家的产品)。产品差别是造成企业垄断的根源,但由于同行业产品之间的差别并不是很大,产品间在一定程度上可以相互替代,这又让企业之间存在相互竞争,因而相互替代是企业竞争的根源。

3) 进出市场不存在障碍。每个企业的规模不是很大,所需资本不是很多,而且几乎不会受到市场内现有企业的阻碍,所以进出市场没有多大障碍。当超额利润大于零时,就会有企业进入,导致利润下降;当超额利润小于零时,就会有企业退出,又导致利润上升,最终市场上企业的数量要一直调整到超额利润为零时为止。

5.4.2 垄断竞争企业的需求曲线

在完全竞争市场,企业所面临的需求曲线是一条水平线,表示企业对于价格没有任何控制力。在完全垄断市场,市场需求曲线就是企业所面临的需求曲线,是一条向右下方倾斜的曲线,表示企业是市场价格的制定者。而在垄断竞争的市场上,企业对价格有些许控制,因此需求曲线不是水平的,而是向右下方倾斜,但是由于垄断竞争市场上的替代品很多,因此企业面临的需求曲线是一条比市场需求曲线更有弹性的曲线,这意味着当价格略微变化,销售量会大幅变化。

垄断竞争企业的需求曲线有两条,一条是主观需求曲线,或者是企业自认为的需求曲线;另一条是客观需求曲线,或者是市场份额需求曲线。主观需求曲线 d 是指垄断竞争市场中某企业变动产品价格,而其他企业价格保持不变的情况下,该企业产品价格与市场需求量之间的关系。客观需求曲线 D 是指垄断竞争市场中某企业变动产品价格其他企业也相应地变动其产品价格的情况下,该企业产品价格与市场需求量之间的关系。

企业往往会误认为主观需求曲线 d 能真正反映它的需求状况。而当一家企业降低价格时,由于其他企业也同样降价,该企业的需求量增加的并没有预期的那么多,反之亦然,因此虽然企业可能没有意识到,但客观需求曲线 D 才是能真实反映企业产品需求的曲线,而且客观需求曲线 D 要比主观需求曲线 d 陡峭。如图 5-22 所示,当企业产品价格由 OG 下降至 OH,企业自认为其需求量会增加 AF。但实际上,由于其他企业也会相应地降价,因此该企业的需求量实际上只增加 AB。

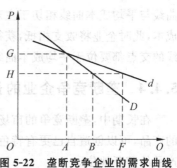

图 5-22 垄断竞争企业的需求曲线

由于需求曲线向下倾斜,因此垄断竞争行业中单个企业的边际收益曲线位于需求曲线的下方。

5.4.3 垄断竞争企业的短期决策

在短期中每一个垄断竞争的企业都是一个垄断者,它以自己的产品差别在一部分消费者中形成垄断地位,而且,短期中其他企业生产不出与之竞争的有差别产品。这样垄断竞争企业就可以像一个垄断者那样行事,高价少销,低价多销,以实现利润最大化。

如图 5-23 所示,短期内,垄断竞争企业为实现利润最大化,依据 SMC=MR 进行生产,确定产量为 OA,并由主观需求曲线确定价格为 OF。但在此价格下,由客观需求曲线确定的需求量并不等于 OA。当企业主观想获得的需求量与客观实际的需求量不一致时,是不可能达到均衡的。

实际上,当一家企业降价后,其他的企业也都会跟着降价,这会导致每个企业的需求曲线和边际收益曲线都会向左移动,从而依据 SMC=MR 来确定的产量也会不断减小。当由主观需求曲线和客观需求曲线所确定的需求量相等时,如图 5-24 所示,依据 SMC=MR 确定产量为 OA,然后由主观需求曲线和客观需求曲线确定的价格均为 OF,此时,垄断竞争企业达到了短期均衡,均衡的条件是:MR=SMC,且 $d=D$。

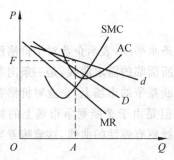

图 5-23 垄断竞争企业的短期决策

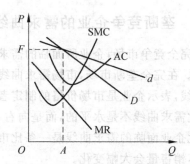

图 5-24 垄断竞争企业的短期均衡

在短期均衡时,垄断竞争市场同完全竞争市场和完全垄断市场一样,也会出现超额利润、收支相抵和亏损三种情况。这取决于均衡价格、主观需求曲线和客观需求曲线的交点与平均成本曲线的位置关系。例如,在图 5-24 中,均衡价格、主观需求曲线和客观需求曲线的交点都要位于平均成本曲线的上方,因此此时企业获得了超额利润。如果主观需求曲线与平均成本曲线相切于主观需求曲线和客观需求曲线的交点,使均衡价格等于平均成本,此时企业将收支相抵,获得正常利润。如果均衡价格、主观需求曲线和客观需求曲线的交点都要位于平均成本曲线的下方,企业将是亏损的。

5.4.4 垄断竞争企业的长期决策

在长期中,垄断竞争的市场上也存在着激烈的竞争。各个企业可以仿制别人有特色的产品,可以创造自己更有特色的产品,也可以通过广告来创造消费者的需求,形成自己产品的垄断地位。

长期中,垄断竞争与垄断不同(垄断在长期拥有超额利润),而是与完全竞争一样,如果一行业出现超额利润或亏损,会通过新企业进入或原有企业退出。如当某垄断竞争行业出现超额利润时,有新企业进入该行业,则企业的主观需求曲线会因为市场供给增加而向左移动。同时,由于有更多的企业参与市场竞争,使得原材料等要素成本上升,企业的成本曲线会向上移动,最终超额利润消失,有些企业会因为亏损而退出该行业。反之亦然。

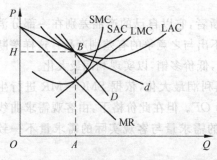

图 5-25 垄断竞争企业的长期均衡

当垄断竞争市场没有企业进出时,整个行业达到了长期均衡,此时超额利润为零。企业的总收益等于总成本,只能获得正常利润。垄断竞争企业长期均衡的条件是 $MR=SMC=LMC$, $AR=LAC=SAC$,且 $d=D$。

从图 5-25 可以看出,垄断竞争企业实现了长期均衡,均衡价格为 OH,均衡产量为 OA。长期均衡点通常位于长期平均成本曲线最低点的左侧,这与完全竞争企业相比,平均成本高而生产数量少。

5.4.5　垄断竞争条件下的非价格竞争

在垄断竞争市场,企业之间的价格竞争使得其利润越来越薄,因此企业需要寻找新的战略,进行非价格竞争。非价格竞争又称为企业的差异化战略,企业努力在产品的外形、包装、质量、广告以及服务等方面造成其产品与其他产品间的差异,提高产品的功能,加强广告宣传的力度,进而可以在一段时间内取得对其产品的垄断利润。产品的差异可以从两个方面来形成,一是产品变异——企业通过改变产品的性能、外观、包装等方式,以增加其需求;二是广告——企业通过做广告等促销活动改变消费者对产品的心理感觉,以增加其产品的需求。

1. 产品变异

由于消费者的需求千差万别,因此企业可以从产品的品质出发,制造出产品的差别,以满足不同消费者的需求。产品变异主要包括提高产品质量、改进产品性能和结构、增加产品用途、精心设计包装、为顾客提供更加周到的服务以及随产品赠送礼品等,以形成品牌、包装、售前售后服务等产品差异。

产品差异化可以区分为垂直差异和水平差异。垂直差异可以理解为"比竞争对手更好的产品",由于产品更高、更好的性能使其能够吸引所有预期的顾客;水平差异则可以理解为"与竞争对手不同的产品",它只对特定的细分市场或目标群体具有吸引力和适合性,并使这些消费者为之付出溢价。

产品变异主要是抓住产品的品质,要体现出产品的个性,这就要求企业能够进行创新。不同企业的产品采用不同的商标,具有不同的质量,统一企业的产品在性能方面也会存在差异,这种差异就是创新。要做到产品差异化,除了创新精神,企业必须能够深刻理解供需新规则,建立与顾客的深层联系,将着眼点真正从单纯的价格转移到顾客认知价值之上。

2. 广告竞争

如果说产品变异侧重于产品的质量,而广告竞争则侧重于品牌的树立。广告竞争是利用广告的宣传,努力使消费者的需要适应产品的差别。企业利用广告的宣传,影响消费者对产品的心理感觉和购买决策,从而让更多的消费者购买自己的产品。

广告是主观地制造产品的差别,要制造竞争的不完全性。完全竞争企业没有必要做广告,做广告价格也不能提高,反而为别人做嫁衣。垄断企业其实也没必要做广告,但现实中也会做广告,有时是为了宣传新产品,有时是想阻止潜在竞争者进入市场。垄断竞争企业都喜欢做广告,要吸引顾客购买自己的产品。

广告分为两种,信息类广告和劝说类广告。前者描述产品的客观性质(如性格、用途、外观等);后者旨在改变消费者口味,它力图让消费者放弃原来的品牌和产品,转而使用本企业的产品,打破消费者原来的品牌偏好,培育新的产品品牌偏好。

大多数人认为消费者从品质竞争中得到的好处,大于从广告竞争中得到的好处。产品差别在许多情况下取决于消费者的认知,无论产品有多大差别,但如果消费者不承认这种差别,这些差别就不存在。反之,尽管产品本身并无差别,但只要消费者认为它有差别,它就有差别,如普通的鸡蛋、肉皮和昂贵的鲍鱼、鱼翅营养相当,但是几乎没有企业为鸡蛋和肉皮做广告,而生产鲍鱼和鱼翅的企业大力进行广告宣传,请明星代言,目的就是要突出其产品的营养,培养消费者对其产品的偏好。因此,创造产品差别还要使消费者承认这种差别。这就要靠企业通过广告等营销手段来创造产品差别。广告的作用正是要大家知道,我的产品与别的产品相比,具有自己的特色,甚至是更好的。

产品变异或广告策略是否成功,取决于由于产品需求的增加而增加的销售收益是否大于产品变异或推销所增加的成本。

成功的产品变异如图 5-26 所示,产品变异前的需求为 d,平均成本为 AC,边际成本为 MC,产品变异后的需求为 d',平均成本为 AC′,边际成本为 MC′。由于需求大幅度增加,使其收益大于产品变异所增加的成本,使得变动后的利润大于变动前利润。不成功的产品变异有两种情况:由于产品变异后需求增加不明显,使得变动后的利润小于变动前利润,如图 5-27 所示;由于产品变异后成本增加过大,使得变动后的利润小于变动前利润,如图 5-28 所示。

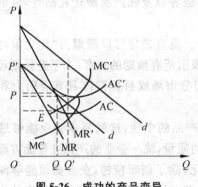

图 5-26　成功的产品变异

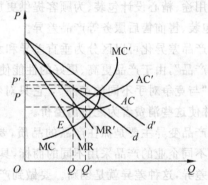

图 5-27　不成功的产品变异(1)

成功的广告策略如图 5-29 所示,广告推销前的需求为 d,平均成本为 AC,边际成本为 MC,广告推销后的需求为 d',平均成本为原平均成本 AC＋平均摊销成本 ASC,边际成本为原边际成本 MC。由于需求大幅度增加,使其收益大于广告推销所增加的成本,使得变动后的利润大于变动前利润。不成功的广告推销情况与不成功的产品变异情况类似,使得变动后的利润小于变动前利润,不再赘述。

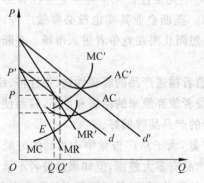

图 5-28　不成功的产品变异(2)

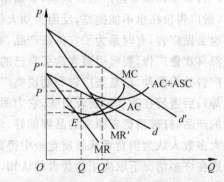

图 5-29　成功的广告策略

3. 广告效应与产品的需求价格弹性及广告弹性的关系

下面讨论一下广告支出对销售额的影响与需求的广告弹性和价格弹性有何关系。

设企业的利润为 π，价格既定为 P，广告支出为 A，求 A 的支出为多少时，π 最大。

$$\pi = PQ(P,A) - \text{TC}(Q) - A \tag{5.14}$$

对 A 求偏导数，并令其等于零有

$$\frac{\partial \pi}{\partial A} = P\frac{\partial Q(P,A)}{\partial A} - \frac{\partial \text{TC}(Q)}{\partial A} - 1 = 0$$

$$P\frac{\partial Q}{\partial A} - \frac{\partial \text{TC}}{\partial Q}\frac{\partial Q}{\partial A} - 1 = 0$$

整理得

$$P\frac{\Delta Q}{\Delta A} = 1 + \text{MC}\frac{\Delta Q}{\Delta A} \tag{5.15}$$

式(5.15)说明 1 元广告投入带来的边际收益＝1＋1 元广告支出带来的销售增加而引起的边际生产成本。

式(5.15)移项整理得

$$(P - \text{MC})\frac{\Delta Q}{\Delta A} = 1 \tag{5.16}$$

式(5.16)两边同乘 $\frac{A}{PQ}$ 得

$$\frac{P - \text{MC}}{P} \cdot \frac{A}{Q}\frac{\Delta Q}{\Delta A} = \frac{A}{PQ} \tag{5.17}$$

在利润最大化时，

$$P = \frac{\text{MC}}{1 + \frac{1}{E_d}} \tag{5.18}$$

移项整理得

$$\frac{P - \text{MC}}{P} = -\frac{1}{E_d} \tag{5.19}$$

将式(5.19)代入式(5.17)中，并令 $E_A = \frac{\Delta Q}{Q} \cdot \frac{A}{\Delta A}$ 为需求广告弹性，也代入式(5.17)中得

$$\frac{A}{PQ} = -\frac{E_A}{E_d} \tag{5.20}$$

式(5.20)说明：广告对销售额的比例等于需求的广告弹性对价格弹性的比例。当商品的广告弹性大，而价格弹性小时，广告投入占销售额的比例就大。信息显示作用明显的产品，例如品牌家电、化妆品，广告弹性大，需求价格弹性小，广告效应明显。

5.5 寡头垄断市场与企业决策

企业之间虽然互相竞争，但有时候为了共同索取更高的利润，他们也会采取联合的策略。这样的事时常会发生在寡头垄断市场。

5.5.1 寡头垄断市场的含义及特征

1. 寡头垄断市场的含义

寡头垄断市场是指少数几个企业控制一个行业供给的市场结构。它介于完全垄断市场和垄断竞争市场之间,更接近于完全垄断市场,也是一种比较现实的市场结构。寡头垄断市场通常在国民经济中占有十分重要的地位,如汽车工业、钢铁工业、石油工业、电信业等。

寡头垄断市场的价格不完全是由市场的供求关系决定的,寡头垄断的形成是竞争的必然结果,也是某些产业部门的规模经济特点使然,是客观的经济现象。如果这些行业中要容纳大量企业,则每家企业都将因生产规模过小而造成很高的平均成本。规模经济使得大规模生产占有强大的优势,大公司不断壮大,小公司无法生存,最终形成少数企业激烈竞争的局面。对试图进入这些行业的企业来说,除非一开始就能形成较大的生产规模,并能占据比较可观的市场份额,否则过高的平均成本将使其无法与原有的企业相匹敌。

2. 寡头垄断市场的特征

寡头垄断市场具有以下四个主要特征:

1) 行业中只有很少几个企业

市场上的企业只有少数几个(当企业为两个时,叫双头垄断),每个企业在市场中都具有举足轻重的地位,对其产品价格具有相当的影响力。企业既不是"价格接受者"也不是"价格的制定者",而是"价格的搜寻者"。

由于寡头垄断市场只有几家企业,他们的行为互相影响、互相依存。每个企业的产量和价格的变动都会显著地影响到竞争对手的销售量和销售收入。这样每家企业必然会对其他企业的产量和价格变动做出直接反应。寡头垄断市场中,任何企业在采取行动前,都必须认真研究对手,并考虑到对手可能做出的反应。而在其他三种市场结构中,企业只需考虑自己的行为,如何决策,不用考虑别人怎么做。

2) 产品同质或者异质

寡头垄断市场上的产品既可能是同质的,也可能是异质的。当产品没有差别,彼此依存的程度很高时,叫纯粹寡头,如钢铁、水泥、石油产品等产业,产品几乎可以完全替代;当产品有差别,彼此依存关系较低时,叫差别寡头,如汽车、重型机械、造船等产业,产品之间的替代程度相对低一些。

阅读案例 5-4

中国电信业的重组

2008年5月23日公布了电信重组方案,为此前业内普遍认同的"3+1"的模式,将原6家运营商变成了"3+1",即中国联通的CDMA网与GSM网将被拆分,前者并入中国电信,组建为新电信,后者吸纳中国网通成立新联通,铁通则并入中国移动,组成新移动,原有的中国卫通保持不变。由此,重组后将形成新电信、新联通、新移动加上原有的卫通,也就是"3+1"的格局。中国电信业属于何种市场结构?

3）企业之间相互依存

这是其他市场结构所没有的一个重要特征。因为在寡头垄断市场上，企业数量很少，每家企业都占有举足轻重的地位。他们各自在价格或产量方面决策的变化都会影响整个市场和其他竞争者的行为。因此，寡头垄断市场上各企业之间存在着极为密切的关系。每家企业在做出价格与产量的决策时，不仅要考虑到本身的成本与收益情况，而且还要考虑到这一决策对市场的影响，以及其他企业可能做出的反应。

4）进出市场比较非常困难

新企业要进入寡头垄断市场会非常困难，因为不仅在规模、资金、信誉、市场、原料、专利等方面，新企业难以与原企业匹敌，而且由于原有企业相互依存、休戚相关，共同设置障碍，使新企业难以进入。市场上原有企业要退出也不是件容易的事，如企业大规模的固定资产会遭受损失，因而寡头垄断市场也难以退出。

阅读案例 5-5

中国的牙膏市场是垄断竞争市场还是寡头垄断市场？

一、完全竞争时代：20 世纪 80 年代初—90 年代初

20 世纪 80 年代中期以来，中国日化行业经历了前所未有的繁荣，全国范围内，较有名气的有上海的中华，天津的蓝天六必治，重庆的冷酸灵，广西柳州的两面针，广州的洁银、黑妹，丹东的康齿灵，哈尔滨的三颗针……由于计划经济的原因，几乎每个省都有自己的牙膏厂；大部分牙膏的品质较差、包装粗糙，没有明确的品牌概念，品牌的含金量也谈不上，只是单纯地追求销量，并没有市场份额等概念。仿如是群雄逐鹿的春秋年代。

二、? 时代：1994 年至今

1994 年，美国高露洁公司（Colgate-Palmolive Company）在广州黄埔的工厂破土动工。2000 年，高露洁就以超过 20% 的市场份额，站在了国内牙膏第一位的冠军台上。

1996 年 7 月，宝洁公司（Procter ＆ Gamble Company）推出佳洁士牙膏（Crest）。

高露洁和佳洁士的加入，使得中国的高端牙膏市场彻底启动。在高露洁、宝洁的大集团营销攻势下，国内的品牌在市场上都溃不成军。曾经声名显赫的中华，不得不"嫁给"联合利华公司（Unilever）。

高露洁的冒进，加上佳洁士的老谋深算，终于使得佳洁士在 2005 年超越高露洁，变为市场第一名。从此，中国的牙膏市场进入两雄争霸年代；兵败如山倒的是国内的众多国产品牌，几乎全军覆没。

但哪怕如此，由于中国市场实在是太大了，两强在总份额中占的比重也不大。

2005 年之后，佳洁士新品不断、促销攻势一浪高过一浪；高露洁则兵败如山倒，份额很快下滑到 17%，勉强排在第二位。

两批黑马是联合利华的中华牙膏和好来化工的黑人牙膏。

国内牙膏市场实际上形成了三大板块：一是外资及合资强势品牌板块，主要由高露洁、佳洁士、黑人、中华组成。二是民族传统品牌板块，包括两面针、冷酸灵、黑妹、蓝天六必治、田七等。三是新兴品牌，如 LG 竹盐、纳爱斯等。

虽然理论上是三大板块，实际上 2008 年 2 月的市场份额显示，高露洁、佳洁士、黑人、中华这排在前四位的品牌合计份额已经超过了70%。

5.5.2 相互勾结的寡头垄断市场定价模型与企业决策

寡头垄断市场的定价理论非常复杂,没有哪个理论能明确阐述企业是如何定价的。价格的决定依据企业勾结程度和它们对于竞争对手变更其价格和产量做出反应的不同理解。如果所有企业达到协议,瓜分市场,制定垄断价格,形成相互勾结的寡头垄断市场;如果市场上存在较多的企业,或者企业的产品不完全相同,当产品成本和需求发生变化,寡头企业各自独立行动,则形成非相互勾结的寡头垄断市场。在这两种情况下,产量的决定是有差别的。

当各寡头之间存在相互勾结时,产量是由各寡头之间协商确定的,而协商确定的结果有利于谁,则取决于实力的大小。这种协商可能对产量限定,也可能对销售市场进行瓜分,即不规定具体产量的限制,而是规定各寡头的具体范围。当然,这种勾结往往是暂时的,当各寡头的实力发生变化之后,就会要求重新确定产量或瓜分市场,从而引起激烈的竞争。

寡头企业相互勾结又分为公开勾结和非公开勾结两种情况。

1. 公开勾结

公开勾结是指生产同类产品的寡头企业,在划分销售市场、规定商品产量、确定商品价格等方面签订协定而成立同盟。如卡特尔同盟,通过建立卡特尔,几家寡头企业,协调行动,共同确定价格,就有可能像垄断企业一样,使整个行业的利润达到最大。

卡特尔定价模型是典型的公开勾结寡头垄断市场定价模型,卡特尔的首要目标是实现全体企业的总利润最大化,为此,在卡特尔内部订立一系列的协议,来确定整个卡特尔的产量、产品价格,指定各企业的销售额及销售区域等。

卡特尔根据全体企业所面临的市场需求曲线和整体边际成本曲线,依据 $MR=MC$,确定出最优的总产量和相应的价格,然后按每个成员企业的边际成本相等来分配这个总产量,同时要求成员企业执行卡特尔制定的价格。

假定卡特尔仅有两家成员企业,他们生产相同的产品,但成本不完全相同。如图5-30所示,图(a)和图(b)分别表示企业1和企业2的边际成本曲线 MC_1 和 MC_2,各企业的边际成本曲线横向相加,即可求出图(c)中卡特尔的边际成本曲线 $\sum MC$。图(c)中,D 为

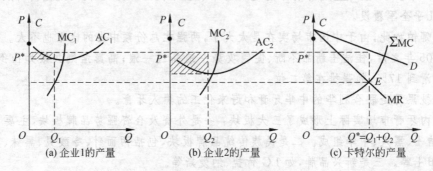

图 5-30 卡特尔定价模型

卡特尔的市场需求曲线,相应的边际收益曲线为 MR,MR 与 $\sum$MC 的交点确定使整个卡特尔利润最大的最优产量 Q^*,根据市场需求曲线确定最优价格为 P^*。整个卡特尔的总产量和价格确定后,按边际成本相等 $(MC_1 = MC_2 = \sum MC = MR)$ 的原则分配卡特尔成员企业的产量,企业 1 和企业 2 的产量配额分别为 Q_1 和 Q_2,$Q_1 + Q_2 = Q^*$。卡特尔成员企业实行统一的价格 P^*。由于企业 1 和企业 2 的平均成本(AC)不同,所以他们的利润不同,分别为图(a)和图(b)的阴影部分。

2. 非公开勾结

由于寡头垄断企业要形成稳定的卡特尔协议是非常困难的,而且在很多国家和地区这种协议是非法的,要受到《反垄断法》的限制,因此就形成了一种非公开的勾结。

非公开勾结是指各寡头通过暗中的串通来确定价格。确定价格的一种主要模型为价格领导模型,即一个行业的价格通常由某一寡头率先制定,其余寡头追随其后确定各自价格。率先定价的寡头可能是本行业中最大的、具有支配地位的企业,或者本行业中成本最低、效率最高的企业,或者在掌握市场行情变化或其他信息方面明显优于其他企业的企业。

价格领导模型有三种形式:支配型企业价格领导模型、低成本(效率型)企业价格领导模型和"晴雨表"型企业价格领导模型。

1) 支配型企业价格领导模型

支配型企业通常是行业中生产规模和市场份额都很大,地位稳固的企业。支配型企业类似于完全垄断企业,可以根据其自身利润最大化的准则来制定价格和产量,而其余的企业(称之为小企业)则与完全竞争市场中的企业一样,被动地接受领导企业制定的价格,并据此决定能使其利润最大化的产量。

如图 5-31 所示,曲线 D 为整个行业的市场需求曲线,S_0 为所有小企业的总供给曲线。支配型企业面临的需求是由市场总需求量减去小企业的总供给量得到的。当小企业的总供给曲线 S_0 与市场需求曲线 D 相交于 E 点,表明价格为 P_1 时,所有小企业的总供给量恰能满足整个市场的需求量,此时支配型企业面临的需求量为零。当小企业的总供给曲线 S_0 与纵轴相交于

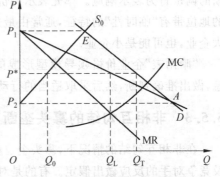

图 5-31 支配型企业价格领导模型

P_2 点,表示如果价格低于 P_2,则小企业的总供给量为零,此时支配型企业的需求量就是整个市场的需求量。由此可以得到支配型企业面临的需求曲线 P_1AD,以及其边际收益曲线 MR。MC 为支配型企业的边际成本曲线。

支配型企业依据 MR=MC,确定实现利润最大化时的产量为 Q_L,进一步地,由支配型企业面临的需求曲线 P_1AD 确定市场价格为 P^*。当市场价格为 P^* 时,小企业的总供给量为 Q_0,并有 $Q_L + Q_0 = Q_T$。从上述分析可以看出,支配型企业只有准确了解市场的需求曲线和其他企业的供给曲线,才能确定自己的需求曲线以及利润最大化产量和价格。

2) 低成本(效率型)企业价格领导模型

该模型说明的是寡头企业中成本最低的企业首先决定价格,然后和其他企业暗中达成默契,瓜分市场。假定该行业中有 A、B、C 三家寡头企业,每家成本状况不同。如图 5-32 所示,企业 A 是成本最低的企业,它按照利润最大化原则确定产量为 Q_A 时,其价格定为 P_A。如果企业 B 和企业 C 也按照利润最大化原则确定其产量为 Q_B、Q_C 时,则相应价格为 P_B、P_C,均高于企业 A 的价格 P_A。在产品是同质的情况下,企业 B 和企业 C 由于定价高,将会丧失一部分市场,所以企业 B 和企业 C 将会按照与企业 A 相同的价格 P_A 销售其产品,销售量分别为 Q'_B 和 Q'_C,所获得的利润会低于其最大化利润,但市场份额不会缩小。

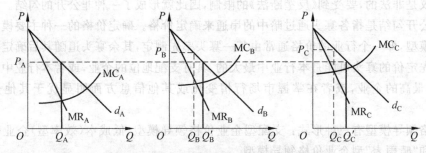

图 5-32 低成本(效率型)企业价格领导模型

3)"晴雨表"企业价格领导模型

当市场需求、成本条件发生变化时,有的企业首先表示应该变动价格,其他企业以不断的调价行为表示响应。率先表示调价的企业成了"晴雨式"的价格领袖,这种价格领袖的地位带有"临时性"的特征,通常由最先感受或预测到市场条件变化的企业担任,可能是大企业,也可能是小企业。

"晴雨表"企业价格领导模型形成的主要原因是某些企业能比较及时地掌握市场信息,做出准确判断,然后采取适当的行动。

5.5.3 非相互勾结的寡头垄断市场定价模型与企业决策

在非相互勾结的情况下,寡头企业所考虑的关键问题是就每家企业所面临的需求,以及竞争对手的反应做出假定。有的是对竞争对手的产量进行假定,有的是对竞争对手的价格进行假定,从而形成了不同的定价模型。依据产量进行假定的模型,如古诺模型、张伯伦模型等;依据价格进行假定的模型,如斯威齐模型、艾吉渥斯模型等。下面将分别介绍古诺模型和斯威齐模型。

1. 古诺模型

古诺模型(Cournot duopoly model),亦称双寡头模型,由法国数理经济学家古诺(A. A. Cournot)在 1838 年提出,是一个只有两个寡头企业的最基本的模型,该模型的结论可以推广到三个或三个以上的寡头企业的情况,通常被作为寡头垄断理论分析的出发点。

模型假设两家企业生产同质产品;价格取决于两寡头产量之和,生产成本为零;需求曲线是线性的,双方准确地了解需求曲线;相互竞争,双方决策时都将对方产量视为既定,即各企业在决定自己的利润最大化产量水平时,都假定其他企业不会变化。

假设市场需求函数为 $Q=a-bP$,则企业 A 和 B 共同面对的市场需求的反函数为 $P=\dfrac{a}{b}-\dfrac{1}{b}(Q_A+Q_B)$,$Q_A$ 和 Q_B 为两个企业的产量。

由于假设生产成本为零,所以企业 A 的利润为 $\pi_A=P\cdot Q_A=\left[\dfrac{a}{b}-\dfrac{1}{b}(Q_A+Q_B)\right]\cdot Q_A$

则企业 A 实现利润最大化的条件为 $\dfrac{\partial \pi_A}{\partial Q_A}=\dfrac{a}{b}-\dfrac{2}{b}Q_A-\dfrac{1}{b}Q_B=0$

解得 $Q_A=\dfrac{1}{2}(a-Q_B)$。

上式即为企业 A 的反应函数,是指企业 A 的利润最大化产量是它认为企业 B 将生产的产量的函数,当企业 A 认为企业 B 将生产的产量为 a 时,则它将生产 0 个单位,而当企业 A 认为企业 B 将生产的产量为 0 时,则它将生产 $a/2$ 个单位。

类似地,企业 B 实现利润最大化的条件为 $Q_B=\dfrac{1}{2}(a-Q_A)$。

当两个企业都实现利润最大化时,即实现古诺均衡时,企业的产量均为 $a/3$,市场总供给为 $2a/3$。

古诺均衡可以通过图 5-33 来解释。横轴和纵轴分别表示企业 A 和 B 的产量;两条斜线分别表示两家企业反应函数相应的曲线。假定最初企业 A 先进入市场,企业 B 的产量为零,那么企业 A 利润最大化产量为 $a/2$。然后企业 B 依据企业 A 的产量,确定其利润最大化的产量为 $a/4$。当企业 B 的产量变为 $a/4$ 时,企业 A 据此将其产量调整为 $3a/8$。依此类推,在以后的每一次调整中,A、B 企业都按以上的反应方式行动,A 企业的产量会越来越少,B 企业的产量会越来越多。最终达到两个企业的产量都相等的均衡状态,即古诺均衡,

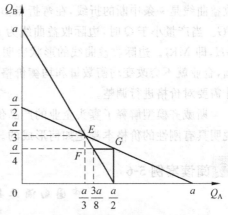

图 5-33 古诺模型

在图中表现为两条反应曲线的交点 E,此时两个企业的产量都为 $a/3$,企业总产量为 $2a/3$。

上述结论可以推广至 m 个寡头企业的情况,此时每个寡头企业的均衡产量 $=a\cdot\dfrac{1}{m+1}$,行业的均衡总产量 $=a\cdot\dfrac{m}{m+1}$,其中 m 为企业数量。

2. 斯威齐模型

在美国钢铁行业,从 1901 年到 1916 年,1 吨钢材的价格一直是 43 美元。这一时期的需求和成本都发生过显著变化,而该行业的价格却保持不变。这一例子说明了一个问题,即寡头垄断行业的价格在相当一段时期内一般不变,市场价格是刚性的。美国经济学家保罗·斯威齐(P. M. Sweezy)于 1939 年建立了斯威齐模型对此进行解释。

斯威齐模型也称弯折的需求曲线模型,它运用一种折弯的需求曲线来分析寡头垄断市场的定价问题。该模型的基本假定是寡头企业总是悲观地认定其他寡头会"跟跌不跟涨",即如果一个寡头企业提高价格,行业中的其他寡头企业都不会跟着提价,因而提价的寡头企业的销售量会减少很多;如果一个寡头企业降低价格,行业中的其他寡头企业都会跟着降价,以避免销售份额的减少,因而该寡头企业的销售量增加有限。该模型可以解释寡头市场的价格刚性现象。

如图 5-34 所示,当产量小于 Q 时,寡头企业的需求曲线为 AB,表明当它变动价格而其他企业价格保持不变时,该寡头企业的需求状况,此时的需求曲线相对富有弹性;当产量大于 Q 时,寡头企业的需求曲线为 BD,表明当它变动价格而其他企业也随之变动价格时,该寡头企业的需求状况,此时的需求曲线相对缺乏弹性。这样,寡头企业的需求曲线实际上是一条弯折的曲线 ABD,B 点为弯折点。

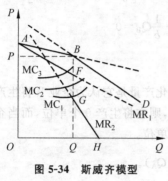

图 5-34 斯威齐模型

进一步地,由弯折的需求曲线 ABD 可以推导出边际收益曲线是一条中断的折线,在弯折点 B 点,边际收益曲线断开了,并且有一段垂直距离 FG。当产量小于 Q 时,边际收益曲线为 AF,即 MR_1;当产量大于 Q 时,边际收益曲线为 GH,即 MR_2。边际收益曲线的形状表明只要 MC 的变动不超过 FG 这个垂直间断的范围,企业就不会改变均衡数量和均衡价格。只有当边际成本曲线超出这个范围,如 MC_3,才需要对价格进行调整。

斯威齐模型解释了寡头企业的产品价格一旦确定,就不会轻易变动。但模型并没有说明具有刚性的价格本身是如何形成的。

阅读案例 5-6

中国白酒业是否进入寡头时代?

白酒企业始终是广告投放的主角,2012 年白酒企业给央视投放的广告费高达 19 亿元。其中,茅台酒挟往年的锐气一举夺下总价 4.43 亿元的新闻联播报时广告资源。另外,剑南春也以 1.3 亿元夺得一个新闻联播报时广告标的。白酒企业巨额投放广告说明了企业利润太高,而现在的白酒企业不只在卖酒的品质,而是在卖品牌。高端白酒市场的高利润和高景气度也吸引不少二三线白酒企业推出新产品,纷纷进军千元市场,这在一定程度上加剧了高端白酒市场的竞争压力。

2012 年,在"塑化剂"风波、"三公消费"、"禁酒令"等政策的影响下,高端白酒面临行业的深度调整,茅台、五粮液备受压力,不仅终端销售价格大跌,其销量也大幅下滑。为了稳定价格,维护品牌形象,茅台、五粮液发出了"限价令"。2012 年 12 月的茅台经销商大会上,董事长袁仁国言辞强硬地发出"限价令",要求经销商不得擅自降价。此前,要求 53 度飞天零售价格不能低于 1 519 元,团购价格不能低于 1 400 元。随后在 1 月初,茅台即对其 3 家由于低价和跨区域销售的经销商予以处罚,并扣减 20% 保证金,以及提出黄牌警告。与此同时,五粮液也对 12 家降价或窜货的经销商进行了通报处罚。贵州茅台和五粮液的这一行为违反《反垄断法》,有纵向垄断的嫌疑。而五粮液和贵州茅台等高端白酒之所以能够形成价格垄断,主要是两者的白酒产品和白酒品牌的稀缺性,以及由此形成的产业链中的强势地位。2013年,中国白酒行业的龙头茅台和五粮液因实施价格垄断而被罚款4.49亿元,其中茅台被罚2.47亿元,五粮液被罚2.02亿元。值得注意的是,所罚金额仅是上年度两家白酒企业销售额的1%,因此,业界人士认为,4.49亿元对于销售额数百亿元的企业来说犹如隔靴搔痒,并不能对白酒企业起到真正的警示作用。

2012年以来,白酒消费环境发生了巨变。随着经济增速放缓、限制三公消费、酒驾入刑、转变作风以及红酒普及等因素共同作用,白酒业遭遇前所未有的下行压力。白酒市场萎缩进程始于2011年年末,2012年党的十八大后趋势得到强化,2013年加速萎缩,贵州茅台等14家白酒上市公司2013年年初的总市值为5 873.07亿元,到2013年年末最后一个交易日(12月31日),14家公司总市值降至3 320.79亿元。也就是说,一年时间内,这14家白酒企业市值蒸发2 552.29亿元,缩水逾四成。为逆转困难,以五粮液为代表的白酒企业纷纷通过降价、增加新销售渠道等方式来打响保卫战,试图尽早走出寒冬。业内人士认为,白酒昔日辉煌难重现,国内白酒业正面临改革调整。未来,我国的白酒市场将何去何从?目前,白酒有一万多家企业,规模以上企业有一千多家,如此离散的产业结构在世界上也是少有的。这一轮白酒调整的终极目的是,结束产业集中度过低,实现产业寡头化。调整之后,行业将变成个别强势大企业吃肉,弱势中小企业喝粥的局面。

资料来源:夏芳.白酒业竞争加剧 酒企广告费与全年利润相等[N].证券日报,2012年3月29日第D02版.

5.5.4 寡头垄断市场企业的博弈

一家企业为了获得更大的经济利益,它往往会按照自己的目标,选择一定的策略和行为。但是,其行为的结果不一定能够达到其预期的目标。因为市场上存在竞争,企业之间的行为必然会相互影响。当一个企业采取一定策略时,如果这个策略会影响到其他企业的利益,后者就会采取相应的策略,以保护自己的利益不受损害,而它们的策略,反过来,也有可能影响到前者的目标实现。所以,在决策时,我们必须考虑竞争对手可能产生的反应。针对他们可能采取的行为,我们要随时调整原先的策略。

博弈,可以说是一种模拟工具。利用博弈分析方法,我们可以预测竞争对手可能采取的所有反应,针对各个不同的反应,列出我们能够采取的所有策略,然后比较各个策略的结果所能带来的利益,选出最大利益的策略,这个策略就是我们的最佳策略。当市场趋向于寡头化时,企业之间的相互影响更显重要,博弈分析法就获得更多的使用。

1. 博弈论简介

博弈论是由美国数学家冯·诺依曼和经济学家摩根斯坦于1944年创立的带有方法论性质的学科。严格地讲,博弈论并不是经济学的一个分支,他广泛应用于经济学、政治学、军事学、外交学、国际关系学、犯罪学等学科,但博弈论在经济学中的应用最广泛、最成功,尤其在寡头市场理论中得到直接的应用。

博弈论,也叫对策论,所分析的是两个或两个以上的参与者选择能够共同影响每一参加者的行动或策略的方式,进而从中找出最优策略。博弈论研究博弈参与者在利益冲突条件下进行决策的理论,即试图研究在既有冲突又有合作的情况下,个人或者组织(如寡头垄断企业)的决策行为。

如诺贝尔经济学奖获得者约翰·纳什所说,战略性思维是在了解对手在做相同的事时战胜对手的一门艺术。参与者要考虑竞争对手会如何对自己的行动做出反应。博弈论从一个独特的视角帮助我们更加深刻地理解和把握经济现象,并指导更加有效策略的制订。我国古代田忌赛马的故事就是博弈论的经典例子。同样的马,采用不同的策略,结果就完全不同,即只调换了一下不同等级的马的出场顺序,就转败为胜了。

博弈论的基本概念包括参与者、策略、报酬和支付矩阵等。

参与者,即参与博弈的人,是指在博弈中为了使自己的效用最大化而选择行动的决策主体。它可能是个人,也可能是组织,如企业和政府等。

策略是指参与者在每一种不确定的条件下进行博弈时所采取的行动的完整说明。每个参与者在博弈的过程中都有自己的策略选择。博弈双方一旦选定各自的策略,博弈的结局就可以预料了。

支付,也称为报酬、得益,是指参与者每一个可能的决策选择所带来的一个结果。它可能是收入,也可能是支出;可能是利润,也可能是亏损。支付反映所有参与者在某策略组合下的所得和所失。每个参与者的支付既取决于自己的策略,也取决于对手的策略。

支付矩阵则是分析两个人或两个组织之间相互作用的工具,表示博弈者采取的策略、利益的分配和不同博弈者的支付。支付矩阵说明参与者之间不同的策略会导致不同的获利情况。

下面通过两个企业的价格战的例子来进一步解释这几个基本概念。

假设甲乙两个企业提供整个市场的供给,两个企业有相同的成本和需求结构。每个企业都可能选择两个策略,即是运用正常价格,还是采取低价格,以迫使对手破产。

表 5-2 即为支付矩阵。每个企业都对应有两个可能的策略,表格中的数字表明两个企业在某策略下的支付,其中前面的数字表明甲企业的支付,而后面的数字表明乙企业的支付,这里的支付有利润,也有亏损。两个企业的策略组合起来有四个可能的结果。如果两个企业都运用正常价格,则都能获得 10 亿元的利润;如果两个企业都运用低价格,则都能获得 50 亿元的亏损;如果一个企业运用正常价格,而另一个企业运用低价格,则运用正常价格的企业获得 10 亿元的亏损,而运用低价格的企业则获得 100 亿元的亏损。

表 5-2　企业的价格战　　　　　　　　　　　　　单位:亿元

		乙企业可能的策略	
		正常价格	低价格
甲企业可能的策略	正常价格	10,10	-10,-100
	低价格	-100,-10	-50,-50

2. 博弈均衡

博弈均衡是指博弈中的所有参与者都不想改变自己的策略的一种状态。

经济学中通常假设消费者依据效用最大化的目标进行消费,企业依据利润最大化的目标进行生产。而在博弈论思想中,某参与者还要考虑其他参与者的目标和行动来做出自己的决策。假设你的对手在研究你的策略,并采取追求自身最大利益行动的时候,你该如何选择最有效的策略。

1) 占优策略均衡

在选择策略时,最简单的一种选择是占优策略。占优策略是指无论其他博弈者采用何种策略,该博弈者的策略总是最好的。

在上面价格战的例子中,对于甲企业而言,当乙企业选择正常价格时,甲企业选择正常价格策略比低价格策略要明智,会获得 10 亿元的利润;当乙企业选择低价格时,甲企业选择正常价格策略仍比低价格策略要明智,此时亏损最小。因此,无论乙企业采用哪种策略,甲企业的正常价格策略总是最好的,即为占优策略。同样,正常价格策略也是乙企业的占优策略。在两个企业都采用占优策略时的结果,即为占优策略均衡。占优策略均衡是指由博弈中的所有参与者的占优策略组合所构成的均衡。再如表 5-3 卡特尔困境和表 5-4 广告博弈都属于占优策略均衡的例子。

表 5-3 卡特尔困境　　　　　　　　　　　　　　　单位:亿元

甲企业可能的策略		乙企业可能的策略	
		合作	不合作
	合作	10,10	6,12
	不合作	12,6	8,8

表 5-4 广告博弈　　　　　　　　　　　　　　　单位:亿元

甲企业可能的策略		乙企业可能的策略	
		做广告	不做广告
	做广告	10,10	−10,−100
	不做广告	−100,−10	−50,−50

2) 纳什均衡

如果两个企业可能采用的策略或者是正常价格,或者是抬高价格形成垄断以尽可能获取垄断利润,这种情况称为对抗博弈,如表 5-5 所示。

表 5-5 两个企业的对抗博弈　　　　　　　　　　　单位:亿元

甲企业可能的策略		乙企业可能的策略	
		高价格	正常价格
	高价格	100,200	−20,150
	正常价格	150,−30	10,10

在对抗博弈中,如果两个企业都采用高价格策略,则分别可以获取 100 亿元和 200 亿元的高额垄断利润;如果都采用正常价格策略,则两个企业都获利 10 亿元;而如果一个企

业采用正常价格,而另一个企业采用高价格,则采用正常价格的企业将出现亏损,而采用高价格的企业则会获得高额利润。

对于甲企业来说,无论乙企业采用哪种策略,其正常价格策略为占优策略。而乙企业则没有占优策略。因为如果甲企业采用高价格策略,则乙企业也会采用高价格策略;如果甲企业采用正常价格策略,则乙企业也会采用正常价格策略。乙企业陷入两难困境中,它该如何选择呢?

实际上,乙企业最终会选择正常价格策略。因为依据博弈论,某参与者要考虑其他参与者的目标和行动来做出自己的决策,所以乙企业会站在甲企业的立场来考虑。因为正常价格策略是甲企业的占优策略,所以乙企业自然也会采用正常价格策略。最终甲乙两个企业都会采用正常价格策略,这个结果即为纳什均衡。

纳什均衡是指在其他博弈者的策略给定时,没有一方还能改善自己的获利的状态。在一个纳什均衡里,如果其他参与者不改变策略,任何一个参与者都不会改变自己的策略。占优均衡一定是纳什均衡,但纳什均衡不一定是占优均衡。纳什均衡也叫非合作性均衡,因为所有参与者在选择策略时没有合谋,他们只是选择对自己最有利的策略。对于博弈各方而言,非合作性均衡不是有效率的均衡。相反,当博弈各方结成联盟,实现合作性均衡时,各参与者会采用利润最大化的策略。

阅读案例 5-7

美丽心灵

约翰·纳什是美国数学家,主要研究博弈论、微分几何学和偏微分方程。他的理论被运用在市场经济、计算、演化生物学、人工智能、会计、政策和军事理论中。因其在博弈论方面的贡献而成为 1994 年诺贝尔经济学奖得主之一。获得 2002 年奥斯卡最佳影片奖的影片《美丽心灵》就是根据他的传奇经历改编而成。

纳什从小就很孤僻,他宁愿钻在书堆里,也不愿出去和同龄的孩子玩耍。但是那个时候,纳什的数学成绩并不出色。中学毕业后,纳什进入了匹兹堡的卡耐基梅隆大学学习,之后又进入卡耐基技术学院化学工程系。1948 年,大学三年级的纳什同时被哈佛、普林斯顿、芝加哥和密执安大学录取,而普林斯顿大学则表现得更加热情。

1950 年,纳什获得美国普林斯顿大学的博士学位,他在那篇仅仅 28 页的博士论文中提出了一个重要概念,也就是后来被称为"纳什均衡"的博弈理论。

1958 年,纳什因其在数学领域的优异工作被美国《财富》杂志评为新一代天才数学家中最杰出的人物。然而,正当事业如日中天、家庭美满幸福的时候,30 岁的纳什得了严重的精神分裂症,并连续两次被送入精神病院。他的妻子艾利西亚——麻省理工学院物理系毕业生,表现出钢铁一般的意志:她挺过了丈夫被禁闭治疗、孤立无援的日子……

正当纳什本人处于梦境一般的精神状态时,他的名字开始出现在 20 世纪 70 年代和 80 年代的经济学课本、进化生物学论文、政治学专著和数学期刊的各领域中。他的名字已经成为经济学或数学的一个名词,如"纳什均衡"、"纳什谈判解"、"纳什程序"、"德乔治一纳什结果"、"纳什嵌入"和"纳什破裂"等。

20 世纪 80 年代末期,纳什渐渐康复,从疯癫中苏醒,而他的苏醒似乎是为了迎接他生命中的一件大事：1994年，他和其他两位博弈论学家约翰·C.海萨尼和莱因哈德·泽尔腾共同获得了诺贝尔经济学奖。

纳什没有因为获得了诺贝尔奖就放弃他的研究，在诺贝尔奖得主自传中，他写道："从统计学看来，没有任何一个已经66岁的数学家或科学家能通过持续的研究工作，在他或她以前的成就基础上更进一步。但是，我仍然继续努力尝试。由于出现了长达25年部分不真实的思维，相当于提供了某种假期，我的情况可能并不符合常规。因此，我希望通过至1997年的研究成果或以后出现的任何新鲜想法，取得一些有价值的成果。"

然而在2015年5月23日，约翰·纳什夫妇遇车祸，在美国新泽西州逝世，终年86岁。

资料来源：搜狐财经 http://business.sohu.com/20150525/n413676563.shtml. 2015-05-25。

3. 博弈行为分析

1）威胁

寡头企业在竞争的过程中，经常采取一些有威胁含义的策略性行动，这些行动往往包含了企业给竞争对手发出的信号，以表明会使对方遭受损失的打算、动机和目标，这些信号就是威胁。例如，A企业得知自己的主要竞争对手B企业打算降低产品价格，他可能会扬言自己也将大幅度地降价，这就是一种威胁，其目的是向B企业发出一个信号：假如B企业真的要率先降价，扩大其市场份额，那么价格战将是不可避免的。这种威胁信号，会通过各种方式传递给B企业的决策者，使他们在实际降价之前，不得不考虑A企业这种策略性行动所带来的影响。

一种威胁，只在当它可信时才有用。具体地，只有当参与者采取了某种行动，而且这种行动需要较高的成本，才会使威胁变得可信。例如上例中，假定两个公司都只有高价和低价两个策略，其支付矩阵如表5-6所示。

表5-6　降价的威胁　　　　　　　　　　　　　　单位：万元

		B企业可能的策略	
		低价	高价
A企业可能的策略	低价	2 000, 4 000	5 000, 10 000
	高价	3 000, 1 000	10 000, 8 000

A企业威胁如果B企业降价，那么A企业也会大幅度降价。这种威胁是否可信？通过支付矩阵的分析可以得出A企业的威胁是不可信的。如果B企业不降价，即采用高价策略，那么A企业低价策略只能获利5 000万元，而高价策略可以获利10 000万元，因此其最优策略是高价策略。同理，如果B企业降价，那么A企业低价策略只能获利2 000万元，而高价策略可以获利3 000万元，因此其最优策略也是高价策略。总之，不管B企业是否降价，A企业高价策略的支付（利润）总比在低价策略的支付（利润）要多，这样A企业的威胁就不大可信。

2）生产能力的扩张

寡头企业有时需要决策：生产能力是否需要扩张？如果需要扩张，又扩张多少？在进行这些决策时，有些企业会抢在竞争对手行动之前，首先扩张自己的生产能力，这样就可以遏制竞争对手形成新的生产能力,这一策略就叫作先占。如果能对某种特定产品的未来需求增长做出合理而准确的判断,这的确是一种有效的策略。

假定双寡头企业 A 和企业 B 都意识到市场对其产品的需求量将大幅度上升,这两家企业都在考虑是否建设一个新工厂。支付矩阵如表 5-7 所示。

表 5-7 生产能力的扩张　　　　　　　　　　　　　　　单位:亿元

		B 企业可能的策略	
		建设新厂	不建设新厂
A 企业可能的策略	建设新厂	−50,−50	100,0
	不建新厂	0,100	0,0

从表中可以看出,如果两个企业都建设新厂,由于生产能力过剩,双方都将亏损 50 亿元;如果两个企业都不建设新厂,他们都将一无所得,利润为 0;如果只有一家建设新厂,他将获得 100 亿元的利润。

在该博弈中,有两个纳什均衡:一个是 A 企业建设新厂而 B 企业不建设新厂,另一个是 B 企业建设新厂而 A 企业不建设新厂。也就是说,如果 A 企业率先建设新厂,B 企业则不建新厂,而如果 B 企业先建设新厂,则 A 企业就不建新厂。至于哪个均衡会出现,则取决于哪个企业率先行动。

当然,这种先占策略是有风险的。若事实证明该种产品的市场需求量没有增长,或者虽有增长但增长幅度没有预期的大,则根据先占策略而扩张的生产能力就会闲置。另外,如果企业采取这一策略,就必须十分谨慎,准确地判断出竞争对手"理性"地做出反应的可能性。如果竞争对手拒绝屈服于这种先占策略,而是非理性地针锋相对地也扩张生产能力,则该行业就会陷入一场商战,从而使两家企业都遭受巨大损失,最终两败俱伤。

【本章小结】

本章首先介绍了市场结构的基础知识;其次,阐述了完全竞争市场的含义、特征及均衡分析;再次,阐述了完全垄断市场的含义与成因,垄断企业的短期决策与长期决策,并对完全垄断市场和完全竞争市场进行了比较;接着,分析了垄断竞争市场含义及特征,垄断竞争企业的短期决策与长期决策和垄断竞争市场中的非价格竞争现象;最后,说明了寡头垄断市场含义及特征,以及不同类型的寡头垄断市场定价模型与企业决策。

完全竞争市场是指不存在任何阻碍和干扰的,没有外力控制的,不包含任何垄断因素的自由竞争市场结构。在完全竞争市场中,商品的价格是由行业需求曲线和行业供给曲线的交点决定的。$P=AR=MR=SMC$ 为完全竞争厂商短期的均衡条件,也是短期最优产量的决定条件。完全竞争厂商短期均衡要点:是否生产,取决于 $P \geqslant AVC_{min}$;是否最优,取决于 $P=SMC$;是否盈亏,取决于 $P>SAC_{min}$。在完全竞争市场条件下,企业的短期供给曲线与 MC 曲线位于 VC 最低点以上的部分重叠,在价格不变情况下,将行业内所有企业的 MC 曲线与市场价格相对应的数量水平加总,即可得到该行业供给曲线或市场供给曲线。完全竞争企业的长期均衡条件是:$P=AR=MR=LMC=SMC=LAC=SAC$。

完全垄断市场是指整个市场只有唯一生产者的市场结构。短期内,和完全竞争市场一样,垄断企业可能获得超额利润、收支相等,也可能出现亏损。长期内,垄断企业会获得超额利润。

垄断竞争市场是指市场上有许多企业生产和销售相近但有差别商品的市场结构。企业存在主观需求曲线和客观需求曲线两条需求曲线。短期内,企业可能获得超额利润、收支相等,也可能出现亏损。长期内,企业只能获得正常利润。但与完全竞争企业相比,平均成本高而生产数量少。市场上除了价格竞争,还有激烈的非价格竞争,如品质竞争和广告竞争。

寡头垄断市场是指少数几个企业控制一个行业供给的市场结构。寡头垄断市场的定价理论非常复杂,通常要考虑寡头垄断市场中企业勾结程度和它们的竞争对手的反应。

博弈论,也叫对策论,所分析的是两个或两个以上的参与者选择能够共同影响每一参加者的行动或策略的方式,进而从中找出最优策略。博弈论研究博弈参与者在利益冲突条件下进行决策的理论,即试图研究在既有冲突又有合作的情况下,个人或者组织(如寡头垄断企业)的决策行为。博弈论的基本概念包括参与者、策略、报酬和支付矩阵等。

【中英文关键词】

1. 市场结构　　　　　　　　market structure
2. 完全竞争市场　　　　　　perfect competition market
3. 完全垄断市场　　　　　　perfect monopoly market
4. 垄断竞争市场　　　　　　monopolistic competition market
5. 寡头垄断市场　　　　　　oligopoly market
6. 短期均衡　　　　　　　　short run equilibrium
7. 长期均衡　　　　　　　　long run equilibrium
8. 赫芬达尔—赫希曼指数　　Herfindahl—Hirshmann index
9. 生产者剩余　　　　　　　producer surplus
10. 停止营业点　　　　　　　shut-down point

【综合练习】

一、选择题

1. 下列行业中最接近于完全竞争市场的是(　　)。
   A. 汽车　　　　B. 盐　　　　C. 方便面　　　　D. 水稻
2. 企业实现利润最大化的基本条件是(　　)。
   A. 平均成本最低　　　　　　　　B. 销售量最大

C. 销售价格最高 D. 边际收益等于边际成本
3. 若在最优产出水平 P 超过 AVC，但小于 AC 时，则企业是在（　　）。
   A. 获取利润 B. 亏损但在短期内继续生产
   C. 亏损，应立即停产 D. 盈亏相等
4. 假定某厂商的平均收益曲线从水平线变为向右下方倾斜的曲线，这说明（　　）。
   A. 既有厂商进入也有厂商退出该行业 B. 原有厂商退出该行业
   C. 新的厂商进入该行业 D. 完全竞争被不完全竞争所取代
5. 最需要进行广告宣传的市场是（　　）。
   A. 完全竞争市场 B. 完全垄断市场
   C. 竞争垄断市场 D. 寡头垄断市场
6. 完全垄断厂商如果处于（　　）。
   A. 长期均衡时，一定处于短期均衡 B. 长期均衡时，不一定处于短期均衡
   C. 短期均衡时，一定处于长期均衡 D. 以上三种情况都有可能
7. 垄断竞争厂商实现最大利润的途径有（　　）。
   A. 调整价格 B. 品质竞争
   C. 广告竞争 D. 以上途径都有可能
8. 垄断竞争厂商长期均衡点上，长期平均成本曲线处于（　　）。
   A. 上升阶段 B. 下降阶段
   C. 水平阶段 D. 以上三种情况都有可能
9. 寡头垄断厂商的产品是（　　）。
   A. 同质的 B. 有差异的
   C. 既可以是同质的，也可以是有差异的 D. 以上都不对
10. 卡特尔制定统一价格的原则是（　　）。
    A. 使整个卡特尔产量最大 B. 使整个卡特尔利润最大
    C. 使整个卡特尔边际成本最小 D. 使整个卡特尔中各企业的利润最大
11. 垄断竞争市场和完全竞争市场的区别在于（　　）。
    A. 垄断竞争市场包含了大量企业 B. 垄断竞争企业的产品存在差别
    C. 垄断竞争企业能自由进出市场 D. 以上三种都是
12. 在完全垄断市场，通常（　　）。
    A. MR＜AR B. MR＝AR C. AR＝LAC D. MC＝LAC
13. 寡头垄断和垄断竞争之间的主要区别是（　　）。
    A. 厂商的广告开支不同 B. 非价格竞争的数量不同
    C. 厂商之间相互影响的程度不同 D. 以上都不对
14. 古诺双头垄断厂商的反应函数给出了（　　）。
    A. 在另外一个厂商产量给定条件下一个厂商的产量水平
    B. 在另外一个厂商产量给定条件下一个厂商的价格水平
    C. 在另外一个厂商价格给定条件下一个厂商的产量水平
    D. 在另外一个厂商价格给定条件下一个厂商的价格水平

第5章 市场结构与企业决策行为分析

15. 在折弯的需求曲线模型中,拐点左右两边的需求弹性是( )。
    A. 左边弹性大,右边弹性小　　　　B. 左边弹性小,右边弹性大
    C. 左右两边弹性一样大　　　　　　D. 以上都不对
16. 在寡头垄断的价格领导模型中( )。
    A. 成本最低的厂商将决定市场价格
    B. 单一厂商对他们将一致索取的价格明确表示同意
    C. 由一个厂商领先确定价格,其他厂商则追随其后
    D. 所有厂商索取相同的价格,获取相等的利润
17. 厂商在停止营业点( )。
    A. $P=AVC$　　　　　　　　　　B. $TR=TVC$
    C. 企业总亏损等于 FC　　　　　　D. 以上都对
18. 在完全竞争市场上,厂商短期均衡条件是( )。
    A. $P=AR$　　B. $P=MC$　　C. $P=MR$　　D. $P=AC$
19. 完全竞争市场的厂商短期供给曲线是指( )。
    A. $AVC>MC$ 中的那部分 AVC 曲线　　B. $AC>MC$ 的那部分 AC 曲线
    C. $MC \geqslant AVC$ 中的那部分 MC 曲线　D. $MC \geqslant AC$ 的那部分 MC 曲线
20. 当完全竞争厂商和行业都处于长期均衡时( )。
    A. $P=MR=SMC=LMC$　　　　　B. $P=MR=SAC=LAC$
    C. $P=MR=LAC$ 的最低点　　　　D. 以上都对

二、判断题

1. 农产品市场最接近于垄断竞争市场。( )
2. 在完全垄断市场上,只有少数几家企业。( )
3. 寡头垄断企业的产品都是有差别的。( )
4. 一般情况下,企业产品的价格若低于平均成本就会停止营业。( )
5. 完全垄断企业在实现短期均衡时一定是盈利的。( )
6. 集中度指标数值超高,表示市场的垄断程度超高。( )
7. 完全竞争市场达到长期均衡时,所有企业的经济利润都趋于零。( )
8. 垄断竞争市场中企业达到短期均衡时,在均衡产量处,两条需求曲线相交。( )
9. 寡头市场上的价格领导企业一定是该行业中市场份额最大的企业。( )
10. 对完全垄断厂商来说提高价格一定能增加收益。( )

三、简答题

1. 阐述四种市场结构的特征。
2. 说明完全垄断企业的短期均衡条件以及三种均衡状态。
3. 试画图说明完全竞争市场和完全竞争市场的区别。
4. 说明垄断竞争企业的短期均衡和长期均衡的实现过程和条件。
5. 寡头垄断市场的判断标准是什么?与垄断竞争市场的主要区别是什么?
6. 在古诺均衡的条件下,为什么寡头不勾结起来制定高价。
7. 什么叫占优策略均衡?

四、计算题

1. 完全竞争市场中,企业的长期成本函数 $LTC=0.05Q^3-Q^2+10Q$,当市场价格 $P=30$ 时,该企业的利润最大化产量以及净利润是多少?这个产出点是均衡的吗?

2. 某企业按照斯威齐模型的假定条件有两段需求函数:$P=25-0.35Q$(当产量为 $0-20$ 时),$P=35-0.65Q$(当产量大于 20 时);公司的总成本函数为 $TC=200+5Q+0.225Q^2$,试求:企业的均衡价格和产量各是多少时,利润最大?最大利润是多少?

3. 已知某完全竞争行业的单个企业短期成本函数为 $STC=0.1Q^3-2Q^2+15Q+10$,试求:

(1) 当市场上产品价格为 $P=55$ 时,企业的短期均衡产量和利润。

(2) 当市场价格下降为多少时,企业必须停产?

4. 假设某垄断竞争行业中的典型企业的长期成本为 $LTC=0.0025Q^3-0.5Q^2+400Q$,若企业的主观需求函数为 $P=a-0.1Q$,试求:典型企业实现长期均衡时的产量和价格分别是多少?

【案例分析】

根据以下案例所提供的资料,试分析:

我国集装箱港口体系经历了怎样的市场结构演变?属于何种市场结构?依据是什么?

我国集装箱港口集中度变化

我国的集装箱专业化码头建设起步较晚,但发展非常迅速。本文通过对 1979—2011 年我国集装箱港口体系演进过程及趋势进行研究,寻找其存在的规律,以期为促进我国集装箱港口的发展及未来的港口规划和管理提供一定的理论依据。

一、赫芬达尔—赫希曼指数

在研究集装箱港口体系的集中与分散时,学者们常使用代表市场绝对集中度的 CR_4、CR_8,代表相对集中度的基尼系数和赫芬达尔—赫希曼指数(Herfindahl-Hirshmann index,HHI)。由于 HHI 综合考虑了港口体系内集装箱港口数量和各个港口的集装箱吞吐量以及港口体系总吞吐量,可较好地反映港口体系内各个港口之间的竞争情况,因此,本文使用 HHI 这一指标,它的计算公式为

$$HHI = 10\,000 \times \sum_{i=1}^{n}\left(\frac{X_i}{X}\right)^2 = 10\,000 \times \sum_{i=1}^{n}S_i^2$$

式中:X 为我国港口集装箱总吞吐量;X_i 为第 i 个港口的集装箱吞吐量;S_i 为第 i 个港口集装箱吞吐量占集装箱总吞吐量的比重。

二、1979—2011 年我国集装箱港口体系变迁

我国集装箱港口体系包括沿海和内河集装箱港口体系。本文沿海、内河集装箱港口以及五大港口群按照《全国沿海港口布局规划(2006 年)》《全国内河航道与港口布局规划(2006—2020 年)》进行划分。

(一) 集装箱港口数量与总吞吐量

我国 1979—2011 年专业化集装箱港口数量与总吞吐量如图 1、图 2 所示。

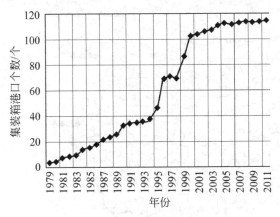

图 1　1979—2011 年我国集装箱港口数量

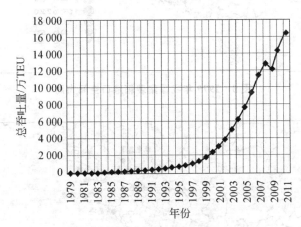

图 2　1979—2011 年我国集装箱港口总吞吐量

从图 1 中可以看出，1979—2011 年我国集装箱港口数量呈现出持续增加 (1979—1994 年)、快速上升 (1994—2000 年)、缓慢增加 (2000—2005 年) 和基本稳定 (2005—2011 年) 的发展趋势，到 2005 年之后我国集装箱港口总数基本维持在 113 个左右。图 2 显示了 1979—2011 年我国港口集装箱吞吐量的变化，1979—2000 年呈现缓慢上升趋势，2000 年以后呈快速上升趋势，其中受 2008 年金融危机的影响，2009 年集装箱吞吐量出现负增长，随后集装箱吞吐量又开始快速回升。

(二) 集装箱港口体系空间布局变化

本文根据图 1 港口数量的几个变化阶段选出 1979 年、1994 年、2000 年和 2011 年 4 个关键时点，以 0~100 万 TEU、100 万~500 万 TEU、500 万~1 500 万 TEU、1 500 万~2 500 万 TEU 以及 2 500 万 TEU 以上 5 个等级为标准划分不同时点集装箱港口的规模，使用 mapinfo 软件绘制的集装箱港口空间布局图来研究港口体系的空间布局变化，如图 3~图 6 所示。

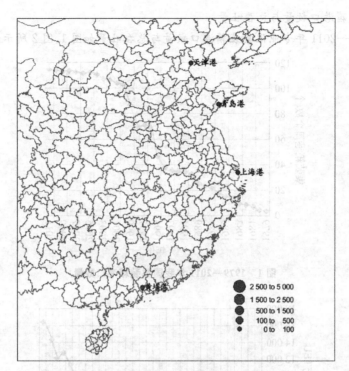

图3 1979年我国集装箱港口空间布局

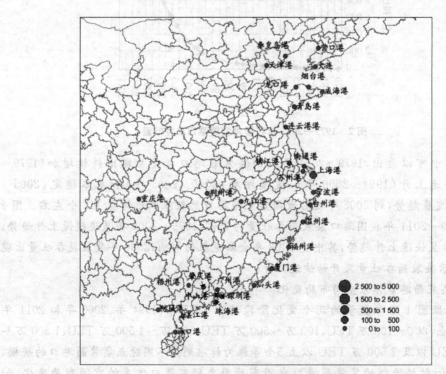

图4 1994年我国集装箱港口空间布局

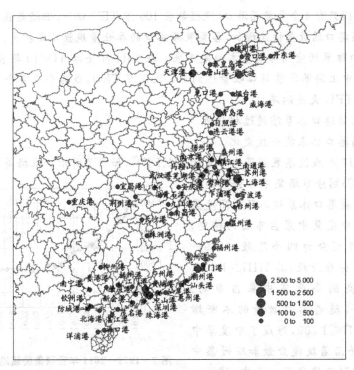

图 5 2000 年我国集装箱港口空间布局

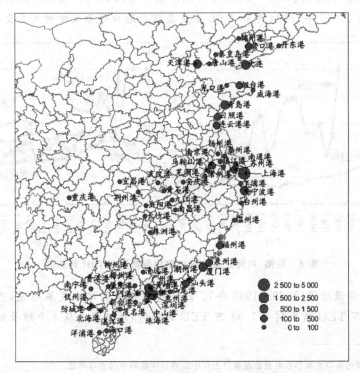

图 6 2011 年我国集装箱港口空间布局

1979年我国只有4个集装箱港口,规模都在100万TEU以下,但随着我国经济持续高速增长,集装箱港口的数量快速增加,各集装箱港口的吞吐量规模不断扩大。自2005年之后,集装箱港口体系的空间布局基本稳定下来。在2011年全球TOP10集装箱港口中,中国占半数。其中上海港集装箱吞吐量达到3 173.9万TEU,成为全球首个集装箱吞吐量突破3 000万TEU大关的港口。

(三) 集装箱港口体系演进过程分析

1. 集装箱港口体系集中度变化

1979—2011年我国集装箱港口体系的HHI值①,如图7所示。依据美国司法部和联邦委员会(FTC)划分市场集中与分散的标准②,我国集装箱港口体系经历了从高度集中寡占市场向中度集中寡占市场的转变,其演进过程可划分为四个阶段,1979—1989年是快速分散阶段,其HHI>1 800,为垄断性很高的高度集中寡占市场。1989—2009年,随着港口数量的不断增加,1 000<HHI≤1 800,形成了中度集中的寡占市场,并沿着缓慢分散和缓慢集中相互更替的周期规律发展。其中,1989—

图7　1979—2011年我国集装箱港口市场HHI

1996年为缓慢分散阶段、1996—2004年为缓慢集中阶段,2004—2009年再变为缓慢分散阶段。1989年、1996年、2004年和2009年是集装箱港口体系集中度发生变化的转折点。

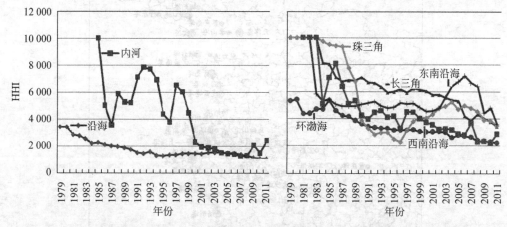

图8　沿海、内河及五大港口群集装箱港口HHI趋势图

(1) 快速分散阶段(1979—1989年)。这一阶段集装箱港口发展迅速,在集装箱总吞吐量从3.29万TEU增长到117.03万TEU的同时,港口数量从4个增长到25个,从而

---

① HHI计算的港口集装箱吞吐量数据来自历年中国港口年鉴和中国港口网站。
② 美国司法部和联邦委员会(FTC)划分市场集中与分散的标准为:HHI≤1 000为非集中的竞争市场;1 000<HHI≤1 800为中度集中的寡占市场;HHI>1 800为高度集中的寡占市场,本文采用的这一标准。

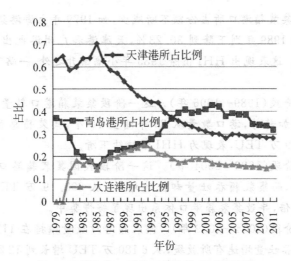

图 9 环渤海港口群港口的占比变动趋势图

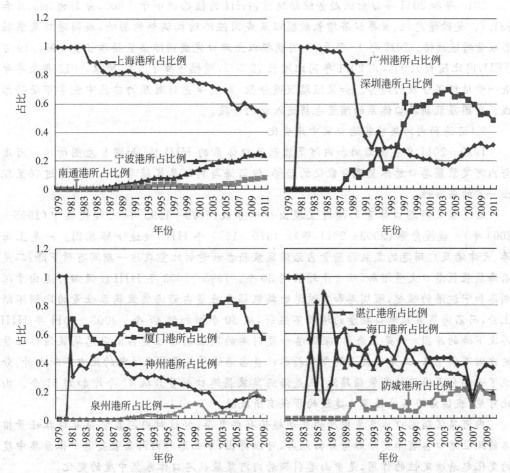

图 10 各港口群主要港口的占比变动趋势图

导致排名前几位的集装箱港口所占份额不断减少,如1979年上海港集装箱吞吐量占整个全国的48.33%,而1989年则下降到30.23%,天津港和广州港也出现了不同程度的下降,见图9和图10。这表现出HHI值除1985年小幅回升之外,一路下滑,年均下降率为6.35%。

(2) 缓慢分散阶段(1989—1996年)。这一阶段集装箱港口数量和集装箱吞吐总量都保持平稳快速增加趋势,港口数量从25个增至70个,集装箱总吞吐量从117.03万TEU增长到803.19万TEU,表现为HHI值继续下滑。

(3) 缓慢集中阶段(1996—2004年)。这一阶段我国集装箱港口数量增速放缓,从70个增加到111个,而集装箱吞吐量却快速增加,从803.19万TEU增加到6 180万TEU,增加了4.74倍,导致集装箱港口体系出现了缓慢集中。

(4) 缓慢分散阶段(2004—2009年)。集装箱港口数量维持在113个上下,相对于集中阶段港口集装箱吞吐量增速有所放缓,从6 180万TEU增长到12 240万TEU,增加了0.98倍。

2010年和2011年分散的趋势继续延续,HHI的值已经小于1 000,分别为948.6和931.7。受欧债危机、世界经济增长放缓以及我国经济结构调整的影响,我国港口集装箱吞吐量增速放缓。2012年1~7月,全国规模以上港口完成国际集装箱吞吐量9 957.19万TEU,同比增长7.9%,比2011年同比增长12.9%,增幅下降了5%,所以,2012年上半年进一步延续了分散的趋势。如果继续缓慢分散,则竞争更为激烈的非集中竞争市场将形成。我国集装箱港口体系的演进也将进入新的阶段。

2. 沿海和内河集装箱港口集中度变化

1979—2011年我国沿海和内河集装箱港口体系的HHI值,如图8左图所示。沿海与内河集装箱港口总体呈现分散化的趋势,但沿海与内河集装箱港口体系演进过程呈现出一定的差异性。

沿海集装箱港口体系的演进呈现出快速分散(1979—1995年)—缓慢集中(1995—2003年)—缓慢分散(2003—2011年)。1979—1995年HHI快速下降原因:一是上海港、天津港及广州港的集装箱量占沿海集装箱吞吐量的比重在这一期间有所下降;二是沿海集装箱港口大量增加,从3个增长到30个。1995—2003年HHI缓慢回升是由于深圳港和宁波港的崛起,深圳港和宁波港的集装箱吞吐量占沿海集装箱吞吐量的比例不断上升,而沿海集装箱港口数量的增长不显著,从30个增加到47个。2003—2011年HHI再次下降的原因:一是上海港、深圳港和厦门港的集装箱吞吐量占沿海总集装箱吞吐量的比例不断下降;二是宁波港的集装箱吞吐量占沿海总集装箱吞吐量的比重不断上升,分流了一部分上海港的集装箱箱源;三是沿海集装箱港口数量只从47个增加到51个。由此可见,我国沿海集装箱港口建设的步伐有所减缓。

内河集装箱港口体系集中度的变动趋势有些复杂,经过对内河集装箱港口吞吐量排名前几位港口占有率变动趋势分析以后,可以得出,中山港对内河集装箱港口体系集中度的变化起着决定性的作用,是中山港引领着内河集装箱港口体系集中度的变化。

3. 五大港口群集装箱港口集中度变化

五大港口群集装箱港口体系1979—2011年的HHI值,如图8右图所示。五大港口群总体呈现分散化的趋势,但演进过程存在一定的差异。五大港口群中主要港口占比变动趋势如图9和图10所示。

(1) 环渤海港口群前三大港口是天津港、青岛港和大连港,三大港口集装箱吞吐量占该港口群总吞吐量比例的变动趋势,如图9所示,说明环渤海港口群集中度变化的主要原因是天津港的作用。在1981—1885年在天津港占比提高的作用下,环渤海港口群的演进呈现出缓慢集中,随后HHI一直缓慢下降,总体呈现出分散化趋势。

(2) 长三角港口群集中度变化主要是上海港和宁波港的作用,其中上海港起决定作用,其集中度的变化趋势与上海港集装箱吞吐量在港口群中占比的变动趋势十分相近,HHI缓慢上升和较快下降相互更替,总体呈现出分散化趋势。上海港占比的下降在于宁波港的快速增长,从上海港和宁波港集装箱吞吐量来看,1990年宁波仅为上海的4.9%,2000年提高到16.1%,而2011年提高到46.1%。

(3) 珠三角港口群演进过程波动最为剧烈,呈现出快速分散(1981—1996年)—较快集中(1996—2004年)—缓慢分散(2004—2011年)的过程,其集中度变化主要是广州港和深圳港的作用,其中广州港在1996年之前起决定作用,深圳港在1996年之后起决定作用。深圳港的快速增长是导致该港口群较快集中和缓慢分散的主要原因。

(4) 东南沿海港口群演进呈现出快速分散(1981—1984年)—基本稳定(1984—2001年)—快速集中(2001—2006年)—快速分散(2006—2011年)的过程。东南沿海港口群集中度变化主要是厦门港、福州港和泉州港的作用,其中厦门港起主要作用,福州港和泉州港起辅助作用。

(5) 西南沿海港口群演进过程也比较复杂,呈现出快速分散(1981—1984年)—快速集中(1984—1986年)—快速分散(1986—1996年)—缓慢分散(1997—2011年)的过程。西南沿海港口群集中度变化主要是湛江港、海口港和防城港的作用,其中湛江港和海口港起主要作用。

三、我国集装箱港口体系发展规律

本文通过上述分析可以得到如下结论:

第一,1979—2011年我国集装箱港口体系无论是从总体来看,还是从沿海港口、内河港口及五大集装箱港口群的角度看,均表现为不同程度的分散与集中相互更替的演进过程,总体呈分散化的发展趋势。它们的演进过程存在较大差异。五大集装箱港口群的演进过程决定了我国集装箱港口体系经历了快速分散—缓慢分散—缓慢集中—缓慢分散四个阶段的演变过程,其中1989年、1996年、2004年和2009年是发生变化的转折点。缓慢集中主要在于深圳港和厦门港的较快发展。我国集装箱港口体系未来的演进过程仍将沿着缓慢分散和缓慢集中相互更替的周期规律发展。

第二,我国集装箱港口体系在1979—1989年为高度集中寡占市场,在1989—2009年为中度集中寡占市场。2010和2011年HHI值已经小于1 000,出现了非集中竞争市场的趋势,但还未真正形成竞争最激烈的非集中竞争市场,正处于中度集中寡占市场与非集中竞争市场之间的市场状态,预示着我国主要港口集装箱运输需求将从高速增长转为温和增长。

第三,随着我国集装箱港口竞争程度的不断加强,应充分发挥市场机制的调节作用,促使集装箱港口企业不断提升质量、建设软环境，提高竞争力，积极引导港口企业由粗放式发展向精细化、敏捷化发展，同时，为避免过度竞争，应积极寻求港口企业之间竞争合作的发展道路。

资料来源：塞令香,李东兵,刘玲玲.我国集装箱港口体系演进规律研究[J].经济地理,2012(12)：91-96.

第6章 定价决策

【学习目标】

通过本章的学习,对价格歧视、多产品定价、转移价格的确定方法及其他定价法有一定的了解和掌握。

【教学要求】

知识要点	相关知识	能力要求
价格歧视法	价格歧视的含义及其基本条件;消费者剩余的含义;价格歧视的分类	了解一级价格歧视、二级价格歧视、三级价格歧视、时间价格歧视的概念;掌握三级价格歧视实施的条件及如何确定两个市场的定价
多产品定价法	需求上相互联系的产品定价;按固定比例生产的联产品的定价;按变动比例生产的联产品的最优产量组合	了解联产品的概念;掌握多种产品的需求之间或生产过程之间存在相互联系、相互制约的关系时价格和产量如何决定
转移定价法	转移价格的确定方法。	了解中间产品无外部市场条件下,转移价格的确定;掌握中间产品有外部市场条件下,转移价格的确定
其他定价法	成本加成定价法、增量分析定价法、搭售定价法、声望定价法	了解成本加成定价法和增量分析定价法的适用条件。了解成本加成定价法。掌握增量分析定价法、搭售定价法。了解声望定价法

一种经济现象——价格歧视

生活中我们经常会看到一些现象:当你用手机打电话时不同时段的价格有差异;在超级市场会员与非会员的价格也有差异;乘公交车有零票和月票的区别;批发市场批发价和零售价也有很大差异;旅游景点门票也有淡旺季票价之分;学生去书店买书比一般人便宜;老年人乘坐公交车可以享受优惠;电影开场前几个小时买票比提前几天买便宜;用电高峰期收费比正常时段贵;跟随旅行社去旅游飞机票价较低;新款服装刚刚上市很贵,过了一段时间价格下降……

那么为什么商家不采取统一的价格而要差别定价呢？是不是这样的利润更高呢？其实这些我们早已习以为常的事情就是一种经济现象——价格歧视。

制定适当的价格，是一个市场经济条件下的企业最基本和最重要的生产经营决策之一。我们在前面的章节中分析了企业面临的需求、成本、收益和市场结构，最终要解决的一个基本问题是使企业能够确定其最优的产量和价格，企业决策的依据是使 MR＝MC，以保证利润最大化或短期的亏损最小化。但是上述讨论主要是理论上的，我们假定企业只面临一个市场，只生产一种产品，并且只有一个利润中心，企业对于成本、需求都有完全的信息，企业的唯一目标是追求利润最大化。而实际中的情况要复杂得多，企业往往面临多个市场，生产多种产品，企业可能有多个子公司，而且对成本、需求和竞争者的反应等信息都是不完全的，很难确切计算出 MR 和 MC 的值。现实中的企业也不一定追求最大的利润，也许有一个满意的利润就够了。因此，有必要进一步探讨企业实际采用的各种定价方法。

6.1 价格歧视法

在上一章讲述了非完全竞争厂商在单一价格下追求最大利润的产量均衡，只是厂商实现价格与产量均衡的一种情况。在现实中，具有一定市场控制力的企业，往往不会制定一种统一的价格，而是为了获取尽可能多的利润采取价格歧视。在本节首先解释价格歧视（price discrimination）的含义和存在的基本条件，再分别介绍价格歧视的各种类型。

6.1.1 价格歧视的含义和基本条件

价格歧视是指同一种商品针对不同的顾客、不同的销售数量、不同的市场、不同的时间而采取不同价格，并且这些不同的价格并非是因为成本的不同而造成的。价格歧视的例子在现实生活中比比皆是。例如，针对不同顾客的价格歧视。工业用电和生活用电价格不同（居民用电：0.52 元/度；非居民照明用电：0.782 元/度；商业用电：0.843 元/度；非普工业用电：0.661 元/度；农业生产用电：0.458 元/度）；在旅游业中，对国内和国外游客票价不同。针对不同数量的价格歧视。一般来说，一次购买越多，价格就越便宜，这又被称为数量折扣。通常大包装商品的平均价格低于小包装商品，这里就存在数量折扣。针对不同市场的价格歧视。同一产品在国内、国际市场上制定不同的价格；在大城市和农村制定不同的价格。针对不同时间的价格歧视。日场的保龄球、电影等娱乐活动的收费低于夜场；而电话费用在深夜和周末较便宜。

企业并非在任何情况下都能实行价格歧视。企业实行价格歧视的基本条件是必须有一定的垄断能力。在一个完全竞争市场上，企业只是一个价格的接受者，它一旦把价格定得略高于市场价格，就会失去所有的消费者。完全垄断企业可以实行价格歧视，垄断竞争企业和寡头企业也同样可以实行价格歧视。

6.1.2 价格歧视的类型

价格歧视的类型与我们前面章节介绍过的消费者剩余有关。在这里有必要回顾一下。消费者剩余是消费者愿意支付的最高价格高出市场价格的大小。如果某一消费者愿意以 12 元的价格购买某一商品,此价格是该消费者对此商品出的最高价格,若高于该价格,消费者就不买,但该商品的市场价格为 6 元,此时消费者剩余是 6 元。

当需求曲线是非连续曲线时,如图 6-1 所示,第一单位商品消费者愿意支付的最高价格为 P_1,第二单位商品消费者愿意支付的最高价格为 P_2,……,第六单位商品消费者愿意支付的最高价格为 P_6,此时市场价格为 P_6。消费第一单位商品的消费者剩余为 (P_1-P_6),消费第二单位商品的消费者剩余为 (P_2-P_6),以此类推,价格为 P_3、P_4 和 P_5 时,增加的消费者剩余分别为 (P_3-P_6)、(P_4-P_6) 和 (P_5-P_6) 的面积。因此,消费者剩余可表示为价格 P_6 水平线以上与需求曲线围成的面积。

如果需求曲线是连续曲线,则消费者剩余是图 6-2 中阴影部分的面积。

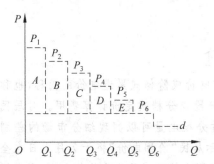

图 6-1 需求曲线为非连续曲线时的消费者剩余

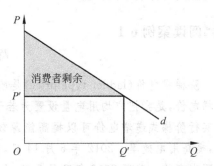

图 6-2 需求曲线为连续曲线时的消费者剩余

1. 一级价格歧视

一级价格歧视(first-degree price discrimination)也称为完全价格歧视,就是指垄断企业按照消费者需求价格而实行的定价,即垄断企业按照不同消费者购买不同数量产品愿意支付的最高价格分别定价。从理论上讲,垄断企业采取一级价格歧视,能够占有全部消费者剩余。

如图 6-3 所示,第一单位商品消费者愿意支付的最高价格为 P_1,企业就按 P_1 价格出售,第二单位商品消费者愿意支付的最高价格为 P_2,企业就按 P_2 的价格出售,依此类推,直至企业销售完全部的商品。这是一种理想的极端情况。在通常情况下,企业按单一价格 P_m 销售,实行一级价格歧视后,企业的利润增加了三角形 $P_m AB$ 的面

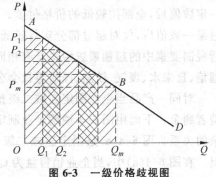

图 6-3 一级价格歧视图

积。这部分面积正好是消费者剩余,因此,实行一级价格歧视的企业实际上是将所有消费者剩余榨光,转化为了生产者的垄断利润。在销售量不变的情况下,垄断企业通过实行一级差别价格,使企业的总收益和利润大幅增长。

在现实中一级价格歧视是很少见的。实行一级价格歧视的难点在于,垄断企业必须了解每一个消费者所愿意支付的最高价格,否则企业就无法实行一级价格歧视。比较近似一级价格歧视的情况是艺术品的拍卖市场,通过消费者之间的相互竞价,消费者自己报

出自己愿意支付的最高价格,每件艺术品就可能按其最高的价格出售。再比如,私人医生、律师、会计师、建筑师等专业人员,对自己的客户比较了解,能够估计客户意愿支付的价格,因而能够因人而异地确定价格或收费标准。

2. 二级价格歧视

二级价格歧视法较常见。二级价格歧视又称为非线性定价,是指垄断企业按购买量的多少决定单位产品的价格,对不同购买数量采取不同的价格,但购买数量相同的人支付相同的价格。比如,零售与批发,零售价高于批发价。当然,二级价格歧视有时采取相反的定价方式,即对消费量多的客户收取较高的价格,对消费量少的客户收取较低的价格。比如,由于供水、供电紧张,一些城市规定在基本消费范围内采取低价供应,而对基本消费量之上的部分收取高价。

阅读案例 6-1

阶梯式电价

阶梯式电价(ladder-type price)是阶梯式递增电价或阶梯式累进电价的简称,也称为阶梯电价,是指把户均用电量设置为若干个阶梯分段或分档次定价计算费用。对居民用电实行阶梯式递增电价可以提高能源效率。通过分段电量可以实现细分市场的差别定价,提高用电效率。2012年6月14日,发改委表示居民"阶梯电价"将于7月1日在全国范围内实施。截至2012年8月7日,全国29个省区市均已对外公布执行方案,九成提高了首档电量标准。其中北京从2012年7月1日起,实行阶梯电价,每户家庭一年用电在2 880度以内不涨价,维持现有0.48元/度的标准。月均用电量在241~400度以及400度以上的,分别上涨0.05元/度和0.3元/度。

需要指出,二级价格歧视不能说成是数量折扣。数量折扣是一价制,即当购买量达到一定数值后,全部按较低的价格付款。而二级价格歧视采用的是分段计价法,当购买量超过某一数值后,仅对超过部分实行较低的价格,之前的部分,仍按较高价格收取。它和现行税制要素中的超额累进税率具有相同的设计原理。二级价格歧视较多地出现在电力、通信、自来水、煤气、铁路、民航等社会公用事业中。

对同一产品当企业制定递减二级价格歧视时,企业收益较大,其原因是侵占了部分消费者剩余。下面用图 6-4 说明企业制定二级价格歧视与单一价格时企业收益与消费者剩余的关系。图 6-4(a)是制定递减二级价格歧视的情况,图 6.4(b)是制定单一价格的情况。在图 6-4(a)中,当企业销售量为 Q_3 时,以 P_1 的价格销售 Q_1 数量的商品,以 P_2 的价格销售 (Q_2-Q_1) 数量的商品,以 P_3 的价格销售 (Q_3-Q_2) 的商品。此时企业收益为矩形 P_1AQ_1O、矩形 EBQ_2Q_1 和矩形 FCQ_3Q_2 的面积之和,消费者剩余是三角形 PAP_1、三角形 ABE 和三角形 BCF 的面积之和。在图 6-4(b)中,企业收益为矩形 P_3DQ_3O 的面积,消费者剩余为三角形 DPP_3 的面积。图 6-4(a)与图 6-4(b)相比,消费者剩余减少了,原来由消费者拥有的消费者剩余转移成为企业的收益。

在一定意义上,二级价格歧视可视为对自然垄断行业进行规制的一种措施。若垄断企业按单一价格确定价格与产量,如果价格过高,需求量过少,垄断企业的生产能力得不

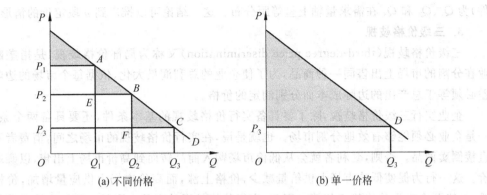

图 6-4 二级价格歧视与企业收益的关系

到充分利用。若垄断企业实行二级价格歧视确定价格与产量,需求量大大增加,垄断企业的产量可达到较高水平,能够充分利用生产能力,降低平均生产成本。一方面,对于自然垄断行业来说,生产能力的充分利用也就意味着其生产成本的大幅度降低,有利于资源的有效配置;另一方面,通过二级价格歧视将可能获得一定的超额利润。

垄断企业采用二级价格歧视可以获得更多的收益,可以多获得多少收益呢?结合图 6-4(a),下面推导一下多获得的收益。假定需求函数为

$$P = a - bQ \tag{6.1}$$

如果垄断企业只获准收取一种价格,则当需求量为 Q_3 时,价格为 P_3,此时垄断企业的总收益为

$$TR_1 = P_3 Q_3 \tag{6.2}$$

如果垄断企业采用二级价格歧视,消费者的需求量仍为 Q_3,则垄断企业的总收益为

$$TR_2 = P_1 Q_1 + P_2(Q_2 - Q_1) + P_3(Q_3 - Q_2) \tag{6.3}$$

则垄断企业多获得的收益为

$$\Delta TR = TR_2 - TR_1 = P_1 Q_1 + P_2 Q_2 - P_2 Q_1 - P_3 Q_2 \tag{6.4}$$

ΔTR 表示垄断企业从消费者处获得的消费者剩余,这部分消费者剩余,就是垄断企业因采用二级价格歧视所多获得的收益。

将 $P_i = a - bQ_i (i = 1, 2, 3)$ 代入式(6.4)并化简可得

$$\Delta TR = b(-Q_1^2 - Q_2^2 + Q_1 Q_2 + Q_2 Q_3) \tag{6.5}$$

在需求量 Q_3 既定的条件下,ΔTR 的大小将取决于 Q_1 和 Q_2。下面来分析 ΔTR 取极大值时,Q_1 和 Q_2 的取值。ΔTR 取极大值时,Q_1 和 Q_2 必须满足如下一阶条件:

$$\frac{\partial \Delta TR}{\partial Q_1} = -2bQ_1 + bQ_2 = 0 \tag{6.6}$$

$$\frac{\partial \Delta TR}{\partial Q_2} = -2bQ_2 + bQ_1 + bQ_3 = 0 \tag{6.7}$$

联立求解式(6.6)和式(6.7)可得 $Q_1 = \frac{1}{3} Q_3, Q_2 = \frac{2}{3} Q_3$。代入式(6.5)可得 $\max \Delta TR = \frac{1}{3} b Q_3^2$。由上述计算结果可知,$\Delta TR$ 取最大值的必要条件(可以证明该条件也为充分条

件)为 Q_1、Q_2 和 Q_3 在需求量轴上呈等距分布。这一结论可以推广到 n 段定价的情形。

3. 三级价格歧视

三级价格歧视(third-degree price discrimination)又称为局部价格歧视,是指垄断企业在分割的市场上出售同一种商品,为了使企业的总利润最大化,依据每个市场的边际收益必须等于总产出的边际成本而分别制定的价格。

企业实行三级价格歧视,除了要具备实行价格歧视的基本条件,还要具备两个条件,一是企业必须能够有效地分割市场。也就是说,在实行价格歧视的市场之间,消费者不能直接倒卖商品。否则,套利者就会从低价市场购入商品转而到高价市场上出售,以赚取差价。这一行为促使低价市场上供给量减少,价格上涨,而高价市场上供应量增加,价格下跌,最终两个市场价格趋于相等。因此,实行价格歧视的产品大多是一些一次性消费的产品或劳务,它们是无法转让的。二是不同市场的价格弹性不同。之所以要实行价格歧视,就是为了利用不同市场的价格弹性不同,采取不同的价格,以取得最大利润。对于需求弹性大的市场,制订低价;需求弹性小的市场,制定高价。这样对不同的市场实行不同的价格,可以使总收入变大。

阅读案例 6-2

数码摄像机的价格歧视

垄断企业可以针对不同的消费者群体索取不同的价格,这在现实生活中极为常见,在我国的数码摄像机市场上,产品价格的制定和变动趋势对于我们认识垄断企业的定价有很多启示。

中国数码摄像机行业经过多年积累,取得了巨大的发展,规模及技术水平不断提高,与国外产品差距不断缩小,但高端产品基本被索尼、松下、三星等国外厂家垄断。

在影像输入领域,我国数码摄像机整体的比例不高,数码摄像机的市场规模小于数码相机的规模,数码摄像机尚未进入真正普及阶段。随着居民消费水平的不断提升和旅游业的快速发展,我国数码摄像机市场的消费需求持续扩张。由于看好数码摄像机市场发展潜力,近年来,众多本土品牌开始进入数码摄像机市场。主打高清、价格不足 3 000 元的国产 DV 成为不少二、三线以下城市的主力销售品牌,而一线城市则依然是进口品牌的主力战场。

2011 年,中国数码摄像机市场的品牌格局和产品格局的走势都较为稳定。索尼在家用数码摄像机和专业数码摄像机领域均独领风骚,且领先优势不断扩大。松下和佳能组成第二阵营品牌,积极地向更专业的方向发展。2012 年 12 月,在中国数码摄像机市场索尼继续受到多数消费者的认可,关注份额超六成。本土品牌关注格局稳定。

中国数码摄像机在发展的同时,一些问题也日益显露出来。但由于存在着巨大的潜在消费群体,仍然最有望成为数码摄像机最大的消费市场。未来几年,由于更多的本土品牌加入到消费数码摄像机市场中,竞争将会更加激烈,激烈的竞争将促使市场产品均价稳定下降,数码摄像机的普及进程将会进一步加快。

在中国市场上,数码摄像机作为一种高科技产品,价格相当昂贵。低档的数码摄像机价格在 4 000~5 000 元人民币,而中高档产品的价格动辄高达万元以上。在国际市场上

(例如在日本),同样的低档摄像机价格 1 500 元人民币左右,而我们国内卖到万元以上的机器,在日本也仅为 5 000 元人民币左右。值得一提的是,在中国市场销售的大部分数码摄像机实际上在国际市场上早已过时,而卖给中国用户的价格却相当于国际市场主流数码摄像机的价格!

由于存在关税等贸易壁垒,国际市场上的低价摄像机不能自由地进入中国市场,使国内市场上数码摄像机的高价位得以维持。更为重要的是,众多数码摄像机生产企业未进入中国市场,降低了市场的竞争程度,这与数码摄像机产品的特点有一定的关系。数码摄像机要发展、推广,需要一些强大的相辅相成的技术。由于国内这些辅助技术的发展滞后,限制了对数码摄像机产品的生产,因而国内经营数码摄像机的企业很少,垄断的市场结构维持了下来。垄断企业针对国际、国内两个不同的市场制定了不同的价格。

中国的数码摄像机为一些大厂商所控制,因此需求弹性比较小。同样的产品,在国际市场上竞争激烈,企业面临的市场需求弹性就会大得多。两个市场需求弹性的不同,使垄断企业的价格歧视变得有利可图。

我们从国内市场上数码摄像机价格的演变过程可以进一步理解制定歧视价格的几个条件:

1. 企业必须是一个垄断者,否则,市场竞争会促使企业成为价格的接收者而非制定者。

2. 企业必须有效地分割市场,否则差别价格将趋于消失。

3. 企业实行差别价格要有利可图,不同的市场要有不同的需求弹性。这三个条件缺一不可,不然的话,歧视价格就无法维持。

三级价格歧视能使具有一定垄断能力的企业利润增加,但它对消费者的影响是不确定的。与单一价格相比,价格歧视损害了低需求弹性消费者的利益而在一定程度上有利于高需求弹性消费者。

假定某企业在两个被分割的市场 1 和市场 2 上出售同一种产品。市场 1 的需求曲线为 D_1,市场 2 的需求曲线为 D_2,对应的边际收益曲线分别为 MR_1 和 MR_2,见图 6-5。将两市场的需求曲线水平加总,可以得到企业面临的总需求曲线 D_Z。将 MR_1 和 MR_2 水平加总,可求得企业总的边际收益曲线 MR_Z,产品的边际成本曲线为 MC_Z。MR_Z 和 MC_Z 的交点 E 确定了企业利润最大时的总销售量 Q_Z 和价格 P_Z。Q_Z 在两个市场上分配的原

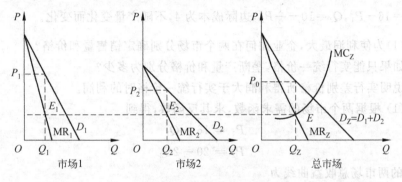

图 6-5 三级价格歧视图

则是使不同市场的边际收益相等，并等于产品的边际成本，即 $MR_1 = MR_2 = MR_z = MC_z$。从 E 点作水平线分别与 MR_1、MR_2 相交于 E_1、E_2，由 E_1、E_2 决定了 1、2 两个市场的销量分别为 Q_1 和 Q_2，对应的价格分别为 P_1 和 P_2。市场 1 和市场 2 的销售量之和等于 $Q_z(Q_z = Q_1 + Q_2)$。由于两个市场的需求弹性不同，因而确定的价格不同，市场 1 的需求弹性较小，收取较高的价格 P_1，而市场 2 的需求弹性较大，收取较低的价格 P_2。

垄断企业在两个市场上出售产品，需求函数分别为 $Q_1 = f(P_1)$ 和 $Q_2 = f(P_2)$，其反函数分别为 $P_1 = f(Q_1)$ 和 $P_2 = f(Q_2)$，因此收益函数分别为 $TR_1 = P_1 \times Q_1 = f(Q_1) \times Q_1$，$TR_2 = P_2 \times Q_2 = f(Q_2) \times Q_2$，企业的总成本 TC 是总产量 $Q = Q_1 + Q_2$ 的函数，因此企业的利润为

$$\pi = TR_1(Q_1) + TR_2(Q_2) - TC(Q_1 + Q_2) \tag{6.8}$$

为使利润极大化，上式分别对 Q_1、Q_2 求导，并令其等于零，则有

$$MR_1(Q_1) - MC(Q_1 + Q_2) = 0 \tag{6.9}$$

$$MR_2(Q_2) - MC(Q_1 + Q_2) = 0 \tag{6.10}$$

即

$$MR_1 = MR_2 = MC \tag{6.11}$$

利润最大化的条件是各个市场的边际收益相等并且等于企业的边际成本。

由于垄断企业 $MR = P\left(1 - \dfrac{1}{|E_d|}\right)$，故式(6.11)可写成

$$P_1\left(1 - \dfrac{1}{|E_{d1}|}\right) = P_2\left(1 - \dfrac{1}{|E_{d2}|}\right) \tag{6.12}$$

$$\dfrac{P_1}{P_2} = \dfrac{1 - \dfrac{1}{|E_{d1}|}}{1 - \dfrac{1}{|E_{d2}|}} \tag{6.13}$$

由式(6.12)可知，若 $|E_{d1}| > |E_{d2}|$，则 $P_1 < P_2$，需求弹性较大的市场，价格较低，需求弹性较小的市场，价格较高。如果两个市场的需求弹性都相同，两个市场的价格将相等，则无法分割市场，三级价格歧视无法实施。式(6.13)说明了两个市场价格的比例关系。

【例 6-1】 某个垄断企业在两个分割的市场上同时销售产品，两市场的需求函数分别为：$Q_1 = 16 - P_1$，$Q_2 = 10 - \dfrac{1}{2}P_2$，边际成本为 4，不随产量变化而变化。

问：(1)为使利润最大，企业如何在两个市场分别确定销售量和价格？

(2)如果只能实行统一价格，垄断产量和价格分别为多少？

(3)说明实行差别价格所得利润大于实行统一价格时的利润。

解：(1)根据两个市场的需求函数，求其反函数，得到

$$P_1 = 16 - Q_1$$
$$P_2 = 20 - 2Q_2$$

相应的两市场总收益曲线为

$$TR_1 = P_1 \times Q_1 = (16 - Q_1) \times Q_1$$

$$TR_2 = P_2 \times Q_2 = (20 - 2Q_2) \times Q_2$$

因此相应的两市场边际收益曲线为

$$MR_1 = 16 - 2Q_1$$

$$MR_2 = 20 - 4Q_2$$

为使利润最大,令 $MR_1 = MR_2 = MC$

$$16 - 2Q_1 = 4, \quad Q_1 = 6$$

$$20 - 4Q_2 = 4, \quad Q_2 = 4$$

将 Q_1、Q_2 分别代入需求函数,得到:$P_1 = 10, P_2 = 12$。

(2) 如果实行统一价格,则两市场需求函数分别为

$$Q_1 = 16 - P_1, Q_2 = 10 - \frac{1}{2}P_2$$

市场总需求 $Q = Q_1 + Q_2 = 26 - \frac{3}{2}P$

求其反函数,得到:$P = 17\frac{1}{3} - \frac{2}{3}Q$

相应的边际收益曲线为 $MR = 17\frac{1}{3} - \frac{4}{3}Q$

令 $MR = MC = 4$,则

$$17\frac{1}{3} - \frac{4}{3}Q = 4, \quad Q = 10$$

代入总需求函数,得:$P = 10\frac{2}{3}$。

(3) 实行三级价格歧视时,市场 1 的利润 $= P_1 \times Q_1 - MC \times Q_1 = 60 - 24 = 36$

市场 2 的利润 $= P_2 \times Q_2 - MC \times Q_2 = 48 - 16 = 32$

总利润 $= 32 + 36 = 68$

实行统一价格时,利润 $= P \times Q - MC \times Q = 66\frac{2}{3}$。

$68 > 66\frac{2}{3}$,说明实行三级价格歧视所得利润大于实行统一价格时的利润。

【例 6-2】 某重工业公司制造某机器,分别销往两个独立的市场,两个市场的需求函数为:$P_1 = 12 - Q_1, P_2 = 8 - Q_2$,公司生产该产品的总成本函数为:$TC = 5 + 2(Q_1 + Q_2)$。试确定两个市场分别定价多少时总利润最大。

解:(1) 有价格歧视的定价

公司的总利润:

$$\pi = TR_1(Q_1) + TR_2(Q_2) - TC(Q_1 + Q_2)$$

$$= (12 - Q_1)Q_1 + (8 - Q_2)Q_2 - [5 + 2(Q_1 + Q_2)]$$

$$= 10Q_1 - Q_1^2 + 6Q_2 - Q_2^2 - 5$$

为使利润最大,求出上式的偏导数,使它们等于 0,可求出 Q_1^* 和 Q_2^*:

$$\frac{\partial \pi}{\partial Q_1} = 10 - 2Q_1 = 0 \Rightarrow Q_1^* = 5$$

$$\frac{\partial \pi}{\partial Q_2} = 6 - 2Q_2 = 0 \Rightarrow Q_2^* = 3$$

根据 $Q_1^* = 5$ 和 $Q_2^* = 3$ 可求出 $P_1^* = 7$,$P_2^* = 5$。此时最大利润 $\pi = 29$。

(2) 没有价格歧视的定价

若没有价格歧视,两个市场的价格相同,则市场的总的需求方程为市场总需求 $Q = Q_1 + Q_2 = 20 - 2P$

$$\pi = TR(Q) - TC(Q) = (10 - 0.5Q)Q - [5 + 2Q]$$
$$= 8Q - 0.5Q^2 - 5$$

为使利润最大化,即有

$$\frac{\partial \pi}{\partial Q} = 8 - Q = 0 \Rightarrow Q^* = 8$$

根据 $Q^* = 8$ 可求出 $P^* = 6$。

此时最大利润 $\pi = 27$,利润小于价格歧视时的利润。

阅读案例 6-3

民航的价格歧视

其实价格歧视不仅垄断企业可以用,在寡头甚至垄断竞争行业中,只要具备基本条件都可以用。民航业不是垄断行业,但也广泛采用了价格歧视的方法。

民航服务实行实名凭证件乘坐飞机,机票不可转让,这就符合价格歧视定价法的一个条件。但是就民航而言这个条件并不重要。民航乘客对民航的需求弹性不同。公务乘客根据工作需要决定是否乘坐飞机,费用由公司承担,因此,很少考虑价格因素,或者说,需求缺乏弹性。私人乘客根据价格及其他因素,在民航、铁路、公路或自己驾车之间做出选择,而且自己承担费用,这样,需求富有弹性。民航乘客的需求弹性不同,使民航实行价格歧视有了可能。

一般来说,私人乘客出行有一个计划,可以提前订票,而公务乘客临时决定外出的购票者多。这样就可以根据订票时间不同而实行价格歧视了。如提前 2 周订票打 7 折或更多,临时登机前购票者是全价。第三,对不同收入者的价格歧视。机票价格在高收入者的支出中占的比例很低,需求就缺乏弹性,而对低收入者来说,机票价格占支出的比例可能就高,需求富有弹性。因此,根据不同的服务对象确定不同的票价。例如,高价的票无任何限制,随时可以乘机,高收入者不在乎多花钱,方便得很。低价的票有种种限制(周末不能乘机,提前 2 周订票,航班由航空公司指定等),低收入者也愿意接受。这些办法都有效地区分了不同需求弹性的乘客,可以有效地实行歧视定价。

此外,航空公司一般向跟随旅行团乘坐飞机去外地旅游的人出售较低价格的飞机票,而对在当天或者是只提前几天订票的人收取较高的票价。

在当天订票的人往往是有急事去外地,如出差,因此对于他们而言,飞机票需求的价格弹性较小。然而对于外出旅游的一般民众而言,他们对于价格较为敏感,只有当票价能被接受时才会购买,所以飞机票需求的价格弹性较大。

外出旅游者和紧急出差者中飞机票的需求曲线和边际收益曲线,分别为图6-6和图6-7。

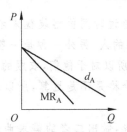
图6-6 外出旅游者飞机票的需求曲线和边际收益曲线

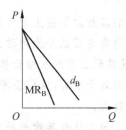
图6-7 紧急出差者飞机票的需求曲线和边际收益曲线

价格歧视原理告诉我们,价格竞争不只是提价或降价,还可以灵活地运用多种价格形式。歧视定价就是一种重要的定价方式。

4. 时间价格歧视

时间价格歧视是在不同时间定不同价格,将消费者分成具有不同需求函数的不同组别,即按照进入市场时间的长短来区分市场,在前一段时间定高价,后一段时间定低价。它是一种与三级价格歧视密切相关的、非常重要和被广泛运用的定价策略,如新旧产品定价和高峰定价。

一种新产品推出市场以后,往往都被定以高价 P_1,这是针对有特定爱好或高收入的小消费群体的定价,需求曲线是图6-8中的 D_1,此时购买该产品的消费者对价格不是很敏感。企业为新产品制定高价可以在短期内赚取尽可能多的利润,新产品满足了部分消费者求新求奇的愿望,这部分消费者愿意出较高价格。当第一轮消费者已经购买了该产品以后,就将价格降到 P_2,向位于需求曲线 D_2 上的消费者销售,此时购买该产品的消费者对价格较敏感。最常见的例子是影片的首轮放映与以后年度的放映。

高峰定价是另一种形式的时间价格歧视。对某些商品或服务,在特定时间会出现需求高峰,如旅游胜地、铁路运输、电影的夜场。此时定价如图6-9所示,D_2 是非高峰需求曲线,D_1 是高峰需求曲线。厂商令各时期的边际收益(MR)等于边际成本(MC),从而得到非高峰时价格 P_2 和高峰时价格 P_1,这将厂商的利润增加到高于所有时间都定一个价格所能实现的水平。

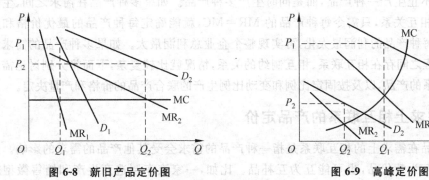

图6-8 新旧产品定价图   图6-9 高峰定价图

阅读案例 6-4

新款服装的时间价格歧视

下面我们以新款服装上市为例来分析厂商是如何通过时间价格歧视来增加利润的。购买服装的消费者可以分为两种：一种是喜欢标新立异的人；另外一种是一般的消费者。对于前者，就算刚上市的衣服价格再高，他们也会购买，所以对于他们，衣服的需求的价格弹性较小。而对于后者，他们会考虑衣服是不是合适，价格是不是划算，所以衣服的需求的价格弹性较大。

分别以 1 和 2 代表喜欢标新立异的人和一般消费者，做出二者的需求曲线和边际收益曲线（见图 6-10）。由于衣服的边际成本变化很小，所以假设边际成本不变，MC 水平。

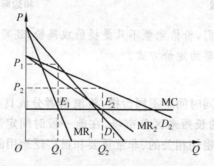

图 6-10 喜欢标新立异的人和一般消费者的需求曲线和边际收益曲线

至此，我们明白了为什么厂商在一开始要定高价，而一段时间后要降价。

其实，对于新开发的产品，别的厂商模仿新产品生产还要一段时间，所以它是一种垄断品，于是定以较高的价格，此时对于一般人而言，它是一种高档品。一段时间后，低弹性市场已经饱和，无利可图，厂商将其转化为普通商品，降低价格。

如热卖的电脑、手机等往往都是采取时间价格歧视的做法来增加利润。

6.2 多产品定价

对企业的经济行为进行理论分析时，通常都假定企业只生产一种产品。但实际上，多数企业往往不止生产一种产品，而是同时生产多种产品。如果多种产品在需求之间、生产之间都没有相互关系，只需令每种产品的 MR＝MC，就能确定每种产品的最优价格和产量。通过使每种产品的利润最大化，可实现整个企业总利润最大。如果多种产品的需求之间或生产过程之间存在相互联系、相互制约的关系，情况就比较复杂，下面将分别讨论需求上有相互联系的产品，以及按固定比例和变动比例生产的联合产品的价格和产量决定。

6.2.1 需求上相互联系的产品定价

不同产品在需求上的相互联系是指一种产品的需求会受其他产品的需求的影响。这些产品可能互为替代品，也可能互为互补品。比如，一家汽车制造商生产和销售微型轿车、中型轿车、豪华跑车、SUV 等多种汽车,这些汽车一定程度上可以互相替代。如果微型轿车价格下降,销售量增加,就可能使中型轿车销量减少。如果这个企业同时生产汽车轮胎、车胎宝和汽车垫等互补品,汽车需求的增加会引起对车胎宝等的需求增加。因此,对于这些在需求上互相联系的产品,企业为一种产品定价时,必须考虑它对其他产品产生的影响。

假设一家厂商生产两种产品(A 和 B),该厂商的总收益为

$$TR = TR_A + TR_B \tag{6.14}$$

式中 TR_A 和 TR_B 分别表示两种产品的收益,每种产品的边际收益分别为

$$MR_A = \frac{\partial TR}{\partial Q_A} = \frac{\partial TR_A}{\partial Q_A} + \frac{\partial TR_B}{\partial Q_A} \tag{6.15}$$

$$MR_B = \frac{\partial TR}{\partial Q_B} = \frac{\partial TR_A}{\partial Q_B} + \frac{\partial TR_B}{\partial Q_B} \tag{6.16}$$

由于一种产品产量的变化会引起另一种产品需求的变化,因此产品的边际收益由两部分组成:因需求变化引起的自身总收益的变化和另一产品总收益的变化。MR_A 式说明与产品 A 的销售量变化相关的边际收益变化包括: $\frac{\partial TR_A}{\partial Q_A}$ 衡量与产品 A 销售量的边际增加(或减少)相联系的产品 A 的总收益变化; $\frac{\partial TR_B}{\partial Q_A}$ 衡量两种产品之间需求的相互影响,表示与产品 A 的销售量的边际增加(或减少)相联系的产品 B 的总收益变化。MR_B 也一样包括两部分。

代表相互影响的两项 $\frac{\partial TR_B}{\partial Q_A}$ 和 $\frac{\partial TR_A}{\partial Q_B}$ 可以是正值、负值或零。如果相关的两种产品是互补品,那么两项为正值,也就是说,一种产品销售量增加将导致另一种产品总收益的增加。如果两种产品为替代品,那么两项为负值,意味着一种产品销售量的增加将导致另一种产品总收益的减少。如果两种产品不存在需求的相互影响,那么这两项都将等于零。

企业为了保证利润最大化,应该使每种产品的边际收益等于其边际成本,即

$$MR_A = MC_A, \quad MR_B = MC_B \tag{6.17}$$

这时确定的价格和产量是最优的。与需求间无关系的情况相比,如果产品是相互替代的,企业会选择较少的产销量;如果产品是互补的,企业会选择较大的产销量。

【例 6-3】 假定一家企业生产 A、B 两种产品,其边际成本分别为 20、40,需求曲线分别为 $P_A = 200 - 2Q_A - Q_B$,$P_B = 160 - 2Q_B - Q_A$。

问:(1) 企业应如何确定 A、B 产品的销售量和价格?

(2) A、B 两种产品是什么关系?

解:产品 A、B 的总收益分别为

$$TR_A = P_A Q_A = 200 Q_A - 2 Q_A^2 - Q_B Q_A$$

$$TR_B = P_B Q_B = 160 Q_B - 2 Q_B^2 - Q_A Q_B$$

A、B 两种产品的边际收益分别为

$$MR_A = \frac{\partial TR_A}{\partial Q_A} + \frac{\partial TR_B}{\partial Q_A} = 200 - 4 Q_A - Q_B - Q_B = 200 - 4 Q_A - 2 Q_B$$

$$\mathrm{MR_B} = \frac{\partial \mathrm{TR_A}}{\partial Q_B} + \frac{\partial \mathrm{TR_B}}{\partial Q_B} = -Q_A + 160 - 4Q_B - Q_A = 160 - 4Q_B - 2Q_A$$

令 $\mathrm{MR_A} = \mathrm{MC_A}$，$\mathrm{MR_B} = \mathrm{MC_B}$

$$200 - 4Q_A - 2Q_B = 20$$
$$160 - 4Q_B - 2Q_A = 40$$

解上述方程，得

$$Q_A = 40, \quad Q_B = 10$$

代入需求方程，得

$$P_A = 110, \quad P_B = 100$$

为了使企业利润最大，应把产品 A、B 的销售量分别定在 40 和 10，价格分别定在 110 和 100。

由于 $\frac{\partial \mathrm{TR_B}}{\partial Q_A}$ 和 $\frac{\partial \mathrm{TR_A}}{\partial Q_B}$ 两项为负值，说明 A、B 两种产品为替代品。

6.2.2 按固定比例生产的联产品的定价

企业生产的多种产品可以在消费过程中相互联系，也可以在生产过程中相互联系。用同一种原料，经过同一个生产过程，生产出两种或两种以上的不同性质和用途的产品，这些产品称为联产品。这些产品不仅在经济上有重要的意义，而且属于企业生产的主要目的。联产品可以按固定比例生产，也可以按变动比例生产。如屠宰场宰杀生猪，同时得到猪肉、猪皮、猪内脏等，其比例一般是不变的。再如炼油厂提炼原油，可以同时得到汽油、柴油、沥青等，其比例是可以变动的。下面，首先介绍按固定比例生产的联合产品的价格和产量决策。

如果两种产品总是按固定的比例生产，可以把它们看成是一组产品，而不是多种产品。企业的成本曲线代表产品组的成本，而不是单个产品的成本。但是每个产品有各自的需求曲线和对应的边际收益曲线，参见图 6-11。

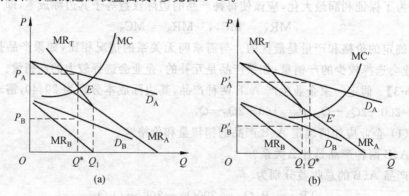

图 6-11 按固定比例生产的两种联产品的定价图

图 6-11 中，假定 A、B 为按固定比例生产的两种联产品，A、B 的需求曲线分别为 D_A、D_B，相应的边际收益曲线为 $\mathrm{MR_A}$ 和 $\mathrm{MR_B}$，产品组的边际成本曲线为 MC 或 MC′。把 $\mathrm{MR_A}$ 和 $\mathrm{MR_B}$ 相加可以得到产品组的边际收益曲线 $\mathrm{MR_T}$。

在图 6-11(a)中找到 MC 与 MR_T 的交点 E，可以确定最优产量 Q^*。对应于 Q^*，在 D_A、D_B 曲线上可以分别确定产品 A 和产品 B 的最优价格 P_A 和 P_B。

在图 6-11(b)中找到 MC' 和 MR_T 相交于 Q_1 右边的一点 E'，产品组的最优产量为 Q^*，A 产品的销售量仍为 Q^*，但 B 产品的销售量为 Q_1，$Q^* - Q_1$ 部分的产品 B，由于 MR_B 小于零，企业不会出售。对应于 Q^*、Q_1，在 D_A、D_B 曲线上可以分别确定产品 A 和产品 B 的最优价格 P_A' 和 P_B'。

【例 6-4】 某公司以固定比例生产的两种联产品面对以下需求函数：$P_1 = 50 - 0.5Q$，$P_2 = 60 - 2Q$，产品的边际成本函数为：$MC = 38 + Q$，求利润最大时的产量与价格。

解：由需求函数可得总收益函数，进而得边际收益函数：

$$TR_1 = P_1 Q = (50 - 0.5Q)Q，得 MR_1 = 50 - Q$$

$$TR_2 = P_2 Q = (60 - 2Q)Q，得 MR_2 = 60 - 4Q$$

两边际收入相加得：

$$MR_T = MR_1 + MR_2 = (50 - Q) + (60 - 4Q) = 110 - 5Q$$

使总的边际收益与边际成本相同，得最优产量。

$$MR_T = MC$$

$$110 - 5Q = 38 + Q$$

$$Q = 12$$

将 $Q = 12$ 代入 MR_1、MR_2 中，MR_1、MR_2 均大于零，有意义，于是再代入需求函数得：$P_1 = 44$，$P_2 = 36$。

【例 6-5】 假定某公司生产固定比例的两种产品，两种产品组的边际成本为 8。两种产品的需求曲线为 $P_1 = 60 - 2Q$，$P_2 = 20 - Q$。问：两种产品价格各应定多少？销量应为多少？

解：根据两种产品的需求曲线，可求得其边际收益曲线分别为

$$MR_1 = 60 - 4Q$$

$$MR_2 = 20 - 2Q$$

将 MR_1 和 MR_2 相加，可得总边际收益曲线：

$$MR_T = 80 - 6Q$$

令 $MR_T = MC$，得

$$80 - 6Q = 8$$

$$Q = 12$$

把 $Q = 12$ 代入需求曲线，得

$$P_1 = 36，\quad P_2 = 8$$

把 $Q = 12$ 代入两个边际收益方程，检验这一产量水平上两种产品的边际收益是否都是正值。得到

$$MR_1 = 12 > 0$$

$$MR_2 = -4 < 0$$

由于 MR_2 为负值，这种产品的产量应根据 $MR_2 = 0$ 来确定。

令 $20 - 2Q = 0$，得 $Q_2 = 10$，相应地，$P_2 = 10$。

所以,两种产品价格应分别定为 36 和 10,对应的销量分别为 12 和 10。

6.2.3 按变动比例生产的联产品的最优产量组合

如果某企业生产两种联产品 A、B,其数量比例是变动的,那么分析会比固定比例的情况更复杂一些。如一家化学公司生产 A、B 两种化学产品,我们用图 6-12 来说明这种情况下,A、B 两种产品最优产量组合的决定。纵轴和横轴分别表示 A、B 两种产品的数量。图中画出了三条等成本曲线,等成本曲线(标为 TC)是说明在给定成本条件下得到的 A、B 两种产品的数量组合,又称产品转换曲线。例如,企业沿着标有 TC=50 的等成本线移动,表明可以用相同的总成本(TC=50)生产任何可能的产品数量组合。随着产品 A 产量的增加,势必减少产品 B 的产量。由于在投入品的数量给定时,随着 A 产量的增加,多生产一单位 A 要牺牲的 B 的产量越大,所以等成本曲线是向外凸的。离原点越远的曲线,对应的成本越高。等收益线(标为 TR)是获得特定收益的产出组合的轨迹,在完全竞争条件下,产品价格不变,即产品 A、B 的价格不随产量的变化而变化,等收益线是一条直线。直线 TR 是根据 P_A 乘上 Q_A 等于 P_B 乘上 Q_B 而形成的。每条等收益线的斜率等于 P_B/P_A。(如果不是这样,等收益线就不再是直线,即使如此,寻找最优产量组合的一般切点解也不会改变。)图 6-12 中同时画出了三条等收益线。找出等收益线与等成本曲线的切点,这些切点分别代表不同成本水平上最优的产量组合。因为等成本线上的其他点都只能与较低的等收益线相交,代表了较低的产量水平。这些切点既是一定成本条件下,收益最大化的产量组合,又是一定收益条件下,成本最小化的产量组合。从这些切点中,找出利润最大的切点,即为企业最优的产量组合。

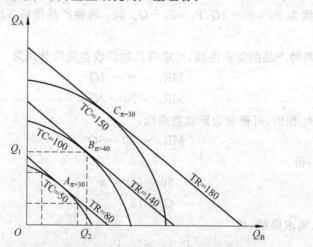

图 6-12 按变动比例生产的最优联产品产量组合图

图 6-12 中,根据有关数据画出三条等成本曲线 $TC_1=50, TC_2=100, TC_3=150$,以及三条等收益曲线 $TR_1=80, TR_2=140, TR_3=180$,它们的切点分别为 A、B、C。A 点利润 $\pi=80-50=30$,B 点利润 $\pi=140-100=40$,C 点利润 $\pi=180-150=30$。在这三个切点中,B 点利润最大,所以 B 点的产量组合(Q_1, Q_2)是最优的联产品产量组合。

我们可以把前面的分析加以扩展。例如,可以把两种产品的情况,扩展到更为一般的

n 种产品情况,还可以假定使用数量更多的变动生产要素;另外,在非完全竞争条件下,产品的价格与生产量有关,这些情况都能进行数学分析。线性规划也是研究在两种或多种产品之间分配共同的生产能力,以使利润最大的一种极其有用的工具。

6.3 转移定价

现代企业往往有很多分公司或分支机构,它们是相对独立的利润中心,一般都自主经营,自负盈亏。由于各分公司的产品彼此关联,一个分公司的产出,是另一个分公司的投入,因此它们的定价相互影响。转移价格是指分公司之间进行中间产品转让时的中间产品的价格。转移价格对于出售中间产品的部门来说构成其收入,对购买中间产品的部门来说,构成其成本,转移价格的制定关系到利润在各分公司的分配。例如,一家大型钢铁联合企业通常拥有铁矿厂、焦化厂、炼铁厂、炼钢厂、轧钢厂等不同的部门,每个部门都是一个利润中心。铁矿厂除了向炼铁厂提供矿石之外,可能同时也向联合企业的外部市场销售铁矿,这时应如何确定它向炼铁厂提供矿石的转移价格呢? 联合企业内部的转移价格是否应与外部市场的价格一致? 如果铁矿厂提高它的价格,试图以此来提高自己的利润,炼铁厂是否会接受这一高价呢? 在这种情况下,炼铁厂完全有可能拒绝购买铁矿厂的矿石,转而向外部市场寻求矿石。反之,如果转移价格太低,铁矿厂也未必会接受。因此,从联合企业的角度来看,确定一个合理的转移价格是十分重要的,它不仅有利于使总公司的利润最大,重要的是,它还将有利于对各个利润中心的经营绩效做出公正的评价,有利于调动各个利润中心的积极性。

根据中间产品有没有外部市场,中间产品的外部市场是完全竞争的还是不完全竞争的,以及最终产品市场是完全竞争的还是不完全竞争的,我们可以将所有情况划分为六种可能,这六种可能的状况列于表 6-1 之中。

表 6-1 市场结构与转移价格

状况	最终产品市场	中间产品的外部市场	状况	最终产品市场	中间产品的外部市场
1	不完全竞争	无	4	完全竞争	无
2	不完全竞争	完全竞争	5	完全竞争	完全竞争
3	不完全竞争	不完全竞争	6	完全竞争	不完全竞争

以下我们仅对状况 1、状况 2 和状况 3 进行讨论,其余几种情况可以作类似的分析。这三种状况的一个共同特征是,最终产品市场都是不完全竞争的。

假设一个大企业下面分设两个子公司 A 和 B,子公司 A 生产的是中间产品,这种产品可以提供给子公司 B 作为原材料或零部件,而子公司 B 则生产最终产品,将直接向消费者销售。即子公司 A 所生产的中间产品的转移价格为 P_T,我们将讨论 P_T 的制定,所得结论同样适用于拥有三个或三个以上子公司的大企业的转移价格的制定。

6.3.1 无外部市场条件下,转移价格的确定

在这种情况下,由于中间产品无外部市场,因此子公司 A 生产出来的产品只能全部

提供给子公司 B，而子公司 B 也只能从子公司 A 那里得到这种中间产品。

我们首先从联合企业的整体出发来考察利润最大化产量的决定。对联合企业来说，其利润函数为

$$\pi(Q) = TR_B(Q) - TC_B(Q) - TC_A(Q_A) \tag{6.18}$$

式中 $TR_B(Q)$ 是子公司 B 的收益函数，但 $TC_B(Q)$ 和 $TC_A(Q_A)$ 分别是子公司 B 和子公司 A 的成本函数。$TC_A(Q_A)$ 是为生产 Q_A 数量的中间产品所投入的成本；而对子公司 B 来说，因为生产的是最终产品，因此其产量就是公司的总产量，但其成本函数中并不包括中间产品的生产成本，也就是说，$TC_B(Q)$ 中不包括中间产品投入的成本。

我们假定在最终产品和中间产品之间有一个固定的比例，也就是说，企业使用一件中间产品可以生产的最终产品的数量是不变的。这是符合现实的，如一辆轿车总使用四个轮子、一个方向盘、一个发动机，等等。不妨把这一数量记为 MP_A，即有

$$MP_A = \frac{\Delta Q}{\Delta Q_A} \tag{6.19}$$

而且它是一个常数。联合企业的利润最大化的产量可以通过对式(6.18)求导来确定，而在上述条件下，只要确定 Q 或 Q_A 中的一个就可以了，因为确定了一个，另一个也就确定了。我们不妨对 Q_A 求导，可得

$$\frac{d\pi}{dQ_A} = \frac{dTR_B}{dQ} \frac{dQ}{dQ_A} - \frac{dTC_B}{dQ} \frac{dQ}{dQ_A} - \frac{dTC_A}{dQ_A}$$

$$= (MR_B - MC_B)MP_A - MC_A \tag{6.20}$$

因此，利润最大化的必要条件就是

$$(MR_B - MC_B)MP_A = MC_A \tag{6.21}$$

显然，如果企业要实现利润最大化，生产中间产品的边际收益应等于其边际成本，而在上式中，右端是生产中间产品的边际成本，那么，左端就应该是生产中间产品的边际收益。注意，企业生产每一件最终产品的边际收益应为 MR_B，但每单位中间产品能够给企业带来的边际收益是多少呢？生产每单位的中间产品将能增加 MP_A 单位的最终产品，但此时最终产品增加所带来的总边际收益还需要减去为将中间产品加工成最终产品的边际成本，即减去 MC_B。我们把它称为生产每单位中间产品的净边际收益，记为 NMR_A，即有

$$NMR_A = (MR_B - MC_B)MP_A \tag{6.22}$$

在更简单的情况下，如果假定每一件最终产品只需要使用一件中间产品的话，即有 $MP_A=1$，则

$$NMR_A = (MR_B - MC_B) \tag{6.23}$$

这样，我们得到利润最大化产量确定的必要条件为

$$NMR_A = MC_A \tag{6.24}$$

根据上述必要条件可以确定企业应该生产多少中间产品，并可由此确定最终产品的产量。那么，中间产品的转移价格 P_T 应该是多少呢？

中间产品转移价格 P_T 制定的关键在于能够令两个子公司的利润都实现最大化。值得注意的是，对子公司 A 和子公司 B 来说，转移价格一旦确定，它就是给定的，但转移价格对两个子公司具有不同的含义。对销售中间产品的子公司 A 来说，给定不变的转移价

格意味着其边际收益是不变的；而对使用中间产品作为其投入的子公司 B 来说，不变的转移价格意味着其边际成本是不变的。

子公司 A 的利润函数为

$$\pi_A(Q_A) = TR_A(Q_A) - TC_A(Q_A) = P_T Q_A - TC_A(Q_A) \tag{6.25}$$

当 P_T 给定的条件下，显然，子公司 A 的边际收益就是转移价格 P_T，因此，子公司 A 利润最大化的条件就是

$$P_T = MC_A \tag{6.26}$$

另一方面，子公司 B 的利润函数为

$$\pi_B(Q) = TR_B(Q) - TC_B(Q) - P_T Q_A \tag{6.27}$$

由于最终产品与中间产品数量之间的固定关系，因此，完全类似地可对 Q_A 求导，可得子公司 B 利润最大化的必要条件为

$$NMR_A = (MR_B - MC_B)MP_A = P_T \tag{6.28}$$

在这里，NMR_A 既是生产每单位中间产品给整个企业带来的边际收益，实际上也是它给子公司 B 所带来的边际收益。总之，转移价格 P_T 的制定应满足以下条件，即

$$P_T = MC_A = NMR_A \tag{6.29}$$

下面我们用图 6-13 来对转移定价进行分析，由此可获得更直观的结果，但这里我们简单假定最终产品与中间产品的比例是 1∶1。

在图 6-13 中，D_B 为最终产品的市场需求曲线，相应的边际收益曲线为 MR_B，MC_A 与 MC_B 分别为子公司 A 与子公司 B 的边际成本曲线。由式 (6.23) 可得净边际收益曲线 NMR_A。再由利润最大化产量的必要条件式 (6.24) 及转移价格制定的必要条件式 (6.29)，显然，子公司 A 和联合企业的产量都应由 NMR_A 与 MC_A 的交点确定，即为 Q^*，而转移价格则应类似地确定为 P_T^*。最后，可由最终产品的需求曲线确定最终产品的价格为 P_B^*。

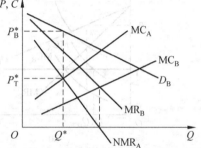

图 6-13 无外部市场的转移价格确定

【例 6-6】某联合企业钢铁公司 A 和机械设备公司 B，它们都自负盈亏。假定 A 生产的特种钢材是专供 B 的，B 也只能从 A 取得这种钢材，没有外部市场。已知 B 生产的机械设备的需求曲线为：$P_B = 500 - 10Q$，钢材的边际成本函数为：$MC_A = 100 + 10Q$，用钢材生产机械设备的边际成本 (MC_B) 为 100（不包括钢材的转移价格）。问：该企业如何确定钢材的转移价格？B 公司机械设备的价格为多少？

解：根据已知的 B 公司面临的市场需求曲线，可得相应的最终产品边际收益函数为

$$MR_B = 500 - 20Q$$

于是得 A 公司净边际收益：

$$NMR_A = (MR_B - MC_B) = 500 - 20Q - 100 = 400 - 20Q$$

根据利润最大化产量确定的必要条件 $NMR_A = MC_A$，则有

$$400 - 20Q = 100 + 10Q，得 Q^* = 10$$

当 $Q^* = 10$ 时，企业 A 的边际成本 $MC_A = 200$。

中间产品的转移价格应当等于它的边际成本,所以,
$$P_T^* = MC_A = 200$$
将 $Q^* = 10$ 代入 $P_B = 500 - 10Q$,B 公司机械设备的价格为 400。

6.3.2 完全竞争市场下,转移价格的确定

当 A 公司生产的中间产品存在外部市场时,中间产品既可以在外部市场出售,也可以卖给 B 公司用来生产最终产品;而子公司 B 为了生产最终产品,既可以从市场上购买中间产品,也可以从 A 公司购买中间产品。因此,中间产品的产量不一定和企业的最优产量相等。当外部市场是完全竞争的,中间产品的转移价格应该等于市场价格。因为如果定得高于市场价格,B 公司就宁可从市场上购买中间产品;如果定得低于市场价格,A 公司就宁愿向市场出售中间产品。中间产品按市场价格定价后,两个分公司的产量决策见图 6-14。

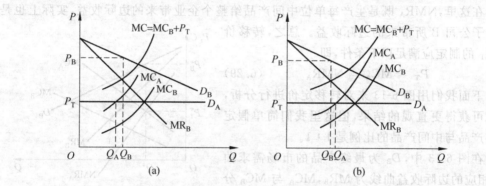

图 6-14 完全竞争市场条件下转移价格的确定

在图 6-14 中,A 公司生产的中间产品面临的是完全竞争的市场,其需求曲线是一条水平线 D_A,市场价格为 P_T。A 公司为使利润最大化,使 $MC_A = MR_A = P_T$,得到中间产品的最优产量为 Q_A。B 公司生产的最终产品面临不完全竞争市场,有一条向下倾斜的需求曲线 D_B,相应的边际收益曲线为 MR_B。最终产品的边际成本为 MC,$MC = MC_B + P_T$,其中 MC_B 是 B 公司的边际成本(不包括中间产品成本)。令 $MC = MR_B$,可以得到 B 公司生产最终产品的最优产量 Q_B。

最终产品的最优产量 Q_B 与中间产品的最优产量 Q_A,不一定相等。图 6-14(a)中,$Q_A < Q_B$,中间产品的数量尚不足本公司的使用,B 公司还需向市场购入($Q_B - Q_A$)数量的中间产品。图 6-14(b)中,$Q_A > Q_B$,中间产品的产量除供本公司使用外还有剩余,A 公司将向市场出售($Q_A - Q_B$)数量的中间产品。

【例 6-7】 如果例 6-6 中的企业 A 面临完全竞争的市场,每单位钢材的市场价格为 160,其他条件均不变。问此时该企业应如何确定钢材转移价格和产量?最终产品的产量又是多少?

解:由于企业 A 面临完全竞争市场,钢材的转移价格应该等于市场价格,即 $P_T = 160$,企业 A 为实现利润最大化,使 $MC_A = P_T$,得到
$$100 + 10Q_A = 160, \quad 解得 \quad Q_A = 6$$

最终产品的边际成本为
$$MC = MC_B + P_T = 100 + 160 = 260$$
根据已知的 B 公司面临的市场需求曲线,可得相应的最终产品边际收益函数为
$$MR_B = 500 - 20Q$$
令 $MR_B = MC$,得到
$$500 - 20Q = 260, \quad 解得 \quad Q_B = 12$$
因此,当钢材的转移价格为 160 时,最终产品产量为 12,钢材产量为 6,企业 B 从企业 A 购入 6 单位中间产品,其余 6 单位产品从市场上购买。

6.3.3 不完全竞争市场下,转移价格的确定

当中间产品存在不完全竞争的外部市场时,A 公司同时在企业内部和外部两个市场上出售中间产品,可以制定不同的价格。由于外部市场是非完全竞争的,子公司 A 在外部市场上有着一定的垄断势力,而在联合企业内部,子公司 A 所面对的需求与外部市场的需求有着不同的性质。在联合企业的内部市场,子公司 A 必须考虑联合公司的整体利益。如图 6-15 所示。

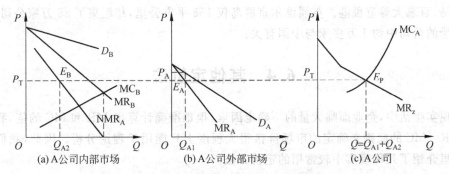

图 6-15 不完全竞争市场条件下转移价格的确定

图 6-15(a)、(b)分别给出了 A 公司在内部和外部市场上出售中间产品的边际收益曲线。图 6-15(a)表示 A 公司向 B 公司出售中间产品的情况。B 公司生产的最终产品面临不完全竞争市场,有一条向下倾斜的需求曲线 D_B,相应的边际收益曲线为 MR_B。MC_B 是 B 公司不包括中间产品成本的边际成本。为了使利润最大化,子公司 B 是按照式(6.28) $NMR_A = (MR_B - MC_B)MP_A = P_T$ 来决定其产量,其中 MP_A 假定为 1。净边际收益曲线 $NMR_A = (MR_B - MC_B)$ 代表了 A 公司向 B 公司(内部市场)出售中间产品时的边际收益。图 6-15(b)表示中间产品存在不完全竞争的外部市场,需求曲线 D_A 向右下倾斜,对应的边际收益曲线为 MR_A。图 6-15(c)中,MR_z 是 A 公司在企业内部、外部两个市场总的边际收益曲线,是内部销售时的边际收益 $NMR_A = (MR_B - MC_B)$ 和外部销售的边际收益 MR_A 的水平加总($MR_z = MR_B - MC_B + MR_A$)。$MC_A$ 曲线是 A 公司的边际成本曲线。A 公司为了使利润最大化,按照 $MC_A = MR_z$ 决定其产量,即在图 6-15(c)中,MC_A 与 MR_z 的交点 E_P 确定中间产品总产量为 Q。从 E_P 点作水平线分别与 NMR_A 曲线和 MR_A 曲线相交于 E_B 和 E_A,确定了 A 公司在内部市场上的销量为 Q_{A2},价格为 P_T,在外部市场上销

量为 Q_{A1}，价格为 P_A，且满足 $Q_{A1}+Q_{A2}=Q$ 和 $MR_B-MC_B=MR_A=MR_z=MC_A=P_T$。

内部转移价格的定价机制，可以帮助企业合理地避税。现在世界上有许多跨国企业，将公司内部的不同部门，设立在世界上不同的国家和地区。不同国家和地区的税负常常相差甚大，而通过调整内部转移价格，可以将利润从高赋税的国家或地区，向低税负的国家或地区转移。上游部门处于高税赋地区，下游部门处于低税赋地区，降低中间产品转移价格，将利润从上游转到下游部门；上游部门处于低税赋地区，下游部门处于高税赋地区，提高中间产品转移价格，将利润从下游转到上游部门，从而达到避税的目的。

目前，在华的一些跨国公司，常常用企业内部转移定价的方法来进行避税逃税，将利润转移到国外，从账面上看，甚至有些外商在华投资企业处于亏损状态，使我国税收蒙受巨大损失。其常用的手段有：

(1) 与海外母公司或关联企业进行关联交易。从境外关联企业以高于国际市场的价格进口原料，以低于国际市场的价格将产品出口到境外关联企业，将企业的利润向境外转移；向母公司与关联企业支付高额特许权使用费增加成本；有时境外关联企业还把特许权使用费打入设备定价。

(2) 企业把利润转移到设在逃税地的控股公司。全球有英属维尔京群岛、开曼群岛、巴哈马、百慕大等避税港。英属维尔京群岛仅 153 平方公里，却汇集了 35 万家公司，在这里注册的公司中约 1 万多家与中国有关。

6.4 其他定价法

现实生活中，企业面临大量的不确定因素，很难准确计算出 MR 和 MC 的值，我们根据 MR=MC 的原则来确定的市场价格很大程度上只能用于理论分析。因此，我们在这一节里介绍了几种现实中较常用的定价方法。

6.4.1 成本加成定价法

成本加成定价法是最常见的一种定价方法，以全部成本(可变成本加上固定成本)作为定价的基础，又称为全部成本定价法。企业定价的步骤通常如下。

1. 由企业估计产品的平均可变成本(AVC)，如原材料、燃料、人工等费用。
2. 按照标准产量(通常为生产能力的 70% 到 80%)把固定成本分摊到单位产品上，求得平均固定成本(AFC)。
3. 把 AFC 加上 AVC 得到平均成本(AC)。
4. 企业以 AC 为基础加上根据目标利润率确定的利润，制定价格 P。

设企业的目标利润率为 r，则根据成本加成定价法确定的价格为

$$P = AC(1+r) \tag{6.30}$$

【例 6-8】 某企业的生产能力为 1 250 件，标准产量为其生产能力的 80%，产品的平均可变成本为每件 15 元，总固定成本为 5 000 元，企业的目标成本利润率为 15%。则根据成本加成定价法，价格应如何确定？

解：由于 AVC=15 元

$$\text{AFC} = \frac{5\,000}{1\,250 \times 80\%} = 5(元)$$

得到 AC＝AVC＋AFC＝20(元)

因为 $r=15\%$

$$P = \text{AC}(1+r) = 20(1+15\%) = 23(元)$$

通过成本加成法定出的价格还应根据具体的市场情况作适当的调整。例如，企业应根据竞争对手的产品价格，调整目标利润率，使价格维持在适当的水平。

成本加成法的基础是估计产品的平均成本，我们在第 4 章中介绍过成本函数的估计。在现实中准确估计单位产品的可变成本和分摊固定成本仍是比较困难的，因此，成本加成法更多地适用于平均成本变动较小的产品。尽管如此，成本加成定价法仍不失为一种简单易用的定价方法，所需的数据比较少且制定的价格比较稳定。

成本加成定价法的另一个优点是，如果运用得当，它有可能使企业接近利润最大化的目标。由于

$$\text{MR} = P\left(1 - \frac{1}{|E_d|}\right) \tag{6.31}$$

其中 MR 是边际收益，P 是产品价格，E_d 是需求价格弹性。

由式(6.31)求解得

$$P = \frac{\text{MR}}{1 - \frac{1}{|E_d|}} = \text{MR}\,\frac{|E_d|}{|E_d|-1} \tag{6.32}$$

企业利润最大化时，MR＝MC，以 MC 代替等式中的 MR，得

$$P = \text{MC}\,\frac{|E_d|}{|E_d|-1} \tag{6.33}$$

对于平均成本变动不大的产品，MC 近似等于 AC，因此可以得到

$$P = \text{AC}\,\frac{|E_d|}{|E_d|-1} = \text{AC}\left(1 + \frac{1}{|E_d|-1}\right) \tag{6.34}$$

根据式(6.34)，可以得出这样的结论：如果平均成本等于边际成本，那么选择目标利润率 $r = \frac{1}{|E_d|-1}$ 来定价，就能实现利润最大化。如果产品需求价格弹性为-1.5，则 $r=2$，最优目标利润率为 200%；价格弹性为-2，$r=100\%$；价格弹性为-5，$r=25\%$。由此可见，目标利润率的大小，与产品需求价格弹性成反向变动关系。

成本加成定价法也存在一些缺陷，如企业的 MC 往往与 AC 不相等；成本加成法依据的是会计成本，而在实际价格决策时还应考虑机会成本。另外，在某些情况下，成本加成定价法是不适用的。例如在前面举的例子中，如果该企业有富余生产能力，是否应该以 18 元价格再接受 200 件新订单？如果按成本加成法，每件价格 18 元低于平均成本 20 元，不该接受这批订单，但是此决策是错误的。因为新增订单多支出的总成本是 3 000 元（15×200），而收入可以增加 3 600 元（18×200），接受新增订单可以增加利润 600 元，企业正确的决策是接受这批新的订单。这时需要用增量定价法。

6.4.2 增量定价法

增量定价法，就是比较由价格决策引起的利润增量来判断定价方案是否可行。如果新增总收益大于新增总成本，利润增量为正值，方案可以接受；反之，若利润增量为负值，方案就不能接受。例如，如果企业在短期有富余生产能力，这时固定成本和管理费用已经摊派，企业可以以较低的价格接受新任务，价格只需高于可变成本，就能使利润增加，我们在上一节末的例子中已经说明了这一点。

在企业经营中，增量定价法大致适用于三种情况。一是企业是否要按较低的价格接受新任务。为了进一步挖掘富余的生产能力，需要决定要不要按较低的价格接受新任务。接受新任务不用追加固定成本，只要增加变动成本即可，所以如果接受新任务不会影响原来任务的正常销售，新任务的定价就以变动成本为基础。二是为减少亏损，企业可以降价争取更多任务。市场不景气，企业任务很少，这时企业的主要矛盾是求生存，即力求少亏一点。它可以通过削价争取多揽一些任务，这样可以少亏一些。在这种情况下进行定价决策就要使用增量定价法。三是企业生产互相替代或互补的几种产品。企业生产几种产品，产品存在互相替代或互补的关系，其中一种产品变动价格，会影响到其他有关产品的需求量，因而进行价格决策时不能孤立地只考虑一种产品的效益，而应考虑对几种产品的综合效益。这时，也宜采用增量定价法。

增量定价法在承接合同时最为常见。为取得合同，企业必须确定最优报价就是找出最大贡献期望值的报价方案。贡献就是企业中标后，因执行合同而引起的增量收入减去增量成本，即因执行合同给企业带来的利润增加量。在短期经营决策中，贡献大的方案是较优方案。如果企业报价高，贡献就大，中标的概率就低。反之，如果报价低，贡献就少，但中标概率就大。要选择的报价方案应该是贡献期望值最大的方案。在运用增量定价法时，先确定增加产量带来的成本的增加量，在此基数上进行定价，就得出报价数字。在多数情况下，用增量定价法定出的价格会高于或低于最大贡献期望值法。企业判断自己的报价高低最简单的办法是看任务饱和不饱和，如果企业承接的任务不多，就应当降价，以求接受更多的任务；反之，如果企业承接的合同任务太多，就应当提价。

6.4.3 搭售定价法

1. 纯搭售

企业常常生产多种产品，在销售产品时常将两种或多种产品一起销售，这种定价法称为搭售定价，又称成套产品定价或捆绑式定价。如果单一地销售一种商品，从消费者获取的利润较少，如果将两者一起销售，则可最大限度地获取消费者剩余。搭售定价主要针对具有不同需求的消费者，而厂商又不能实行价格歧视的商品。搭售可以减少消费者的搜索成本，可以满足消费者多样化的口味。这是一种十分常见的价格行为。例如：

  a. 防晒霜与修护液捆绑；
  b. 饭店住宿送早餐；
  c. 书包与文具捆绑；

d. 两场电影连放；
e. 买电脑(6 000 元)加 600 元送单价为 880 元的打印机；
f. 某超市 5 元以下商品加 1 元买双份。

现在假设一厂商向许多消费者销售两种不同的产品。我们用一个简单的图来以消费者的保留价格反映他们的偏好，以及他们在给定条件下的消费决策。保留价格是消费者愿意为某商品支付的最高价格。在图 6-16 中，横轴是消费者对产品 1 的保留价格，纵轴是消费者对产品 2 的保留价格，图中显示了三个消费者的保留价格。消费者 A 对产品 1 和产品 2 最多愿意支付 3 元和 5 元，消费者 B 对产品 1 和产品 2 最多愿意支付 5 元和 8 元，消费者 C 对产品 1 和产品 2 最多愿意支付 7 元和 2.5 元。

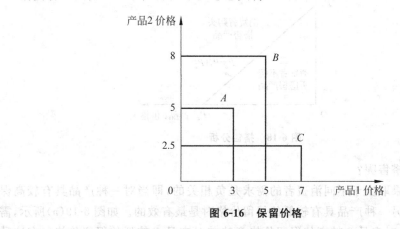

图 6-16　保留价格

设有许多消费者，且产品分别以价格 P_1 和 P_2 分开销售。图 6-17 表明可以将消费者分组，区域一的消费者具有高于对各产品所定价格的保留价格，因而会两种产品都买；区域二的消费者具有对产品 2 的保留价格 P_2，但对产品 1 的保留价格低于 P_1，他们只会买产品 2；同理，区域四的消费者只购买产品 1 而不购买产品 2；区域三的消费者具有低于各产品的定价的保留价格，因而两种产品都不会买。

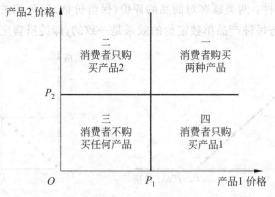

图 6-17　消费者分组

现假设产品是以总价格搭配出售的，那么可将消费者分成两组，如图 6-18 所示。任何给定的消费者都是仅当搭售价格小于或等于他们对两种产品的保留价格之和时才会购买,分界线是 $P_z=$ 产品 1 的价格＋产品 2 的价格。区域一中的消费者具有相加大于 P_z 的保留价格,因此他们会购买搭售的产品。区域二中的消费者具有相加小于 P_z 的保留价格,因此他们不会买搭售的产品。

两种产品如果分开出售的话,图 6-18 区域二中的某些消费者可能会购买两种产品中的一种。可是,当搭配出售时,厂商就失去了这些消费者。因而,厂商必须确定搭配是否给它带来好处。

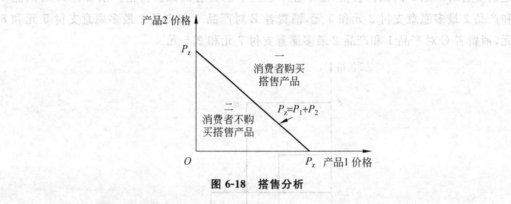

图 6-18　搭售分析

企业何时选择搭售呢?

通常搭售的效果取决于不同消费者的需求是负相关的,即当对一种产品具有较高保留价格的消费者对另一种产品具有较低的保留价格时是最有效的。如图 6-19(a)所示,需求完全是负相关的,对产品 2 较高的保留价格意味着对产品 1 较低的保留价格。在这种情况下,搭售是理想的策略。通过定价在图中所示的 P_z,因为 P_z 是搭售时消费者的保留价格,所以厂商可能取得所有的消费者剩余。在图 6-19(b)中,消费者对两种产品的需求是完全正相关的,对产品 1 有高保留价格的消费者对产品 2 也有高的保留价格。如果企业搭售且定价 $P_z=P_1+P_2$,它将赚到与以价格 P_1 和 P_2 分别出售产品相同的利润。搭售和分开出售收益是一样的。在这种情况下,搭售并不是理想的策略。因此,有效实施纯搭售定价必须具备一个前提条件:两类顾客对商品的评价(保留价格)呈负相关。如果保留价格是正相关的,纯搭售定价与每种产品单独定价的效果是一致的,即纯搭售定价无效。

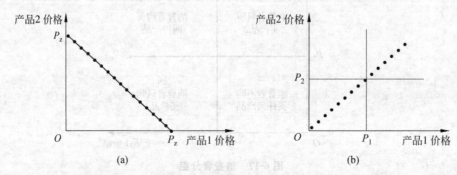

图 6-19　两种产品价格的相关关系

2. 混合搭售

混合搭售是销售多种产品时,即以各种产品的价格分开销售,又以低于各种产品价格之和的价格成套搭售。现设企业销售两种产品,四个消费者的保留价格如表 6-2 所示。图 6-20 为各种搭售价格为 $P_z=100$ 的组合与产品 1 和产品 2 的边际成本。

表 6-2 四个消费者的保留价格　　　　　　　　　　　　单位:元

消费者	产品1	产品2	两种产品保留价格之和	消费者	产品1	产品2	两种产品保留价格之和
甲	20	90	110	丙	60	40	100
乙	50	60	110	丁	90	30	120

企业有三种定价策略:(1)以价格 $P_1=50$ 元和 $P_2=90$ 元分别销售;(2)以 $P_z=100$ 元的价格搭售;(3)以 $P_1=P_2=89.95$ 元的价格分别销售,或者以 100 元的价格搭售。如表 6-3 所示。企业应选择分开出售、搭售,还是混合搭售呢?

表 6-3 三种定价法　　　　　　　　　　　　单位:元

定价方式	P_1	P_2	P_z	定价方式	P_1	P_2	P_z
分开出售	50	90	—	混合搭售	89.95	89.95	100
纯搭售	—	—	100				

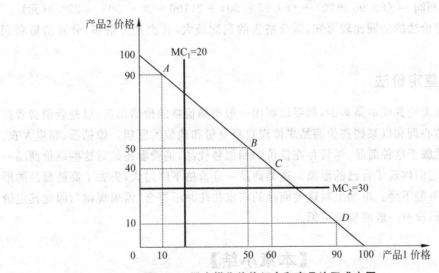

图 6-20　混合搭售价格组合和产品边际成本图

三种定价策略所获利润情况分析如下:

(1) 分开出售

由于乙、丙、丁三个消费者对产品 1 的保留价格大于 P_1,对产品 2 的保留价格小于 P_2,所以乙、丙、丁三个消费者会购买产品 1,不会购买产品 2。由于甲消费者对产品 1 的

保留价格小于 P_1，对产品 2 的保留价格等于 P_2，所以甲会购买产品 2，不会购买产品 1。其利润如下：

$$分开出售利润 = 3(50-20)+90-30 = 150(元)$$

（2）纯搭售

由于甲、乙、丙、丁四个消费者对产品 1 和产品 2 的保留价格之和大于混搭价格 $P_z=100$，四人都会购买。其利润如下：

$$纯搭售利润 = 4(100-20-30) = 200(元)$$

（3）混合搭售

混合搭售定价的方案是：购买"产品 1＋产品 2"的"产品包"，价格为 100 元，混合搭售定价组合，如图 6-17 中 A,B,C,D 混合搭售价格组合；单独购买产品 1，价格是 89.95 元（低于丁消费者对产品 1 的保留价格 90 元，目的是吸引丁消费者购买产品 1，放弃"产品包"）；单独购买产品 2，价格也是 89.95 元（同理，目的是吸引甲消费者购买产品 2，放弃"产品包"）。

由于丁消费者对产品 1 的保留价格 90 大于 $P_1=89.95$，对产品 2 的保留价格小于 P_2，所以丁消费者会购买产品 1，不会购买产品 2。由于甲消费者对产品 1 的保留价格小于 P_1，对产品 2 的保留价格 90 大于 $P_2=89.95$，所以甲会购买产品 2，不会购买产品 1。由于乙、丙二个消费者对产品 1 的保留价格小于 P_1，对产品 2 的保留价格也小于 P_2，所以不会单独买产品 1 或产品 2，但乙、丙二个消费者对产品 1 和产品 2 的保留价格之和大于混搭价格 $P_z=100$，这使两人会买产品 1 和产品 2 的混搭。其利润如下：

$$混合搭售利润 = (89.95-20)+(89.95-30)+2(100-20-30) = 229.9(元)$$

从三种定价法的利润比较可知，混合搭售的利润最大，其次是纯搭售，分开销售利润最小。

6.4.3 声望定价法

有些商品无论其成本是多少，都要以高出一般市场价格的价格出售，以迎合消费者高价格高质量的心理和以某些高价商品来体现自身身份和地位的愿望。像钻石、貂皮大衣、豪华汽车等就属于这种商品，尽管存在低价的相似替代品，消费者还是对这些高价商品一往情深，因为它们体现了自己的形象。这类商品一旦价格下降过大，失去了高档商品的形象，销量反而可能下降。市场上对这类商品的需求往往并不符合"需求规律"，因此其定价方法也较特殊，没有一般的规律可循。

【本章小结】

随着市场经济的逐步发展，企业的产品面临不止一种市场，企业往往生产不止一种产品，这就决定了在现实生活中定价方法的多样化。定价方法有平均成本加成定价法、增量定价法、价格歧视法、捆绑销售定价法、多产品定价法、中间产品转移价格定价法。

价格歧视是同一种商品对不同的顾客在不同时间或不同地点或不同市场收取不同价格，其中在同一时间内以不同的价格向不同的买方出售由同一厂商生产的相同的产品的行为称为价格歧视。对某一商品在不同时间定不同价格的行为称为基于时间的差别定价。消费者剩余是消费者愿意支付的最高价格高出市场价格的大小。一级价格歧视是每一单元产品以消费者所愿支付的最高价格出售。二级价格歧视是对相同货物或服务的不同消费量或"区段"索取不同价格。三级歧视价格是利用某些特征来区分具有不同消费曲线的消费群体,将消费者分为两组或更多组,厂商对不同需求曲线的顾客群索取不同的价格。时期间价格歧视是用不同时间定不同价格将消费者分成具有不同需求函数的不同组别。

不同产品在需求上的相互联系是指一种产品的需求会受其他产品的需求的影响。用同一种原料,经过同一个生产过程,生产出两种或两种以上的不同性质和用途的产品,这些产品称为联产品。联产品可以按固定比例生产,也可以按变动比例生产。

转移价格是指企业的分公司之间或部门之间进行中间产品转让时的中间产品的价格,转移价格影响分公司之间或部门之间的利益分配。转移价格的制定与是否不存在中间产品的外部市场有关。

成本加成法是把平均成本加上一定比例后作为产品的价格,被加上的一定比例的成本为毛利。

增量定价法,就是比较由价格决策引起的利润增量来判断定价方案是否可行。如果新增总收益大于新增总成本,利润增量为正值,方案可以接受;反之,若利润增量为负值,方案就不能接受。

搭售或捆绑销售是企业将生产的两种或多种产品一起销售。通常搭售的效果取决于不同消费者的需求是否是负相关的,即当具有对一种产品较高的保留价格的消费者对另一种产品具有较低的保留价格的时候它最有效。混合搭售是销售多种产品时,即以各产品的价格分开销售,又以低于各产品价格之和的价格成套搭售。

【中英文关键词】

1. 一级价格歧视　　　　first-degree price discrimination
2. 三级价格歧视　　　　third-degree price discrimination
3. 阶梯式电价　　　　　ladder-type price

【综合练习】

一、名词解释
1. 价格歧视
2. 转移价格
3. 搭售或捆绑销售
4. 混合搭售
5. 成本加成法

二、选择题

1. 完全垄断市场中,如果 A 市场的价格高于 B 市场的价格,则( )。
   A. A 市场的需求弹性大于 B 市场的需求弹性
   B. A 市场的需求弹性小于 B 市场的需求弹性
   C. 两个市场的需求弹性相等
   D. 以上都正确

三、简述题

1. 企业为什么要实行价格歧视?
2. 企业实行三级价格歧视要具备的条件是什么?
3. 什么是增量定价法?
4. 有效实施纯搭售定价的前提条件是什么?
5. 什么是混合搭售定价法?

四、计算题

1. 假定在没有进行市场分割以前,某垄断企业所面临的需求函数和成本函数分别为:$Q=25-0.25P$(或 $P=100-4Q$),$TC=50+20Q$,求市场未分割前的利润。
如果该垄断企业可以将市场分割为两个独立的市场,在这两个子市场所面临的需求函数分别为:$Q_1=16-0.2P_1 \rightarrow P_1=80-5Q_1$,$Q_2=9-0.05P_2 \rightarrow P_2=180-20Q_2$,求市场分割后的利润及市场分割后两个子市场的需求价格弹性。

2. 垄断企业同时在两个分割的市场上销售产品,两市场的需求函数分别为:$Q_1=10-P_1$,$Q_2=16-P_2$,边际成本为 4,不随产量变化而变化。问:
   (1) 为使利润最大,企业如何在两个市场分别确定销售量和价格?
   (2) 如果只能实行统一价格,垄断产量和价格分别为多少?
   (3) 说明实行歧视价格所得利润大于实行统一价格时的利润。

3. 某生产企业年生产能力为 20 万台,其标准产量为生产能力的 80%。为实现标准产量企业的总可变成本为 90 万元,总固定成本为 108 万元,企业的目标利润率为 20%。求:
   (1) 企业应当如何确定产品价格?
   (2) 如果上述价格是使企业实现利润最大化的价格,那么产品的需求价格弹性是多少?
   (3) 如果产品的需求价格弹性是 -5,企业的最优目标利润率为多少?
   (4) 如果企业接到 2 万台的新订单,报价为 10 元,企业是否应该接受?

4. 假设某汽车公司能以常数边际成本 15 000 元和 2 000 万元的固定成本生产任意数量的汽车。该汽车在非洲市场的需求函数为 $Q=18\,000-400P$,在亚洲市场的需求函数为 $Q=5\,500-100P$,价格单位为千元。问:企业在各市场应该销售多少汽车以及各市场的价格和总利润为多少?如果在各个市场要定相同的价格,在各市场销售多少,均衡价格和公司利润是多少?

【案例分析 1】

根据以下案例所提供的资料，试分析：一些跨国公司是如何避税的？

从苹果税案撕开跨国逃避税之冰山一角

近日，美国苹果公司被指逃税引发了各界对国际打击跨国逃税的关注。苹果总裁罕见地出席了听证会，否认有逃税行为，竭力说明自己是美国最大的纳税户，和其他跨国公司一样，只是一个普通的避税者而已。事实上，苹果 CEO 蒂姆·库克否认的逃税和承认的避税是两个有所区别的概念。因此，库克否认苹果逃税而称只是避税是有深意的……

一、合法避税始终存在

跨国公司为追求利益最大化，把营业收入、成本、借贷和盈利分配到对其最有利的税务辖区的做法，被称之为"合法避税"，这种现象存在至少已经几十年，早已不新鲜，在企业来看，也是一个不公开的秘密。以下是部分近来被媒体曝光的著名跨国企业逃避税收的案例。

路透社的报告显示，星巴克自 2009 年起连续三年在英国没有支付过企业税或所得税。这家全球最大的咖啡连锁店 13 年间在英国只支付了 860 万英镑的税收，而这期间，星巴克在英国的销售额达到了创纪录的 31 亿英镑。谷歌的文件显示，2011 年该公司在英国销售额为 40 亿美元，尽管这家公司的毛利率达到 33%，但其在英国的分部 2011 年纳税金额仅为 340 万英镑。2012 年，谷歌将 61 亿英镑（约合 99.6 亿美元）收入转移至百慕大群岛的空壳公司，从而在全球避税超过 10 亿英镑（约合 16.3 亿美元），同时在英国仅缴税 600 万英镑（约合 979 万美元）。2013 年 5 月，据英国媒体报道，谷歌英国业务再次深陷逃税丑闻，一名前销售部主管向税务部门提交 10 多万份在谷歌工作期间的电邮记录，力证该公司大批广告业务实际在英国洽谈，但正式交易时转移至爱尔兰避税。2011 年，亚马逊在英国支付的所得税仅为不到 100 万英镑；2012 年，亚马逊在英国实现 33 亿英镑（约合 52 亿美元）销售额，但却并未上缴任何公司税。

二、"转移定价"惯用手法

跨国避税目标简单——减少企业所需交纳的税收。然而，真正做到这一点，实际操作还是比较复杂的。一个跨国公司通常会将更多的收入配置在所得税低的国家，因为这些国家税收抵扣较高，比如爱尔兰的税收抵扣水平，只有美国的 1/3。另外，将成本部署在高税负国家（比如美国）。据披露，此次苹果的避税手法主要是：转移定价。这是一种跨国公司多年来普遍使用的避税手法。

所谓"转移定价"，是指跨国公司关联企业内部进行交易时采用的价格。使用这种手法的目的是通过跨国公司和分公司间，或母子公司、子公司与子公司间的提供商务、转让技术和资金借贷或其他财产转移方式人为操纵价格。这种价格不由交易双方按市场供求关系变化和独立竞争原则确定，而是根据跨国公司或集团公司的战略目标和整体利益最大化原则由总公司上层决策者人为确定。其中，某些情形是具有正当商业理由的。

"转移定价"令苹果等公司能将利润转向税收避风港，同时将支出转移到高税收国家。

美参议院常设调查委员会 5 月 20 日晚发布调查报告说，苹果公司利用一个"成本分担协议"，将其知识产权资产转移到税率较低的国家或地区，以便按照低税率缴纳所得税。报告称，苹果公司通过与爱尔兰政府协商，以 2% 的特别税率纳税，而该国的法定税率是 12%，低于美国 35% 的纳税水平。作为交换，苹果公司把爱尔兰作为建立海外子公司网络的基地。这一交易使苹果公司尝到了甜头。2009 年至 2012 年，该公司将 740 亿美元全球销售收入的纳税地点从美国转移到爱尔兰。

亚马逊逃避在英国税收的方法是，通过在卢森堡的一家分支机构报告欧洲的销售，这一方法使 2011 年公司支付的国外税率只有 11%，不到其主要市场平均企业所得税率的一半。之前曝光的谷歌、雅虎和其他公司也通过所谓的"转移定价"来减少所需缴纳的税额。

三、避税多少没人统计

跨国企业的避税行为似乎已经可以说是一种常态。那么，全球跨国企业究竟避掉了多少税？这个数字只能从零星见诸报章的文字中寻找一些印迹：欧盟委员会表示，避税和逃税使欧盟每年都损失 1 万亿欧元。

2008 年，美国仅通过反避税调查查补的税款就达到 1 000 亿美元。而总部位于华盛顿的消费者代言团体美国公共利益研究集团公布的一份报告显示，美国各州政府在 2011 年因为美国人的海外避税行为损失了 398 亿美元收入。

今年 2 月，经合组织一份报告指出，"跨国企业由于在全球，特别是在发展中国家逃避纳税义务受到指责，对发展中国家而言，税收对保障其长期发展至关重要"。反贫困组织 ActionAid 在一份报告中称，跨国公司和富裕投资者 2011 年向新兴市场投资资金的近半数是通过避税天堂，导致贫穷国家损失收入。ActionAid 基于国际货币基金组织投资数据表示，2011 年向中低收入国家的跨境投资有 46% 来自避税天堂，相比之下流向中高收入国家的公布跨境投资中，这一比例为 37%。

此外，2012 年一项统计显示，中国每年因跨国公司避税损失 300 亿元。

四、避税天堂都在哪里

谈到国际避税，不能不提到国际避税天堂，也就是国际避税得以生存的所在地。据美国有线新闻网报道，瑞士、英国、加勒比海和巴拿马、新加坡是名列当今全球前四位的"避税天堂"。

根据经济发展与合作组织的描述，实行低税和以银行保密制度为由不愿向他国提供涉税信息是"避税天堂"的两大特性，虽然它们大多是弹丸之地，但在全球范围内掌握的资金据估计超过 11 万亿美元。

英国伦敦"Wealth Insight"研究机构发布最新报告称，随着欧洲法规的收紧、全球财富向亚洲转移，以资产为评定标准，到 2020 年新加坡将取代瑞士，成为全球最大的国际避税地。

看一下广为人知的英属维尔京群岛。由于商业运作非常成功，英属维尔京群岛在全球"避税天堂"中十分出名。它和开曼群岛、百慕大、巴哈马、荷属安的列斯、库克群岛、萨摩亚、摩纳哥、列支敦士登、瑞士、卢森堡、安道尔、毛里求斯和塞舌尔等国，通过实行极低税，甚至是完全免税的政策，吸引全球企业和富人把财富藏匿于此。英属维尔京群岛的企业保密法十分严密。政府对公司的盈利不征收任何的企业所得税,对资本的转移也不收税。据报载,世界500强企业和世界最大的25家银行在这里几乎都设立了分支机构。近十年来,英属维尔京群岛对中国的投资数额,几乎年年都能排进世界前三。在全世界所有能自由进行公司注册的避税港中,这里是注册要求最低、监管力度最小的地方。最近因为了争取国际援助资金而不得不让银行大储户承受巨额损失而闻名的塞浦路斯,实际上也是一个"避税天堂"。

此次被指让苹果公司得以少交税收的爱尔兰应该也是这样一个避税天堂。不过爱尔兰本身并不认同这个名号。日前,爱尔兰政府通过主动派出部长级官员的方式发起外交攻势,表示美国国会的言论损害了爱尔兰的声誉。爱尔兰商务部长理查德·布鲁顿5月27日表示,爱尔兰政府准备致信美参议院常设调查小组委员会,以此反驳"避税天堂"或与苹果达成"特殊协议"等指控。爱尔兰政府同时还将派遣多名部长级官员前往国外,向有关方面解释爱尔兰的税收政策,并努力通过媒体采访挽回上周的损失。布鲁顿表示,确有公司利用不同国家的税收政策实现套利的情况,爱尔兰愿意参与国际共同的努力,一同阻止避税现象。他还批评部分国家同跨国公司签订"特殊协议"的做法伤害了爱尔兰的竞争力。爱尔兰副总理埃蒙·吉尔摩也将与经济合作与发展组织的官员会面,展开"魅力攻势"。

同样在本月,英国议会委员会也将注意力放在爱尔兰的税收政策上,并且强调了谷歌公司通过所谓的"双爱尔兰模式"达到避税的目的。

上周,美国调查委员会指责都柏林成为苹果"避税攻略"的核心,为苹果公司省下了属于"本应征税的离岸收入"的440亿美元税款。调查报告同时指出,苹果公司与爱尔兰达成了特殊的协定,各项利润都只需支付少于2%的税率,远低于爱尔兰12.5%的公司税率。

近年来,"避税天堂"为躲避被制裁的危险,陆续有部分国家做出让步,包括瑞士、安道尔、列支敦士登、比利时、奥地利和卢森堡等国均表示将放宽银行保密制度,为打击跨国逃税提供更多合作。因此这些举措也被认为是"避税天堂"正在悄然"褪色"。

资料来源:经济参考报.2013年05月30日.08:41:59.

【案例分析2】

根据以下案例所提供的资料,试分析:
1. 耐克鞋类产品国内外售价差异的成因是什么?
2. 减少同类产品售价差异的措施是什么?

耐克鞋类产品国内外售价差异的成因与分析

中国是世界上最大的鞋类产品生产地,70%以上的鞋类产品都产自中国境内,其中包括耐克等世界知名品牌。通过比较可以发现,同类产品在国内和国外的售价有较大差异,而且国内售价通常高于国外售价。既然产品在中国生产,如综合考虑运输、关税等因素,我国国内产品售价应低于其他国家和地区售价,但为何同类产品在我国售价高于国外市场售价,大多数消费者对此都难以理解。本文以耐克鞋类产品为研究样本,通过与商务主管部门、代工商、品牌商座谈,赴耐克运动鞋专卖店等终端市场进行实地调研等方式获取了丰富的资料,同时考虑了税制、税率、汇率、利润分配、市场需求、文化等多方面影响因素,对同类产品国内外售价存在差异的根本原因进行了分析和解释,同时还针对规范市场秩序、加强舆论引导等方面提出了政策建议。

一、国内外同类产品售价差异现状

同一品牌甚至同一产品在国内外市场上出现价格差异的现象,已经引起中国政府和人民的广泛关注。不难发现,这一现象主要反映在高端商品上。据商务部统计,手表、箱包、服装、酒、电子产品这五类产品的20种品牌高档消费品,国内市场价格比美国高51%,比法国高72%。然而,同样的产品国内外价格差异悬殊,不仅仅反映在高档商品上,也有些中低端商品因为价差很大,在中国价格昂贵是奢侈品,在国外却价格适中,差不多属于普通商品。例如,中档及以下的汽车,同一款车型国内价格远远高于国外,有的还减少了配置,而且在日常消费品上也比较普遍,比如奶粉之类,一些国人热衷于到香港、澳门买奶粉、打酱油,除质量较高外,价格便宜许多也是一个重要原因。

二、耐克公司同类产品国内外售价差异分析

1. 耐克公司基本情况。耐克公司是全球最大的体育用品制造商,总部位于美国俄勒冈州,产品种类主要包括服装、鞋类及运动器材等。截至2010年5月31日,耐克公司实现销售收入190亿美元,其中大中国区收入17亿美元。中国大陆占耐克大中国区收入比例为70%~80%。耐克公司于1980年进入中国市场,在北京设立了第一个生产联络代表处,随后在中国市场取得了快速发展,截至2011年,耐克在中国的合作生产商共124家。近年来,耐克公司逐步将经营发展重心转移至江苏太仓,设立了耐克体育(中国)、耐克(苏州)体育用品两家有限公司。2009年在太仓投资建设了耐克中国物流中心,实施全国物流配送,同时建立了地区总部和20多家分支机构。2009年,耐克(中国)公司销售额为94.74亿元,上缴利税15.73亿元,实现利润18.95亿元。

2. 耐克公司的销售模式及利润分配情况。

(1) 耐克公司销售模式。耐克公司在中国的经营模式以经销商经营为主,极少部分以业务直营店方式经营,耐克体育用品的价格由耐克公司直接制定,代理经销商无定价权。调研结果显示,一般情况下耐克公司的销售模式分为三个环节,即工厂—大型经销商—小型经销商,也有部分大型经销商直接面向消费者销售,即工厂—经销商的模式。根据不同国家市场特点和消费取向,耐克公司采取了差异化产品投放的策略。中国市场和美国市场销售的产品差异较大,仅有很少一部分相同款式在两个市场同时销售。

(2) 各销售环节利润分配情况。据了解,耐克公司产品在中国市场的溢价率为5~6倍(数据来源:耐克公司),以一双出厂价100元的鞋为例,耐克公司销售价约为500元。各环节利润分配情况为:耐克公司代工厂将鞋发到耐克公司物流中心,大型经销商以售价5折的价格(即250元)从耐克公司进货,再以售价6折的价格(即300元)卖给小型经销商,经销商通过商场销售给消费者。由于在进价和卖价方面,耐克公司都拥有强大的话语权,所以经销商的利润普遍较低。一般情况下,上市未超过三个月的新产品,经销商不得打折销售,超过三个月的商品,经销商可以自由打折,但不得低于7折。经销商与商场的利润

分配根据经销商的议价能力不同而有所区别,规模较大的经销商在利润分配中可以获得更大的比例。以耐克公司在中国最大的经销商江苏滔博体育用品有限公司为例,商场按照实际销售价格提成13%,其余87%为滔博公司获得。商场负责运营费用,滔博公司负责耐克专柜或者专厅的装潢费用、商品资金、员工工资及日常的水电费用。一般来讲,各项费用约占销售额的12.5%。

3. 耐克公司同类产品国内外售价不同的主要原因。为比较耐克公司同类产品国内外售价的差异,我们以美国市场为样本进行了调查研究。我们认为,由于受定价方法、税制、上市时间、市场差异等多方面因素的影响,耐克公司的产品在中国市场售价高于美国市场的售价,一般同一产品差价在人民币200元以内,且不同产品差价有所不同。造成售价差别的原因主要有以下几个方面。

(1) 定价方法。耐克公司在我国市场销售的商品价格为含税价,即商品报价中已经包含了17%的增值税;而在美国市场销售的产品价格则是不含税的,美国各州的税率不同,消费者在购买商品时根据所在地税率一并缴纳税款。例如:耐克公司生产的一款 air court force one 篮球运动鞋在美国官方网站上的报价为92美元,按照美元兑换人民币汇率1:6.4计算,折合人民币588.8元;在我国官方网站上的报价为790元人民币,如去除中国报价中包含的17%增值税,则这款运动鞋在中国的价格为675.2元,两者相差约86元人民币。也就是说,同款耐克鞋在美国市场的报价要低于中国。

(2) 关税因素。目前,美国市场有相当数量的耐克运动鞋是在中国以加工贸易方式生产的。从耐克在福建的代工厂了解的信息显示,目前,耐克鞋进口料件及深加工结转转入料件约占全部原材料价值的94%,如成品销往国内市场,则需补交保税进口料件的关税、增值税以及缓税利息。据了解,鞋类产品内销需补缴的平均关税为8%,增值税为17%,缓税利息为0.36%,补交税款后,产品的成本增加25%左右,产品价格也会相应提高。根据世界贸易组织统计,中国运动鞋进入美国市场的平均关税为4.6%,由于关税因素导致的价格差异约为出厂价的3%。

(3) 退税因素。根据我国商品出口退税的规定,生产企业以加工贸易方式进口料件加工复出口运动鞋,其中国内料件采购部分可享受15%的出口退税。为提高产品竞争力,国内生产厂商往往会将退税全部或部分作为利润让出,体现在商品售价上的相应降低。但由于耐克运动鞋国内采购料件仅占全部料件金额的6%左右,按出口退税率15%计算,企业获得的出口退税额不到产品成本价格的1%,因而对产品的最终售价影响有限。

(4) 上市时间。同一产品在不同国家市场上市的时间可能不同。目前,耐克公司的大部分新产品都是在美国先上市,然后再到其他国家上市。这就造成了同一时点、同一商品在美国市场价格低于其他市场的情况。

(5) 市场差异。由于文化差异,不同国家市场对同一产品的接受程度有所不同。例如,耐克公司推出的一款 Lebron soldier IV 篮球运动鞋受到了我国消费者的喜爱,这款鞋在我国市场的售价为1 048元人民币,而在美国市场的售价110美元,除去17%增值税因素后,国内售价比美国高192元人民币;而另一款复古式篮球鞋 air Jordan 6 retro 在中国市场的认可程度偏低,售价为1 098元,除去17%增值税后价格为938元,美国市场售价为150美元,折合人民币960元,高于中国市场售价22元。

三、减少同类产品售价差异的政策建议

1. 降低增值税和关税税率是减少价差的根本途径。通过上述分析不难看出,我国的税率相比美国而言明显较高,由于税制问题造成的差异在10%~17%。这就造成同样的产品在征收增值税和关税等一系列税收之后,我国消费者购买商品的价格要比美国消费者高。整体来看,我国的税收在全世界范围内处于较高水平,要想使我国消费者能以更合理的价格购买进口商品,就需要我国的财税部门研究降低增值税和关税税率,改善同一产品受税收影响售价差异过大的现象。应该看到,增值税和关税下降之后,进口商品的国内外市场价差将大幅收窄,这必将吸引大量出国购买商品的国内消费者(回流)。可以说,税率下降并不会减少税收收入,同时将有效扩大内需,达到双赢结局。

2. 保证人民币升值处在可控范围之内。人民币升值也是导致同类产品产生价差的影响因素。近年来,人民币升值较快,2010年6月实施人民币汇率改革以来,人民币兑美元实际有效汇率已经上升10%。人民币升值过快必将导致同类产品价差进一步扩大。同时,人民币升值也将导致我国出口企业丧失国际竞争力,影响我国外贸稳定发展。

3. 大力发展国内自主品牌。通过对耐克公司的调研我们发现,大型跨国公司在销售渠道和价格等方面拥有绝对控制权,对于每个地区的产品售价和产品投放均有专门团队进行细化研究。国外企业通过综合考察当地的民众心理、渠道设置、物流成本等多方面因素,力争选择每个地区可以接受的最高售价来销售产品,实现利润最大化。跨国公司之所以敢于垄断定价权,根本原因就在于其掌握核心技术,我国国内没有与之竞争的产品,自然处处受制于人。因此,发展国内自主品牌也成为平抑国内外市场价差的关键所在。

随着中国加入世界贸易组织,拥有雄厚资金技术实力的跨国公司纷纷登陆中国,受消费观念影响,国内消费者有可能更多地偏爱国外知名品牌而冷落国内替代品,即国内商品替代外国产品的能力可能将逐步减弱,从而又会拉大国内外商品的价格差距。这样如果外国商品不主动提高商品价格的话,那么国内商品就必然降价以应对竞争。这样一来,国内企业经营的困难将会进一步加深。所以我国企业应加强调研积极应对,在寻找与外国产品技术和质量差距的同时,及时弥补不足,积极进行技术创新,不断推出质优价廉的新产品。

资料来源:李斌.同类产品国内外售价差异的成因调查与分析[J].经济师,2012.11.

第三篇

企业宏观经济环境分析

第7章

知识经济与企业管理决策

【学习目标】

通过本章的学习,将了解知识经济的演变及对经济社会的影响和冲击,掌握知识经济的内涵,理解知识经济的特征;了解知识经济对企业管理的新要求,理解知识经济下企业管理的新特点;掌握无形资产的含义,了解企业无形资产的种类。

【教学要求】

知识要点	相关知识	能力要求
知识经济的形成、发展	知识经济的兴起与演变、知识经济的内涵与特征、知识经济的发展对经济社会的影响	了解知识经济的兴起与演变,掌握知识经济的内涵,理解知识经济的特征,了解知识经济的发展对经济社会的影响和冲击
知识经济时代企业管理的新特点	知识经济对企业管理的新要求、知识经济下企业管理的新特点	了解知识经济对企业管理的新要求,理解知识经济下企业管理的新特点
企业的无形资产构成	无形资产的含义、企业无形资产的种类	掌握无形资产的含义,了解企业无形资产的种类

技术创新成就华为

2010年,美国知名商业媒体 Fast Company 日前评出了 2010年最具创新力公司,前五名分别是 Facebook、Amazon、苹果、Google、华为。华为是排名前五的公司中唯一的新上榜企业。Fast Company 称,过去的一年中,华为获得了一系列有价值的合同,正是这些合同使得华为的市场份额翻番。Fast Company 将华为 2009 年的强劲发展归结为以客户为中心的创新力。根据世界知识产权组织(United Nations World Intellectual Property Organization)的统计,华为 2009 年专利申请总数为 1 847,排名世界第二。

2009年,华为全球销售收入高达 1 491 亿人民币,净利润 183 亿人民币,成为全球第二大通信设备提供商。看着这一份份骄人的华为"成绩单",全球商界对华为刮目相看的同时,都用羡慕的眼神关注着华为的"桂冠"。什么成就了今日的华为呢?除了华为的管理制胜外,华为最大的核心竞争力就是市场技术化和技术市场化,有着成千上万的技术工程商人在团队作业。

1987年华为仅有6名员工,注册资金2万元。经过几年代理国外交换器挖掘到"第一桶金"之后,华为老总就觉得要自己研发国产交换机,CC08就在这样的环境下诞生了。在创业早期,华为就提出要长期坚持不少于销售收入10%的研发投入,并坚持将研发投入的10%用于预研,对新技术、新领域进行持续不断的研究和跟踪,不仅如此,还将这一规定写入《华为基本法》,在战略发展规划和公司的规章制度上体现。

那么华为的研发、技术创新有什么特点呢?

一、技术工程商人

华为认为企业核心竞争力是在技术的创新,但同时技术创新不是为了获得创新而创新、为了论文而创新,任正非很早就告诫华为员工"华为没有院士,只有院士。要想成为院士,就不要来华为"。他在总结了朗讯、贝尔实验室、IBM等研发失败的惨痛教训中得出一个结论:"技术人员不要对技术宗教般崇拜,要做工程商人。你的技术只用来卖钱的,卖出去的技术才有价值。"为此,华为的技术研发和创新是围绕着市场的需求而进行的,如果研发人员自己闭门造车,结果可想而知,肯定是一堆搁置在家里的"废铜烂铁"。技术市场化,华为引进IBM的IDP研发流程,最前端就是客户的需求。

二、新手也能研发

无论是大学刚毕业的本科生,还是社会招聘进去的技术工程师都能做研发。一名新手都能做研发,这在其他公司是不可思议的。这个就是华为技术管理的独到之处。为什么呢?原来这是华为经历了过分"依赖技术人员"之痛之后在研发管理上的一个跨越。经历了郑宝用身体原因的退出、李一男的出走,早期内部创业技术人才的流失,等等,没有核心技术人员,华为将濒临研发崩溃的边缘。任正非就提出我要培养出千千万万个"郑宝用"、"李一男"。通过开发技术流程化,每个开发文档的过程控制、文档的建立,每个开发工程师成为流程的一道"工序",研发新手拿着这样流程规范化的文档也能研发了。

三、"技术拿来主义"

外界的人都认为华为技术创新能力强,专利第一。其实华为的技术创新大都是站立在"伟人的肩膀"之上的。华为认为,过多的"自主"创新情结,会影响到企业的竞争力的形成。在华为看来,专利并不是一种目的,而是获得市场进入许可,同时获得产品以及成本竞争力的商业手段。华为的主张,一方面是,"通过合理付费的交叉许可,创造和谐的商业环境";另一方面,则要积极地积累自己的专利池,获得越来越多的筹码,并持之以恒地每年以超过销售额10%的比例进行研发投入。任正非特别地强调:"新开发量高于30%不叫创新,叫浪费。"他号召研发人员研发一个新产品应该尽量减少自己的发明创造,而应着眼于继承以往产品的技术成果,以及对外进行合作或者购买。华为的"技术拿来主义"还表现在与合作伙伴的合作上面,不管是和大学科研机构,还是同行业"友商"。

四、华为研究所全世界遍地开花

"在全球经济低迷的背景下,华为仍坚持加大研发投入,2009年研发费用达到人民币133亿元人民币,同比增加27.4%。"华为研发人员占公司总人数的46%,并在美国、德国、瑞典、俄罗斯、印度及中国等地设立了17个研究所，还与领先运营商成立近20个联合创新中心。华为研究所可以说是辐射、支撑到全球各个片区的客户。现在的华为总部仅是行政、研究的一个根据地和信息枢纽中心了。

7.1 知识经济的形成、发展

21世纪是以信息经济、网络经济、数字化经济为特征的知识经济时代。人类曾经靠天吃饭的农业经济时代，徘徊了几千年，直到200多年前，一位英国学徒工发明的蒸汽机，大大解放了生产力，才把人类带进了工业经济的时代。如今，在这个每天早晨睁开眼睛都会有不可思议的事情发生的新时代，知识密集型产业正在迅速崛起，知识正成为生产力诸要素中最活跃的因素。在人类进步速度越来越快的今天，这是一个不争的事实。在知识经济中，知识作为最重要的资源，将被更多地运用于满足市场需求。

与传统工业经济相比，知识经济不仅有新的定义和内涵，有新的产业和产品，还有新的法则和规律。

7.1.1 知识经济的形成

当知识，特别是科学技术知识，积累到一定程度，以及知识在经济发展中的作用日益突显，人类就迎来了知识经济时代。

1. 知识经济的兴起与演变

知识经济的兴起是人类数千年知识积累的结果。人类对于知识的作用的认识最早可追溯到16—17世纪英国科学家弗兰西·培根提出"知识就是力量"的论断。100多年前马克思提出科技是生产力，把知识引入了经济范畴。

1962年美国经济学家弗卫茨·马克鲁提出了"知识产业"的概念，这一概念包括教育、研究开发、传播业、信息设备以及信息服务等。

20世纪70年代以来，对于未来经济的发展趋势，学者们提出了许多的概念和设想。

1970年美国社会学家托夫勒在《第三次浪潮》中提出了"后工业经济"概念，并把它描述为"超工业社会"，它提出美国社会出现了一种不同于工业经济的经济。

1973年美国社会学家丹尼尔·贝尔在《后工业社会的来临》中提出了"后工业社会"一词，强调知识的重要性。他认为后工业社会是围绕着知识组织的，其目的在于进行社会管理和指导革新与变革，这反过来又产生新的社会关系和新的结构。

1982年美国未来学家约翰·奈斯比特在《大趋势》中提出了"信息经济"的概念，他认为知识是经济社会的驱动力，他概括了信息社会的四个特征：①起决定作用的生产要素不是资本，而是信息知识；②价值的增长不再通过劳动，而是通过知识；③人们注意和关心的不是过去和现在，而是将来；④信息社会是诉讼密集社会。

1985年日本的堺屋太一在《知识价值革命》中提出了"知识价值社会"的设想，他认为进入20世纪80年代以后，多样化、信息化技术的发展和多品种小批量生产倾向的出现，就是知识价值革命发生的前兆。

1986年英国的福莱斯特在《高技术社会》中提出了"高技术经济"的概念，准确地以新型经济的产业支柱群体命名这种经济。

20世纪80年代中后期美国经济学家罗默和卢卡斯提出了新经济增长理论。罗默把知识积累看作经济增长的一个内生的独立因素，认为知识可以提高投资效益，知识积累是现代经济增长的源泉。卢卡斯的新经济增长理论则将技术进步和知识积累重点地投射到人力资本上。他认为，特殊的、专业化的、表现为劳动者技能的人力资本才是经济增长的真正源泉。

1990年联合国教科文组织提出了"知识经济"的概念，明确了这种新型经济的性质。

20世纪90年代初美国的彼得·德鲁克在《后资本主义社会》中指出知识生产力已成为一个国家、行业、公司竞争的决定因素，成为生产力、竞争力和经济成就的关键因素。

1994年，C.温斯洛和W.布拉马共同出版了《未来工作：在知识经济中把知识投入生产》一书。本书明确点明"知识经济"的概念，并对概念的内涵和外延作了较完整的论述。作者认为，"管理智力"是获取和利用高价值信息的关键。他们阐述了知识经济形态下企业在市场取胜的基本条件和要求，并提出了"知识工人"的概念。

1996年经合组织发表了题为《以知识为基础的经济》的报告，对知识经济作了较为系统的全面的阐述，明确地把未来的经济定义为"以知识为基础的经济"，即知识经济是建立在知识的生产、分配和使用(消费)之上的经济。其中所述的知识，包括人类迄今为止所创造的一切知识，最重要的部分是科学技术、管理及行为科学知识。在知识经济的社会里，知识将成为经济增长的主要源泉和动力。

综合有关知识经济的各种提法，可以明确一个认识，即人类开始步入一个以智力资源的占有、投入和配置，知识的生产、分配和消费为最重要因素的经济时代，简言之，就是知识经济时代。

2. 知识经济的内涵与特征

知识经济中的"知识"的含义包括：①知道是什么的知识(know-what)，是指关于事实方面的知识；②知道为什么的知识(know-why)，是指原理和规律方面的知识；③知道怎么做的知识(Know-how)，是指操作的能力，包括技术、技能、技巧和诀窍，等等；④知道是谁的知识(know-who)，是指对社会关系的认识，以便可能接触有关专家并有效地利用他们的知识，也就是关于管理的知识和能力。

知识经济，顾名思义是以知识为基础的经济，是相对于现行的"以物质为基础的经济"而言的，是与农业经济、工业经济相对应的一个概念，其最为突出的表现在于对知识的使用与创新。工业经济和农业经济，虽然也离不开知识，但总的来说，经济的增长取决于能源、原材料和劳动力，即以物质为基础。虽然知识经济是一个广泛使用的具有一定影响力的概念，但是对其定义至今没有统一的认识。对于知识经济内涵的解释，现在有许多不同的论说。国内外具有代表性的观点，一是经合组织OECD的观点，一是我国学者吴季松博士的观点。

据联合国研究机构和经济合作与发展组织所给的定义，知识经济是指以现代科学技术为核心的，建立在知识和信息的生产、存储、分配和使用之上的经济。

著名学者吴季松博士在他的专著《知识经济》一书中，给知识经济下了一个明确的定义："所谓知识经济，是指区别于以前的，以传统工业为产业支柱，以稀缺自然资源为主要依托的新型经济,它以高技术产业为第一产业支柱,以智力资源为首要依托,因此是可持续发展的经济。"其中,智力资源包括人才、信息、知识、技术、决策和管理方法等。

知识经济之所以能成为一种新的经济形态,是因为它具有许多与工业经济不同的特征。主要体现在以下几个方面:

第一,知识成为发展经济的主要投入。这是知识经济的最重要的一个特征。在经济活动中,知识作为一种生产投入的作用越来越重要。真正的生产资料不再是以资金、设备和原材料为主,而是人的知识。美国管理学大师彼得·德鲁克认为:"在现代经济中,知识正成为真正的资本与首要的财富。"知识投入可以代替物质投入,从而达到节约物质资源,提高经济效率的目的。经合组织的专家提出,体现于人力资本和科学技术中的知识已成为经济发展的核心。在企业资产中,包括专利、商标等在内的无形资产的比例正在大大增加。科学和技术的研究开发日益成为知识经济的重要基础,具有高知识含量的高科技产业成为主导产业。知识经济最直观和最基本的特征是知识成为知识经济的核心内容和发展的资本,直接参与生产过程。

第二,数字化信息革命是知识经济的推动力量。知识经济的推动力量是20世纪90年代后期出现的电子化、数字化信息革命。知识成为具有支配地位的生产力要素,是以信息的广泛使用、网络的高度发展为前提的。知识经济时代,信息和通信处于中心地位,广泛使用的网络信息成为重要资源。广泛使用的信息网络,作为重要的资源和特殊的产品,渗透到人类生产、生活的各个领域,改变了人类的生产、工作和生活方式。

第三,人力的素质和技能成为知识经济实现的先决条件。由于所有的经济部门都变成了以知识为基础,并以知识作为增长的驱动力,知识经济时代的主要产品是无形的、可共享、可转换的知识或信息产品,所以以先进技术和最新知识武装起来的劳动力——知识劳动力的素质和技能就成了决定性的生产要素。

第四,全球经济一体化是知识经济发展的基础。在知识经济时代,由于广泛使用信息网络,跨国信息流超越国家界限的高速传递和大量流动,使得人们直接进行知识和信息的沟通具有了现实可能性,世界紧密联系在一起的特征越加明显。

第五,收益递增机制的作用非常明显。在知识经济中,由于知识本身的可复制性和正的外部效应,随着知识要素的投入,要素收益递减机制被打破,表现为收益递增机制。知识生产率取决于知识的开发与传播,包括研发、教育和培训等。

第六,知识和信息服务业成为知识经济的主导产业。制造业与服务业逐步一体化,服务业的地位将越来越重要,特别是提供知识和信息的服务业成为知识经济的主导产业。"数字经济"、"网络经济"和"虚拟经济"都成为知识经济时代的热词。利用知识、信息和智力开发的知识密集型产品所带来的财富,大大超过传统技术创造的物质财富。

需要注意的是,知识经济与信息经济有着密切的联系,也有一定的区别。知识经济的基础是信息技术。知识经济的关键是知识生产率,即创新能力。只有信息共享,并与人的认知能力——智能相结合,才能高效率地产生新的知识。所以,知识经济的概念,更突出人的大脑,人的智能。反过来,人的智能,只有在信息共享的条件下,才能有效地产生新的知识。所以,信息革命——数字化、网络化、信息化——为信息共享,高效率地产生新的知识,打下了坚实的技术基础。这就是说,信息革命,信息化,与知识经济有着密不可分的关系。在国际上,知识经济、信息经济、智能经济,往往还同时使用。

阅读案例 7-1

知识经济时代的到来

20世纪80年代初美国政府为解决经济滞胀问题和咄咄逼人的日本竞争困境,一方面采用高利率和大幅度赤字预算的政策促使日元升值,阻击日本商品出口,并诱使大量日资涌入美国购置房地产;另一方面从微软公司等计算机软件产业的迅速发展中受到启发,决定依靠工业界与高校的结合,实现知识与经济的结合,发展高知识含量并具有高回报率的经济来抗衡于日本的制造业经济。现在美国的信息产业已占国内总产值的十分之一,超过了汽车、建筑等重要传统产业的产值。比尔·盖茨任总裁的微软公司曾一度以每周4亿美元的幅度增加其资产,它的年产值已超过美国三大汽车公司之和,比尔·盖茨也连续多年位居世界富豪榜首。美国正进一步以巨资注入信息基础设施的更新升级;日本正在急起直追,平均每年投资100亿美元以实现2010年前建成全国信息基础设施的目标;法国投资300~400亿美元以便在2015年实现每个家庭光纤联网。

自20世纪80年代以来,知识与经济之间的相互渗透和作用越来越强劲,使得全球经济发生根本的变化,表现为:一方面,知识因素更高程度地参与溶入经济活动;另一方面,以提高竞争力为目的的经济活动中,知识取向不断增强,产品与服务的知识含量不断提高。当今,经济增长比以往任何时候都更加依赖于知识的生产、扩散和应用。新的经济形态——知识经济,以其旺盛的生命力预示着:21世纪是知识经济的时代。

资料来源:崔巍.知识经济基本内涵、外延整合与发展促进[J].科学新闻.2006(5).

7.1.2 知识经济的发展对经济社会的影响

知识经济的到来,对整个社会经济生活的许多方面,如生活与思维方式、财产性质和社会结构、产业结构、生产方式、经营方式乃至领导方式等都产生深刻的影响。

1. 知识剧增,信息爆炸

人类的科技知识,19世纪是每50年增加1倍,当前则是每3~5年增加1倍。据未来学家推测,今天科技知识将只不过是2050年的1%。知识的剧增,是与信息量神速的扩大和信息处理速度不断提高分不开的。信息是知识经济发动机的燃料。现在,几张光盘可以替代一个传统的图书馆,在一片指甲大小的芯片上可以存放两年的《人民日报》的信息量。知识更新的加快使终生学习成为必要,受教育和学习成为人一生中最重要的活动之一。

2. 生产要素结构发生根本变化

生产要素不仅指劳动者、资本、自然资源等要素,也包括人力资源、管理方法和科学技术等要素,各要素在经济系统中发挥的功能不同。知识经济时代,经济的增长不再过分依赖于传统经济要素,而更加依赖知识要素。在生产要素的投入中,发达国家科技投入和知识投入的比例越来越大,往往占到生产成本的90%。知识要素具有复制性、反复消费性及边际报酬递增(或不变)等特征。知识要素不断融合、渗透和扩散到其他要素中,大大增加了其他生产要素的利用效率,从而科学技术的这种溢出效应使整个经济系统的生产效率大大提高。对于企业来说,知识的收集、整理、分类、运用是企业不断创新发展的基础。

3. 产业结构和就业结构发生重大变化

产业结构的变化和调整将以知识的学习、积累和创新为前提,在变化的速度和跨度上显现出跳跃式发展的特征。

在当代科学技术革命影响下的各种新兴工业,如电子计算机、航天、生物制药等工业得到了迅速发展,而这些都是知识、信息、技术密集型产业。特别是一些知识高度密集的新型产业(如网络经济、在线经济和电子贸易等)不断涌现,并发展壮大,在经济中占有重要的地位。软件产业就是突出的例子。软件产业于 20 世纪 60 年代初在美国出现后,很快就成为增长最快的一个产业部门。2013 年软件市场全球总销售额达到 4 073 亿美元,同比增长 4.8%。由于社会生产和生活领域日益信息化,对于知识、信息、技术服务的需求急剧增加,促进银行、电信、运输、保险等的现代服务业迅速发展,其比重急剧上升。与此同时,一些传统产业也加快了技术改造的步伐,如农业等传统产业也越来越知识化。

产业结构的变化直接引起就业结构的加速调整,大量传统就业领域不断缩小,拥有知识和技术并且从事技术性、信息性、智力性职业的人数不断扩大,日益成为社会各行业的主要生力军。

4. 财产性质和社会结构发生新的变化

知识经济的形成与发展,使财富的社会、历史性质发生变化。农业社会中财富的存在形式是土地,工业社会中财富的存在形式是资本,而在知识经济条件下,知识、信息、技术在一定意义上是比货币资本、实物资本更为重要的资本。知识致富、信息致富、技术致富,越来越成为人们致富的新途径。

在财富的社会历史性质发生变化的同时,社会的阶层结构、权力结构也在变化。谁能够控制知识这一力量源泉,谁就能够最终取得社会和权力的胜利。知识、信息、技术不同于货币及其他物质财富,它具有收益规律递增的性质。从而,知识、信息、技术致富愈益成为人们增加财富的重要和主要的途径,使社会不同阶层之间的跌落和升迁的变动性增加,富人和穷人的地位变换成为必然。这样,金字塔式的社会组织结构会被一种网络状的新的社会组织结构所替代。

5. 产品制造模式和生产方式发生了根本变化

在知识经济中,产品制造企业转向生产知识密集型的产品。例如软件,它没有什么重量,科技含量却极高。生产方式的变化主要体现在产品柔性制造系统的出现,原先那种大批量的标准化的刚性生产方式变成了小批量的柔性生产方式,这不仅缩短了从设计到生产的时间,而且能迅速根据市场需求的变化进行生产或转产,以便灵活地及时满足市场上多样化、个性化的需求,达到最大限度地节约成本。生产方式另一个重要变化是大规模集中型的生产方式向规模适度的、分散的生产方式转变。现代信息技术的发展,使人们能在家里从事和完成原先必须到企业的车间、办公室才能从事和完成的工作。现代信息传输系统把分散在一个城市、一个地区甚至世界各地的工作者的工作联结为某种生产过程,这种独特的新型的生产方式越来越多地被采用。

6. 生产的国际化和经济的全球化趋势空前加强

以信息技术为主的高技术产业日益成为一国经济的主导产业,对于产业涉及的相关技术,任何一个国家都不可能做到在所有领域全面领先,各国可以充分利用自身的智力资源参与生产。在知识经济条件下,生产的国际化达到很高的程度。跨国公司为降低成本,提高国际竞争力,在全球开发适宜高技术的生产基地,其生产经营活动愈益成为世界经济生活的主宰。无国界的网络化和市场交换方式的电子化使国际市场的规模空前扩大,各个国家、地区的经济活动已经紧紧地联结在世界市场网上。这样,生产的国际化和经济的全球化趋势的强化,使地球大大变小,犹如一个"地球村"。

7.2 知识经济时代企业管理的新要求和新特点

随着知识经济时代的来临,企业管理内容和赖以生存的环境发生了巨大的变化,企业管理也随即出现新的特点。

7.2.1 知识经济对企业管理的新要求

知识经济的到来使得企业面临的内部和外部环境发生了巨大的变化,主要表现在:①资源环境的变化。传统经济增长主要依靠物质资源,大力开发各种物质资源以达到经济发展的需求。知识经济中,经济的增长更加依赖知识资源。②技术环境的变化。一方面产品和服务的知识含量增加,加大了企业提供产品和服务的难度以及企业生产经营和管理上的复杂性;另一方面,高科技为管理的变革与发展提供了技术上的可能,出现了企业资源计划(ERP)系统管理平台、自动化管理控制、远程管理控制、虚拟企业、网上经营等新组织。③市场环境的变化。一方面,客户需要的是产品、销售服务、售后服务以及搜索产品信息的便捷性和准确性,这要求企业围绕产品、服务、信息一体化展开竞争,提供多功能高质量的产品和服务;另一方面,市场分工的不断细化和企业高度专业化的不断加强,促使上下游供应链之间必须加大合作力度,才能更好地满足顾客的需求。

1. 知识经济要求企业树立合作竞争的理念

合作与竞争将成为企业经营管理战略新的核心和取向。这里合作不仅指与企业的竞争对手之间存在的合作,也指与企业产品的消费者之间的合作。

按照传统的理解,竞争的目的就是要将竞争对手置之于死地而后快,这也是企业间长期竞争所形成的思维定式。现代化竞争战略中,成本领先战略、差异化战略和集中化战略等都有它们的不足和限制。由于企业竞争环境的改变,通常的战略模式已经难以在竞争中取胜。

在知识经济条件下,许多企业面对空前激烈的竞争态势纷纷改变了其对竞争的思路,与其大家争抢现有的蛋糕,争得你死我活,两败俱伤,还不如与竞争对手联合,而且企业要获得竞争优势,不能一味寻求打击对手,而应在某个产业或区域采取和其他相关企业联合作战的方式,既竞争又合作,以合作赢得竞争,共同将"蛋糕"做得更大,使合作各方都受益。目前,企业价值链上的合作不断扩大,形成了利益共享、风险同担的战略合作伙伴和战略联盟,合作竞争正日渐成为企业经营战略的一个新的核心。目前企业开展合作竞争的战略已经得到很好的运用,如产业相同的公司之间采取强强联合战略,从原先各自对抗走向联合对外,集更大规模优势,争取更多市场份额,使合作方各自得到壮大发展。合作竞争是企业之间新的战略模式,通常情况下,合作竞争的基本要素为共赢、战略伙伴和远景目标。

工业经济时代的大部分时间,处于产品短缺的状态,市场由卖方控制,企业的经营战略只需考虑如何提高生产率就可以了。但在知识经济时代下,随着市场的成熟、完善,生产力的提高和人们文化素质的提高,企业面临的中心问题逐步转移到消费者身上,最大可能地满足消费者个性化需要成为企业经营管理战略的核心,与消费者合作是每个企业的愿望和必然目的。

2. 知识经济要求强化企业的知识管理

知识成为企业管理最重要的内容,知识管理是运用信息化管理技术为平台,通过知识共享和知识创新,对企业各种知识资源进行整合,实现显性知识和隐性知识的共享和应用,以集体智慧进行企业经营决策的管理形式。知识管理使企业能够利用所掌握的知识资源来预测外部市场的发展方向及变化,对外部市场需求做出迅速而准确的反应。企业在激烈的市场竞争中只有依靠整个企业的知识资源去赢得市场。

知识管理的作用在以下四个方面:①能提高企业的创新能力。进行知识管理的直接目的也是要提高企业的创新能力。创新既包含新思想,也包含新的工作方法和处理流程。知识管理中的协作技术有助于发现和培育新的想法和思维,将人们头脑中的创造性思维充分地加以利用,从而产生新的技术、产品与服务。②能提高企业的应变能力。在激烈的竞争环境中,企业不可避免地会遇到各种各样的突发事件或机会,并需要企业迅速而准确地做出决断。知识管理技术让企业能迅速得到所需要的帮助,并通过确定"谁、什么、何处、何时"等因素,来迅速协调各种资源,做出相应的正确反应。③能提高企业的运作效率。运作效率取决于把创造的知识加以收集和综合以供企业内部和外部其他人再利用的程度。提高运作效率要求共享所需要的知识,缩短查找知识的时间和避免重复劳动所引起的知识浪费。④能提高企业员工的技能素质。企业要保持它的竞争能力,就必须提高新员工和现有员工的能力水平。通过知识共享和交流,相互学习,取长补短,能够有效地提升企业员工的素质。

3. 知识经济要求加强经营管理信息化建设

在知识经济时代,随着信息技术和互联网技术的普及,知识和信息借助于计算机辅助设计、自动化系统等在企业管理中广泛运用,信息化成为企业管理的重要方式,并带来企业管理方式的大变革。企业的经营管理信息化是指企业经营管理信息的生产、存储、处理、传输、共享以及决策的规模化和过程。企业经营管理的信息化有助于实现远距离的实时信息交流,减少信息传递的层次,减少信息失真的可能性;有助于提高信息传递的速度;有助于为企业提供更为有利的生存空间和外部环境,解决困扰企业发展的技术不足、管理与规模不经济等问题。

不可否认,互联网已经成为企业不可忽视的平台。以互联网为核心的现代信息技术迅猛发展,广泛应用于企业管理的各个方面,出现了虚拟企业、网上经营等现代企业管理方式。在知识经济时代,企业管理主要是通过数据库和计算机网络实行大系统的信息集成和功能集成。企业管理追求快捷、高效的网络化管理。企业管理者要想适应知识经济的要求，必须要掌握计算机、互联网及电子商务等知识，熟练地在现代企业管理中运用现代信息技术，高效、快捷地管理好企业。

4. 知识经济要求构建柔性企业组织结构

柔性组织结构是指在专业分工基础上的金字塔式组织结构逐渐地趋于扁平化，管理层级相对变少。传统经济中企业的组织结构，自下而上形成，从非管理雇员、基层管理者、中层管理者直到高层管理者的金字塔结构。这种组织结构在知识经济时代，其整体运行难以实现组织的目标。一方面，知识员工数量的急增，特别是人工智能技术的发展，使得企业不再需要众多流水线工人，知识工作者成为人力资本的主体。工作都主要是基于个体和群体的知识和技术，这样，传统组织中的领导个人决策和管理就不适应知识经济的需要。另一方面，知识经济社会是一个分工更明确的社会，任何成员都不可能独立于整个社会之外，相互之间的合作显得非常重要。跨越组织的个人合作、组织内部与组织之间的合作紧密，社会需要团体意识和合作精神。在知识经济背景下，员工工作不再以个体为主，员工之间配合的重要性被逐渐凸显出来，传统企业组织结构中领导的个人决策和管理不再是企业发展的主体方向，这种组织结构也不再适用于当代企业发展需求。知识经济的显著特点就是信息的产生速度和传播速度加快，这就使得市场也瞬息万变。企业要适应市场，也就要加快自己的运转节奏，因此更为灵活的组织结构是知识经济时代的必然结果。

在知识经济时代，随着计算机及其网络的广泛运用，管理层级必然减少。中层经理的作用由于计算机和网络的运用而被削弱，因此，加快了信息的反馈速度，更消除了官僚作风。在中层管理削弱的同时，柔性组织结构应运而生。金字塔型结构是大生产时代的产物，而柔性组织结构则是多样化、分量生产的高价值企业的主要形式。对于高价值企业而言，速度和敏捷是非常重要的，这意味着横向交流要大大地多于纵向式的控制。只有把企业内各人的技能联系起来，形成企业的革新能力，并且成员间互相协作，才能更好地进行创新活动。这样的企业结构看起来更像一个蜘蛛网，而不是金字塔，网络上的每一个结点，都是创新的源泉。

5. 知识经济要求强化企业人力资源管理

随着计算机网络技术的发展，出现了如不需要到某一固定办公地点来办公的虚拟组织、互相不需见面而只需网络联络关系的远程员工等现象。这使得人力资源管理面临调整和发展。相对传统管理模式中对于人力资源的物化管理，知识经济条件下，人作为知识的最为重要的载体，人的智力和创造力是企业生存发展的根本条件。因此，企业管理要注重企业内部人力资源的开发，更强调以人为中心进行经营管理。

知识经济时代下，人力资源管理的重点应该放在创造机制上，形成一种能自我激励，自我约束，并能使优秀人才脱颖而出的机制，这样才能使组织成员更富有创造性，更富有积极向上的精神，也使组织体系更为灵活，反映能力更加灵敏，适应性更强。具体来讲，人力资源管理要致力于为企业员工提供和创造更为良好的工作环境和氛围，更加重视激发人的主观能动性、创造精神，致力于满足员工的成长需求，使员工更加自愿地交流与共享知识，激发全体员工的效能，提高员工效能，为企业带来更多的高价值的客户。因此，不但要建立起企业内部管理的各种风险、竞争和激励机制,更要建立起符合企业员工文化素质和道德修养的企业文化模式,最大限度地发挥人的智慧和潜能,激发企业员工的主动性、创造性。只有具有良好创新精神的优秀人才队伍,才能真正把知识与技术有效地运用到企业发展过程中。

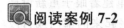阅读案例 7-2

联想集团的"模子"思想

联想集团所提出的"模子"思想是把联想比喻为一个大的坚硬的模子,它由联想的理想、信念、情操、制度、规范和礼仪构成。进入联想的每一个员工必须进到联想的模子里去,凝成联想的理想、精神、情操、行为。同时,联想为每一位员工提供展示自己的小的模子。

联想对每一个"新人"都精雕细琢,希望他不仅适应岗位的要求,而且能够认同联想的企业文化。而文化认同的"同化过程",主要是经过"入模子"实现的。"入模子"是新员工进入联想的第一步,不进入联想的老君炉,被联想的企业文化同化的人,是不能成为联想人的。按照联想的传统,每一个联想员工,在入职以后 3 个月的试用期内,都必须参加"入模子"培训,否则不能够如期转正,"入模子"的成绩记入新员工档案成为重要依据。这是联想从 1991 年开始坚持不懈的,联想的各级干部,也有自己的"模子",得到提拔的新任经理、总经理,必须参加相应的培训班。

"入模子"是典型的柳氏语言风格。按照柳传志的话,"入模子"是说联想要形成一个坚硬的模子,进入联想的职工必须进到联想的"模子"里来,凝成联想的理想、目标、精神、情操行为所要求的形状,使大家能够按照联想所要求的行为规范做事,而联想的行为规范又主要是指执行以岗位责任制为核心的一系列规章制度。柳传志知道人的精神世界里有些东西是制度和法律无法约束的。他开始强调联想文化中集中统一的一面,发表了无数演讲,其中最经典的论述是"我们要造就一个真正的斯巴达克方阵。即使某个局部出了毛病,整个方阵也不会乱"。柳传志以这样的精神来阐述公司文化的核心,主旨在于"步调一致"、团结和鼓舞士气,而不是字面本来的意义。

资源来源:新浪科技时代,http://tech.sina.com.cn/other/2003-03-13/1528171486.shtml。

7.2.2 知识经济下企业管理的新特点

在知识经济背景下,企业对资源的开发和利用、产品生产方式、经营规模以及经营方式、产品售后服务等方面都发生深刻的变化。国际上不断出现新的管理经验和管理理论,企业管理呈现出新的发展趋势和新特点。企业要积极主动地迎接知识经济的挑战,及时革新原有的管理思想和调整管理方式,以适应知识经济发展的要求。

1. 企业重建

企业重建,也称企业改造或企业流程再造,是指企业彻底抛弃原有作业流程,针对顾客需要,做根本的重新思考,再造新的作业流程,以求在品质、成本、服务和速度等各项当代绩效考核的关键指标上获得显著改善。企业重建是针对过细的专业分工中将管理重点放在单个作业效率的提高,而忽视整体业务流程功效的问题,从根本上对原有的基本信念和业务流程进行重新考虑和重新设计。其核心内容包括四个层次:进行企业重建时应当做根本性的思考,并彻底设计企业的流程,以创造跳跃式的绩效;企业重建必须触及事情的根源,从全新的角度来考虑问题,而不是在原来业务的基础上进行改善、提高;企业重建是对企业的运营方式做重大改变,其目的是要取得绩效的飞跃;企业重建着眼于重新设计一个或数个基本的作业流程,而不着眼于为完成这些作业流程而发展起来的部门或行政组织。

由于信息网络覆盖了企业内部各个部门、各个岗位,大大节省了指令、报表、数据等在不同职能部门和作业流程之间的流转与延误,缩短了生产周期,精简了管理机构和人员,使专业分工所产生的金字塔组织逐渐转变为扁平式的团队组织,经理人员主要由监督与控制转变为指导与激励,每个职工能够在自己的岗位上了解全局、关心全局。企业重建是一项智慧、科技与艺术的结晶,它透过创新流程来革新企业,更能适应以顾客为主导、竞争激烈、变化快速为特征的现代企业经营环境。

2. 顾客驱动

企业必须以市场为导向,强调市场驱动,将顾客需要放在首位。这里的顾客不仅包括了产品服务对象,还包括了企业的合作伙伴和对企业、企业产品和服务满意的人,是广义的概念。顾客只有产生较高的满意度,才可能与企业不断地合作,企业才能长久发展。顾客满意战略的经营理念同狭义的"顾客至上"、"顾客是上帝"的理念是有区别的。因此,可以说是企业管理的一个创新。

在知识经济时代,顾客的消费需求日趋个性化。为此,企业必须自觉地以满足顾客需求为指导,与组织机构、产品和服务、激励和奖惩制度等紧密结合起来,采用顾客管理系统实现消费者与决策者、生产者的联系。顾客管理系统主要包括顾客意见征询系统、营销服务系统、顾客沟通系统、顾客满意度评价系统。

3. 知识创新

知识经济发展所导致的企业之间的竞争,归根到底是知识的生产、占有和利用的竞争。要提高竞争力,企业必须提高获取知识与应用知识的能力,而研究与开发是获得这种能力的基本途径。因此,在知识经济时代,加大研究与开发以及知识创新力度应该成为企业管理的重要内容。通过研究与开发,把企业已有的知识资源转化为现实的生产力,同时又生产出新的知识资源,进一步促进研究与开发。这是企业的成功之道和活力之源。

企业应坚持不懈地进行科技和新产品的研究与开发,加大研究与开发的投资,应加强先进技术的引进和消化吸收,加快技术和产品创新的步伐,提高产品的技术含量,建立产品的技术优势,从而保持企业的竞争力和经济活力。

4. 学习型组织

学习型组织是一个能熟练地创造、获取和传递知识的组织,善于修正自身的行为,以适应新的内外部环境变化,组织内部建立了"自学机制",这种组织结构能加快信息传递和反馈的速度,提高管理效率,推进企业管理创新。

构建学习型组织,公司全体员工必须树立主动学习、终身学习的理念,营造一个鼓励学习、鼓励创新和共享知识的创新型文化氛围,为提高企业与员工个体的学习能力创造条件。同时,企业要优化创新环境,创建优良的企业文化,提高员工的创新意识和主动性,为企业可持续竞争力的培育与强化提供源源不断的智力支持,也是企业在知识经济条件下提升自身核心竞争力的主要途径。具体地,一是重视知识的积累与更新,鼓励与支持员工从日常的工作与具体事务中不断地进行总结,积累成功经验,加快对于不足之处的补充学习,形成一种良好的浓厚的学习氛围,使自觉主动学习成为员工内在的自觉要求;二是重视对于员工学习能力与实践能力的提升,制订良好科学的培训规划,加大员工继续教育的投入,加大培训力度,建立起一种持续培训的良好机制,使培训成为人力资源管理的常规内容;三是通过企业内部平台的建设,为员工间经验的交流与资源的共享提供良好的机制与平台,使员工在交流与相互学习中得到进步与提高。

5. 全球化经营

知识经济是世界经济一体化条件下的经济。实际上每一个企业都已经直接或间接地参与了国际竞争,企业再不能单纯依靠地区性的行为来维持其利润了。当今众多的跨国公司的发展壮大以及其经营战略从多国国内到"简单一体化"再到"复合一体化",正是顺应了经济全球化战略的要求。

在知识经济时代,企业必须立足于全球经济,研究在全球范围内如何生存和更好地发展自己的全球竞争战略。积极参与国际分工与协作,依据不同国家或地区的经济、技术发展水平和优势,不同利税水平和金融风险开发与配置资源,实现跨国经营;利用国际信息网络,建立信息交流机制,提高信息共享程度;充分利用自己的智力资源,按照比较优势原则,"有所为有所不为",力争在世界大市场中占有一席之地,成为世界经济一体化中被人承认、受到重视的一员。

阅读案例 7-3

互联网生态环境中的小米研发

在企业创新的早期,企业的研究开发院是创新的核心。这一模式依赖的是天才的开发人才和企业充分的资源保障。但这一模式的缺点是产品开发的时间长,效率低。之后,企业的创新进入了市场导向的第二代创新模式,即市场人员会进入产品的创新团队中,形成一个由研究开发、设计、营销和财务等组成的创新团队。第三代创新模式是开放的创新,强调了企业利用外部的科技资源、人才实现创新,尤其是强调了与大学的合作。小米的产品创新是基于互联网的第四代创新,它把用户创新的理念发挥到了极致,使产品的创新更贴近特定用户的需要,让用户成为创新的真正主体。这一模式是基于互联网、大数据平台的产物,但它对中国企业的创新模式启示重大,它启发我们:用一个全新的产品创新模式,后来者可以在一个激烈竞争的市场环境中获得竞争优势。

创业仅四年多的小米公司的快速成长吸引了世界好奇的目光。人们在问,他们是怎么做到的?也有很多人在怀疑,小米模式真有什么创新之处,还是仅仅模仿了他人的做法而已?

最近几个月我对小米的产品创新模式进行了较深入的研究,并与世界上已经存在的创新模式进行了比较后发现,令人欣喜的是,小米的产品创新模式不仅基于前人的产品创新模式在互联网生态环境下进行了延展,而且还展现了实质性的独特创新。

──产品创新──
互联网时代创新民主化

产品创新的流程主要包括几个阶段,每个阶段分别完成如下任务:

产品策划:产品的初步创意的形成,并对创意进行筛选。主要解决以下问题:确定产品的可行性、产品的特点,确定目标客户群是谁以及如何找到他们,确定产品在市场的定位。

产品设计:把经过筛选后的产品创意进一步设计成比较完善的产品概念,全面确定整个产品策略、外观、结构、功能,并确定生产系统的布局。清晰的产品设计为企业内部和外部的交流提供了基础,从而进行可行性分析。

产品开发:这是产品从设计转化为具体产品的阶段,主要任务包括产品关键技术的研发,进行产品开发和解决工艺问题,并提出完整的测试方案、生产方案和产品规格。

产品测试:主要包括产品功能测试,客户和市场测试。产品功能测试就是验证产品能否达到试验产品预先的功能及参数要求。顾客和市场测试是测定创新产品满足顾客需求的程度,并征求他们对样品的意见、对价格的反应等。

产品发布:将完成产品开发流程的产品全面推向市场,建立销售渠道进行大规模的销售。

随着互联网的普及,信息传播变得极其迅速,各种依托于互联网的技术和服务也日新月异。更重要的是,在互联网时代成长的新一代消费者的创新热情和能力彰显出巨大的能量和商业价值,以"用户创造"为代表的创新民主化成为新趋势。

各种研究互联网新的生态环境和现象的理论和著作也层出不穷,例如认知盈余理论探讨互联网新生代的特征,认为他们大多受过教育,并有自由时间和强烈的分享欲望,这些人将碎片时间汇聚在一起,将产生巨大的社会效应。一些互联网公司如Facebook成功的关键是具备认知盈余的广大客户的参与。

众包理论探讨一个公司或机构把过去由员工执行的工作任务,经由网络平台外包给一些非特定的、志愿奉献的大众的做法。

长尾理论探讨如何重新进行产品策划和设计从而更好地覆盖需求按长尾状分布的广大用户。而精益创业则描述了如何科学地迭代开发新产品,从而让创业者以最小的成本找到产品和市场契合点,管理创业不确定性的方式。

──领先用户──
利用"发烧友"助力创新

创造出契合时代脉搏的产品创新模式必须学习前人实践并准确把握当代人、市场和技术的景观和趋势,小米产品创新模式的成功也是如此。

小米能够成功实施"无缝开放式创新"的关键点在于高效利用"发烧友"——也即美国MIT教授冯希伯尔提出的"领先用户"。领先用户有几重主要价值:一是提供明确的产品需求信息;二是帮助公司开发新产品和服务的原型和概念;最后是加速新产品的开发过程,并提升公司产品成功率。互联网使企业从世界范围寻找领先客户并保持与他们的密切沟通变得快速和低成本。

最近几年,互联网网民一个显著特征是从"信息贡献者"向"过程参与者"的角色转变,因此越来越多的人愿意参与公司的产品创新过程。

互联网对用户创新的推动作用并非简单的提高效率和提供工具，它让用户之间的互动与协作关系出现了网下所不曾有过的新价值特征，例如平等、受尊重、为社会创造额外价值等。现代消费者有大量的零碎时间，可以利用其认知盈余参与到他自己感兴趣的创新活动中，互联网让他们奉献成本很低，对于公司来说有聚沙成塔的效果。

——无缝开放——

完美执行快速迭代创新

为了适应这种趋势、利用这种新能量，企业需要建立相应的互联网平台便于客户参与创新，并具有优良的线上线下机制来寻找、组织和激励这些发烧友，同时公司还需要建立崭新的思维方式、组织结构和激励机制来推动员工与客户互动。

小米在这些方面都做得很有特点，线上线下都有客户组织和活动，每个产品都有自己的荣誉测试组和开发者团体，例如小米的核心软件平台 MIUI 每天发布的测试版有数千位荣誉测试员参与试用，每周发布的开发版本有数百万开发者参与试用，并及时提出反馈意见，使得 MIUI 每月发布的大众版能够保持较高的质量。可见小米成功地在互联网环境下形成了一个巨大的、为企业产品创新愿意贡献的客户生态群。

在小米的"无缝开放式创新"模式中，具有鲜明互联网时代特征的客户是大背景，最新的互联网技术和平台提供了基本工具以助其产品创新模式的执行，在这个生态环境下快速循环迭代的产品创新过程是核心，而小米在迭代创新方面的完美执行已经被很多媒体多次报道。所谓"无缝开放"主要体现在两个方面：

其一，小米产品创新全程对客户开放，利用互联网打通了公司内部整个产品团队和客户之间的墙而实现无缝对接，而不是像传统的"开放式创新"模式所提倡的仅开放创新思路来源和创新成果利用两个部分。另外，小米用游戏、社交、竞争和贡献等元素把"发烧友"线上线下组织起来，让他们用自己的方式低成本地为小米贡献，实现自己的价值并找到满足感。小米还建立了相应的内部机制和平台鼓励各方面的员工直接与客户交流。因此实现了小米员工在产品策划、设计、开发、测试和发布全过程与客户的无缝对接。

其二，小米研发团队分成两个层级，大产品团队（例如 MIUI，手机某型号）以及下面的若干个小产品功能团队。产品功能团队是日常运作核心，每个小团队包括产品经理、设计师、开发工程师、测试、运维、论坛客服等职能，少则 3 人、多则十来人，完成一项功能从策划到发布的完整过程。

小米的产品创新过程可归纳为几个特点：首先，小团队完成从策划到发布的整个流程，快速迭代、循环往复；其次，360°用户全程参与产品创新的每个步骤；最后，全面、高效地利用互联网生态环境。因此让产品创新过程的每个阶段无缝对接，而不是传统产品创新管理的阶段性、线性化过程。

——小米模式——

第七代产品创新模式

最近参加一个国际企业管理学学术会议，一位来自澳大利亚的学者疑惑地问我："你能说出任何一家中国公司在运作模式上有独特创新吗？"我肯定地回答："小米！"是的，小米的产品创新模式中所采用的很多碎片在一些互联网软件和服务公司都似曾相识，但完整的运作并在智能终端行业取得惊人的成功尚属首次。

中国的创业者们一直在学习、在思索、在模仿、在追赶,今天终于走出了自己的路,可以与世界同行们分享自己的管理创新结晶了。因此,我们认为小米模式代表了世界企业的第七代产品创新模式,并命名为"无缝开放式创新"。中国创业者和企业家的智慧之潮流正在澎湃汇入人类知识的海洋。

资源来源：董洁林.科技日报.2014年07月15日.

7.3 企业无形资产的构成

社会经济的发展,人类知识的迅猛增长,以及科学技术的进步等因素促使企业分工和合并不断扩展和深化,交易市场也进一步细分,企业生产经营过程中形成大量的中间产品,包括技术、商标、管理工具甚至经营思想、营销理念、运营模式、生产流程等,这些原来附着在固定资产或其他实物资产之上的表现为知识、技术、管理和信息等形式的无形产品逐渐凸显出来。

知识经济的一个显著特征就是高创新性,不仅体现在技术创新,还包括管理创新、制度创新、观念创新以及对物质要素的创新和人类本身素质的创新。创新的一个结果是许多具有无形资产特征的新内容也开始出现。知识经济的发展以持续开发的智力资源为基础,以知识、信息等为基础的无形资产成为发展经济的主要资本,企业资产中无形资产的比重超过50%。

7.3.1 无形资产的含义

企业的无形资产是指由企业所控制的,不具有独立物质实体,而以某种特殊权利或技术知识等形态存在,对企业的生产经营能够持续发挥作用,并能带来经济效益的经济资源。

从管理学角度看无形资产,有四个显著特征:一是强调它虽不具有实物形态,但是一种资源;二是强调这种经济资源能在一定时期为所有者提供经济收益;三是强调它也是一种资产和权益;四是强调无形资产是一种经营性资源。

无形资产的经济价值在于它可以产生超额盈利,而这种超额盈利能力主要来自于能够产生竞争优势的技术类无形资产,诸如研究开发等无形资产投资,能够创造出对手难以模仿的竞争优势。同时法律保护的存在也有助于提高拥有这些无形资产的企业的进入壁垒,进而使得企业享有一定的垄断地位,而且随着专利技术、专有技术以及商誉数量和含金量的提高,企业行业和产品的垄断地位也将越来越稳固。

我国会计准则规定,某项目要确认为无形资产,既要满足无形资产的定义,同时还必须满足以下两个条件,才能予以确认:①与该无形资产有关的经济利益很可能流入企业。作为无形资产确认的项目,必须具备其生产的经济利益很可能流入企业这一条件。因为资产最基本的特征是产生的经济利益预期很可能流入企业,如果某一项目产生的经济利益预期不能流入企业,就不能确认为企业的资产。在会计实务中,要确定无形资产所创造的经济利益是否很可能流入企业,需要对无形资产在预计使用年限内可能存在的各种经济因素做出合理估计,并且应当有明确的证据支持。②该无形资产的成本能够可靠地计量。即其价值能够找到合理的计量属性。企业自创商誉以及内部产生的品牌、报刊名等,因其成本无法可靠计量,不应确认为无形资产。

7.3.2 企业无形资产的种类

无形资产由哪些种类,或者说无形资产包括哪些内容,至今理论界没有统一的认识。无形资产的内容是随着经济发展、科技水平和经济管理要求的变化而发生变化的。确定无形资产的内容,一方面要依据无形资产具有的本质属性,另一方面要考虑经济发展、科技水平和经济管理的要求,使其能反映现时代的特征。应注意的是,伴随知识经济时代的到来,无形资产的内涵必然会更加丰富,知识本身将成为最重要的一种无形资产。

关于无形资产的分类,可以从传统的会计学、管理学、法学和经营学四个角度进行。这里只介绍管理学方面的分类。参照中外学者关于无形资产的分类标准,将无形资产分为五种:一是资源型无形资产,是指与自然界天然形成并存在着的各种自然资源的权利相关的资产,如土地使用权、租赁权及矿业(矿山开采)权等。二是知识(产权)型无形资产,是指人类智力发明创造的科研成果在一定条件下形成的资产,如括专利权、非专利技术、商标权、计算机软件、著作权等。三是权利型无形资产,是指由法律、契约、合同或政府授权所形成的无形资产,如包括优惠合同、特许使用权、矿山开采权、优先收益权、专营权、水域使用权、温泉开采权使用权、出租车营运证等。四是经营型无形资产,是指在市场经营活动中形成的与经营活动相关的构成经营环境的资产,如商业秘密、人力资源、销售客户资源(销售关系网络)和经营管理方法等。五是观念型无形资产,是指企业在长期生产经营活动中形成的社会评价和内在文化特质转化的特有资产,如商誉、企业文化和企业形象等。

1. 专利权

专利权是指国家专利主管机关依法授予发明创造专利申请人对其发明创造在法定期限内所享有的专有权利,包括发明专利权、实用新型专利权和外观设计专利权。

阅读案例 7-4

格力——掌握核心科技

2014年8月,广东省政府发出通报,对珠海格力电器"电机转子位置估算方法及电机驱动控制方法"专利获取"第十五届中国专利优秀奖"进行表彰。这是格力电器第7次获得我国针对发明创造设计的最高政府奖项,成为获得该项奖励次数最多的专业化家电企业。

中国专利奖是由国家知识产权局、世界知识产权局联合授予,代表着中国自主创新的最高水准,在国际上具有广泛的影响力。格力自主研发的"智能化霜"技术、自动升降"滑动门"技术、卧室空调"自定义睡眠曲线"等均曾获此殊荣,充分证明格力的科技实力得到认可!

一、"智能化霜"技术创下节能佳绩

以往空调在制热时,不管有霜无霜,固定时间就启动化霜功能,过多的误化霜运行既浪费电能，又降低了空调使用的舒适性，而且还严重影响制热效果。

经过多年的潜心技术攻关，格力于2002年初独创了世界领先的智能化霜技术，根据管温温度和环境温度变化进行化霜，实现"有霜化霜、多霜多化、少霜少化、无霜不化"，节能25%以上，现已广泛应用于格力空调的全系列产品，取得了巨大的经济效益和社会效益。2007年，格力的"智能化霜"技术，获得第十届中国专利奖优秀奖，实现了空调行业发明专利在中国专利奖上零的突破。

格力电器"智能化霜"技术是通过长时间实验验证、设计的一种全新化霜模式，集节能、舒适、智能化控制三种优点于一身。相较普通空调，加入智能化霜技术的空调不仅可明显改善空调制热的效果、节能省电、延长空调工作寿命，而且还可使室温变化平稳、波动幅度小，大幅提升消费者的使用舒适性。

二、自动升降"滑动门"填补技术空白

2010年，格力电器自主研发的"滑动门"技术获得第十二届中国专利优秀奖。格力创新性地采用三点支撑结构，克服了一般升降门直线传动带来的不稳定、影响滑门面板闭合的缺点，做到了传动更加稳固、面板闭合后更加美观，突破了国外企业的技术壁垒，填补了国内技术空白。

同时，其独特的橡胶阻尼减震、弹垫减震、弹簧针自动校正结构等技术，与国外技术相比，可使滑动门运行更加平稳可靠，噪音更小，并且可自动校正滑动门左右位置。

该专利技术的开发，为格力电器抢占空调行业的高端市场、继续领跑行业发展打下了深厚的基础。目前，该技术已经广泛应用于格力空调王者之尊等高端柜机产品，并取得了消费者的广泛认可。

三、"自定义睡眠曲线"掀起卧室空调热

睡眠质量密切关系到人的生活质量、工作效率以及健康状态。上了年纪的人常常失眠自不必说，现在很多年轻的上班族也加入到了失眠大军，这是非常危险的信号。

格力睡梦宝-Ⅱ是一款专为睡眠打造的卧室空调，其独有的"自定义睡眠曲线"荣获第十四届中国专利优秀奖。该技术对卧室睡眠需求的静音、湿度、空气洁净度、温度感应等提供全方位、个性化和智能化的系统解决方案，创造一个更科学和更人性化的优质睡眠环境。解决了传统空调不能提前自定义设定温度曲线从而造成消费者在睡眠过程中被冻醒或者热醒的行业难题。

正是有了核心科技的保驾护航，格力睡梦宝-Ⅱ空调改变了传统空调睡眠模式的呆板和不人性化，使得行业内出现了真正意义的睡眠空调，使得家用空调类型的细分领域中增加了卧室空调这一类专用空调，引领行业的发展趋势，其他品牌争相模仿，在行业内掀起了一股卧室空调热潮。

四、"转子位置估算"技术给空调装上最强心脏

据相关机构统计，空调能耗占大中城市夏季用电高峰负荷的40%以上，空调节能对于节能减排具有重要意义。有着良好节能效果和舒适用户体验的变频空调正逐步替代定频空调，成为市场销售的主流产品。

但变频空调发展过程中，由于关键的技术问题——"确保压缩机在低频运行时的可靠性"一直未能得到真正解决，导致了目前市面的变频空调运行频率范围窄，特别是低频不

够低,节能效果未充分发挥。

为了解决空调低频运行时的噪声和振动问题,格力电器研发出"电机转子位置估算方法及电机驱动控制方法"技术,并再次斩获中国专利优秀奖。这项技术在降低压缩机低频运行时产生的振动及噪音的同时,成功实现了变频空调1赫兹稳定运行,应用该技术的变频空调在整个频率范围内的噪声和振动得到了明显的改善,极大地提高了整机能效、工作寿命和可靠性。

五、引领"中国创造"创新永不止步

多年来,格力电器一直将科技研发与产品创新置于最高战略位置,始终保持着中国空调行业"研发投入最大"、"研发人员最多"的纪录。格力在研发资金投入上从来不设置门槛,需要多少就投入多少,2012年、2013年科研投入均超过40亿元。公司拥有7 000多名科研人员、2个国家级技术研究中心、1个省级重点实验室、5个研究院、41研究所、530多个实验室。

作为引领"中国制造"向"中国创造"升级的先行者,格力电器董事长董明珠表示,"只有不断加大自主创新,才能变中国制造为中国创造,在国际竞争中占据领先位置。"截至目前,格力电器申请国内外专利12 000多项,其中发明专利4 000多项;仅2013年就申请专利2 700多项,平均每天有8项专利问世。

格力电器多次荣获中国专利优秀奖,充分体现了其在专业化道路上的巨大成功,展现了其勇于挑战世界技术难题的时代精神和社会责任感。格力"核心科技"将对"中国创造"走向世界产生积极而深远的影响。

资料来源:http://www.gree.com.cn/public/201409/pop_jsp_catid_1261_id_47540.shtml。

2. 非专利技术

亦称专有技术,是指在生产经营活动中采用的未公开、未申请专利的,不享有法律保护的,可以带来经济效益的一切技术知识、经验、诀窍和技能。如设计资料、图纸、数据、资料索引、技术规范、工艺流程、处方、配方、秘方、模型、样板、技巧、诀窍、计算公式等。

3. 商标权

亦称商标专用权,由国家商标主管机构授予商标注册人在法定期限内对核准注册的商标享有的专有使用权。商标包括商品商标、服务商标和集体商标、证明商标。商标注册人享有商标专用权,包括专有使用权、禁止权、转让商标所有权和许可使用权。

(1) 专用权,指注册商标为注册人独占、专用;

(2) 禁止权,指其他任何人未经注册人允许不得使用其注册商标,并禁止他人以相同或近似商标在同种或类似商品注册;

(3) 转让权,指商标所有人可以根据自己的意愿,有偿或无偿地转让自己的注册商标;

(4) 许可使用权,指商标所有人可以根据商标法有关规定,有偿或无偿地允许他人使用其注册商标;

(5) 续展权,指商标所有人可以通过注册商标续展的法律行为,实现法律对商标专用权的继续保护,商标续展可以无限制地重复进行;

(6) 继承权,指商标所有人有权将自己的注册商标,通过一定法律手续,交给指定的继承人继承。

阅读案例 7-5
知识经济时代的商标战略

商标既是经营者生产产品或提供服务的质量象征,又是经营者独特个性、文化品位、商业信誉等因素的综合载体,是为经营者创造财富的无形资产。作为企业知识产权保护的重要组成部分,商标战略能有效地保护、利用企业的智力资产,使其服务于企业的发展。商标战略是提高企业核心竞争力的重要战略之一,主要包括:以商标为工具,塑造企业形象;以商标为营销传播的焦点,让更多的消费者认识商标所代表的企业和商品;以商标为企业生命,以合理的制度、科学的管理并运用法律武器去保护商标权,维护企业的合法权益。

一、商标设计要新颖、独特

实施商标战略要从商标设计开始。商标设计不仅仅是艺术形式的构想与再现,还应了解商标法律知识,考虑到能否获得注册,这是关键性的问题。商标设计还是企业文化、精神风貌和经济技术水平的反映。商标设计应给人以强烈的标志感、艺术感和象征感。具体要处理好以下问题:①名称的选择。②商标图形的艺术特征。③商标的形象感觉。④商标的色彩感觉。⑤商标图案的艺术构想。⑥商标形象的艺术处理。

商标一般以文字、图案、符号等形式表示,但在当今琳琅满目的商品中,要使消费者对某种商品印象深刻,只靠一般的设计是不行的,因为消费者不再只注重商品本身而是扩展到商品的概念消费上,许多消费者都认牌购货,所以商标须有新颖、独特、出奇等特点,且要醒目、好记,读起来顺口动听,容易被消费者所接受。驰名世界的柯达商标的拥有者乔治·伊斯曼认为,一个好商标应当简短、生动、有力、不易被写错被误解。商标设计不仅要有好的文字,名称还须有好的图案、颜色等,以表达商标的直接功能。

在商标设计中,除了各国商标法所规定的不能作商标的事物外,对企业来说,商标的题材几乎可以取自宇宙万物,这无疑给商标设计者提供了任其驰骋的活动空间。云风雪雨、电闪雷鸣、日月星辰、山川河流,无论是动物、植物,还是符号、数字、图案,只要简洁、鲜明、优美,具有艺术感染力,都可以成为吸引消费者,满足其审美要求的优秀商标,给人以美的享受。在设计商标时,必须注意世界各国有关商标法的规定。例如,很多国家规定国家和国际标志,包括国徽、国旗、国际组织的徽章、旗帜不能用作商标,国际组织的缩写也不能作为商标。不同民族、宗教,对同一事物也会有不同的要求禁忌。伊斯兰教的教义中规定禁止喝酒,如果用伊斯兰教的创始人穆罕穆德的头像作为商标用在酒瓶上,必定引起伊斯兰国家的公愤,并被拒绝注册。日本人忌用荷花作商标;英国人忌用核桃做商标;意大利人忌用菊花作商标。

二、及时进行商标注册

商标注册是企业防止商标抢注的最有效手段,也是企业获得商标专用权,取得法律保护的前提。企业在注册商标时应注意以下几个问题:

1. 在时间上坚持及时注册的原则。根据我国商标法规定,唯有注册商标才享有商标专用权,才能得到法律的保护。同时大多数国家又实行申请在先的原则,谁先申请,谁拥有商标专用权。对于使用在相同或类似的商品上的相同或近似商标申请注册,先申请者可以排斥后申请者获得注册。申请注册是能产生商标权的唯一法律事实,而先使用并不能作为获得商标权的依据。商标使用者即使早就使用某一商标,但如果未向国家商标主管机关申请注册,也不能获得商标专用权。因此,同一商标申请注册的时间先后对商标权的取得起着决定性的作用。这就要求商标使用人必须及时进行商标注册。

2. 在地域上应坚持辐射原则。商标权有严格的属地限制,在一个国家或地区注册的商标,只在该国或该地区才能得到法律保护,不存在跨国效力。企业要想使其产品进入国际市场,参与国际竞争,除在本国及时注册外,还必须及时到国外注册,包括所有现实的或潜在的商品销售国都要实现商标的抢先占位,从根本上消除被外商抢注的隐患。

3. 商标注册要有超前意识。企业要发展就必须不断进行产品调整和新产品研究开发,因而,首先要考虑新产品的商标,要提前注册,做到使用第一代,设计第二代,规划第三代,新产品一投放市场就有自己的商标,使之与企业的商品发展规划相适应。一是可以防止他人抢注;二是可以通过商标专用权的保护,使新开发的商品不受侵害。在这一方面,国外许多企业的做法值得学习,如美国史克公司在120个国家注册了2.5万多件商标,日本索尼公司在国外注册了500多件商标。这些商标中有相当一部分属先期注册,即在商品进入市场之前,就预先申请商标注册,这样既可避免抢注的发生,又可提高商标的知名度,不失为超前之举。

三、实施商标保护策略

1. 实施商标的立体保护策略。即商标所有人在相同产品上注册几个近似的商标,这些近似商标组成联合商标,形成商标的立体化趋势,其中已经在市场营销中使用的称为主商标。注册与主商标近似的商标目的不是为了使用而是为了保护主商标,备而不用,防止类似商标由其他人使用、冲击本企业的商标。如杭州娃哈哈集团,在注册了"娃哈哈"以后,又注册了"笑哈哈"、"哈娃哈"、"哈哈娃"等与之近似的商标,形成了有效的联合商标。广西柳州牙膏厂为了保护"两面针"商标分别注册了"针两面"、"两外面"、"两两针"等十一个笔形相似的联合商标,从而对"两面针"商标形成了有效的保护。

2. 加强商标管理工作。一是增强商标意识,强化商标宣传。要把商标工作提到企业发展的高度来抓,建立健全各项商标管理制度,将商标管理纳入企业决策范畴。要配备熟悉商标、法律、营销等专业知识的人员从事商标工作,由专门人员负责商标的注册、续展、转让、设计、宣传等工作,树立争创驰名商标的战略意识,提高产品竞争力,使商标管理工作制度化、规范化、法制化。二是不断提高产品质量,增加商标含金量。可靠的产品质量是商标专用权自我保护的基础,商标的信誉是以高质量的产品为基础的。在市场竞争中,质量是企业参与竞争的主要武器,质量的好坏直接影响到消费者对企业产品的评价。因此企业要不断提高产品质量,树立信誉,提高商标的知名度,从而不断提高商标的含金量。

3. 加强日常监测。首先,企业要关注国内外商标注册情况,注意查阅国家工商局印发的《商标公告》,一旦发现在相同或类似商品上申请注册与自己的注册商标相同或类似的,要及时按照《商标法》的规定向商标局提出异议,保护自己的商标专用权不受侵犯。其次,企业还应建立防假、打假的信息网络,要主动向社会和消费者介绍辨认真假商标标识的知识,要经常进行市场调查,掌握市场商标使用动态,发现假冒侵权行为时,及时取证,并向有管理权的工商行政管理机关投诉,并配合工商部门进行查处。

资料来源:杜平. http://www.cnki.net/kcms/doi/10.13768/j.cnki.cn11-3793/f.2014.03.375.html,2014-04-11 11:21。

4. 著作权

亦称版权,著作权所有者(公民、法人或其他组织)对其创作的文学、科学和艺术作品(不论是否发表)依法享有的各项特殊权利。

具体包括以下列形式创作的文学、艺术和自然科学、社会科学、工程技术等作品:①文字作品;②口述作品;③音乐、戏剧、曲艺、舞蹈、杂技艺术作品;④美术、建筑作品;⑤摄影作品;⑥电影作品和以类似摄制电影的方法创作的作品;⑦工程设计图、产品设计图、地图、示意图等图形作品和模型作品;(8)计算机软件;(9)法律、行政法规规定的其他产品。

著作权由人身权和财产权两方面内容构成,主要包括:①发表权,即决定作品是否公之于众的权利;②署名权,即决定在作品上是否署名,及署真名、假名或笔名的权利;③修改权,指修改或者授权他人修改作品的权利;④保护作品完整权,即保护作品不受歪曲、篡改的权利;⑤使用权和获得报酬权,即以复制、表演、播放、展览、发行、摄制电影、电视、录像或者改编、翻译、注释、编辑等方式使用作品的权利,以及许可他人以上述方式使用产品,并由此获得报酬的权利。

5. 特许权

亦称经营特许权、专营权,由法律或政府行政命令产生而赋予企业、事业单位某项经营垄断的一种特权。具体指企业在某一地区经营或销售某种特定商品的权利或是一家企业接受另一家企业使用其商标、商号、技术秘密等的权利。

特许权包括由政府授予企业、事业单位或个人享有经营公共财产为社会服务的特权,如经营公共交通事业等;许可证经营权,如产品生产许可证、商品进出口许可证等;资源性开采特许权,如采矿权等;垄断性经营权,如烟草专卖经营权;特种行业经营权,如修理业、印铸刻字业等的经营权;专项特许权,如驾驶执照、租赁权等;约定特许权,如由企业以合同形式出让给另一企业使用其商标、商号、专利权、专有技术的权利。

6. 土地使用权

指国家准许某企业在一定期间内对国有土地享有开发、利用、经营的权利。

土地使用权转让,就是土地使用者将土地使用权通过契约再转移的行为。土地使用权转让时,其地上的建筑物和附着物必须一同转让。土地使用权转让后,原出让合同规定的受让人的权利、义务,也全部随之转移给新的受让人。

7. 商业秘密

亦称企业秘密、工商秘密,指不宜对外公开的企业内部情报,具有实用性并经权利人采取保密措施,能为权利人带来经济利益的技术信息和经营信息。包括企业管理秘密,如经营决策、财务决策、质量控制方法、管理方法、管理数据、管理系统、专家网络等;企业商务秘密,如营销网络(销售系统)、客户名单、销售方法等。

商业秘密根据保密程度和要求不同可划分为三个层次:①关键型商业秘密,指价值不同寻常的商业秘密的核心内容。②重要型商业秘密,主要包括具体商品研究、开发过程中的蓝图、图样、实验数据和结果,相关研制程序设计、专项技术文件,以及企业的综合性内部手册等。③一般型商业秘密,指除上述两项以外的具备商业秘密性质的所有文件资料,如财务和会计报表、簿记账册、公司规划文件、市场营销计划、有情报价值的商业信函、内部掌握的客户名单,可能导致诉讼的业务关系等。

8. 商号

亦称企业名称,是指企业在国家工商行政管理部门登记而取得的标明本企业特点化标志的名称。它包括企业名称的占有权、排他权和转让权,还包括产地标记。

在市场交易活动中,企业名称不但是区别商品或者服务来源的标记,而且还负载了一个经营者管理水平的高低、资信状况的好坏、市场竞争能力的强弱等诸多生产经营信息。

9. 商誉

是指企业总体价值与其净资产的公允价值总额的差额。它因企业的信誉名望、生产效率、营销能力、管理水平和服务质量等方面胜人一筹而逐步积累而成,包括工业商誉、商业商誉、财务商誉、政治商誉。

它以企业所有资产的共同作用为价值运动基础,以企业整个资产为自身存在的物质载体,离开了物质载体,其价值就会丧失。就是说,商誉是一种组合式的无形资产,同时商业信誉是企业长期积累起来的一项特殊的资产,不能脱离企业而单独存在,只有当企业继续经营时它才是有价值的。

商业信誉往往要通过经营者参与市场竞争的连续性和自身的不懈开拓才能形成,它是经营者所享有的而且与其自身不可分离的、与财产权密切联系的权利,也是社会或他人对其生产、经营、服务诸方面品质的评价。良好的商业信誉会给企业从事市场交易创造良好的外部环境,使经营者在竞争中处于有利的地位。

阅读案例 7-6

老字号突围:以品牌无形资产撬动有形市场

新中国成立时,中国约有老字号企业1万多家。到20世纪90年代,原商业部认定的中华老字号企业有1600多家,老字号企业迅速减少,在剩下的老字号企业中,70%是勉强维持现状,20%长期亏损,面临倒闭、破产,只有10%的企业生产经营效益比较好。而一些改嫁的老字号,新东家看中的往往只是老字号所处的黄金地段,而至于老字号本身的金字招牌几乎被忽略掉了。

据悉,90年代中期在中国导入一个全国性的品牌,需要1000万元人民币,近几年则需要数千万乃至数亿元的投入。而创立一个全球性的品牌,几年前总共需数千万美元,现在仅媒体投入至少需要2亿美元。而老字号,则不需要这些投入,就已经是有着相当高的知名度了,这就是老字号独有的优势。

尽管品牌作为一种无形资产已经为中国广大的经理人所接受,但成败的区别在于是否很好地建立起品牌优势并加以最大化地利用。恒源祥原是1927年创立的一个小商店,专门销售人造丝和手编毛线。之所以能从1987年以后逐步发展成为一个大型企业集团,关键就是恒源祥利用品牌优势撬动了庞大的社会有形资产。1987年,刘瑞旗除了恒源祥这个100平方米小店之外,一无所有,只剩下一个老字号"恒源祥"三个字,可是,他就是将眼睛盯上这个老字号,将其名称注册成了商标。此后,充分运用老字号这一无形资产的魅力,以品牌为纽带,通过联合经营而非直接投资的方式组建了"战略联盟",其加盟工厂达80多家,使资产配置和产业结构得到了最大程度的优化。从而打破了以绒线为一业的界限,并延伸到床上用品、羊毛衫、羊毛袜、羊毛制品专用洗涤剂和其他与羊有关的产品。使恒源祥这一品牌价值达到6亿元,实现年销售额30亿元。

恒源祥战略联盟的基本架构如下:允许加盟工厂以恒源祥品牌销售产品,共享双方的销售渠道,虽然让厂方赚足了应得的利润,但恒源祥在没有一分钱货币投资的情况下,获得了其相应利润,与此同时,以品牌监控其产品质量。通过恒源祥品牌价值链的联系,使品牌的独特性得以维持和巩固。恒源祥成功地实现了以品牌的无形资产调动社会上的有形资产,并始终大大地超过了有形资产的增值速度,这是一种商业模式的成功。

资料来源:新浪财经 http://finance.sina.com.cn/leadership/brandmanage/20041112/08011150056.shtml.

【本章小结】

本章首先介绍了知识经济的形成及发展;其次,阐述了知识经济下企业管理的新特点;最后,说明了知识经济下企业无形资产的构成。

知识经济是以知识为基础的经济,最为突出的表现在于对知识的使用与创新。知识经济的到来,对整个社会经济生活许多方面,如生活与思维方式、财产性质和社会结构、产业结构、生产方式、经营方式乃至领导方式等都产生深刻的影响。

知识经济的到来使得企业面临的内部和外部环境发生了巨大的变化,对企业的经营管理提出了新的更高的要求。因此企业管理出现了企业重建、顾客驱动、知识创新、建立学习型组织等新特征。

知识经济下企业无形资产的构成出现了新内容,有资源型无形资产、知识(产权)型无形资产、权利型无形资产、经营型无形资产和观念型无形资产。

【中英文关键词】

1. 知识经济　　　　　　knowledge-based economy
2. 信息经济　　　　　　information economy
3. 知识管理　　　　　　knowledge management
4. 人力资源　　　　　　human resource
5. 知识创新　　　　　　knowledge innovation
6. 学习型组织　　　　　learning organization
7. 无形资产　　　　　　intangible assets

【综合练习】

一、选择题

1. 1996年经合组织发表了报告,明确地把未来的经济定义为(　　)。
   A. 低碳经济　　　B. 知识经济　　　C. 海洋经济　　　D. 市场经济
2. (　　)成为知识经济发展的基础。
   A. 经济一体化　　B. 资本设备　　　C. 劳动力　　　　D. 制度
3. 下列哪项是知识经济对经济社会的影响?(　　)
   A. 投入的生产要素中,科技和知识投入的比例越来越大
   B. 知识和技术密集型产业发展迅速
   C. 生产方式向规模适度的、分散的生产方式转变
   D. 以上选项都是
4. 知识管理的作用表现为(　　)。
   A. 提高企业的创新能力　　　　　B. 提高企业的应变能力
   C. 提高企业的运作效率　　　　　D. 以上三项都是
5. 下列哪项不是知识经济下企业管理的新特点?(　　)
   A. 顾客驱动　　　　　　　　　　B. 知识创新
   C. 金字塔式结构　　　　　　　　D. 学习型组织
6. 人力资源属于(　　)无形资产。
   A. 资源型无形资产　　　　　　　B. 知识型无形资产
   C. 权利型无形资产　　　　　　　D. 经营型无形资产
7. 不是无形资产基本特征的是(　　)。
   A. 无形资产是企业的一种生产资源
   B. 无形资产无法给企业带来经济收益
   C. 无形资产是企业资产的一部分
   D. 无形资产是企业的经营性资源

二、判断题

1. 知识经济是与工业经济相一致的概念。(　　)
2. 由于知识的可复制性和正外部效应,所以知识要素的收益递增。(　　)
3. 知识经济下企业间的关系更加复杂,既有竞争,也有合作。(　　)
4. 企业重建是在原有作业流程上进行调整和修改。(　　)
5. 企业所有的无实物形态的经济资源都可以确认为无形资产。(　　)

三、简答题

1. 试解释说明知识经济的特征。
2. 请分析知识经济下企业管理的新特征有哪些。
3. 请说出知识经济下企业无形资产的基本构成内容。

【案例分析】

根据以下案例所提供的资料,试分析:

(1) 德国工业史告诉了我们什么?

(2) 中国企业可以从德国企业的创新中得到哪些启示?

为什么德国企业不创新会死

前几天,我和德国的企业战略专家、罗兰贝格战略咨询公司的创始人及监事会主席罗兰—贝格(Roland Berger)说了对中国制造现状的困扰,贝格给我说了德国的故事:从 1870 年到 20 世纪初,"德国制造"低质廉价,当时全球制造业的金字招牌是英国。为了和德国制造划清界限,英国要求所有商品必须标明出产国。之后,德国人花了几十年的时间"向英国人学习",从单纯拷贝到开始尝试做产品研发,提升产品质量。20 世纪初,"Made in Germany"已经赢得了好口碑。到现在,很多人已经不记得那段历史了。"之后,日本人也走了和德国人基本相似的一条路。从拷贝,便宜货起家,开始有自己的研发、技术、产品,在 20 世纪七八十年代反向狙击了诸多欧美企业。受到日本产品和新兴市场的冲击,德国摩托车、自行车、照相机和纺织品产业基本死得一干二净。"罗兰贝格说。上述这些行业中也有剩下的,基本都是古董,而不是潮货了。那些成功对抗了日本电子产品新科技和东南亚纺织制造业的公司,则越变越强。例如德国的工程化工和汽车制造业。中国制造或许占据了全世界,但很多中国制造的产品,用的是德国的机器设备。

时过境迁,前英国外交大臣的顾问伍德(Steward Wood)之前在英国《卫报》中写道,"小声地说:向德国学习很好。特别是德国社会市场经济的模式值得英国学习。在我们寻找当前最大挑战的答案时,德国可以给我们启示"。这就叫风水轮流转吧。

贝格先生这段简短的德国工业史告诉我两个道理:第一,没有自有产权和核心竞争力,仅靠仿制和低价是没有前途的。第二,不创新真的会死,这是德国企业血的教训。

德国中小企业的欣欣向荣,德国联邦政府对企业创新鼎力支持。创新这件事,要有意识,有环境,还要有制度保障,这些德国一样不少。

一、德国百亿欧元砸创新

在过去 100 年,德国人的发明很多,从阿司匹林、隐形眼镜、汽车安全气囊到 MP3 和 SIM 卡。很多德国企业至今还在享受着这些老一代发明所带来的红利。这种惠及几代人的专利红利,正是中国商界很多人最为痛恨的"专利壁垒"。很可惜,这就是现代社会的游戏规则。

2012 年,德国在新技术开发和创新领域的投入达到 794 亿欧元,是 GDP 的 2.98%,目标是 3%。欧盟的平均值是 1.97%,中国同期这一数字是 1.98%。不同的是,创业投资在德国并不盛行,天使投资基金更少见,所以政府与私人企业在创新上的投入占了重头。

"提到 3% 这个数字时,我们的联邦政府也是十分自豪。因为越来越多的德国企业加大研发的投资,他们也看到这个数字本身在增长。"德国博世公司前主席,现任监事会主席弗朗茨—菲润巴赫对新浪财经表示。德国博世并不是上市公司,他们100多年来一直不变的策略就是在研发上投资巨大,大概是整体销售额的10%。"德国整体的研发投入大概占GDP的3%。但我的观点是必须要超过3%这个数字。因为德国是一个资源匮乏的国家,唯一的资源是德国人的智慧。要让德国竞争力只增不减,就要加大对研发的投资。"菲润巴赫接受新浪财经独家专访时表示。

这个欧盟里GDP最高的经济体,近五成的GDP是由出口创造的。而在过去5年,即使是欧债危机最为深重的时候,德国私人板块和公共研发机构的投资增加了15%。欧盟每年都针对全球对研发投资进行排名。2014年的统计数字显示,大众,三星和微软是全球研发投入最高的三家公司:大众去年一年在研发上的投入135亿美元,超过1000亿元人民币,比2013年增长近19%。此外,榜单前十名中有五家是美国公司(英特尔、微软、谷歌、默克和强生),另有两家欧洲公司(瑞士罗氏和瑞士诺华),以及日本的丰田。

这些千亿级大鳄有很多创新大话题,化工行业在寻找替代石油的新能源,车企寻找替代能源,例如氢动力和电力。德国的环境监管政策催生了一系列可再生能源,二氧化碳排放控制,以及提升能源效率方面的技术创新。针对创新,德国制造业的话题无限多,但涉及到日常生产中,就是对生产流程和已有的产品不间断的改善。

"所谓转型,不是放弃,也不是破坏,其实就是追求高质量,往行业的价值链上面走。以此提升竞争力和投资回报。所以我们必须要在技术上不断研发,研发才能产生生产力。"菲润巴赫对新浪财经坦言。菲润巴赫认为,"效率"这个概念与创新紧密相连,可以通过两个途径获取:一个途径是创新新产品;另外一个途径是改进技术,更新换代现有产品。"有些企业是通过创新的产品提升效率和竞争力,另外一些企业是通过实现操作上完美来获取竞争力。如果以博世为例,我们可以同时生产几百万个零件,保证同样的质量,没有瑕疵。"菲润巴赫对新浪财经称。

在研发领域,博世的投入是销售额的约10%。按照菲润巴赫的估计,竞争者们在研发方面的投资大概是销售额的3%~6%。

二、过千家中小企业的隐形冠军

德国那些超级航母几乎坚不可摧,可并不是德国战车实力雄厚的最终原因。在德国,超过99%的公司属于中小型企业,他们在工业方面高度活跃,如此欣欣向荣,以至于德语中小企业"Mittelstand"都成了一个专有名词,代表着德国工业的脊梁。

德裔哈佛战略专家西蒙(Hermann Simon)2009年曾就祖国的"Mittelstand"写过一本书,名为《21世纪隐形冠军》(Hidden Champions of the 21st Century)。所谓"隐形冠军",是在某一个细化的工业领域排名全球前三名,或者在自己所在地区为第一名。

即使如此,他们的品牌却不那么为人所知。最近,西蒙又对他的研究数据进行更新,去年的数据统计显示,在全球2764家中型全球领导企业中,德国占了1307席(47%);这些企业占德国出口额的1/4。对比一下,美国有366席,中国有68席,英国则占67席。

这样的一批公司,他们在研发上的投入是一般工业公司的两倍,甚至更高。即使与一些以专利见长的大企业相比,若按照专利和雇员数量做比,平均到每位雇员的专利数量是一般大公司的5倍。考虑到成本的精细化，他们最终的投入产出比更高。说个例子：德国最大的风机制造商Enercon，拥有全球风能领域专利数的30%。

还有一些德国公司很多人闻所未闻，甚至连他们涉及的那个偏门的领域都没听说过。西蒙就发现了很多这样散落在德国各地的珍宝式中小企业，例如德国凯密特尔集团(Chemetall)是全球最大的稀有金属铯和锂生产商，3B Scientific是解剖教学辅助领域的领导者，Uhlmann是医药包装系统的龙头，而Flexi是专业生产宠物伸缩牵绳的，你想象得到吗？仅仅一根小小的牵狗绳，他们垄断了全球70%的市场。

在很多公司时下对"外包"这样的概念十分热衷时，德国的"Mittestand们"是绝对反对"外包"概念的，尤其是牵扯到他们的看家专业知识时。

德国有一家叫Wanzl的中型企业，主要业务是生产购物车，以及机场的自取行李手推车。他们的手推车卖到全球各地，包括日本东京的成田国际机场。

机场的手推车？看起来似乎没什么技术含量，可质量要求很高。这家公司所有的部件都由自己工厂生产，因为他们认为这样才能保证达到他们设定的质量标准。

这就不难理解中国企业想对很多德国小企业发起收购时的困难重重了。

时下的德国企业中，很多最炙手可热的发明正是来自一些中小企业。举个小例子，仅3D打印技术这个小领域在美国和德国就聚集了一批中小型技术公司，于是诸多中国企业家都到德国去收购3D打印方面有自主知识产权的小公司。结果这些看起来都不富裕的中小企业却根本不愿意卖。

按照沃顿商学院教授Christian Terwiesch的说法，德国式创新的诀窍，就是在某一个很狭小的专业领域技术专业知识很过硬，所以即使在很小的板块也可以成为市场领导者。

很多中国企业乐意收购这种小公司，但收购成功的寥寥无几。

三、德国特色的"创新技术孵化器"

在创新这个领域，无论是德国的超级航母们还是中小企业看起来都很风光：他们长袖善舞，游刃有余。但创新气氛活跃并不仅仅是企业们的功劳。德国的整个市场体系，似乎就是为了鼓励创新量身定制，这一点，美国人都很羡慕嫉妒恨。针对创新，必须提前说明的问题是，研发这个词说了很多年，做企业的无人不知。为什么大家对投入创新有保留意见？因为有的行业投入研发后需要一二十年才能有所突破，这一点在医药行业尤为明显。机械制造业不需要那么久，但也不会立竿见影。

企业吝啬资金投入研发，而现成的技术却找不到市场。这种信息不对称在很多国家都存在。

德国有一种特殊的"中介"，或者说是"孵化器"，填平了技术与市场之间的鸿沟。

德国有几百家研究机构，慕尼黑的马普所（马克斯—普朗克研究所，MPI）是很著名的一家。他们专门资助和发起一些生命和资产科学研究项目。

德国弗劳恩霍夫应用研究促进协会(Fraunhofer-Gesellschaft)，是德国也是欧洲最大的应用科学研究机构，有近66年历史。他们拥有67个半自治型研究所，就像科研开发的搬运工，把一些成熟的科研成果搬向企业和政府管理部门。

上述这些科研中介组织,是德国创新生态系统的重要一环,缺了他们,德国很多工业领域的创新就可能根本到达不了终端。

以弗劳恩霍夫应用研究促进协会为例,他们每年研发预算达到 20 亿欧元,其中 30％资金来自于政府,另外 7 成来自一些公共预算支持的项目,以及他们与企业之间的合同。他们的责任就是把技术创新顺利投向市场,几乎跨越所有行业领域,最关注的是德国人的强项领域,从健康医疗到能源。弗劳恩霍夫应用研究促进协会在对中小企业的技术孵化上贡献卓越。

这些研究项目不会仅仅停留在学术期刊的程度,而是迅速商业化,不仅是一家公司,而且可能惠及整个行业。

更值得一提的是,德国企业,从大企业到中小企业,在创新和产品质量提升上竞争激烈,但绝不用价格战挤压彼此。德国企业之间联系紧密,互通有无。他们将这种紧密沟通称之为精英集群(Clusters),共享创新和科技的红利。尤其在德国最具竞争力的化工、汽车与电子设备和工程领域。他们不会相互拆台,而是通力合作。

"德国货花了几十年的时间完成了转型,中国制造也可以。至于'中国制造'什么时候可以扬眉吐气,我觉得是 10 年。要走在科技的前沿,大概需要 20~30 年。"

贝格先生对于中国制造的乐观估计是有前提的。"前提就是中国的制造业必须要从仿制阶段走出来,开始创新自己的生产流程、技术和产品。现在的世界是透明的,世界的一端有了一个新技术,另一端几秒钟就知道了。所以学习的过程必须加快。"贝格说,"德国人从来没有放弃过制造业,因为他们知道制造业的强大对一个金融独立的国家至关重要。"

资料来源:郝倩.新浪财经.http://finance.sina.com.cn/zl/international/20150114/161321297440.shtml.2015 年 01 月 14 日.

第 8 章

宏观经济评价与宏观经济政策

【学习目标】

通过本章的学习,对宏观经济的运行有一定的了解和认识;了解一国政府所追求的宏观经济目标及经济运行结果的决定因素和影响因素;将了解国民收入核算的基本原理,理解并掌握用支出法、增值法和收入法进行国内生产总值核算;对我国宏观经济政策的实际运作有一定的了解和认识,明确各种宏观经济政策的构成要素,掌握各种宏观经济政策对经济的影响;了解经济周期的概念及阶段划分、分类、监测指标体系。

【教学要求】

知识要点	相关知识	能力要求
宏观经济运行	主要宏观经济变量,宏观经济目标,总需求与总供给	了解主要宏观经济变量与宏观经济目标的关系;掌握宏观经济目标;掌握总需求与总供给的概念;了解总需求、总供给与主要宏观经济变量的关系
国内生产总值的核算	"国民账户体系"和"物质产品平衡表体系",国内生产总值的含义,国内生产总值的核算方法	了解国民经济核算体系,掌握国内生产总值的含义及三种核算方法
财政政策的构成要素及对经济的影响	财政政策的目标,财政政策工具,扩张性财政政策、紧缩性财政政策、中性财政政策,政府支出、政府税收对经济的影响,政府支出乘数、税收乘数、转移支付乘数和平衡预算乘数	能够懂得为实现一定财政政策目标需要运用哪些财政政策工具,它属于何种财政政策;能够做到运用模型分析政府支出、政府税收对经济的影响,并能计算出其影响的程度
货币政策的三大要素及货币传导机制	金融市场及其结构,现代市场经济国家金融体系的基本构成,中央银行的职能,货币政策的最终目标,货币政策的中间目标,货币政策工具,货币传导机制	能够了解金融市场、金融体系的构成,以及中央银行的作用,能够了解货币政策中间目标的种类及其发展动向。能够掌握操作各种货币政策工具会对经济产生怎样的影响;掌握货币供应量的层次划分
供给管理政策	收入政策、指数化政策、人力政策、促进经济增长的增长政策	能够了解各种供给管理政策的作用
经济周期	经济周期的概念及阶段划分、分类、监测指标体系	能够了解经济周期的概念及阶段划分、分类;掌握经济周期的监测指标

2014年国民经济和社会发展统计公报

2015年2月26日,国家统计局公布了2014年我国国民经济和社会发展统计公报,公报说明了初步核算,全年国内生产总值636 463亿元,比上年增长7.4%。其中,第一产业增加值58 332亿元,增长4.1%;第二产业增加值271 392亿元,增长7.3%;第三产业增加值306 739亿元,增长8.1%。第一产业增加值占国内生产总值的比重为9.2%,第二产业增加值比重为42.6%,第三产业增加值比重为48.2%。就业继续增加。年末全国就业人员77 253万人,其中城镇就业人员39 310万人。全年城镇新增就业1 322万人。年末城镇登记失业率为4.09%。价格水平涨幅较低。全年居民消费价格比上年上涨2.0%,其中食品价格上涨3.1%。固定资产投资价格上涨0.5%。工业生产者出厂价格下降1.9%。工业生产者购进价格下降2.2%。农产品生产者价格下降0.2%。外汇储备略有增加。年末国家外汇储备38 430亿美元,比上年末增加217亿美元。全年人民币平均汇率为1美元兑6.142 8元人民币,比上年升值0.8%。

问题:这段公报描述了中国经济怎样的运行情况?

8.1 主要宏观经济变量与宏观经济目标

宏观经济的运行主要是通过国民产出、就业与失业、价格水平及国际收支状况反映出来,这4个变量是宏观经济学中主要的宏观经济变量。一国政府所追求的宏观经济目标是围绕这4个宏观经济变量制定的,宏观经济学的研究内容实际上也是围绕对这4个变量的变动规律的研究而展开的。下面将简要概述这4个变量的概念。

8.1.1 主要宏观经济变量

1. 国民产出

一个国家在一定时期内生产的所有物品和劳务的总和构成了国民产出总量,它反映了该国的生产水平和经济实力。衡量国民产出的经济指标有多个,如国内生产总值(gross domestic product,GDP)、国民生产总值(gross national product,GNP)、国内生产净值(net domestic product,NDP)和国民收入(national income,NI)。在现代宏观经济学中,最为常用的指标是国内生产总值。国内生产总值(GDP)是指一个国家(地区)领土范围内居民在一定时期内所生产和提供的最终产品(包括产品和劳务)的市场价值的总和。

2. 就业与失业

世界上大多数国家把16~65周岁的人口确定为劳动年龄人口,我国则规定男16~60周岁,女16~55周岁为劳动年龄人口。

有劳动能力但不能参加劳动的人口,包括在校学生、家务劳动者、因病离职人员以及丧失劳动能力人员、服刑人员和不愿工作的人员为不在劳动人口。

劳动力人数为劳动年龄人口数减去不在劳动力人口数,为就业人数和失业人数的总和。

失业人数指没有工作但却在积极寻找工作的成年人的数量,为劳动力人数减去就业人数。

失业率表示在劳动力中失业者所占的百分比,即

$$失业率 = \frac{失业人数}{劳动力人数} \times 100\%$$

就业和失业随经济的周期波动而变化。在经济繁荣时期,就业水平高,失业率低;在经济萧条时期,就业水平低,失业率高。因此,失业率与国民产出水平密切相关,国民产出水平的提高或降低会直接引起失业率的下降或上升。

3. 价格水平

价格水平是指经济中各种商品和劳务价格的加权平均数,它通常用具有重要影响的某些大类商品价格的指数来衡量。在西方国家的宏观经济中,衡量价格水平的价格指数主要有消费者价格指数、生产者价格指数和国内生产总值价格指数。

消费者价格指数(consumer price index),又称零售物价指数,是衡量各个时期居民个人消费的商品和劳务零售价格变化的指标,表示的是消费者在不同时期为购买一篮子固定商品所支付的价格指数,反映了消费者生活费用的变化情况。

生产价格指数(producer price index),又称批发价格指数,是以大宗批发交易为对象,根据产品和原料的批发价格编制而成的指数。它是衡量各个时期生产资料与消费资料和原料的批发价格变化的指数。批发价格指数反映的是生产者销售价格的变动情况。

国内生产总值价格指数(gross domestic product deflator),是衡量各个时期一切商品和劳务变化的指数,是按现价计算的国内生产总值与按固定价格计算的国内生产总值的比例。

通货膨胀率即物价上涨率是某种价格指数从一个时期到另一个时期增长的百分数。用 P 表示价格指数,用 t 表示时期,则通货膨胀率可以表示为

$$通货膨胀率 = \frac{P_t - P_{t-1}}{P_{t-1}} \times 100\%$$

年通货膨胀率的计算方法主要有以下两种。

第一种方法是把这个月的价格指数(如用消费者价格指数)与上个月的价格指数进行对比。例如,上个月的价格指数为150,这个月的价格指数为151.5,则这个月的通货膨胀率为1%,即这个月的价格水平上涨了1%。将这个月的通货膨胀率乘以12就得出年通货膨胀率为12%。这就是说,如果这个月的通货膨胀率持续一年,则年通货膨胀率将为12%。

第二种方法是把这个月的价格指数与上年同月的价格指数进行对比。例如,今年12月份的价格指数为168,上年同月的价格指数为150,则年通货膨胀率为12%。这就是年通货膨胀率,因为上年12月份到今年12月份已历时一年。

宏观经济政策的制定者并不关心价格水平本身,关心的只是价格水平的变动。因为影响生活水平的不是价格水平,而是在价格水平变动时发生的经济调整。也就是说,对人们产生影响的是价格水平变动的过程,即通货膨胀或通货紧缩的过程。价格水平的急剧上升或下降会对经济产生各种影响。

4. 国际收支

所谓国际收支,是指一国在一定时期内(通常为一年内),与世界上所有其他各国之间所发生的全部经济交易的货币价值。

国际收支状况的好坏对该国的经济状况会产生重大的影响。当今世界是一个开放的经济系统,国与国之间有着多种多样的经济联系与贸易往来和技术、资本、人力资源的跨国流动。在国际贸易中,进口与出口是相互促进而又相互制约的。任何国家如果不向外国出口产品,就不可能从别国进口自己所需要的产品。净出口对于本国的总产出将产生重大的影响,正的净出口对于总产出具有刺激作用,它使本国企业与家庭收入增加。负的净出口对于总产出具有副作用,长期出现贸易的逆差会拖累本国经济,使经济走上衰退之路。由于各国使用的货币是不同的,这使得一国在清偿国际收支中的债权债务时必须用本国货币同外国货币交换,本国货币与外国货币之间的兑换比率(即汇率)对于产品与劳务的交易显然具有重要的影响。

8.1.2 宏观经济主要目标

一个国家宏观经济运行的好坏主要是从经济运行的结果即国民产出、就业与失业、价格水平和对外贸易4个方面进行评价,如图8-1所示。一国政府围绕这4个宏观经济变量制定的经济目标,成为一国宏观经济的主要目标。

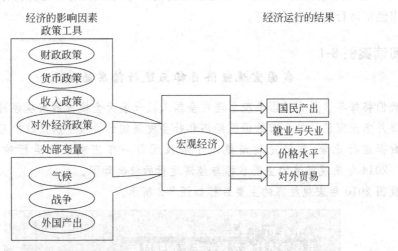

图8-1 宏观经济的主要影响因素及运行结果

(1) 实际国内生产总值的高水平和持续稳定增长,是一国在国民产出方面追求的宏观经济目标,是重要的宏观经济目标之一。经济活动的最终目的是提供人们所需要的货物和服务。

(2) 高就业或低失业是一个主要的宏观经济目标。就业水平与产出水平密切相关。产出水平高意味着经济可以提供较多就业机会,从而达到较高就业水平。高就业不仅仅是一个单纯的经济目标,更多的是人们希望能够较容易地找到高报酬的工作,从而有了工作保障和良好的工作条件。失业的增加不但加重了经济压力,还会在心理、社会及公共卫生等方面产生影响。

(3) 维持价格水平的稳定是第 3 个宏观经济目标。价格水平稳定是指价格水平上升或下降都不太快,通货膨胀率接近零。西方经济学家认为,这种价格的稳定性应该在自由市场的竞争中得到实现,因为由自由市场决定价格是组织生产和反映消费者需求的一种有效方式。

(4) 保持汇率稳定和国际收支平衡,是一国在对外贸易方面追求的宏观经济目标。

这 4 个宏观经济目标是相互联系的。一个经济目标的变动,很可能影响到其他经济目标的实现。例如,提高产出水平可以减少失业率,但可能引起通货膨胀。所以政府在制定这 4 个宏观经济目标时,往往要考虑到它们之间的相互影响。

一个国家如何使它的经济达到这些宏观经济目标呢?在凯恩斯理论出现以前,西方国家基本上依靠市场机制的自发调节作用实现其宏观经济目标。在凯恩斯理论出现以后,特别是第二次世界大战以后,西方国家政府开始利用各种宏观经济调控手段促使经济达到上述目标。

图 8-1 显示了影响宏观经济活动的主要因素和经济运行结果的关系。财政政策、货币政策等政策工具和气候等外部变量是宏观经济活动的主要影响因素,将影响经济运行的结果。为使宏观经济目标得以实现,政府将运用宏观经济政策(可控因素)对经济进行调控。宏观经济还将受到外部变量(不可控因素)的作用,在可控因素和不可控因素的共同作用下,形成经济运行的结果。将经济运行的结果与所设定的经济目标进行比较就能评价出经济运行状况的好与坏。

阅读案例 8-1

我国宏观经济目标与运行结果的对比

我们将每年 3 月 5 日国务院总理在全国人民代表大会提出的宏观经济主要目标与次一年 2 月末国家统计局公布的国民经济和社会发展统计公报中所反映的经济运行结果的指标数据进行比较,就能比较清楚地了解我国每一年宏观经济运行的状况了。我国 2010—2014 年宏观经济的主要目标与经济运行的状况如下。

我国 2010 年宏观经济的主要目标如图 8-2 所示。

图 8-2 2010 年我国宏观经济的主要目标

2011年2月28日，国家统计局公布了2010年我国国民经济和社会发展统计公报，公报说明了初步核算，全年国内生产总值397 983亿元，比上年增长10.3%。居民消费价格全年平均比上年上涨3.3%。全年城镇新增就业1 168万人，比上年增加66万人。年末城镇登记失业率为4.1%，比上年末下降0.2个百分点。年末国家外汇储备28 473亿美元，比上年末增加4 481亿美元。年末人民币汇率为1美元兑6.622 7元人民币，比上年末升值3.0%。

将2010年运行结果与2010年所设定的目标进行对比可以看出，经济目标都实现了，宏观经济运行状况良好。

我国2011年宏观经济的主要目标如图8-3所示，其中居民消费价格的目标是比上年上涨4%左右，比2010年设定的目标提高了1%。

图8-3　2011年我国宏观经济的主要目标

2012年2月22日国家统计局发布了我国2011年国民经济和社会发展统计公报。2011年国内生产总值471 564亿元，比上年增长9.2%。全年居民消费价格比上年上涨5.4%。全年城镇新增就业1 221万人。年末城镇登记失业率为4.1%，年末国家外汇储备31 811亿美元，比上年末增加3 338亿美元。全年货物进出口总额36 421亿美元，比上年增长22.5%。

将2011年运行结果与2011年所设定的目标对比可以看出，除了全年居民消费价格上涨比设定目标高了1.4%之外，其他目标都实现了，宏观经济总体运行状况良好。

我国2012年宏观经济的主要目标如图8-4所示，其中国内生产总值的目标是比上年增长7.5%。在经济下行压力和经济结构调整的要求下，经济增长率比2011年下调了0.5%。

2013年2月22日国家统计局发布了我国2012年国民经济和社会发展统计公报。全年国内生产总值519 322亿元，比上年增长7.8%。全年城镇新增就业1 266万人。年末城镇登记失业率为4.1%，与上年末持平。全年居民消费价格比上年上涨2.6%。年末国家外汇储备33 116亿美元，比上年末增加1 304亿美元。年末人民币汇率为1美元兑6.285 5元人民币，比上年末升值0.25%。

图 8-4 2012 年我国宏观经济的主要目标

将 2012 年运行结果与 2012 年所设定的目标对比可以看出目标都实现了,宏观经济总体运行状况良好。

我国 2013 年宏观经济的主要目标如图 8-5 所示。其中居民消费价格比上年上涨 3.5%左右,由于通胀压力的下降,比 2012 年设定的目标下降了 0.5%。

图 8-5 2013 年我国宏观经济的主要目标

2014 年 2 月 24 日国家统计局发布了 2013 年国民经济和社会发展统计公报。国民经济平稳较快增长。初步核算,全年国内生产总值 568 845 亿元,比上年增长 7.7%。全年城镇新增就业 1 310 万人。年末城镇登记失业率为 4.05%。全年居民消费价格比上年上涨 2.6%。年末国家外汇储备 38 213 亿美元,比上年末增加 5 097 亿美元。年末人民币汇率为 1 美元兑 6.096 9 元人民币,比上年末升值 3.1%。

将 2013 年运行结果与 2013 年所设定的目标对比可以看出,目标都实现了,宏观经济总体运行状况良好。

2014年3月5日在第十二届全国人民代表大会第二次会议上,提出了2014年的宏观经济主要目标,如图8-6所示。

图8-6　2014年我国宏观经济的主要目标

2015年2月26日,国家统计局公布了2014年我国国民经济和社会发展统计公报,公报说明了初步核算,全年国内生产总值636 463亿元,比上年增长7.4%。其中,第一产业增加值58 332亿元,增长4.1%;第二产业增加值271 392亿元,增长7.3%;第三产业增加值306 739亿元,增长8.1%。第一产业增加值占国内生产总值的比重为9.2%,第二产业增加值比重为42.6%,第三产业增加值比重为48.2%。就业继续增加。年末全国就业人员77 253万人,其中城镇就业人员39 310万人。全年城镇新增就业1 322万人。年末城镇登记失业率为4.09%。价格水平涨幅较低。全年居民消费价格比上年上涨2.0%,其中食品价格上涨3.1%。固定资产投资价格上涨0.5%。工业生产者出厂价格下降1.9%。工业生产者购进价格下降2.2%。农产品生产者价格下降0.2%。外汇储备略有增加。年末国家外汇储备38 430亿美元,比上年末增加217亿美元。全年人民币平均汇率为1美元兑6.142 8元人民币,比上年升值0.8%。

将2014年运行结果与2014年所设定的目标对比可以看出,除了国内生产总值比上年增长7.4%,比设定目标低0.1%之外,其他目标都实现了,宏观经济总体运行状况良好。

2015年3月5日在第十二届全国人民代表大会第三次会议上,提出了2015年的宏观经济主要目标,如图8-7所示。

要想知道2015年运行结果如何,可以看2016年2月末,国家统计局发布的2015年国民经济和社会发展统计公报。

相应部门会在每个月或季度定期会发布各种宏观经济数据,可追踪在一年内宏观经济的运行状况。

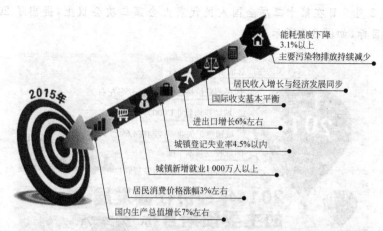

图 8-7 2015 年我国宏观经济的主要目标

8.1.3　总需求与总供给

宏观经济中的国民产出总量、就业与失业和价格水平是如何决定的？影响因素怎样导致它们的变化？图 8-8 显示了宏观经济是由什么决定的。在图中，左边是决定和影响总需求和总供给的主要变量和因素，中间表明了宏观经济是由总需求和总供给相互作用决定的，右边是总供给和总需求的相互作用所决定的经济运行结果：国民产出总量、就业与失业、价格水平。

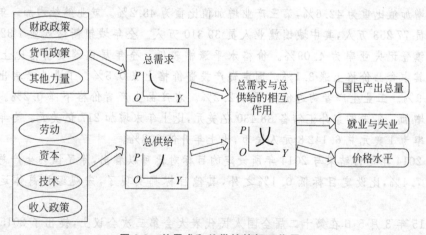

图 8-8　总需求和总供给的相互作用

总需求是指一个国家或地区在一定时期内（通常 1 年）对产品与劳务需求的总和，或用于购买物品与劳务的支出的总和，它包括国内居民对产品和服务的需求、企业购买资本品的需求、政府采购产品与服务的需求以及外国购买本国产品和服务的净需求。总需求主要由消费、投资、政府购买、净出口所决定，受财政政策、货币政策等因素的影响。

总供给是指国民经济各部门在一定时期内所生产的产品和服务的总和。总供给可以用社会在一定时期内所供给的生产要素的总和或者由生产要素所得到的报酬总和来表示。总供给主要由劳动、资本和技术所决定,受收入政策等因素的影响。总需求和总供给共同作用决定了经济运行的结果,即决定国民产出总量、就业与失业和价格水平。

当总需求和总供给的决定因素和影响因素发生变动时,总需求和总供给将发生变动,它们所决定的经济运行结果就会发生变动。政府利用各种宏观经济政策干预经济运行,影响总需求和总供给,促使宏观经济目标得以实现。

8.2 国内生产总值的核算

国民收入核算是政府部门对一定时期内国民经济生产的产品总量和与之相对应的总收入进行核算的规则和方法。宏观经济分析涉及的经济总量,诸如国内生产总值、国民收入、可支配收入、消费支出、投资支出和净出口,等等,均通过核算体系定义和计量。国民收入核算能够说明各经济总量之间关系、分析国民经济活动水平与结构。经济学者可以借助国民收入核算资料解释在过去的时期中经济总量及其相互关系发生过什么变化,并且通过对这些变化的分析,可以做出对未来经济状况及其变动趋势的预测。国民收入核算是分析宏观经济问题的基础。

从第二次世界大战以后,国际上存在两大国民经济核算体系:一是以欧美等国家为代表的市场经济国家所采用的"国民账户体系"(system of national accounts, SNA);二是以苏联为首的计划经济国家采用的"物质产品平衡表体系"(the system of material product balances, MPS)。随着计划经济各国向市场经济的转变,这些国家都抛弃了物质产品平衡表体系,而逐渐采用了国民账户体系。

物质产品平衡表体系是以马克思主义再生产理论为依据,将社会总产值和国民收入作为反映国民经济活动总成果的基本指标。社会总产值是各物质生产部门的劳动者在一定时期内所生产的生产资料和消费资料的价值总和。社会总产值中扣除了全部生产资料价值消耗即国民收入。西方国民账户体系是以西方经济理论为依据,认为创造物质产品和提供服务的劳务活动都是创造价值的生产活动,将国内生产总值即GDP作为核算国民经济活动的核心指标。MPS以物质产品生产为核算范围,把服务活动排除在生产领域以外,影响了对国民经济总量核算的完整性。SNA把国民经济各部门的经济活动全部纳入核算范围,使社会生产、分配、使用各环节紧密衔接,从而形成全面、完整、系统的国民经济核算体系。

阅读案例 8-2
我国的国民经济核算体系

从新中国成立初期到改革开放初期,我国国民经济核算采用的是产生于苏联和东欧国家的物质产品平衡表体系(MPS)。20世纪80年代中期以后,随着改革开放的不断深入和国民经济的迅速发展,MPS表现出明显的不足,我国在继续实行MPS的同时,逐步引进产生于发达的市场经济国家并被世界大多数国家广泛采用的国民账户体系(SNA)。1984—1992年,国家统计局会同有关部门在总结我国当时的国民经济核算实践经验和理论研究成果的基础上,制定了《中国国民经济核算体系(试行方案)》。该方案采纳了SNA

的基本核算原则、内容和方法,保留了 MPS 的部分内容。

随着我国经济体制改革的深化,经济分析和管理部门逐步放弃了 MPS 的有关指标。1993 年我国采取了国际通行的国民经济核算体系,GDP 核算的部门分类、原则、方法和发布基本上与国际接轨,转而采用 SNA 的有关指标研究经济情况、制订经济计划和政策。针对国内外客观情况的变化,我国也对国民经济核算方法进行了不断的改革。1999 年,国家统计局决定对《中国国民经济核算体系(试行方案)》进行修订。经过三年多的艰苦努力,于 2003 年上半年完成了这项重要任务,形成了我国国民经济核算工作的新的规范性文本——《中国国民经济核算体系(2002)》。该文本广泛征求了各方面的意见和建议,总结了 10 年来我国国民经济核算的实践经验和理论研究成果,采纳了 1993 年 SNA 的基本核算原则、内容和方法,对《中国国民经济核算体系(试行方案)》进行了全面系统的修订,取消了其中的 MPS 的核算内容,整理了基本概念,修订了机构部门和产业部门分类,调整了基本框架,补充了核算内容,修改和细化了有关表式的指标设置,基本上与新的国际标准衔接。它标志着我国的国民经济核算体系在与国际标准接轨方面又迈出了重要的步伐。

2013 年 11 月 18 日国家统计局副局长许宪春在成都召开的中国经济年会上表示,中国将推出 GDP 新核算体系,在研发支出、住房服务、央行产出和劳动报酬、财产性收入方面做出统计变革。

据许宪春介绍,新国民经济核算框架不会发生根本性变化,但是统计口径、范围、计算方法等会发生变化。其中,研发支出方面,将把研发支出作为投资形成固定资产,而不是生产其他产品的成本。其中,能给所有者带来经济利益的研发支出作为固定资本形成处理,不给所有者带来经济利益研发支出仍然作为中间投入处理;城镇居民自有住房服务价值核算法上,将修订为采用市场租金测算租金法;中央银行产出计算方法上,将分为货币政策服务、金融监管服务以及金融中介服务三项统计;此外,将雇员股票期权计入劳动者报酬,将土地承包经营权流转收入计入财产收入。

现阶段我国 GDP 是按照《中国国民经济核算体系(2002)》的要求进行核算的,该体系采纳了联合国 1993 年《国民经济核算体系》(SNA)的基本核算原则、内容和方法,但联合国统计委员会已经确立了新的国民经济核算国际统计标准 SNA2008。许宪春表示,"我国国民经济核算体系发展要随着经济体制和经济环境、宏观管理需求及国际标准等方面的变化而变化,因此国家统计局正在对最新版 SNA(国民经济核算体系)进行研究,将逐步借鉴国际新标准对我国 GDP 核算制度方法进行修订"。这一核算体系改革正处于试验阶段。"目前已经根据新核算法进行了初步试算,并得出了初步结果,预计到 2015 年初,这一改革会正式推行。"

8.2.1 国内生产总值的概念

1. 国内生产总值的含义

国内生产总值(gross domestic product,GDP)是指一个国家(地区)领土范围内,本国(地区)居民和外国居民在一定时期内所生产和提供的最终产品(包括产品和劳务)的市场价值的总和。

在理解这一定义时,我们要注意这样几个问题:

(1) 国内生产总值是指一年内生产出来的产品的总值,在计算时不应包括以前所生产的产品的价值。例如,以前所生产而在该年所售出的存货,或以前所建成而在该年转手出售的房屋,等等。

(2) 国内生产总值是指最终产品的总值,在计算时不应包括中间产品产值,以避免重复计算。

最终产品指在核算期内不需要再继续加工、直接可供社会投资和消费的产品和劳务。可供投资的产品包括机械设备、型钢等;可供消费的产品包括食品、服装、日用品等。中间产品是指在核算期间须进一步加工、目前还不能作为社会投资和消费的产品和劳务,包括各种原材料、燃料和动力。例如服装是最终产品,可以直接消费,但用于服装生产的原材料,如棉布、棉纱等产品就不是最终产品而是中间产品。必须说明的是某些产品,如煤炭、棉纱等,在核算期间没有参与生产而是以库存形式滞留在生产环节以外的这些产品也应理解为社会最终产品。

(3) 国内生产总值中的最终产品不仅包括有形的产品,而且包括无形的产品——劳务,即要把旅游、服务、卫生、教育等行业提供的劳务,按其所获得的报酬计入国民生产总值中。

(4) 国内生产总值指的是最终产品市场价值的总和,这就是要按这些产品的现期价格来计算。这样就引出两个值得注意的问题:其一,不经过市场销售的最终产品(如自给性产品,自我服务性、劳务等)没有价格,也就无法计入国民生产总值中;其二,价格是变动的,所以,国内生产总值不仅要受最终产品数量变动的影响,而且还要受价格水平变动的影响。

2. 名义 GDP 和实际 GDP

国内生产总值按照计算时采用的是现行价格还是不变价格,分为名义国内生产总值和实际国内生产总值。名义 GDP 是指在一年内该国境内居民所生产的最终产品与劳务的数量按当年市场价格计算出来的市场价值。由于商品价格是经常变化的,所以用名义 GDP 统计的结果既包含了实际产出数量的变化,也包含了价格变化的影响。实际 GDP 是指在一年内该国境内居民所生产的最终产品与劳务按不变价格(某一基年的市场价格)计算得出的市场价值。由于不同年份的实际 GDP 按同一基年的不变价格计算得出,不包含在不同年份中因价格变动对 GDP 的影响,它只反映了这一时期内国内生产总值中实际产出数量的真实变化情况,便于不同年度国内生产总值之间的比较。因此,宏观经济学的分析通常是以实际国内生产总值为基础,要注意区分名义国民生产总值与实际国民生产总值。例如,在研究经济增长率时,要根据实际国内生产总值。假设某国 2014 年的名义国内生产总值为 46 138 亿美元,2013 年的名义国内生产总值为 44 261 亿美元。按此计算,2014 年相较于 2013 年的经济增长率为 4.2%。但如果以 2000 年的价格为不变价格,则 2013 年的实际国内生产总值为 34 830 亿美元,2014 年的实际国民生产总值为 35 368 亿美元,经济增长率只为 1.6%。再如表 8-1 反映了 1990 年至 2009 年美国的名义 GDP、实际 GDP 及实际增长率。按名义国内生产总值计算的增长率,其中含有了价格水平上升因素,只有按实际国内生产总值计算的增长率,才反映了产量的变动情况。

把名义国内生产总值换算成实际国内生产总值,需借助于价格指数。国内生产总值的价格指数,是名义国内生产总值与实际国内生产总值之比。因此,实际国内生产总值可用下式换算：

$$实际GDP = 名义GDP / GDP价格指数$$

表 8-1　美国(1990—2009)的名义 GDP 和实际 GDP

年　度	现价国内生产总值		2005年不变价国内生产总值	
	金额：亿美元	同比增长(%)	金额：亿美元	同比增长(%)
1990	58 005	5.8	80 339	1.9
1991	59 921	3.3	80 151	−0.2
1992	63 423	5.8	82 871	3.4
1993	66 674	5.1	85 234	2.9
1994	70 852	6.3	88 707	4.1
1995	74 147	4.7	90 937	2.5
1996	78 385	5.7	94 339	3.7
1997	83 324	6.3	98 543	4.5
1998	87 935	5.5	102 835	4.4
1999	93 535	6.4	107 798	4.8
2000	99 515	6.4	112 260	4.1
2001	102 862	3.4	113 472	1.1
2002	106 423	3.5	115 530	1.8
2003	111 421	4.7	118 407	2.5
2004	118 678	6.5	122 638	3.6
2005	126 384	6.5	126 384	3.1
2006	133 989	6.0	129 762	2.7
2007	140 776	5.1	132 541	2.1
2008	144 414	2.6	133 122	0.4
2009P	142 587	−1.3	129 887	−2.4

P=初步数据。

资料来源：美国商务部经济分析局1月29日发布。

8.2.2　国内生产总值的核算方法

在西方国家的核算体系中，核算国内生产总值的方法主要有三种：支出法、增值法和收入法。

1. 支出法

支出法是根据购买最终产品的支出来计算国内生产总值的方法。一国经济在购买最终产品上的支出总额叫作总支出。总支出分为四大部分：消费支出、投资支出、政府的购买支出和净出口。为什么总支出等于国内生产总值呢？因为，一定时期内生产的最终产品,或者当期被售出或者未被售出。被售出的最终产品总额叫作最终销售,未被售出的最终产品总额叫做产品存货。这种核算方法把未售出的产品作为企业在产品存货上的投资支出,它是总投资支出的一部分。所以,经济在一定时期内生产的全部最终产品的市场价值,恰好等于购买这些最终产品的总支出。

根据支出法,国内生产总值由以下四部分组成:

(1) 消费支出

消费支出是指本国居民一定时期内对最终产品的购买支出,用 C 来表示,它包括购买耐用品的支出,如洗衣机、电冰箱、空调、小汽车等;购买非耐用品的支出,如食品、服装、药品、汽油等;购买服务的支出,如理发、医疗、法律咨询等。居民购买住宅的支出不包括在消费支出内,它是投资支出的一部分。

(2) 投资支出

投资支出是指一定时期内增加或更换资本资产的支出,用 I 来表示。这类产品也称作投资品。投资支出包括固定投资和存货投资两大类。固定投资指在可以长期使用的资本品上的投资,存货投资则是一种暂时性的投资。

固定投资分为固定资本投资和住宅投资。固定资本投资指生产用的建筑物和机器设备的投资。住宅投资是用于建造新的居民住宅的投资。住宅是一种十分耐用的产品,它的效用在其很长的"寿命"期间缓慢地发挥出来。由于这种原因,住宅投资被计入投资支出,而不计入消费支出。

存货投资是经济中存货的变动,即

$$本期存货投资=本期末存货-上期末存货$$

当存货增加时,存货投资为正值,说明本期生产的产品多于本期售出的产品。当存货减少时,存货投资为负值,说明本期生产的产品少于本期售出的产品,这时本期销售的一部分产品是前期生产的存货。

一定时期内经济中的投资总额叫总投资。总投资分为两个部分:重置投资和净投资。重置投资用于资本消耗的补偿,也叫资本折旧。净投资等于总投资减去资本折旧。净投资增加资本存量(capital stock),而重置投资则是使原有资本存量保持不变。

总投资、净投资与资本存量的关系如下:

$$上期末资本存量-本期资本折旧+本期总投资=本期末资本存量$$

或

$$本期净投资=本期末资本存量-上期末资本存量$$

作为总支出或国内生产总值一部分的是总投资而不是净投资。这是因为,所有的投资品都是国民产出的一部分,不论这些投资品是属于净投资还是属于重置投资。

(3) 政府支出

政府支出指政府(包括中央政府和地方政府)购买货物和服务的支出,用 G 来表示。政府利用购买的货物和服务为社会提供公共教育、卫生事业、社会治安、道路建设、环境保护和国防等各种公共物品。这些政府购买只是政府支出的一部分,政府支出的另一些部分如转移支付(失业保险金、退休金、抚恤金等福利性支出)、国债利息等都不计入国内生产总值,理由是政府购买时通过雇请公务人员、教师,建立公共设施,提供公共教育等为社会提供了服务,而转移支付只是简单地把收入从一些人或一些组织转移到另一些人或另一些组织,没有相应的物品或劳务的交换发生。如政府给残疾人发放救济金,不是因为这些人提供了服务,创造了价值,而是因为他们丧失了劳动能力,要靠救济生活。

(4) 净出口

消费支出、投资支出和政府支出构成国内总支出。假如一国与别国没有经济关系,那么国内生产总值等于国内总支出。在现实世界中,具有封闭型经济的国家是很少的。特别是经济发达的国家,对外贸易在经济中占有很大比重。因此,在对总支出和国内生产总值的核算中,必须考虑到本国生产的但卖给外国的货物和服务的价值,以及本国的居民、企业和政府购买的由外国生产的货物和服务的价值。

在一定时期内,本国生产并卖给外国的货物的价值,加上本国向外国提供的服务的收入,得到的是出口总额,用 X 来表示。

在一定时期内,本国购买的外国生产的货物的价值,加上本国支付给外国提供的服务报酬,得到的是进口总额,用 M 来表示。

净出口定义为出口总额与进口总额之间的差额,用 NX 来表示。出口大于进口时,净出口为正值;反之,则为负值。净出口综合地反映了出口和进口对经济的影响。

综上所述,通过购买货物和服务的支出核算国内生产总值的方法可以列示如下:

国内生产总值
  消费支出(C)
    耐用品
    非耐用品
    劳务
  投资支出(I)
    固定资本投资
    居民住宅投资
    企业存货变化(存货投资)
  政府支出(G)
    中央政府
    地方政府
  净出口(NX)
    出口
    进口

把上述四类项目加总,就得到支出法计算的国内生产总值,可以表示为

国内生产总值 = 消费支出 + 投资支出(净投资 + 资本折旧) + 政府支出 + 净出口
    = $C + I + G + NX$

阅读案例 8-3

我国用支出法核算的国内生产总值及其结构

表 8-2、表 8-3 是我国 1978—2014 年用支出法核算的国内生产总值及其构成情况。国内生产总值由最终消费支出、资本形成总额及货物和服务净出口构成。最终消费支出

由居民消费支出和政府消费支出构成。资本形成总额由固定资本形成总额和存货增加构成。从 1978 年至 2014 年在最终消费支出中政府消费支出所占比重小幅上升并趋于稳定,居民消费支出所占比重小幅下降并趋于稳定,而居民消费支出中的城镇居民消费所占比重和农村居民消费所占比重变化比较大,农村居民消费所占比重大幅减少,因此,在刺激居民消费时,拉动农村居民消费尤为重要。

与国际水平相比,我国的消费率更显低迷。世界银行数据显示,2008 年,全世界家庭最终消费率为 61%,投资率为 22%,而我国的家庭最终消费率为 37%,投资率为 43.5%。2014 年我国的家庭最终消费率仅为 37.7%,投资率为 46.1%。

表 8-2 支出法国内生产总值

年份	国内生产总值/亿元	最终消费支出	资本形成总额	货物和服务净出口	资本形成率（投资率）/%	最终消费率（消费率）/%
1978	3 605.6	2 239.1	1 377.9	-11.4		
1980	4 592.9	3 007.9	1 599.7	-14.7		
1990	19 347.8	12 090.5	6 747.0	510.3		
2000	98 749.0	61 516.0	34 842.8	2390.0		
2005	188 692.1	97 822.7	80 646.3	10 223.1	42.7	51.8
2006	221 651.3	110 595.3	94 402.0	16 654.0	42.6	49.9
2007	263 093.8	128 793.8	110 919.4	23 380.6	42.2	49.0
2008	306 859.8	149 112.6	133 612.3	24 134.9	43.5	48.6
2009	346 431.1	173 093.0	158 301.1	15 037.0	45.7	50
2010	406 580.9	199 508.4	192 015.3	15 057.1	47.2	49.1
2011	480 860.7	241 579.1	227 593.1	11 688.5	47.3	50.2
2012	534 744.6	271 718.6	248 389.9	14 636.1	46.5	50.8
2013	589 737.2	301 008.4	274 176.7	14 552.1	46.5	51.0
2014	640 796.4	328 311.2	295 022.3	17 462.9	46.1	51.2

表 8-3 支出法国内生产总值结构

年份	最终消费支出＝100		居民消费支出＝100		资本形成总额＝100	
	居民消费支出	政府消费支出	农村居民	城镇居民	固定资本形成总额	存货增加
1978	78.6	21.4	62.1	37.9	77.9	22.1
1980	77.5	22.5	60.5	39.5	82.7	17.3
1990	78.2	21.8	49.6	50.4	71.6	28.4
2000	74.5	25.5	33.0	67.0	97.1	2.9
2005	72.8	27.2	27.0	73.0	95.9	4.1
2006	72.8	27.2	26.2	73.8	95.5	4.5

续表

年份	最终消费支出=100		居民消费支出=100		资本形成总额=100	
	居民消费支出	政府消费支出	农村居民	城镇居民	固定资本形成总额	存货增加
2007	72.7	27.3	25.5	74.5	94.4	5.6
2008	72.7	27.3	25.1	74.9	94.5	5.5
2013	73.0	27.0	22.5	77.5	95.7	4.3
2014	73.6	26.4	22.4	77.6	95.9	4.1

表8-4是国内生产总值各构成部分对国内生产总值增长的贡献率和拉动状况。

表8-4 三大需求对国内生产总值增长的贡献率和拉动

指标	2014年	2013年	2012年	2011年	2010年
最终消费支出对国内生产总值增长贡献率/%	50.2	48.2	56.7	62.7	46.9
最终消费支出对国内生产总值增长拉动/百分点	3.7	3.7	4.4	6.0	5.0
资本形成总额对国内生产总值增长贡献率/%	48.5	54.2	42.0	45.2	66.0
资本形成总额对国内生产总值增长拉动/百分点	3.6	4.2	3.2	4.3	7.0
货物和服务净出口对国内生产总值增长贡献率/%	1.3	−2.4	1.3	−7.9	−12.9
货物和服务净出口对国内生产总值增长拉动/百分点	0.1	−0.2	0.1	−0.8	−1.4

数据来源：国家统计局网站。

2. 增值法（部门法）

支出法是从最终产品市场价值的角度来核算国内生产总值，而增值法是从最终产品价值形成的角度来核算国内生产总值，它侧重于经济中的各个部门或各个企业对最终产品的价值的贡献。

一个企业的增值是指这个企业产品销售收入与购买其他企业的中间产品价值之间的差额，它是在这个企业的产品生产过程中新增加的价值。增值(value added)法是通过加总所有企业产品的增值来计算国内生产总值的方法。

举一个简单的例子来说明这个问题。例如，处在最终产品生产过程的不同生产阶段上的4个企业棉花企业、棉纱企业、棉布企业和服装企业，棉花企业把棉花卖给棉纱企业，棉纱企业把生产的棉纱卖给棉布企业，棉布企业把生产的棉布卖给服装企业，服装企业再生产各式各样的服装出售给消费者。消费者不直接消费棉花、棉纱和棉布，所以棉花企业、棉纱企业和棉布企业都是专门生产中间产品的企业。它们之间的交易如表8-5所示，四个企业销售收入总计是125万元。但是，在这125万元的总销售额中，包含65万元中间产品的销售收入，因为其中一些企业的产品价值被重复计算了一次或多次。125万元的总销售额减去65万元的中间产品的销售额，余下的60万元是这4个企业的增值总和，它等于最终产品的销售额，即最终产品的市场价值。4个企业的增值总和是增值法要核算的数据,最终产品的市场价值是支出法要核算的数据,两者是一致的。

表 8-5 企业的增值

	不同生产阶段上企业之间的交易				合计
	棉花企业	棉纱企业	棉布企业	服装企业	
销售收入/万元	10	20	35	60(最终产品)	125
购买其他企业产品的费用/万元	0	−10	−20	−35	−65
企业的增值/万元	10	10	15	25	60

国内生产总值是所有企业在一定时期内增值的总和。在实际计算中,通常把经济中的企业按几大部门分类,加总各个部门的增值,得到国内生产总值,因此,增值法也称部门法。各国对各部门的分类法不同。在美国的国民收入统计中,按部门法计算时可以分为这样一些部门,增值法的计算可列示如下:

国内生产总值
  农业的增值
  采掘业的增值
  建筑业的增值
  制造业的增值
  运输和公共事业的增值
  批发和零售贸易的增值
  金融、保险和不动产业的增值
  服务业的增值
  政府服务和政府企业的增值
  统计误差

这种按部门划分的核算资料可以用于分析国民经济中各个部门的增值在国内生产总值中占的比重及其变化情况,并且有助于区分哪些行业是生产最终产品的行业,哪些行业是生产中间产品的行业,哪些行业是既生产最终产品又生产中间产品的行业。

在理论上,用增值法计算的国内生产总值等于用支出法计算的国内生产总值。但是,在实际核算过程中,由于数据来源不同以及计算误差,两种计算方法的结果可能不完全一致,所以加上统计误差项,使两者相等。

阅读案例 8-4

2012年中美增值法核算的国内生产总值及各国三次产业占比

2012 年中美增值法核算的国内生产总值如表 8-6 所示。

我国三次产业占比与其他国家的对比如表 8-7 所示。

从 2013 年开始我国第三产业增加值占比超过第二产业增加值,如表 8-8 所示。

表 8-6 2012 年中美主要行业增加值对比

项　目	行业增加值总量/亿美元			占 GDP 比重	
	中国	美国	中美(美国=100)	中国	美国
国内生产总值	82 269	156 848	52.5	100.0	100.0
第一产业增加值	8 297	1 686	492.1	10.1	1.1
第二产业增加值	37 278	30 149	123.6	45.3	19.2
第三产业增加值	36 693	125 013	29.4	44.6	79.7
主要行业增加值					
农、林、牧、渔业	8 297	1 686	492.1	10.1	1.1
工业	31 661	24 562	128.9	38.5	15.7
建筑业	5 617	5 587	100.5	6.8	3.6
交通运输、仓储和邮政业	3 954	4 693	84.3	4.8	3.0
批发和零售业	7 960	18 470	43.1	9.7	11.8
住宿和餐饮业	1 653	4 716	35.0	2.0	3.0
金融业	4 531	12 423	36.5	5.5	7.9
房地产业	4 595	19 263	23.9	5.6	12.3
其他服务业	14 001	65 448	21.4	17.0	41.7

注：中国为初步核算数，美国为 GDP 算法修改前的终值。
数据来源：中国国家统计局、美国经济分析局。

表 8-7 2012 年各国三次产业占比

国家	农业/%	工业/%	服务业/%	国家	农业/%	工业/%	服务业/%
世界	5.9	30.5	63.6	巴西	5.4	27.4	67.2
美国	1.2	19.1	79.7	俄罗斯	3.9	36	60.1
中国	10.1	45.3	44.6	印度	17	18	65
日本	1.2	27.5	71.4	南非	2.5	31.6	65.9
韩国	2.7	39.8	57.5				

表 8-8 我国三次产业占比

指　标	2014 年	2013 年	2012 年
三次产业构成—国内生产总值/%	100.0	100.0	100.0
三次产业构成—第一产业增加值/%	9.2	10	10.1
三次产业构成—第二产业增加值/%	42.6	43.9	45.3
三次产业构成—第三产业增加值/%	48.2	46.1	44.6

3. 收入法

我们先来了解一下国内生产总值与企业收入之间的关系。一个企业的增值将成为企业的收入,这些收入取得后需要进行分配。一部分付给企业的职工作为工资,一部分付给企业租用的土地、房屋等的所有者作为租金,一部分付给银行作为贷款利息,一部分是付给政府的间接税,一部分是资本折旧,最后剩下的部分就是企业本身的利润。这样,所有企业的增值的总和等于国内生产总值,所有企业收入的总和也等于国内生产总值。

收入法是指通过把生产要素所有者的收入相加来获得国内生产总值的计算方法。这些收入主要包括:劳动者的工资、资本所有者的利息、土地所有者的地租、企业的利润和政府的税收。

各项收入说明如下。

(1) 工资。受雇于政府、企业、居民等三大部门的员工所得收入,包括工资、津贴和福利费,也包括企业为员工向社会保障机构缴纳的社会保险费。

(2) 净利息。净利息是指个人从企业获得的因资金借贷所产生的利息净额,不包括个人之间因借贷关系而发生的利息以及政府支付的公债利息。

(3) 个人的租金收入。指出租土地、房屋等的租赁收入及专利、版权等的收入。

(4) 公司利润。可把公司看作是一种综合要素。公司利润是指公司在一定时期内所获得的税前利润,包括公司所得税、股东红利及未分配利润等。

(5) 非公司企业收入,如个人独资经营和合伙经营的企业、医生、律师、农民和小店铺主的收入。

(6) 间接税。间接税是指税收负担不由纳税者本人承担的税,即这种税收的负担可以转嫁出去。例如对商品征收的货物税由生产厂商支付,但厂商可以把税收加入成本中,通过提高价格转嫁给消费者。营业税、增值税等都属于间接税。用收入法计算国内生产总值,必须包括政府的全部收入,主要是全部税收。但在税收中,工资中已经包括了个人所得税。同样,利息、租金、利润中也包括了各自的直接税(由个人交纳或由企业交纳)。至于间接税,则还未包括在工资、利息、租金和利润之内。假如某产品一单位的间接税为0.1元,其要素成本(包括工资、利息、租金和利润)为0.9元,产品价格应为1元(0.9+0.1),而不是0.9元。可见,用收入法计算国内生产总值,除了工资、利息、租金和利润之外,还应加上间接税。

(7) 资本折旧。资本折旧作为一种费用包含在国内生产总值之中。

收入法计算国内生产总值可以列示如下:

国内生产总值
    工资
    净利息
    租金收入
    公司利润
    非公司企业收入
    企业间接税
    资本折旧

把上述 7 个项目加总,就得到支出法计算的国内生产总值,可以表示为

国内生产总值 ＝ 工资 ＋ 净利息 ＋ 租金收入 ＋ 公司利润 ＋ 非公司企业收入 ＋ 企业间接税 ＋ 资本折旧

＝ 生产要素收入 ＋ 企业间接税 ＋ 资本折旧

8.3 宏观经济政策

阅读案例 8-5

面对两次金融危机中国宏观经济政策的调整

在适度从紧的财政与货币政策的作用下,中国经济 1996 年实现了"软着陆",中国经济增长率(以 GDP 增长率衡量)从 1993 年的 13.5% 回落到 1996 年 9.6% 的水平。但在 1997 年下半年,国际国内经济形势发生重大变化,东南亚发生严重金融危机,对我国出口产生很大的影响,加上国内市场出现需求疲软和生产过剩,中国经济开始进入低谷期,需求不足成为经济中的主要矛盾。1998 年一季度,外贸的增长幅度明显放缓,并于 5 月一度出现负增长,虽然之后又止跌回升,但当年三季度末出口再次大幅度下滑,1998 年上半年经济增长率仅为 7%,与全年 8% 的增长目标形成明显差距。同时物价水平持续负增长,出现了通货紧缩的迹象。经济惯性下滑并未停止。中国经济工作的重心必须明确地转向阻止软着陆后惯性下滑的方向。为此,我国政府为力求实现 1998 年 8% 的增长目标和抵御亚洲金融危机的冲击,及时调整了宏观经济政策,决定由适度从紧政策调整为实行积极的财政政策和稳健的货币政策,扩大内需、刺激经济增长。这种积极财政政策的主要内容和措施包括:①定向募集特种国债注入国有商业银行补充其资本金,为稳健性货币政策的实施奠定优化的资产结构基础;②增发国债定向用于公共工程建设投资,并希望由此带动银行配套贷款的发放,以扩大投资需求;③增大中央财政预算赤字规模,以加大政府支出来扩大社会需求;④调整企业的出口退税率,以刺激出口来扩大需求。据有关部门测算,积极财政政策对于中国经济持续增长发挥了明显的促进作用,对于 GDP 增幅的贡献率,1998 年为 1.5 个百分点,1999 年为 2 个百分点,2000 年为 1.7 个百分点,到 2000 年上半年,中国经济已摆脱亚洲金融危机带来的不利影响,宏观经济出现重要转机。2001—2004 年,GDP 增幅也在 1.5~2 个百分点的水平。积极的财政政策在实施近 7 年后淡出,于 2005 年转为实行稳健的财政政策。

2008 年,在全球金融和经济危机、国内结构性政策调整以及经济内在周期的三重压力下,我国"出口—投资导向型增长模式"的内在矛盾全面激化,总供给与总需求关系出现逆转,宏观经济急转直下,中国宏观经济开始步入深度下滑的下行区间。这集中体现在以下几个方面。经济增长速度下滑。工业增加值增长速度快速下滑带动 GDP 增长速度逐季下降,经济增长速度回落至接近 2000—2002 年的水平。国内需求下降。固定投资名义增速虽有所提升,但由于固定资产价格上涨,实际投资增速下降明显,全年实际固定资产投资增速与 2002 年的水平相当。对外贸易顺差增速下降。贸易顺差当月总额虽屡创新高,但各季度累计增速下滑剧烈。2008 年前两个季度增速下滑很大,后两个季度的回升

无法改变全年全面回落的局面。主要产品产量增速大幅度下降,产能过剩在2008下半年全面出现。制造业供求关系全面逆转,新订单和出口订单增速大幅度回落,而产品库存却持续攀升,充分表明中国经济面临普遍的制造业需求不足、产品滞销、库存积压的现象。工业企业利润率全面下滑,2008年1—8月累计工业利润增长19.4%,比去年同期相比下滑了17.6个百分点。全年同比增速预计下滑接近20个百分点,与2001—2002年水平相当。

2008年年底,为应对全球金融和经济危机、确保经济较快发展,我国政府再次及时调整了宏观经济政策。国务院总理温家宝于2008年11月5日主持召开国务院常务会议,研究部署进一步扩大内需促进经济平稳较快增长的措施。会议认为,近两个月来,世界经济金融危机日趋严峻,为抵御国际经济环境对我国的不利影响,必须采取灵活审慎的宏观经济政策,以应对复杂多变的形势。当前要实行积极的财政政策和适度宽松的货币政策,出台更加有力的扩大国内需求措施,加快民生工程、基础设施、生态环境建设和灾后重建,提高城乡居民特别是低收入群体的收入水平,促进经济平稳较快增长。会议确定了当前进一步扩大内需、促进经济增长的10项措施。一是加快建设保障性安居工程。加大对廉租住房建设支持力度,加快棚户区改造,实施游牧民定居工程,扩大农村危房改造试点。二是加快农村基础设施建设。加大农村沼气、饮水安全工程和农村公路建设力度,完善农村电网,加快南水北调等重大水利工程建设和病险水库除险加固,加强大型灌区节水改造。加大扶贫开发力度。三是加快铁路、公路和机场等重大基础设施建设。重点建设一批客运专线、煤运通道项目和西部干线铁路,完善高速公路网,安排中西部干线机场和支线机场建设,加快城市电网改造。四是加快医疗卫生、文化教育事业发展。加强基层医疗卫生服务体系建设,加快中西部农村初中校舍改造,推进中西部地区特殊教育学校和乡镇综合文化站建设。五是加强生态环境建设。加快城镇污水、垃圾处理设施建设和重点流域水污染防治,加强重点防护林和天然林资源保护工程建设,支持重点节能减排工程建设。六是加快自主创新和结构调整。支持高技术产业化建设和产业技术进步,支持服务业发展。七是加快地震灾区灾后重建各项工作。八是提高城乡居民收入。提高明年粮食最低收购价格,提高农资综合直补、良种补贴、农机具补贴等标准,增加农民收入。提高低收入群体等社保对象待遇水平,增加城市和农村低保补助,继续提高企业退休人员基本养老金水平和优抚对象生活补助标准。九是在全国所有地区、所有行业全面实施增值税转型改革,鼓励企业技术改造,减轻企业负担1 200亿元。十是加大金融对经济增长的支持力度。取消对商业银行的信贷规模限制,合理扩大信贷规模,加大对重点工程、"三农"、中小企业和技术改造、兼并重组的信贷支持,有针对性地培育和巩固消费信贷增长点。初步匡算,实施上述工程建设,到2010年年底约需要投资4万亿元。

问题:面对1998年和2008年两次金融危机中国政府运用了什么样的宏观经济政策?对经济产生了什么样的影响?是否实现了宏观经济目标?

在市场机制作用下,宏观经济运行会交替出现收缩和扩张的周期性波动。因此,需要国家通过宏观经济政策来影响总需求或总供给,达到充分就业状态下的经济均衡,熨平经济的波动,实现经济稳定增长。宏观经济政策的一般目标是:经济增长、充分就业、物价稳定、国际收支平衡。这4种经济目标之间是存在一定的矛盾。政策目标之间的矛盾,要求政策制定者在确定宏观经济政策具体目标时,既要依赖自己对各项政策目标重要程度的理解,考虑国内外各种政治因素,又要受社会可接受程度的制约。为实现目标,国家采取的宏观经济政策主要有:需求管理政策、供给管理政策及对外贸易政策等。在本节主要说明需求管理政策与供给管理政策。需求管理政策是通过调节总需求来达到一定政策目标的宏观经济政策,它包括财政政策与货币政策。供给管理政策是通过调节总供给来达到一定政策目标的宏观经济政策。各国政府正在积极运用这些政策对宏观经济进行调控。

8.3.1 需求管理政策(一):财政政策

凯恩斯主义产生于20世纪30年代大危机时期。当时资源严重闲置,总供给不是限制国民收入增加的重要因素,经济中的总需求不足是关键。凯恩斯主义的国民收入决定理论,是在假定总供给无限的条件下,说明总需求对国民收入的决定作用。由这种理论产生了需求管理政策,通过对总需求的调节,实现总需求等于总供给,达到消除失业和通货膨胀的目的。

1. 财政政策的构成要素

财政政策是政府财政部门运用财政政策工具,调节财政收支规模、收支结构,以实现宏观经济调控目标的一系列方针、准则和措施的总称。它是国家宏观经济政策的重要组成部分。财政政策的构成要素包括财政政策目标和财政政策工具。

财政政策的最终目标与宏观经济政策的四大目标是一致的。此外保证国家职能的实行和减少社会分配不公现象也是重要的财政政策目标。各国从本国的实际情况出发,不同时期可以有不同的政策目标偏重。

我国目前的财政政策目标,可以归纳为以下几个方面:第一,保持经济适度增长,促进社会全面进步。第二,物价相对稳定。物价相对稳定是指物价稳定在较低的水平上,也可以解释为避免出现通货膨胀或通货紧缩。第三,合理分配收入,抑制过大的收入差距。财政政策目标是在这三者之间合理分配国民总收入。分配收入还涉及地区之间的分配关系,涉及经济与社会发展等方面的资源分配,力图保持地区之间、城乡之间、经济与社会之间的协调发展。第四,要最大限度地增加就业。

财政政策工具是指为了实现既定的财政政策目标而选择的具体手段或方式方法。财政政策手段的选取以有明确可行的财政政策目标为前提,而且必须以政策目标为转移,即它必须是既定政策目标所需要的,否则它就失去了意义。一般来说,财政政策工具主要包括政府支出、税收、国家预算和国债等。

(1) 政府支出。政府支出直接构成社会总需求的一部分,政府通过扩大或减少政府支出来调控总需求,进而影响总供给。政府支出包括政府公共工程支出(如政府投资兴建基础设施)、政府购买(政府对各种产品与劳务的购买),以及转移支付(政府不以取得产品与劳务为目的的支出,例如各种福利支出和财政补贴等)。

(2) 政府税收。政府税收是主要的财政政策手段,是政府的主要收入来源,具有强制性、无偿性、固定性特征,因而具有广泛强烈的调节作用。通过调节税收总量和税收结构可以调节社会总供求,影响社会总供求的平衡关系;可以支持或限制某些产业的发展,调节产业结构,优化资源配置;可以调节各种收入,实现收入的公平分配。

(3) 国家财政预算。国家财政预算是根据一定时期内的政策目标,编制的财政年度预期收支的总计划。它是财政政策手段中的基本手段,全面反映国家财政收支的规模和平衡状况,综合体现各种财政手段的运用结果,制约着其他资金的活动。预算收入主要是指税收收入。预算支出是政府各项支出。在预算收入和预算支出之间存在着 3 种可能的关系:预算平衡、预算盈余、预算赤字(也称财政赤字)。国家预算对经济的调控主要是通过调整国家预算收支之间的关系实现的。当社会总需求大于社会总供给时,可以通过实行国家预算收入大于预算支出的结余预算政策进行调节,预算结余可在一定程度上削减社会需求总量;反之,社会总需求小于社会总供给时,可以实行国家预算支出大于预算收入的赤字预算政策来扩大社会总需求,刺激生产和消费。另外,通过调节国家预算支出结构还可调节社会供给结构与产业结构,例如,调整预算支出方向和不同支出方向的数量,促使形成符合国家要求的供给结构与产业结构,或者调整预算支出结构,形成相应需求结构以影响供给结构与产业结构的发展变化等。

(4) 国债。国债是一种特殊的财政政策手段,它是政府的债务收入,是要偿还的,它的发放往往根据政府花钱的情况,是弥补政府支出缺口的工具。政府通过对国债发行数量与期限、国债利率等的调整,可以将一部分消费基金转化为积累基金,可以从宏观上掌握积累基金流向,调节产业结构和投资结构,可以调节资金供求和货币流通量,从而影响金融市场。

除以上基本政策手段外,各国还根据本国国情和发展阶段,采取一些其他政策手段。

2. 财政政策的种类

为了全面认识财政政策,更好地研究、分析财政政策,应该对财政政策的分类有所了解。对财政政策进行分类,主要有两种划分方法。

根据财政政策对总需求的影响,将财政政策划分为三种类型:扩张性财政政策、紧缩性财政政策和中性财政政策。

(1) 扩张性财政政策。所谓扩张性财政政策是指通过扩大政府支出或减少税收刺激社会总需求增长的政策。由于减少财政收入、扩大财政支出的结果往往表现为财政赤字,因此,扩张性财政政策亦称赤字财政政策。在经济萧条时期,总需求小于总供给,经济中存在失业,政府就要通过增加政府支出与减税来刺激总需求,以实现充分就业。政府公共工程支出与购买的增加会直接导致总需求的增加。转移支付的增加、个人所得税的减少(主要是降低税率)可以使个人可支配收入增加,从而消费增加,以及公司所得税的减少使公司收入增加,从而投资增加,这些会间接刺激总需求的增加。

阅读案例 8-6

我国的扩张性财政政策

我国自 1998 年至 2004 年,连续近 7 年实施了积极的扩张性财政政策,政府共发行长期建设投资的国债 9 100 亿元,主要用于公共基础设施建设投资,真正体现出积极财政政策的"积极"内涵。由于实施了积极的财政政策,有效增加了国内需求,促进了国民经济的高速增长和经济结构的调整,克服了世界经济增长减速的影响,使我国的经济在世界经济处于衰退的情况下,仍呈现一枝独秀。

积极财政政策实施前 5 年(1998—2002 年),我国用于交通基础设施建设的长期国债资金达 1 082 亿元,占长期国债发行额的 16.39%,年平均规模达到 218.4 亿元。2003 年长期国债发行规模为 1 400 亿,用于交通基础设施建设的长期国债资金约为 182 亿元,约占期间长期国债发行额的 13%;2004 年长期国债发行 1 100 亿,用于交通基础设施建设的投资约为 110 亿元,约占长期国债发行额的 10%。

此外,2008 年伴随愈演愈烈的国际金融危机对世界经济的严重冲击,中国经济开始陷入一种四面楚歌的困境。为应对全球金融和经济危机,确保经济较快发展,2008 年年底我国政府再次运用了积极的财政政策,制定出台了十大措施以及两年 4 万亿元的刺激经济方案,逐渐拉开了中国有史以来最大规模投资建设的序幕。积极的财政政策主要包括两个方面:一方面是大幅度增加政府支出,这是扩大内需最主动、最直接、最有效的措施;另一方面是实行结构性减税,减轻居民和企业负担,这是帮助企业走出困境、促进经济早日复苏的有效手段。

国际上,评价财政赤字风险时广泛使用两个分析指标,即财政赤字占 GDP 比重和国债余额占 GDP 比重(债务负担率)。

财政赤字是财政支出超过财政收入的部分。财政赤字有预算赤字和决算赤字两种。预算赤字是在编制预算时支出大于收入的差额,是计划安排的赤字。决算赤字是预算执行结果的赤字,是实际财政支出大于实际财政收入的部分。财政赤字占国内生产总值(GDP)的比率反映一国财政赤字的相对规模和水平,按国际标准应在 3% 以下。

国债负担率是指国债累计余额与当年国内生产总值(GDP)的比率,国际公认的警戒线为 60%。它从国民经济总体和全局考察国债的规模,衡量整个国民经济承受能力。其中国债累积余额包括中央政府历年预算赤字和盈余相互冲抵后的赤字累积额、向国际金融组织和外国政府借款统借统还部分(含统借自还转统借统还部分)及经立法机关批准发行的特别国债累计额,是中央政府以后年度必须偿还的国债价值总额,能够客观反映国债负担情况。国债负担率着眼于国债存量,表示国民经济国家债务化的程度和国债累积额与当年经济规模总量之间的比例关系。它重视从国民经济总体来考察国债限度的数量界限,被认为是衡量国债规模最重要的一个指标。从国际上看,我国财政赤字率和政府负债率总体处于较低水平,赤字和国债余额占 GDP 比重这两个指标,不仅均低于国际控制标准,也远低于美国、日本的水平。

阅读案例 8-7

1990—2010 年我国财政赤字占 GDP 比率

从历史上看,我国在 20 世纪 60 年代,赤字占 GDP 比重曾经到过 4%、5% 左右。

1990—1997 年,财政赤字占 GDP 的比重基本上维持在 1% 之内,少数年份超过 1%,如图 8-9 所示。

1998—2004 年,我国开始实施扩张性的财政政策,政府从被动接受财政赤字,转变为主动利用财政赤字,如表 8-9 所示,财政赤字占 GDP 的比重随之上升,1998—2004 年,财

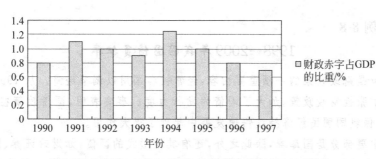

图 8-9　我国 1990—1997 年全国财政赤字占 GDP 比率

政赤字占 GDP 的比重基本上在 2.0%～2.6%。2005—2008 年年底,我国财政政策由扩张性转向中性,财政赤字占 GDP 的比重明显下降,2008 年财政赤字占 GDP 比重仅为 0.6%。由于从 2008 年下半年以来,国际金融危机蔓延,中国经济受到的冲击和影响逐步显现:出口下滑,企业经营困难,经济下行压力加大,所以在这种情况下,党中央、国务院决定再次实施积极的财政政策,保持我国经济平稳较快增长。财政赤字占 GDP 的比重又随之上升,2009 年财政赤字占 GDP 的比重为 2.2%,2010 年预算财政赤字占 GDP 的比重约为 2.3%,仍低于国际控制标准。

表 8-9　我国 1998—2010 年财政收支及财政赤字占 GDP 比率

年　份	财政 收入/亿元	财政 支出/亿元	财政 赤字/亿元	GDP/亿元	财政赤字 占 GDP 比重/%
1998	9 875.95	10 798.18	−958.01	84 402.3	1.1
1999	11 444.08	13 187.67	−1 791.60	89 677.1	2.0
2000	13 395.23	15 886.50	−2 596.90	99 214.6	2.6
2001	16 386.04	18 902.58	−2 596.30	109 655.2	2.4
2002	18 903.64	22 053.15	−3 096.90	120 332.7	2.6
2003	21 715.25	24 649.95	−3 197.70	135 822.8	2.4
2004	26 396.47	28 486.89	−3 191.80	159 878.3	2.0
2005	31 649.29	33 930.28	−2 999.62	183 217.4	1.6
2006	38 760.20	40 422.73	−2 750.00	211 923.5	1.3
2007	51 321.78	49 781.35	−2 000.00	249 529.9	0.8
2008	61 316.90	62 427.03	−1 800	300 670.0	0.6
2009	68 476.88	75 874	−7 500	335 353	2.2
2010	73 930	84 530	−8 500	375 000	2.3

注:① 1998—2009 年数据来源于《中国统计年鉴》和《中国财政年鉴》。
　　② 2010 年数据为预算执行数,数据来源于中国政府网 www.gov.cn,2010 年 3 月 7 日。

阅读案例 8-8

1998—2009年我国国债负担率

国债政策是财政政策的一项重要内容，经常被各国用以调节经济。从1998年开始我国政府采取扩张性财政政策，加大了国债的发行力度。事实表明，国债政策在拉动投资、扩大内需、确保我国国民经济持续快速发展中起到了很大作用。

国债的主要部分是国库券，除此之外，还有其他形式的国债，如财政证券、国家建设债券、国家重点建设债券、特种国债等。国债余额占GDP比重是反映财政风险（负担）程度的一个重要指标，国际公认的警戒线为60%。根据西方发达国家的经验数据，国债负担率与财政收入占国民生产总值的比重大致相同。近年来，我国财政收入占国民生产总值的比重在20%左右。因此，推算我国合理的国债负担率在20%左右。

我国1998—2009年国债负担率分别为：9.91%、12.85%、14.56%、16.28%、18.89%、18.8%、21.7%、21.6%、16.8%、20.9%、17%和17.96%。2010年中央财政国债余额限额预计为71 208.35亿元，国债余额占GDP的比重在20%左右，从这些数据可以看出我国的国债负担率比较低，远低于国际公认的60%的警戒线。

资料来源：塞令香，李东兵.宏观经济学[M].第2版.北京：北京大学出版社，2013.

阅读案例 8-9

美国、日本、欧盟财政赤字率和国债负担率

美国的财政赤字率和国债负担率状况如图8-10所示。

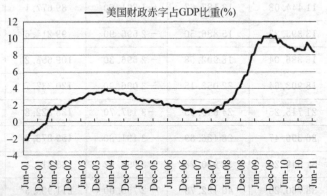

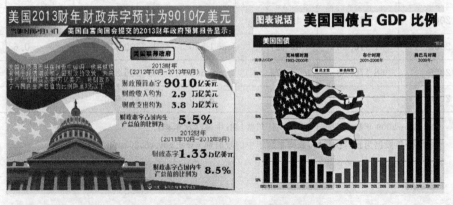

图8-10　美国财政赤字率和国债负担率

据《日本经济新闻》报道,11月3日,国际货币基金组织(IMF)发布了对于包括日本、美国、欧洲等国家在内的二十国集团(G20)的财政状况预测。IMF预计,2009年日本的财政赤字占GDP的比例将达到10.5%,比7月份预计的比例又扩大了0.2个百分点。

IMF还预计,2014年日本政府的财政赤字将达到GDP的8.0%,比7月份的预测更是扩大了0.4个百分点。因此,IMF重申了包括日本在内的发达经济体进行财政再建的重要性。IMF此次财政赤字预测以10月初所发布的全球经济展望为基础,对发达经济体的财政状况进行分析。IMF指出,在二十国集团中,2014年政府债务最高的国家或许将达到GDP的245.6%,而G20国家的平均政府债务也将达到GDP的118%。IMF着重指出日本、英国以及爱尔兰等国家必须进行大规模的财政改革。由于日本社会保障金等支出的增加,日本的财政支出所受到的压力还将继续增大。国际货币基金组织(IMF)预测,日本公共债务相对于GDP的比例,2016年将达到277%,日本将成为发达国家历史上债务状况最严峻的国家。2000—2011年日本公共债务占GDP的比例见图8-11。

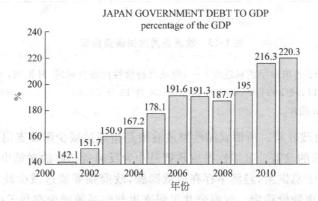

图 8-11　2000—2011 年日本公共债务占 GDP 的比例

欧洲各国的财政赤字率和国债负担率状况如图8-12和图8-13所示。

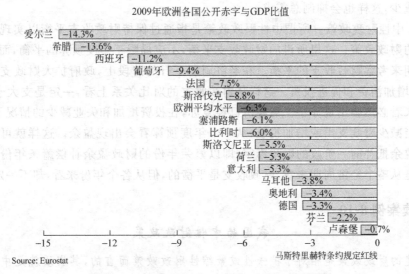

图 8-12　观测各国的财政赤字率和国债负担率

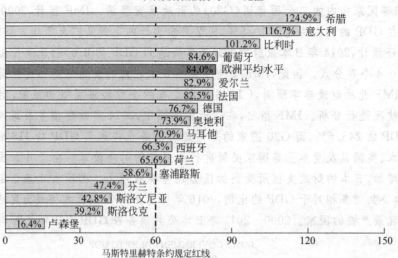

图 8-13　欧洲各国的国债负担率

资料来源：IMF：各国赤字削减进度不一,财政可持续性面临高风险. 外汇网, http://forex.cnfol.com/110413/134,1514,9673934,00.shtml, 2011 年 04 月 13 日 08:40.

图片来源：baidu 图片.

(2) 紧缩性财政政策。所谓紧缩性财政政策是指通过减少财政支出或增加税收以抑制社会总需求增长的政策。紧缩性财政政策是作为反通货膨胀的对策出现的。在经济繁荣时期,总需求大于总供给,经济中存在通货膨胀,政府则要通过减少政府支出与增税来压抑总需求,以实现物价稳定。政府公共工程支出与购买的减少有利于抑制投资,转移支付的减少可以减少个人消费,这样就压抑了总需求。增加个人所得税(主要是提高税率)可以使个人可支配收入减少,从而使消费减少；增加公司所得税可以使公司收入减少,从而投资减少,这样也会抑制总需求。

(3) 中性财政政策。所谓中性财政政策是指通过保持财政收支平衡以实现社会总供求平衡的财政政策。这里所讲的财政收支平衡,不应局限于年度预算的平衡,而是从整个经济周期来考察财政收支的平衡。在经济周期下行的阶段上,政府扩大财政支出和减少税收,以增加消费和促进投资。这样从财政收支的对比关系上看,一定是支大于收,从年度预算来看必然会出现赤字。当经济已经复苏,在投资增加和失业减少的情况下,政府就可以适当减少财政支出或增加税收,从一个年度预算看会出现盈余。这样就可以用后一阶段的盈余抵补前一阶段的财政赤字,即以繁荣年份的财政盈余补偿萧条年份的财政赤字。于是从整个经济周期来看,财政收支是平衡的,但从各个年份来看,却不一定平衡。

阅读案例 8-10

我国的中性财政政策

稳健的财政政策是相对于扩张性或紧缩性财政政策而言的,其实质就是中性的财政政策,一般是在社会供求总量大体平衡,但结构上有矛盾的情况下实施的。从 2005 年起,我国政府开始实施"稳健的财政政策"以取代连续实施7年的"积极的财政政策",逐步调整财政政策的作用方向和力度,在巩固经济发展好的势头的基础上,适当调整长期建设国债规模和优化国债项目资金使用结构,向社会传递出政府合理控制投资的政策信号,这意味着,占GDP、全社会投资和财政收支比重较大的长期建设国债的发行投资政策将要"淡出"。稳健财政政策,标志性的指标是财政赤字的规模和长期建设国债的规模。来自于财政部的数据显示,2004—2006年,我国国债项目资金规模不断缩小,3年分别发行国债项目资金1 100亿元、800亿元和600亿元,同时财政预算赤字安排也不断下调,分别为3 198亿元、3 000亿元、2 950亿元。我国稳健财政政策的总体思路可以用16个字概括,即"控制赤字、调整结构、推进改革、增收节支"。在稳健财政政策和其他宏观调控政策的共同作用下,我国经济运行继续向宏观调控预期目标发展。

根据财政政策对经济调节方式的不同,将其划分为自动稳定财政政策与相机抉择的财政政策。

(1) 自动稳定财政政策。所谓自动稳定财政政策是指政府不需要改变其政策,而是利用财政工具与经济运行的内在联系来影响经济运行的政策。这种内在联系是指财政政策工具在经济周期中能够自动调节社会总需求的变化所带来的经济波动,因此,这种财政政策工具被称作"内在稳定器"。所得税与各种社会保障支出是最典型的内在稳定器。在经济繁荣时期,个人收入与公司利润都增加,符合所得税纳税规定的个人或公司企业也随之增加,就会使所得税总额自动增加;同时,由于经济繁荣时期失业人数减少,各种社会保障支出也随之减少,这样就可以在一定程度上抑制总需求的增加与经济的过分扩张。反之,经济衰退时期,个人收入与公司利润都减少,失业人数增加,那么所得税总额会降低,各种社会保障支出需要增加,从而在一定程度上刺激有效需求,防止经济进一步衰退。对于短期的、较小的经济波动,内在稳定器可以取得一定的效果,但对于长期的、较大的经济波动它就有些力不从心了。正是由于自动稳定的财政政策的这一局限性,使许多国家越来越重视采取相机抉择的财政政策。

(2) 相机抉择的财政政策。所谓相机抉择的财政政策是指政府依据客观经济形势的不同,通过调整财政收支规模与结构来影响经济运行。这一政策的主要目标不是平衡政府预算,而是通过积极地运用财政政策去平衡经济。实行相机抉择的财政政策要求政府根据客观经济形势的不同状况,机动灵活地采取一定的财政政策和措施。当整个社会需求不足,以致失业率提高时,政府就应增加支出,减少收入;当社会上需求过多,致使通货膨胀猛烈发展,政府就应减少支出增加收入;当社会上借贷资本过剩,就应出售政府债券;当社会资金不足,就应回收政府债券。相机抉择的财政政策要求政府不必拘泥于预算收支之间的对比关系,而应当保持整个经济的平衡。实际上,相机抉择的原则是经济管理的一个基本原则,它不仅适合于财政政策,对其他宏观经济政策也同样适用。

3. 财政政策对经济的影响

财政政策已经被证明是政府对经济实行宏观调控的一种有效手段。然而,正确地运用这种手段,使之起到稳定经济和促进经济发展的作用,首先要透彻地理解财政政策与国民收入决定之间的关系。

1) 政府支出的影响

在有政府起作用的三部门经济中,国民收入从总支出角度看,包括消费、投资和政府购买。政府支出的增加可以导致均衡国民收入的增加;相反,政府支出的减少也会导致国民收入的减少。而且,政府支出的变动幅度越大,对国民收入的影响程度也越大。

2) 税收的影响

政府税收增加会导致消费减少,企业投资减少,起到减少总支出、抑制总需求、降低国民收入和就业水平的作用;反之,减少税收会导致消费增加,企业投资增加,起到增加总支出、刺激总需求、提高国民收入和就业水平的作用。

8.3.2 需求管理政策(二):货币政策

货币政策是中央银行运用货币政策工具,调节货币供求,以实现宏观经济调控目标的方针和策略的总称。货币政策是国家宏观经济政策的重要组成部分,它是以中央银行对货币供给量的控制作为实现宏观经济目标的主要手段。根据货币政策对总需求的影响,分为扩张性货币政策和紧缩性货币政策。本节首先简单介绍中央银行的产生及职能,然后进一步阐述货币政策的要素,最后分析货币政策如何影响产出。

1. 中央银行的产生及职能

西方国家的中央银行大部分是由商业银行演变而来的。19世纪以前,西方国家的货币发行大部分都分散在各个商业银行,随着商品经济的发展,客观上需要有一家银行能够垄断货币发行,于是产生了最初以垄断货币发行为职能的发行银行。由于这些发行银行集中了全国的货币发行,逐步成为各商业银行的最后贷款者,并在整个银行业中处于"中心"地位,后来人们把这种发行银行称之为中央银行。

各国中央银行制度建立的情况各不相同。最早建立中央银行制度的是英国。1694年成立的英格兰银行,一般被公认为具有现代中央银行的典型特征。英格兰银行起初也是一家以股份形式建立的商业银行,当时它虽拥有货币的发行权,但并不是唯一的发行银行,还没有成为银行的中心。直到1844年通过著名的《英格兰银行条例》(即比尔条例)时,英格兰银行也没有完全垄断银行券的发行权。到了19世纪中下叶,资本主义社会的生产力有了巨大发展,随之而来的是银行业的高度发展,逐步形成了英格兰银行的中心地位。特别是经过1847年、1857年和1866年3次金融危机,人们意识到,银行券发行权不集中统一,银行业没有一个最后贷款者,是银行业出现倒闭风潮的重要原因。这一现实为英格兰银行转变成为中央银行起到催化作用。19世纪后期,英格兰银行垄断了银行券发行权,成为全部银行的最后贷款者,成为一个真正的中央银行。此后,法国、荷兰、奥地利、挪威、丹麦等国先后建立起中央银行制度。

美国中央银行的建立晚于其他国家。第一次世界大战以前,美国还没有建立中央银行,当时共有3 700多家国民银行,这些银行都有银行券发行权,因此造成货币供应的混乱,同时没有一家权威性银行对各类银行的准备金进行集中管理,使得银行业安全得不到保障,频频出现银行倒闭的危机。于是1908年美国国会成立了全国货币委员会,提出改革货币银行制度的建议。1913年国会通过了《联邦储备条例》的改革方案。根据这一条例,美国被分为12个联邦储备区,每一个区都有自己的联邦储备银行(分别位于纽约、芝加哥、旧金山、里奇蒙、达拉斯和其他城市)。它们的创业股本系由联邦储备体系的商业银行所承购,因此,在名义上,每一家联邦储备银行都是为其"成员银行"所有的。为了协调

12家联邦储备银行的活动,在首都华盛顿建立了联邦储备局,又称联邦储备委员会(FDMC),作为联邦储备银行的最高决策机构。联邦储备委员会由7人组成。这样,12个联邦储备银行和华盛顿的联邦储备委员会形成了一个完整的联邦储备系统,这就是美国的中央银行。这种复合式的中央银行,与世界大多数国家单一式的中央银行制度截然不同。与联邦储备委员会并行的还有一个由12个人组成的联邦公开市场委员会,包括12个地区的5个代表以及联邦储备委员会的7个委员。该委员会是联邦储备系统的关键决策机构。联邦储备委员会的会员——委员及主席由美国总统任命,任期为14年,长于总统的任期。根据联邦储备条例的规定,它主要听命于国会,而不是听命于行政部门。美国的中央银行具有很大的独立性。

中央银行作为西方银行制度长期发展的一个产物,在经济生活中发挥着十分重要的作用。中央银行职能、主要业务及业务对象如图8-14所示。

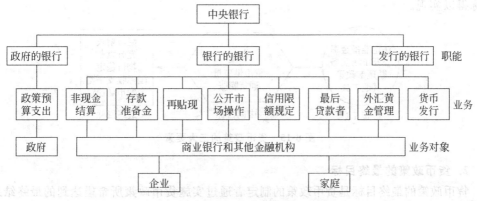

图8-14　银行性金融机构与中央银行

中央银行具有三个方面的职能,如下所述。

1) 中央银行是发行银行

各国中央银行最基本的职能是掌握货币发行权,负责调节货币流通。在西方,货币供应量不仅包括现金通货,而且还包括存款货币。现金发行垄断在中央银行,中央银行通过商业票据贴现,买进国家债券将现金投放出去。

中央银行通过调节现金发行和存款货币的制造,控制着整个经济中货币供应的数量,这构成货币政策实施的主要环节。

2) 中央银行是银行的银行

中央银行制度形成之后,整个银行体系分化为两大部分:一部分是直接与企业和居民发生业务往来的商业银行、专业银行和其他金融机构;另一部分是中央银行。它一般不与企业发生业务往来,主要充当商业银行、专业银行和其他金融机构的最后贷款者,为它们提供信用、办理结算,并集中它们的准备金,所以被称为"银行的银行"。

作为银行的银行,中央银行发挥三个方面的作用:第一,集中商业银行的准备金。中央银行集中准备金,不仅仅是为了保证银行的清偿能力,更重要的是将准备金制度作为中央银行货币政策的重要工具。第二,为商业银行提供清算服务。中央银行接受商业银行的准备金存款,商业银行之间所发生的应收应付款项,可以通过中央银行的存款户头进行划拨。第三，为商业银行提供贷款，充当最后贷款者。商业银行主要依据自己的存款发放贷款，但是在许多情况下，商业银行所吸收的存款远远不能满足贷款的需要。在这种情况下，商业银行往往求助于中央银行，中央银行充当了"最后贷款者"。中央银行对商业银行的贷款一般采取商业票据的再贴现和票据、有价证券的再抵押的方式提供。

3) 中央银行是国家的银行

中央银行是国家的银行，并不是说中央银行的资本一定归国家所有，而是指：第一，各国中央银行都代理国家金库，办理国家财政的收付款业务，代理国家发行和买卖公债；第二，为国家提供短期贷款，以解决财政收支不平衡；第三，执行国家的经济和货币政策，成为国家宏观经济管理的重要机构。

货币政策由三大要素构成：最终目标、中间目标和货币政策工具。这三大要素之间的关系可以用图 8-15 来表示，即中央银行通过操作政策工具，调节中间目标，最终使最终目标得以实现。

图 8-15　货币政策的三大要素

2. 货币政策的最终目标

货币政策的最终目标是货币政策的制定者通过实施货币政策所希望达到的最终结果。货币政策的最终目标一般有五个，即高经济增长、充分就业、物价稳定、国际收支平衡及金融市场稳定，与宏观经济的主要目标基本上是一致的。就货币政策而言，要同时实现这些目标，是非常困难的。因此，在实践中，世界各国的货币政策最终目标并不一样，各国从本国的实际情况出发，不同时期可以有不同的政策目标偏重，可以采取不同的最终目标。

货币政策的最终目标客观上体现了各国货币当局的调控意图与政策取向。因此，它一般被认为是一国货币政策制定及实施各环节中最重要的一项。进入 20 世纪 90 年代以来，在货币政策最终目标问题上，各国货币当局意见较为一致，普遍（明确或隐含地）放弃了多重目标的做法，而把控制通货膨胀，保持物价稳定，进而创造一个平稳的经济环境当作各国货币当局追求的首要目标，有时甚至是唯一的目标。

中国 1995 年颁布的《中国人民银行法》明确规定，中国货币政策目标是保持货币币值稳定，并以此促进经济增长。货币币值稳定包括货币对内币值（物价）和对外币值（汇率）稳定两个方面。

3. 货币政策的中间目标

货币政策的中间目标是指中央银行为了实现货币政策最终目标而设置的可供观测和调整的指标。

为什么要设置货币政策的中间目标呢？在货币政策最终目标确定之后，货币当局必须利用一些政策工具的操作去实现这一目标。但是货币政策从政策工具的实施到其效果的实现并不是一个同步的过程,一般存在一个传导过程相当长的"政策效应时滞"。为了在最终目标的追求过程中,了解目标实现的程度或者政策措施的有效性,以便及时采取必要的纠正或补充措施来争取最终目标的实现,就需要在工具与最终目标之间纳入一些中间目标——既是货币当局制定货币政策的基础,也是实施货币政策过程中的一个重要支点。为此,各国中央银行都设置一些能够在短期内显现出来,并可与货币政策最终目标高度相关的指标,作为调整货币政策工具时用于观测和控制的目标。这样在跟踪目标和校正工具过程中,中央银行将处于主动的地位,能够更有效地使货币政策达到预期的效果。

综合起来,货币政策中间目标的作用在于:第一,表明货币政策实施的进度;第二,为中央银行提供一个追踪的指标;第三,便于中央银行随时调整货币政策。

有哪些指标可作为货币政策的中间目标呢?这取决于这些指标是否具备以下三个条件:①可测性。指中央银行能够迅速获得中间目标相关指标变化状况和准确的数据资料,并能够对这些数据进行有效分析和做出相应判断。显然,如果没有中间目标,中央银行直接去收集和判断最终目标数据如价格上涨率和经济增长率是十分困难的,短期内如一周或一旬是不可能有这些数据的。②可控性。指中央银行通过各种货币政策工具的运用,能对中间目标变量进行有效地控制,能在较短时间内(如 1~3 个月)控制中间目标变量的变动状况及其变动趋势。③相关性。指中央银行所选择的中间目标,必须与货币政策最终目标有密切的相关性,中央银行运用货币政策工具对中间目标进行调控,能够促使货币政策最终目标的实现。

各国货币政策的中间目标不尽相同,但一般来说,大致包括以下几个指标。

1) 利率

货币的出借价格称为利息或利率,对借款人来说,利息是在获得收入之前提前消费或投资的成本;对贷款人来说,利息是将自己的货币出借给他人,因而推迟消费的一种报酬。在资本市场中,利率反映着资本的供求关系,均衡利率是市场中资本供给量等于资本需求量时供求双方都能接受的资本借贷价格。

利率分为名义利率与实际利率。名义利率是指货币现值与货币未来值之间的交换比率。实际利率是指货币现值的购买力与货币未来值的购买力之间的交换比率。在不存在通货膨胀的条件下,名义利率等于实际利率。在有通货膨胀的条件下,名义利率等于实际利率加上通货膨胀率。

利率是凯恩斯学派所推崇的货币政策中间目标,在 20 世纪 70 年代以前各国中央银行大都将此作为一个主要的中间目标。利率之所以能作为货币政策的中间目标是因为:第一,利率的升降波动能比较灵敏地反映资金的供求关系。第二,利率与经济周期变化有密切关系,当经济处于萧条阶段,利率呈下降趋势,而经济转向复苏以至高涨,利率则趋向上升。因此,利率可作为观测经济波动状况的一个尺度。第三,利率可由中央银行控制,它是一个可控变量。

利率作为中间目标也有其不足的一面。影响利率本身变化的因素比较复杂,它既可以是经济过程中的内生变量(即经济因素所决定的变量),还可以是非货币政策性的外生变量,这种复杂性使它难以成为理想的中间目标,由于影响利率变化的因素太多,各种因素可能互相制约,相互抵消,这就降低了它作为观测指标的使用价值。因此,利率作为货币政策中间目标有其局限性,必须通过其他一些指标加以补充。

2) 货币供应量

现代经济中的货币供给,是由银行系统提供的现金和存款货币构成的,货币供应量是指一个国家在一定时点上存在于个人、企业、金融机构、政府等部门的现金和存款货币的数量。货币供应的数量、流动性状况是社会总需求变化的货币表现,是各国的主要经济统计指标之一,也是中央银行执行货币政策的重要依据。货币供应量的变化代表着社会购买力的变化。

(1) 货币供应量的构成。按照流动性从高到低,货币供应量可以作如下的层次划分。

$M0$ 为流通中的现金,包括各种面值的钞票和硬币。这部分货币是流动性最高的,日常生活中的商品劳务交换主要是以现金为媒介而实现的。流通中的现金是最小意义上的货币。

$M1$ 为狭义货币供应量,包括流通中的现金和各种活期存款,活期存款指能够随时用于支付的存款,包括支票存款和信用卡存款等。流通中的现金主要是个人日常支付采取的媒介形式,而各种公司、企事业单位之间的交易多采取支票作为支付方式。使用支票存款只要在银行存入一定的金额开立支票账户,就可以随时向这个账户签发支票以支取款项,因而具有较高的流动性。

$M2$ 为广义货币供应量,包括 $M1$ 和各种储蓄存款与定期存款。储蓄存款和定期存款都是购买力的暂时储存,很容易变成现金,因此,应该包括在货币的范围内。

$M3$ 为信用总量,也有的用 D 表示,包括 $M2$ 和其他短期流动资产。其他短期流动资产是指国库券、银行承兑汇票和商业票据等,这些资产的到期日比较近、兑现有保障,在到期之前可以通过贴现的方式转化为现实支付能力,但是要承担一定的费用,因而也具有一定的流动性。

对于不同层次的货币,可以根据不同的需要进行选择分析,对于一般的宏观经济分析来说,比较重视狭义货币供应量 $M1$ 和广义货币供应量 $M2$ 这两个指标。

上面介绍的是理论上的货币供应量层次划分方法,具体到每个国家,划分方法可能不完全一样。

阅读案例 8-11

我国货币供应量的层次划分及各层次的变动特点

我国于 1994 年正式确定了货币供应量层次划分方法,并定期公布各层次货币供应量的数据。从 1996 年开始,中国人民银行正式启用货币供应量取代贷款指标,作为我国货币政策中间目标。具体的划分是这样的:

$M0 = $ 流通中的现金

$M1 = M0 + $ 企业活期存款 $+$ 机关团体部队存款 $+$ 农村存款
　　　　$+$ 个人持有的信用卡类存款

$M2 = M1 + $ 城乡居民储蓄存款 $+$ 企业存款中具有定期性质的存款
　　　　$+$ 信托类存款 $+$ 其他存款

$M3 = M2 + $ 金融债券 $+$ 商业票据 $+$ 大额可转让定期存单等

其中 $M2$ 减去 $M1$ 剩下的部分称为准货币。

2001年6月份第一次修订货币供应量,将证券公司客户保证金计入M2。2002年年初,第二次修订货币供应量,将在中国的外资、合资金融机构的人民币存款业务,分别计入不同层次的货币供应量。

尽管货币供应量统计已修订了两次,但它仍未全面反映金融市场的变化。一是货币在境内外的流动加大。货币在境内外的流动表现为人民币的流出和外币的流入。二是出现一些新的金融资产且交易量增长迅速,与货币供应量统计相关,有短期金融债券、商业票据、债券回购等。三是金融机构发生变化。随着金融市场的发展,出现了证券公司、投资基金公司、住房公积金、担保公司、养老基金公司、期货公司等非银行金融机构,它们的一些资产构成了货币供应量。也有部分存款性机构进行清理整顿,吸收的存款不应包括在货币供应量之内。保险公司业务的发展使保险存款增长较快,对货币供应量影响较大。

中国人民银行于2003年12月17日发布公告,就修订货币供应量统计分类向社会公开征求意见。向社会征求意见的报告是央行研究局的《关于修订中国货币供应量统计方案的研究报告》,根据这个报告,现有的金融机构分类方式和各层次货币供应量统计分类将会进行调整。我国货币供应量的统计分类有可能在原M0、M1、M2三层次的基础上,增加一个新的分层M3。对各层次货币供应量统计的修订,央行的研究报告提出了四种方案。

其一,维持原结构不变,扩大数量较大、流动性变化明显的金融资产的监测层次。货币供应量在原M0、M1、M2三个层次的基础上,再扩大到M3。M0、M1、M2三个层次不做调整,保持了统计的连续性,便于操作和对比。

其二,对原结构进行微调,同时扩大货币供应量一个监测层次。货币供应量划分为M0、M1、M2,监测外币存款,同时将M2中的部分金融资产调整到M1中去。这个方案既考虑货币供应量统计的连续性,又具有可操作性,但货币供应量包括的内容不全面,例如日益发展的各种基金存款、商业票据等,没有包括在货币供应量中。

其三,对原结构进行微调,同时扩大货币供应量两个监测层次。货币供应量划分为M0、M1、M2,监测M3和外币存款。

其四,按目前金融市场变化的实际情况,进行较全面的修订。这个方案将货币供应量分为四个层次:M0、M1、M2、M3。其中,M0=流通中现金-境外人民币流通量;M1=M0+企业活期存款(包括结算中的款项)+机关团体存款+农村存款+银行卡项下的个人人民币活期储蓄存款;M2=M1+企业定期存款+居民人民币储蓄存款(扣除银行卡项下的个人人民币活期储蓄存款)+其他存款(信托存款、委托存款、保证金存款、财政预算外存款)+外汇存款+回购协议;M3=M2+基金存款+保险公司存款+商业承兑汇票。

报告还建议调整金融机构分类方式,将金融机构划分为中央银行、其他存款性公司和其他金融性公司三大类。

第一类是中央银行。

第二类是其他存款性公司,在我国包括存款货币公司和其他存款货币公司。

存款货币公司是指可以吸收活期存款、使用支票进行转账并以此实现支付功能的金融公司。在我国主要包括国有独资商业银行、股份制商业银行、城市商业银行和农村商业银行、城市信用社和农村信用社、外资银行、中国农业发展银行。

其他存款货币公司是指接受有期限、金额限制和特定来源存款的金融性公司。在我国包括中资和在我国的外资企业集团财务公司以及国家开发银行、中国进出口银行。

第三类是其他金融性公司,指除中央银行和其他存款性公司以外的其他金融公司。在我国主要包括信托投资公司、金融租赁公司、保险公司、证券公司、证券投资基金管理有限公司、养老基金公司、资产管理公司、担保公司、期货公司、证券交易所和期货交易所等。

不过,报告征求意见之后并没有下文,央行没有发布修订通知。

从以上对货币供应的三个层次分类来看,M0是流动性最强的,但涵盖的范围偏小,尤其是不能反映企业资金状况,企业日常资金运作量大,一般都会对资金进行合理配置,形成活期或者定期存款,而不是简单闲置;M2作为广义货币,涵盖范围最广,但其中的居民储蓄存款和企业定期存款流动性差,而且比重也很高;M1流动性和涵盖范围界于M2和M0之间,被视为是实体经济运行的重要货币供应指标。

数据来源:中国人民银行网站,http://www.pbc.gov.cn。

(2) 货币供应量作为货币政策中间目标的理由。货币供应量作为货币政策中间目标的理由是:第一,货币供应量与货币政策最终目标高度相关。根据货币的数量理论,名义 $GDP=PQ=VM$,其中 P 代表价格水平,Q 代表实际GDP,V 代表货币周转速度,M 代表货币供给量。如果 V 稳定不变,价格总水平 P 与货币供给量 M 同比例地变化,稳定的货币供给量会使价格总水平保持稳定。如果货币供给量急剧增长,价格总水平也会急剧上升。第二,中央银行可以通过各种手段对其直接进行控制。中央银行达到目标的信息也能立即地公布于众。即向公众和市场传递货币政策的姿态和政策制定者的意图。这些信号都有助于固定通胀预期和产生较低的通胀。第三,货币政策的松紧变动,通过货币供应量增减变动而表现出来,与货币政策手段的变动方向正好一致。

3) 汇率

汇率为中间目标是指一国货币的币值钉住某一物价稳定的经济大国(如美国)的币值。名义汇率目标可以对宏观经济起到自动调节作用,当本币趋于贬值时,提示决策者采取紧缩性的货币政策,本币升值时,则采取扩张性的货币政策。另外,名义汇率目标简单明确,很容易被公众接受。同时钉住汇率还能够稳定国际贸易商品的价格波动,如果这种钉住是可信的,该国的通货膨胀率也可以降低。

实行以汇率为中间目标的国家主要分三种类型:一是欧元区这种实行单一货币体系的地区。二是经济开放的小国。由于外贸是其宏观经济稳定的主要因素,控制通货膨胀的关键在于稳定进出口价格,所以这些国家的货币当局一般选择汇率作为其中间目标。三是发生过恶性通货膨胀的国家。这些国家往往将本币与坚挺的外币硬性挂钩,从而增强人们对本币的信心,其货币政策也需以汇率作为中间目标。

4) 通货膨胀

货币流通量与通胀目标变量间关系的不一致使许多国家采用通胀指标作为名义锚。20世纪90年代,新西兰率先采用通货膨胀目标制,之后加拿大、英国、澳大利亚、智利、哥伦比亚等许多西方国家和新兴市场国家竞相使用。通货膨胀目标制是指货币当局会明确公布通货膨胀目标(或目标区),之后对通胀未来走势进行预测并与公布的目标区相比较,若有偏差则货币当局会综合运用利率、汇率、信贷等多种货币政策工具进行灵活调节,使通胀率稳定在预设水平。通货膨胀目标制克服了传统货币政策框架过度依赖单个特定金融变量的弊端,实现了政策操作规则性和灵活性的高度统一。

采用通货膨胀目标制的货币政策主要包括以下几方面内容:①向公众宣布通货膨胀

中期目标；②承诺以价格稳定作为货币政策的基本长期目标并达到通胀目标，其他货币政策目标如就业、产出等均为次要目标；③可运用多种变量（货币供应量、汇率、利率等）作为货币政策工具来制定决策；④通过向公众和市场公开货币当局的计划、目标、决策来增强货币政策的透明度；⑤增强央行实现通胀目标的责任。

同货币供应量、利率乃至汇率充当中介目标相比，通货膨胀目标制下货币政策的操作直接指向政策最终目标（物价稳定）。由于公众注意力被引导到对物价稳定的关注上，其对信贷总量、利率、汇率水平的关注程度自然会有所下降，货币当局就能够在复杂多变的经济环境中，综合利用信贷、利率、汇率乃至股票价格变化所提供的信息，对本国的经济运行和物价变动做出更加准确的预测和判断。

阅读案例 8-12

货币政策中间目标选择中的新动向——通货膨胀目标

为了提高宏观货币调控的有效性，西方国家的货币政策中间目标发生了巨大的调整，一般走过了一条从利率到货币供给量，再到汇率、利率的路径，到今天，甚至有相当国家摒弃了"两阶段货币政策操作模式"，直接采用通货膨胀目标的做法。

发达国家货币政策中介目标的选择与主流经济学的发展相一致。第二次世界大战后，凯恩斯主义将利率作为最有效的货币政策中介目标；20世纪70年代经济"滞胀"时期，以弗里德曼为代表的货币主义主张将货币供应量作为中介目标；进入20世纪80年代以后，在金融创新和经济全球化等因素的影响下，货币供应量作为中介目标的可控性下降，这一时期各国对中介目标的选择呈多元化趋势，分别根据各自最终目标的要求，采用利率、汇率、货币供应量。自1990年3月新西兰率先采用通货膨胀目标之后，已先后有加拿大、英国、墨西哥等20余国采用了该政策，并且都取得了较好的效果。实施通货膨胀目标的国家以及采纳的时间见表8-10。21个经济合作与发展组织（OECD）国家货币政策中间目标的选择情况见表8-11。

表 8-10 实施通货膨胀目标的国家以及采纳的时间

采用国	采用时间	采用国	采用时间
新西兰	1990.3	智利	1991.1
加拿大	1991.2	瑞典	1993.1
英国	1992.10	秘鲁	1994.1
澳大利亚	1993.1	西班牙	1994.10—1998.1
捷克	1993.2	波兰	1998.10
巴西	1999.1	南非	2000.2
伊拉克	1992.1	哥伦比亚	1998.1
韩国	1998.1	芬兰	1998.1
墨西哥	1999.1	泰国	2000.4
瑞士	2000.1		

表 8-11　21 个经济合作与发展组织(OECD)国家货币政策中间目标比较

国家	中间目标	国家	中间目标
新西兰	通货膨胀	瑞士	货币数量
澳大利亚	通货膨胀	荷兰	汇率
加拿大	通货膨胀	挪威	汇率
英国	通货膨胀	比利时	汇率
丹麦	汇率	葡萄牙	汇率
法国	汇率	瑞典	通货膨胀与汇率
奥地利	汇率	芬兰	通货膨胀与汇率
爱尔兰	汇率	西班牙	通货膨胀与汇率
希腊	货币数量	美国	折中策略
德国	货币数量	日本	折中策略
意大利	货币数量		

4. 货币政策工具

货币政策工具是中央银行为了实现货币政策的最终目标而采用的措施和手段。货币政策的运用分为紧缩性货币政策和扩张性货币政策。总的来说,紧缩性货币政策就是通过减少货币供应量达到紧缩经济的作用,扩张性货币政策是通过增加货币供应量达到扩张经济的作用。

货币政策工具可以分为 3 种：①一般性(常规性)货币政策工具,是指从总量的角度入手,通过控制货币供给量和信用总量对国民经济施加普遍性影响的工具,包括公开市场业务、贴现率政策和法定准备率三大工具,被称为中央银行的"三大法宝"。②选择性货币政策工具,是指中央银行对信用进行结构性调整的控制工具,即通过对不同信用形式的管理鼓励或抑制某一部门与市场的发展,从而达到结构调整的目标,它包括规定或调整证券保证金的最低比率,以调节证券市场的信用规模;对消费信用进行限制,如规定分期付款第一次付款金额的比例等。③补充性货币政策工具,中央银行对信用进行直接控制和间接控制。包括信用直接控制工具,指中央银行依法对商业银行创造信用的业务进行直接干预而采取的各种措施,主要有信用分配、直接干预、流动性比率、利率限制、特种贷款;信用间接控制工具,指中央银行凭借其在金融体制中的特殊地位,通过与金融机构之间的磋商、宣传等,指导其信用活动,以控制信用,其方式主要有窗口指导、道义劝告。

下面主要介绍一般性货币政策工具。

1) 法定准备金率

(1) 存款准备金制度。商业银行是银行体系中的主体,它是以经营存款、放款为主要业务,以追求利润最大化为主要经营目标的银行,也是唯一能吸收、创造存款,从而改变社会货币总供给量的金融中介机构。由于这类银行最初所吸收的主要是活期存款并将其作为短期商业性放款的基本资金来源,故称为"商业银行"。

商业银行的主要业务是从储户吸收存款,并将存款作为可贷资金贷给客户,存贷款之间的利息差额是商业银行的主要利润来源。在存款量一定的情况下,贷款量越大,银行所获利润就越大,同时银行所承担的风险也就越大。银行每天必须面对大量前来存取款的客户,如果银行为了获取更大的利息收入,过多地将资金借贷出去,就有可能出现客户前来取款而银行却无钱支付的情况,这会引起人们对银行信誉的怀疑,从而爆发"挤兑"风潮。一旦这种风潮出现,由于银行不可能立即收回所贷出去的资金,因而会导致该银行倒闭。在现代社会中,整个金融机构相互关联,一家银行的倒闭,会引发整个金融市场的混乱,其后果将是严重的。为了保障存款者的利益和整个社会金融市场的良好秩序,各国在法律上一般有硬性规定,商业银行必须保持它所吸收存款总额中一定百分比的现金作为"法定准备金",而法律规定的这个保持现金的百分比称为"法定准备金率",即法定准备金占全部存款的比例。任何商业银行实际持有的存款准备金可以在法定准备金持有总额以上,但不得低于这一最低限额,否则即为违法,将会受到该国司法部门的追究与制裁。以 r_d 表示法定准备金率,若某国的法定准备金率 $r_d=10\%$,这表示各商业银行账户上的存款余额每100元必须持有的准备金为10元。在现实生活中,各商业银行为了保险起见,一般会持有略高于法定准备金的库存现金,以防突如其来的提款风潮使银行陷入窘境。但准备金太多会使银行代价过高,减少银行信贷获利的机会。

商业银行的准备金包括法定准备金和超额准备金两部分。法定准备金是商业银行根据中央银行所规定的比例上交给中央银行的那部分存款。超额准备金是商业银行超过中央银行规定的比例而形成的存款或现金准备。

各国设立法定准备金的作用主要有两方面的考虑:从微观角度来说,法定准备金使银行存款安全,可以有效防止因挤兑风潮而引起的银行倒闭事件的发生;从宏观角度来说,它是中央银行控制商业银行贷款规模,从而调控社会货币总供给量的一项有力的货币政策工具,中央银行利用这一工具,可以对社会所需要的货币供给量进行有效的调节。

(2) 银行如何创造存款。从银行存款的创造过程可以看到,中央银行改变法定准备金率能够明显地影响货币乘数,从而对整个社会的货币供给量产生重要的影响。下面先来说明银行如何创造存款。

银行存款创造是从最不现实的假设条件开始讨论的,满足这些假设条件的情况称为简单情况下银行存款的创造。它必须满足以下三个假设条件:一切银行除了向中央银行缴存法定存款准备金之外,自己并不保留超额准备金,即一切银行发放贷款都能贷到极限;一切新货币均存留于银行体系之内,公众并不从新增加的银行存款中提取现金;各商业银行的存款只有一种可以签发支票的活期存款,没有定期存款及其他存款方式。

现在讨论在满足上述条件下,银行存款的创造过程。当某银行接受客户缴存的一笔现金存款时,按法定准备率留下部分现金,剩余的存款银行可将其借贷出去。在现代银行体系中,一笔贷款通常是以借贷人的身份存放于某个银行的支票账户中或以转账支付的方式转向另一个银行的存款账户。在约定的期限内,借贷人对该贷款拥有支配权。对整个银行体系来说,实际上是又增加了一笔存款。那么该银行就可以对这笔存款留下准备金后再将超额的那部分存款继续借贷出去。这个过程会不断地继续进行,直到全部初始存款都成为存款准备金,保留在整个银行体系之中为止。这意味着银行体系将会获得大于初始现金存款额的银行存款总额,这种由于银行体系一连串的存款,贷款,再存款,再贷款……的过程,使银行存款总额不断增加的机制就称为银行存款的创造机制。由此引致的新增存款总额,将是初始存款或新增存款准备金的数倍,这个倍数称为存款乘数,它等于新创造出来的存款总额与初始存款或新增存款准备金之比,它表示每1元初始存款能够转变为几倍的存款。下面举例来说明银行存款的创造过程。

【例 8-1】 设法定准备金率 $r_d=10\%$,这时某人将一笔现金 1 000 元存入第一级银行,第一级银行在收到 1 000 元现金存款后,留下 100 元作为法定准备金,而将其余 900 元用于贷款或购买各种债券。如果这家银行将这 900 元用于发放贷款,那么借款者就会取得这 900 元现金存入第二级银行(注意:这笔存款称为"派生存款",它是由贷款所引起的存款,并不同于第一笔初始存款)。如果这家银行将 900 元款项购买各种债券,其结果也是一样,它将支出 900 元,而债券购买者将会把卖出债券的进款存入第二级银行(当然也可以将款项存进第一级银行,但是假设这种情况不存在)。第二级银行获得 900 元存款后,也要将其中的 90 元留作准备金,而将其余的 810 元再行贷出,如此反复进行存款,贷款,再存款,再贷款……每经过一轮,贷款金额与其派生的存款金额总会比上一轮减少 10%,直到可贷款金额递减为零,全部初始存款都成为存款准备金,存款创造的过程才会终止。那么存款创造的总和是多少?用表 8-12 进行计算。

这一过程可以表示为以下的数学计算过程:

$$1\ 000 + 1\ 000 \times (1-0.1) + 1\ 000 \times (1-0.1)^2 + 1\ 000 \times (1-0.1)^3 + \cdots$$
$$= 1\ 000 \times [1 + (1-0.1) + (1-0.1)^2 + (1-0.1)^3 + \cdots]$$
$$= 1\ 000 \times \frac{1}{1-(1-0.1)} = 10\ 000(元)$$

在这里,可以看到一笔初始的存款额(现金)经过银行存款的创造过程,将使最终银行系统的存款额倍数增加,这一增加的倍数就是存款乘数。在本例中,存款乘数为 10,它是法定准备金率的倒数。

表 8-12 整个银行体系创造货币的结果　　　　　　　　　　　　　　　　　　单位:元

银行的位次	新增存款	新增贷款与投资	新增准备金
第一级银行	1 000.00	900.00	100.00
第二级银行	900.00	810.00	90.00
第三级银行	810.00	729.00	81.00
第四级银行	729.00	656.10	72.90
第五级银行	656.10	590.49	65.61
第六级银行	590.49	531.44	59.05
第七级银行	531.44	478.30	53.14
第八级银行	478.30	430.47	47.83
第九级银行	430.47	387.42	43.05

续表

银行的位次	新增存款	新增贷款与投资	新增准备金
第十级银行	387.42	348.68	38.74
前十级银行的总和	6 513.22	5 861.90	651.32
以后各级银行总和	3 486.87	3 138.10	348.77
整个银行体系总和	10 000.00	9 000.00	1 000.00

以 $\Delta C'$ 表示银行所收到的第一笔现金初始存款；ΔD_d 表示由于这笔初始存款的增加，银行系统最终新增活期存款的总增量；r_d 为法定准备金率，则上述存款创造机制可以用数学方法导出第一步。由于公众将一笔现金收入存入银行，使银行系统获得了第一笔活期存款，金额为

$$\Delta D_{d1} = \Delta C'$$

银行系统将保留的法定准备金为

$$\Delta R_1 = r_d \Delta C'$$

银行系统将留下法定准备金后的剩余资金借贷出去，由于贷款不能提现金，这笔贷款又作为银行系统的第二笔存款保留在银行系统的负债账户上：

$$\Delta D_{d2} = \Delta C'(1 - r_d)$$

对于第二笔存款，银行系统应该保留的法定准备金为

$$\Delta R_2 = r_d \Delta C'(1 - r_d)$$

同样，银行系统又会在第二笔存款中按照规定将留下法定准备金，并将剩余的资金再次借贷出去，如同前一次的处理结果，这笔贷款再次作为银行系统的第三笔存款保留在银行系统的负债账户上，其大小应为

$$\Delta D_{d3} = \Delta C'(1 - r_d)^2$$

……

上述过程可以不断地进行下去，每进行一次，都会使银行系统的存款总额与法定准备金总额有所增加，最终将使银行系统的活期存款总额为

$$\Delta D_d = \Delta C'[1 + (1 - r_d) + (1 - r_d)^2 + (1 - r_d)^3 + \cdots + (1 - r_d)^{n-1}]$$

$$\Delta D_d = \Delta C' \frac{1}{1 - (1 - r_d)} \tag{8.1}$$

即

$$\Delta D_d = \Delta C' \frac{1}{r_d} \tag{8.2}$$

式(8.2)可以表述为，银行体系最终所创造出的存款总额的增量等于法定准备金率的倒数乘以初始现金存款额。

与此同时，保留在银行系统内的法定准备金最终的总和应为

$$\Delta R = \Delta C' r_d [1 + (1 - r_d) + (1 - r_d)^2 + (1 - r_d)^3 + \cdots + (1 - r_d)^{n-1}]$$

$$\Delta R = \Delta C' \frac{r_d}{1 - (1 - r_d)}$$

即

$$\Delta R = \Delta C' \tag{8.3}$$

式(8.2)表明由于第一笔现金存款存入银行系统,使得最终保留在银行系统内的法定存款准备金的数额刚好等于初始现金存款额,以 ΔR 表示该准备金额,当初始存款额全部作为准备金保留在银行金库中(即 $\Delta R = \Delta C'$)时,银行存款的创造过程将自动终止。因此,式(8.2)也可以表示成

$$\Delta D_d = \Delta C' \frac{1}{r_d} = \Delta R \frac{1}{r_d} \tag{8.4}$$

令存款乘数为 K_c,K_c 可以表示为

$$K_c = \frac{\Delta D_d}{\Delta R} = \frac{\Delta D_d}{\Delta C'} = \frac{1}{r_d} \tag{8.5}$$

显然,活期存款乘数是活期存款增量与法定存款准备金增量或初始存款之比,表示两者之间的倍数关系,等于法定准备金率的倒数。存款乘数的大小与法定准备金率的大小成反向变动关系,它等于法定准备金率的倒数。法定准备金率越大,存款乘数越小;反之,法定准备金率越小,存款乘数就越大。

(3) 改变法定准备金率。改变法定准备金率对调节货币供给量的特点是反应强烈,见效迅速。当法定准备金率增大时,货币乘数变小,在基础货币不变的条件下,通过银行系统的存款创造,货币供给量将会倍数减少;当法定准备金率减小时,货币乘数变大,通过银行系统的存款创造,货币供给量将会倍数增加。

当社会上货币供给量不足,企业出现银根紧、资金周转不灵时,中央银行可以宣布降低法定准备金率,其本身就是一个强烈的放松银根的信号,意味着所有商业银行可以减少库存储备中的法定准备金,这使得商业银行可贷款项突然因此而增多,通过银行存款的创造过程,将使社会货币供给量倍数增加,从而缓解了企业急需现金的燃眉之急。因此降低法定准备金率的政策被公认为是放松银根的扩张性货币政策。反之,当社会上货币供给量过多,市场因购买力过旺而出现产品供不应求、价格上涨等现象时,中央银行应该提高法定准备金率。这等于向社会发出紧缩银根的金融信号,所有商业银行必须无条件地按新规定的法定准备金率重新调整库存储备,这使得商业银行为筹集新增准备金必须紧缩信贷规模,通过银行存款的创造过程,使社会货币供给量倍数减少,从而达到紧缩货币、促使经济降温的目的。由此看来,提高法定准备金率的政策被公认为是收缩银根的紧缩性货币政策。

阅读案例 8-13

我国存款准备金率的情况

我国在 1984 年建立了存款准备金制度,各银行开始向中央银行上缴存款准备金,当时存款准备金率不一致,自 1985 年起,各银行开始按相同的存款准备金率向中央银行上缴存款准备金。从 2008 年 9 月 25 日开始,大型金融机构和中小金融机构开始实行差别存款准备金率。截至 2015 年 4 月 20 日共调整了 49 次。

中国人民银行决定,自 2015 年 4 月 20 日起下调各类存款类金融机构人民币存款准

备金率1个百分点。调整后,大型金融机构存款准备金率为18.50%,中小金融机构存款准备金率为15.00%。在此基础上,为进一步增强金融机构支持结构调整的能力,加大对小微企业、"三农"以及重大水利工程建设等的支持力度,自4月20日起对农信社、村镇银行等农村金融机构额外降低人民币存款准备金率1个百分点,并统一下调农村合作银行存款准备金率至农信社水平;对中国农业发展银行额外降低人民币存款准备金率2个百分点;对符合审慎经营要求且"三农"或小微企业贷款达到一定比例的国有银行和股份制商业银行可执行较同类机构法定水平低0.5个百分点的存款准备金率。

2)公开市场业务

公开市场业务是西方中央银行常用的货币政策工具,特别是在美国。公开市场业务是指中央银行在公开市场上通过买进或卖出政府债券,用以调节货币总供给量的政策。当货币的供给量过多,导致经济过热出现通货膨胀时,中央银行就会在公开市场上卖出政府债券。购买政府债券的可能是商业银行、金融机构和社会公众,中央银行借此收回基础货币。这将减少社会公众手中的现钞与银行的库存现金总量,通过货币乘数的作用,使整个社会的货币总供给量倍数减少,促使利率水平上升。利率水平的上升将抑制投资与消费,使总产出水平下降。反之,当货币的供给量过少,导致社会通货供给紧张,一般企业出现资金短缺时,中央银行将会在公开市场上买进政府债券,放出基础货币。由于基础货币的增加,商业银行的库存现金增加,公众手中的现金总量增加,通过银行存款的创造过程,使社会货币总供给量倍数增加,促使利率水平下降。利率水平的下降将刺激投资与消费,进而使总产出水平增加。

一般把中央银行在公开市场上买进政府债券增加货币供给量,降低市场利率水平的货币政策,称为扩张性的货币政策;而把中央银行在公开市场上卖出政府债券减少货币供给量,提高市场利率水平的货币政策,称为紧缩性的货币政策。

公开市场业务按其作用可以分为主动性业务与防御性业务。主动性业务是为了实现某一宏观经济目标而影响货币总供给量与利率水平的公开市场业务。所谓防御性业务是指为了抵消因临时性、季节性与随机性因素对基础货币需求的影响而采取的业务活动。其目的在于对市场可能出现的某种倾向进行预防,以抵消由此对经济产生的不利影响。

阅读案例8-14
中国公开市场业务的演变

中国公开市场操作包括人民币操作和外汇操作两部分。1994年年初,随着中国外汇管理体制改革的实施以及外汇交易中心正式联网营运,外汇公开市场操作于1994年3月正式启动。中国人民银行通过参与银行间外汇市场买卖,适时调节国内外汇供求,稳定人民币汇率,对保证以结售汇为特征的外汇体制改革的顺利实施,发挥了重要作用。

中国人民银行于1996年4月9日正式启动了人民币公开市场操作,初步建立了操作的技术网络系统,制定了相关的交易规程和办法。中国的公开市场操作实行的是一级交易商制度。1996年,参与公开市场操作的金融机构是国内四大国有商业银行和十大股份制商业银行的总行共计14家,1996年12月底,上海城市合作银行、北京城市合作银行和南京城市合作银行的加盟使公开市场业务的操作对象达到17家。在交易方式上,公开市场业务采用的是回购交易方式。从1996年4月9日至1996年年底,中国人民银行共进行了51次短期国债的"逆回购"业务,回购总量43亿元。

1997年人民币公开市场操作被暂停了,主要原因是根据1996年的货币政策的需要,中央银行应回收基础货币。但当时中国人民银行并未持有国债,只能进行"逆回购"交易,由于这种操作的效果是投放基础货币,与当时的政策目标相异。

1998年5月26日人民币公开市场操作恢复交易,有了较大发展。交易的品种包括国债、中央银行融资券、政策性金融债券等;交易的对象扩大到29家商业银行;交易规模逐步扩大,当年累计交易量为2 827亿元。

1999年以来,公开市场操作已成为中国人民银行货币政策日常操作的重要工具,对于调控货币供应量、调节商业银行流动性水平、引导货币市场利率走势发挥了积极的作用,到了2001年公开市场业务操作规模达到16 781亿元,交易量比1998年增长了4.9倍,而且在交易方式上也有了明显的改善,过去主要以回购交易为主,2001年现券交易量增加迅速。

2003年,中国人民银行为了解决公开市场业务操作的对象问题,于2003年第二季度开始发行中央银行票据,调控基础货币,调节商业银行的流动性,引导货币市场利率。人民银行在4月22日至6月30日的10个发行日中,以价格招标方式贴现发行17期央行票据,发行总量为1 950亿元,其中3个月期900亿元,6个月期750亿元,1年期300亿元。中央银行票据的发行是人民银行公开市场业务交易方式的创新和货币政策操作的现实选择。

2004年是中国人民银行公开市场操作发展历程中具有重要意义的一年。针对外汇占款快速增长、财政库款波动较大等流动性变化的新情况,全年重点加强了流动性管理体系建设,进一步完善了公开市场业务制度,积极推进公开市场操作创新,银行体系流动性管理出现了比较主动的局面。根据货币政策调控的总体要求,全年不同阶段分别采取适度从紧和相对中性的操作取向,灵活开展央行票据发行和回购操作,有效对冲外汇占款,实现了银行体系流动性总量适度、结构合理、变化平缓和货币市场利率基本稳定的目标。公开市场操作的前瞻性增强,透明度进一步提高。央行票据发行体系渐趋成熟,在宏观调控和市场发展中的作用日益突出。

根据公开市场业务一级交易商考评调整机制,中国人民银行对每年度公开市场业务一级交易商及其他全国银行间债券市场成员进行了考评。根据考评结果,确定公开市场业务一级交易商。

3) 贴现率政策

"贴现率政策"最初称为"再贴现政策"。先来了解一下什么是贴现与再贴现。贴现与再贴现是一国中央银行与商业银行的业务活动之一。一般商业银行的贴现是指客户持有未到期的商业银行的各种合法票据与政府债券,因急需现金,到商业银行请求兑换现金时,商业银行要预先扣除一定百分比的现金作为贴现利得,这种金融业务活动称为贴现。所预先扣除的一定百分比称为贴现率。商业银行以营利为目的,所要扣除的百分比必然要大于票据或债券本身所能获得的收益率。再贴现是指商业银行与金融机构向中央银行借款的一种金融业务。有时商业银行也会出现支付困难，急需现金头寸以应对支付需要，这时商业银行会将未到期的银行票据或政府债券作为抵押，请求中央银行兑换现金或提供贷款。中央银行向商业银行贷款所要求的贷款利率称为中央银行向商业银行的贴现率或再贴现率。后来再贴现的概念有所变化，商业银行从中央银行获得资金，除了采取再贴现的方式外，还采取了其他贷款方式，各国中央银行一般都不再提再贴现政策，而提贴现率政策。贴现率政策主要是中央银行通过改变对商业银行的贷款利率来影响后者的信用活动。

中央银行调整贴现率的主要目的有两个：第一，影响商业银行的资金成本，借以影响商业银行的融资意向。当中央银行提高贴现率时，商业银行有两种反应：一种反应是减少从中央银行的借款，因为利率提高后，对商业银行的贷款需求起着一种抑制作用，这样就直接地紧缩了信用；另一种反应是按同幅度提高对企业的贷款利率，因为若银行不提高贷款利率，其盈利就会受到影响。提高对企业的贷款利率就会抑制后者的贷款需求，从而间接地起到了紧缩货币的作用。第二，中央银行调整贴现率的目的是产生"告示作用"，以影响商业银行及公众的预期。当中央银行提高贴现率时，意味着向企业与公众传递紧缩信用信息。这一"告示作用"一般会使商业银行自觉与中央银行保持一致，按同样幅度调高对企业的贷款利率。

中央银行通过变动再贴现率可以直接影响商业银行的信贷数量，从而调节社会货币总供给量。当中央银行提高再贴现率时，就会明显减少向商业银行的贷款数量，这将使社会上的货币供给量因信贷减少而收缩，称为紧缩性的货币政策；当中央银行降低再贴现率时，就会增加向商业银行的贷款数量，这将使社会上的货币供给量因信贷的增加而增加，称为扩张性的货币政策。

阅读案例 8-15

我国的货币调控政策

2004年年初，承接上一年发展的良好势头，经济继续保持快速增长。但同时信贷规模增长偏快，消费价格指数高位运行，通货膨胀压力逐渐加大。对此，人民银行采取了略微从紧的货币政策进行调控，通过提高存款准备金率、实行差别准备金制度、提高存贷款利率等灵活多样的货币政策手段来适当控制银行信贷投放的规模和速度。同时，与产业政策结合，控制盲目投资、低水平扩张、不符合国家产业政策和市场准入条件的项目贷款来抑制低水平重复建设。从去年的经济运行数据来看，宏观经济在偏快增长的同时，信贷规模增长过快，价格上涨过快。2008年，央行将开始执行紧缩的货币政策，防止经济过热并防控通胀，但是从2008年下半年起受到世界经济下行的影响，央行货币政策开始逐步放松。2009年宽松的货币政策对促进经济企稳向好发挥了至关重要的作用。2010年经济回暖后需求再度扩张，但受天气和国际大宗商品影响，食品价格上涨带动价格指数不断上升，出现一定的通胀压力，为了控制通胀，货币政策再度开始紧缩。

资料来源：中国经济信息网．www.cei.gov.cn．

政策对比

财政政策与货币政策在宏观调控中的不同作用

(1) 财政和货币政策作用机制不同。财政政策更多地偏重于公平。财政政策是影响和制约社会总产品和国民收入分配的重要环节,它的主要责任是直接参与国民收入的分配并对集中起来的国民收入在全社会范围内进行再分配,调节各经济主体间的利益差别,保持适当合理的分配差距,以防止过度的收入悬殊,并从收入和支出两方面影响社会总需求的形成。货币政策则更多地偏重于效率。货币政策的实施是国家再分配货币资金的主要渠道,是在国民收入分配和财政再分配基础上的一种再分配,主要是通过信贷规模的伸缩来影响消费需求和投资需求,进而引导资源流向效益好的领域。

(2) 从两种政策调节的方式和途径看,财政政策可以由政府通过直接控制和调节来实现,如要控制总需求,通过提高税率,增加财政收入,压缩财政支出,特别是基本建设支出等措施,可立见成效;而要刺激需求,则可通过减税,扩大国债发行规模,增加固定资产投资等手段较快实现政策目标。货币政策首先是中央银行运用各种调节手段,调节存款准备金和对商业银行贷款数量,以影响商业银行的行为。若抑制总需求则调高法定存款准备金比率及再贴现比率,若刺激总需求则降低比率,商业银行则立即做出反应,相应调整对企业和居民的贷款规模,影响社会需求,从而利于政策目标的实现。

(3) 两大政策调节的领域不同。财政政策主要通过参与社会产品和国民收入的分配来实现对国民经济的调节。货币政策主要从流通领域出发对国民经济进行调节。货币政策的核心内容是通过货币供应量的调节来对国民经济施以影响,其功能是向流通领域提供既能满足经济发展需要,又能保证物价稳定的流通手段和支付手段。

(4) 两大政策调节的对象不同。财政政策调节的对象是财政收支;货币政策调节的对象是货币供应量。

(5) 两大政策的效应时滞不同。从政策制定上看,财政政策的时滞较货币政策长,因为在决定财政政策时,政府提出的有关税收变动和支出调整财政措施,往往要经过一个较长的批准过程。而货币政策制定则不需要那么长的批准过程。从政策的执行上看,货币政策的时滞要比财政政策长,因为货币政策无论是通过扩张货币供给量降低利率来刺激有效需求的增长,还是通过紧缩货币供给量提高利率来抑制有效需求增长,都需要一个较长的过程。而财政政策只要能使政府扩大或紧缩支出,便可以较快地对社会总供求产生影响。

(6) 两大政策调节的透明度不同。财政预算一收一支,收入多少,支出多少,一清二楚,因而,具有较高的透明度;而货币政策具有一定的隐蔽性,主要表现为:银行贷款源于存款,但贷款本身又可以创造派生存款,这样信贷投放的合理规模、货币发行的合理界限很难掌握。

(7) 两大政策的实施者不同。财政政策是由政府财政部门具体实施,而货币政策则由中央银行具体实施。

(8) 两大政策的作用过程不同。财政政策的直接对象是国民收入再分配过程,以改变国民收入再分配的数量和结构为初步目标,进而影响整个社会经济生活;货币政策的直接对象是货币运动过程,以调控货币供给的结构和数量为最初目标,进而影响整个社会经济生活。

（9）两大政策工具不同。财政政策所使用的工具一般与政府产生税收和收支活动相关，主要是税收和政府支出、政府转移性支出和补贴；货币政策使用的工具通常与中央银行的货币管理、业务活动相关，主要有存款准备金率、再贴现率或中央银行贷款利率、公开市场业务。

8.3.3 供给管理政策

20世纪70年代初，石油价格大幅度上升对经济的严重影响，使经济学家们认识到了总供给的重要性。这样，宏观经济政策工具中就不仅有需求管理，而且还有供给管理。因此，自20世纪70年代以后，西方经济学家重视了总供给对经济的影响，分析了总供给对通货膨胀的影响，以及劳动力市场结构对失业的影响。在短期内影响总供给的主要因素是生产成本，特别是生产成本中的工资成本。在长期内影响总供给的主要因素是生产能力，即经济潜力的增长。因此，供给管理包括控制工资与物价的收入政策、指数化政策、改善劳动力市场状况的人力政策，以及促进经济增长的增长政策。

1. 收入政策

收入政策是通过控制工资与物价来遏制通货膨胀的政策，因为控制的重点是工资，故称收入政策。

根据成本推动的通货膨胀理论，通货膨胀是由于成本增加，特别是由于工资成本的增加而引起的。因此，要遏制通货膨胀就必须控制工资增长率，而要有效地控制工资增长率，还要同时控制价格水平。收入政策一般有3种形式，如下所述。

1) 工资与物价冻结

政府采用法律手段禁止在一定时期内提高工资与物价。这种措施一般是在特殊时期（例如战争时期）采用的。但在某些通货膨胀严重时期，也可以采用这一强制性措施。这种措施在短期内可以有效地控制通货膨胀，但它破坏了市场机制的正常作用，在长期中不仅不能遏制通货膨胀，反而还会引起资源配置失调，给经济带来更多的困难。所以，一般不宜采用这种措施。

2) 工资与物价指导线

政府为了遏制通货膨胀，根据劳动生产率的增长率和其他因素，规定出工资与物价上涨的限度，其中主要是规定工资增长率，所以又称"工资指导线"。工会和企业要根据这一指导线来确定工资增长率，企业也要根据这一规定确定物价上涨率。如果工会或企业违反规定，使工资增长率和物价上涨率超过了这一指导线，政府就要以税收或法律形式进行惩罚。这种作法比较灵活，被西方国家广泛采用。

阅读案例 8-16

北京市2015年企业工资指导线

工资指导线是政府根据当年经济发展调控目标，向企业发布的年度工资增长水平的建议，是市场经济条件下政府宏观调控国民收入分配的一种方式。指导线的作用是为企业与工会开展工资集体协商及确定工资增长水平提供依据,同时也是对国有企业实现工资总额管理的重要手段。工资指导线测算指标包括地区生产总值、居民消费价格指数、年末城镇登记失业率等。

北京市人力资源和社会保障局6月19日发布北京市2015年企业工资指导线,基准线比去年下降1.5%;全市18个大行业人工成本信息和90个职业的工资指导价位随指导线一并发布,多个一线生产服务岗位月薪超5 000元。

企业工资指导上线与去年持平

据介绍,2015年企业工资指导线由基准线、上线(又称为预警线)、下线构成,三条线分别对应企业工资增长的一般、最高、最低幅度指导意见。

今年企业职工平均工资增长的一般水平(即基准线)为10.5%,比去年下降1.5%;最高水平(即上线或预警线)为16%,与去年持平;最低水平(即下线)为3.5%,比去年下降1%。

2015年企业工资指导线基准线为10.5%:生产经营正常、经济效益增长的企业,可结合自身实际参照基准线安排本企业的工资增长水平。

上线(预警线)为16%:前两年效益增长较快,2015年预计效益增长依然较快的企业,原则上应低于上线安排本企业工资增长水平。

下线为3.5%:效益情况与往年持平或略有下降的企业,可结合自身实际参照下线安排本企业的工资增长水平。

对于经营亏损、职工工资发放出现困难的企业,经与工会或职工代表协商,工资可以零增长或负增长,但支付给劳动者的工资不得低于每月1 720元的本市最低工资标准。

企业应提高一线职工工资

企业工资指导线是指政府根据当年经济发展调控目标,向社会发布的年度工资增长水平的建议,本市企业工资指导线并不具有强制约束力,其主要作用是为企业与职工开展工资集体协商以及企业自身合理确定工资增长水平提供参考依据,同时也是对国有企业实现工资总额管理的重要手段。

市人力社保局表示,企业应当消除不合理的收入分配差距,着力提高工资水平偏低、工资增长缓慢的普通职工,特别是生产一线及技术工人岗位人员工资水平。市属国有及国有控股企业中,上述岗位人员工资增幅应高于经营者和管理层工资增幅,普通职工工资不增长的企业,经营者和管理层工资不得增长。

各类企业应当参照发布的工资指导线等政策,积极开展工资集体协商,着重体现劳动生产要素在分配中的价值,努力实现职工工资增长与企业经济效益增长同步,劳动报酬增长和劳动生产率提高同步。同时,各类企业也应合理确定内部薪酬体系,综合运用2015年劳动力市场职业(工种)工资指导价位信息和行业人工成本信息,合理确定和调整企业各岗位人员的工资水平,不断完善企业内部分配制度。

15个行业人工成本上涨

市人力社保局昨天还发布了全市18个门类的2014年行业人工成本信息和90个职业的工资指导价位。

从发布的行业人工成本情况看,制造业、建筑业、批发和零售业等15个行业的人工成本比上年有所增长;租赁和商务服务业、住宿和餐饮业、教育等3个行业人工成本比2013年有小幅下降。金融业平均人工成本仍为最高,年平均水平达到311 893元。租赁和商务服务业平均人工成本最低,年平均水平为65 035元。本市制造业平均人工成本年平均水平接近12万元,达到119 788元,比2013年增长11.5%。

在45个管理和技术类职业工资指导价位中,财务总监、建筑设计工程技术人员等24个职位的平均年收入超过20万元,占发布的管理和技术人员职位总数的一半。

在45个生产服务类岗位工资指导价位中,除今年新调整发布的西式面点师、工程机械装配调试工外,铣工、物业综合维修人员等36个岗位的综合价位与去年相比有所上涨,发电运行值班人员、铸造工等7个岗位的综合价位有所下降。从绝对额看,在45个生产服务类岗位工资指导价位中,车工、汽车修理工、中式烹调师等34个岗位综合价位的年均水平超过6万元,占到发布总量的七成,反映出本市一线生产服务岗位工资水平普遍有所增长,多个岗位工资水平超过每月5 000元。

资料来源:首都政法综治网,http://www.bj148.org/zixun/zxsddt/201506/t20150620_927173.html。

3) 税收刺激计划

以税收为手段来控制工资的增长。具体作法是:政府规定货币工资增长率,即工资指导线,以税收为手段来付诸实施。如果企业的工资增长率超过这一指导线,就苛以重税;如果企业的工资增长率低于这一规定,就给以减税。但这种计划在实施中会遇到企业与工会的反对。

2. 指数化政策

通货膨胀会引起收入分配的变动,使一些人受害,另一些人受益,从而对经济产生不利的影响。指数化就是为了消除这种不利影响,以对付通货膨胀的政策。它的具体作法是:定期地根据通货膨胀率来调整各种收入的名义价值,以使其实际价值保持不变。主要的指数化措施如下。

1) 工资指数化

工资指数化是指按通货膨胀率来调整名义工资,以保持实际工资水平不变。在经济发生通货膨胀时,如果工人的名义工资没变,实际工资就下降了。这就会引起有利于资本家而不利于工人的收入再分配。为了保持工人的实际工资不变,在工资合同中就要确定有关条款规定在一定时期内按消费物价指数来调整名义工资,这项规定称为"自动调整条款"。此外,也可以通过其他措施按通货膨胀率来调整工资增长率。工资指数化可以使实际工资不下降,从而维护社会的安定。但在有些情况下,工资指数化也引起工资成本推动的通货膨胀。

2) 税收指数化

税收指数化是指按通货膨胀率来调整起征点与税率等级。当经济中发生了通货膨胀时,实际收入不变而名义收入增加了。如果不实行税收指数化,在累进税制下,纳税者名义收入的提高使原来的实际收入进入了更高的税率等级,需交纳的实际税金增加,从而使收入分配发生不利于公众而有利于政府的变化,成为政府加剧通货膨胀的动力。只有根据通货膨胀率来调整税收,即提高起征点并调整税率等级,才能避免不利的影响,使政府采取有力的措施来遏制通货膨胀。假如,原来起征点为2 000元,当通货膨胀率为10%

时,就可以把起征点改为 2 200。税率等级也可以按照通货膨胀率相应地调整。

3) 利率指数化

利率指数化是指按通货膨胀率来调整名义利率,以保持实际利率不变。即在债务契约中规定名义利率自动按通货膨胀率指数进行调整。这样就可以使通货膨胀不会对正常的债务活动与住房投资这类长期投资产生不利的影响。此外,银行存款利率也要按通货膨胀率进行调整,以保护储户的利益,既便于银行吸引存款,也有利于储户进行储蓄的积极性。

利率作为资本的价格可以使资本这种资源得到最优配置,通货膨胀会使利率受到扭曲,从而会导致资源配置失误。对利率实行指数化则可以消除这种失误,因此,这种指数化政策得到了广泛采用。

3. 人力政策

人力政策又称就业政策,是一种旨在改善劳动市场结构,以减少失业的政策。当经济中普遍出现结构性失业时,需采用人力政策,主要原因:一是与劳动者本身结构有关,失业者多为缺乏技能、不熟练的工人;二是与经济结构变化有关,经济结构的不断变化和升级,使劳动者原来的部分职业技能难以适应现有经济结构;三是由于信息不充分、不准确,形成"工人找工作,雇主找工人"的状况;四是新加入劳动力市场的劳动者同样会因为最初技能不适应现有经济结构而造成的失业。

人力政策的措施主要有以下两项内容:①人力资本投资。由政府或有关机构向劳动者投资,以提高劳动者的文化技术水平、劳动技能和身体素质,适应劳动力市场的需求。从长期来看,人力资本投资的主要内容是增加教育投资,普及教育。从短期来看,是对工人进行在职培训,或者对由于技术不适应而失业的工人进行培训,增强他们的就业能力。②完善劳动力市场。失业产生的一个重要原因是劳动力市场的不完善,例如劳动供求的信息不畅通、就业介绍机构的缺乏等。因此,政府应该不断完善和增加各类就业介绍机构,为劳动的供求双方提供迅速、准确而完全的信息,使工人找到满意的工作,企业也能得到所需要的工人。这无疑会有效地减少失业,尤其是降低自然失业率。

4. 经济增长政策

从长期来看,影响总供给的最重要因素还是经济潜力或生产能力。因此,提高经济潜力或生产能力的经济增长政策就是供给管理政策的重要内容。促进经济增长的政策是多方面的,其中主要有以下几个方面:①增加劳动力的数量和质量。劳动力的增加对经济增长有重要的作用。劳动力包括数量与质量两方面。增加劳动力数量的方法有提高人口出生率、鼓励移民入境等。提高劳动力质量的方法则是以上所讲的增加人力资本投资。②资本积累。资本的增加可以提高资本—劳动比率,即提高每个劳动力的资本装备率,发展资本密集型技术,利用更先进的设备,以提高劳动生产率。资本的积累主要来源于储蓄,因此,应该通过减少税收、提高利息率等途径来鼓励人们储蓄。从各国的经验看,但凡储蓄率高的国家,经济增长率也高。例如,德国、日本等经济发展迅速的国家,储蓄率都是比较高的。③技术进步。技术进步在现代经济增长中起着越来越重要的作用。因此,促进技术进步成为各国经济政策的重点。其中的主要措施有:第一,国家对全国的科学技术发展进行规划与协调。第二,国家直接投资于重点科学技术研究工作。第三,政府采取鼓励科学技术发展的政策措施。诸如重点支持工业企业的科学研究,以取得直接经济效益;支持大学与工业企业从事合作研究,促进科研与生产的结合;实行技术转让,加速科技成果的推广等。第四,加强对科技人才的培养。其中包括加强与改革中小学基础教育;发展各种职业教育;发展与改革高等教育;加强对在职科技人员的继续教育;引进国外科技人才等。④计划化与平衡增长。现代经济中各个部门之间是相互关联的,各部门之间协调的增长是经济本身所要求的。在以私有制为基础的资本主义经济中,这种各部门之间的平衡增长,要通过国家的计划化或政策指导来实现。国家的计划与协调要通过间接的方式来实现。因此,各国都要制订本国经济增长的短期、中期与长期计划,并通过各种经济政策来实现。

8.4 经 济 周 期

从历史发展的实际来看,世界经济尤其是资本主义市场经济在总体趋于增长的过程中常常伴随着经济的波动,并且呈现出周期性的特点。从1825年英国爆发世界首次以普遍生产过剩为特征的经济危机,直至2008年由美国次贷危机引发的全球范围的经济衰退,世界经济始终是呈现周期性的起伏波动。作为一国经济发展的外部环境,世界经济的晴雨越来越多地牵动着每一个经济主体的神经,这就有必要了解经济周期。

8.4.1 经济周期的概念及阶段划分

1. 经济周期的概念

经济周期(business cycles 或 trade cycles)也称经济循环或商业循环(周期),是指经济活动水平或多或少有规律的总体波动,表现为国民经济扩张与收缩的不断交替运动。关于经济周期的定义,西方经济学家有各种不同的解释,米切尔(Mitchell Wesley)是研究经济周期的权威,这位1920—1945年期间曾担任过美国经济研究局局长的经济学家,从1908年以后的8部主要著作,全是论述经济周期的。他在《衡量经济周期》一书中给经济周期下了一个经典性的定义:"经济周期是以产业经济为主的国家总体经济活动的一种波动。一个周期是由很多经济活动差不多同时扩张,继之以普遍的衰退、收缩与复苏所组成,这种变化的顺序反复出现,但并不是定时的;经济周期的持续时间在一年到十年或十二年;它们不再分为具有接近自己的振幅的类似特征的更短的周期。"这个定义受到经济学界的公认,并被美国研究经济周期的权威机构——国民经济研究所作为确定经济周期顶峰与谷底的标准。当然,这个定义更多是一个古典意义上的经济周期定义。

事实上,从第一次经济危机到现在,所有经济体都有不同程度的经济波动,尽管经济波动幅度可能减弱,波动的破坏性减小,但经济周期仍然不可避免。与此同时,需要指出的是,经济周期往往是针对总体经济而言的,波动几乎同时发生在所有经济部门,从经济指标上,则表现为国民收入、物价水平、失业率、利率、对外贸易等方面的波动。从波动特点看,已经从古典周期向增长型周期过渡。

2. 经济周期的阶段及其特征

经济周期波动随时间变化具有不同的特征,经济学家根据经济周期运行的规律,大致将一个完成的周期分为4个阶段：经济复苏、繁荣、衰退和萧条。

1) 复苏阶段

复苏(recovery)阶段是指经济从低点开始向上回升的时期。复苏阶段的特征是经济进入衰退后期以后，赢得喘息机会的厂商开始更新被磨损的机器设备，就业率、收入及消费开始缓慢上升。由于设备更新引致的投资增加促进生产和销售的增加，使企业利润有所提高，原先不肯进行的风险投资这时也开始出现。利润提高使得企业有能力改善员工的福利待遇，从而使人们开始对前景由悲观转为乐观。需求的增加以及生产不断扩张，通过乘数效应和加速数进一步刺激经济的繁荣，萧条时期闲置的设备及劳动和其他生产资源开始陆续使用。但萧条阶段给人们带来的阴影并没有完全消除，社会经济在各方面都处于调整阶段，因而经济恢复的速度不会太快，随着经济的不断恢复，经济上升的速度也不断加快，到一定程度，便进入下一个高涨时期，即繁荣阶段。

2) 繁荣阶段

繁荣(prosperity)阶段是指经济活动经过上一个循环的复苏而继续增长的时期。在这一时期，社会有效需求继续不断增加，产品畅销，一般批发商和零售商的存货减少，纷纷向生产厂商订货，生产者利润大大提高，厂家投资增加，同时就业率提高，失业不断减少。劳动和其他社会资源得到了充分的利用，人们的信心恢复到最佳状态，所有人都充满了乐观情绪。人们敢于消费、各种价格指数均出现不同程度上涨，资产价格膨胀。

3) 衰退阶段

衰退(recession)阶段是指经济活动从扩张的高峰向下跌落的阶段。由于消费增长的停止以及社会现有生产设备及能力的过剩，经济扩张到达顶点以后开始下跌。投资减少，生产下降，失业率上升，社会收入水平和有效需求下降。从而导致需求更进一步大幅度下降，一般商品价格下跌，整个社会形成普遍的生产过剩，企业利润急剧下降，一些厂家开始倒闭；存货增加，生产急剧收缩，整个社会充满着悲观情绪，社会经济在经历了一段衰退时期以后，便进入萧条阶段。

4) 萧条阶段

萧条(depression)阶段是衰退阶段的继续发展，是经济周期的最低部分，这一时期，劳动失业率高，大众消费水平下降，企业生产能力大量闲置，存货积压，利润低落甚至亏损，企业对前景缺乏信心，不愿进行新的投资。萧条和衰退虽然都是经济活动的收缩阶段，但在概念上有所区别，衰退阶段是经济活动下降的初期，在这一时期，经济活动的整体水平仍然处于长期平均水平以上，但到了萧条时期，经济活动总体水平低于长期平均水平，其经济的低迷程度较衰退更深。到了萧条阶段后期，通常意味着新一轮经济复苏的来临，至此，整个经济就完成了一个周期的循环，萧条孕育着新的复苏的开始。

8.4.2 经济周期的分类

自19世纪中叶以来，人们在探索经济周期理论的过程中，各自根据自己所掌握的资料提出了周期划分标准。主要划分的方法有两种：一种是按照时间周期的长短来划分；另一种则是按照周期的性质来划分。

1. 按周期时间的长度分类

根据时间的长短,经济周期可以被划分为短周期、中周期和长周期。

1) 短周期或"短波"——基钦周期

短周期的长度平均为 40 个月,是由英国统计学家基钦提出来的。英国统计学家基钦(Joseph Kitchin)于 1923 年研究 1890—1922 年间英国与美国的物价、银行结算、利率等资料,提出经济波动可以分成两类,即大周期(major cycles)和小周期(minor cycles)。小周期平均持续 40 个月,大周期则是小周期的总和,一个大周期一般包括两三个小周期。经济学界习惯上将小周期叫作基钦周期。

2) 中周期或"中波"——朱格拉周期

中周期的长度平均为 8~10 年,法国朱格拉(Clment Juglar)在 1860 年首先提出,并在 1862 年出版了《法国、英国及美国的商业危机及其周期》,在该书中,他认为经济运行存在着周期,所以也称为朱格拉周期。朱格拉认为,危机或恐慌并不是一种独立的现象,而是经济周期中的一个阶段。朱格拉以国民收入、失业率和大多数经济部门的生产、利润和价格波动为标志将经济发展划分为 3 个阶段。这 3 个阶段分别是繁荣、危机和清算,这 3 个阶段反复出现所形成的周期现象就是经济周期。

3) 长周期或称"长波"——康德拉季耶夫周期

苏联康德拉季耶夫(Nikolai Kondratieff)在 1925 年提出了著名的"长波理论"。他分析有关法国、英国、美国、德国和世界的大量经济时间序列资料,根据这些国家批发价格水平、利率、工资和对外贸易、煤炭、生铁的产量和消费量得出结论:在资本主义经济中存在着平均长约 50 年的长期波动。这种 50 年左右的周期通常被叫作"康德拉季耶夫周期"。

4) "库兹涅茨"周期——建筑周期

库兹涅茨(Simon Kuznets)于 1930 年根据英、美、法、比利时等国 19 世纪初到 20 世纪初 60 种工农业主要产品价格的变动情况,提出了在主要资本主义国家存在着长度从 15 年到 25 年不等的长期波动过程,形成平均长度为 20 年左右的"长期波动"。这一周期被称为"库兹涅茨"周期,由于该周期主要以建筑业的兴旺和衰落这一周期性波动现象为标志加以划分的,因而又称为"建筑周期"。

5) 熊彼特周期——综合周期

1939 年,奥地利人熊彼特(Joseph Schumpeter,1883—1950)综合了前面三种经济周期思想,首次提出在资本主义的历史发展过程中,同时存在着长、中、短"三种周期"的理论。把近百余年来资本主义的经济发展过程进一步分为三个"长波",而且用"创新理论"作为基础,以各个时期的主要技术发明和它们的应用,以及生产技术的突出发展,作为各个"长波"的标志,见表 8-13。

表 8-13 各周期的主要特征

	波 谷	波 峰	波 谷	主要特征
第一周期	1785—1795	1810—1817	1844—1851	产业革命——纺织业和蒸汽机的发明
第二周期	1844—1851	1870—1875	1890—1896	蒸汽与钢铁时代
第三周期	1890—1896	1914—1920		电力、汽车和化学工业发展时期

他还认为,每个康德拉季耶夫周期包含六个朱格拉周期,每个朱格拉周期包含三个基钦周期,而每个康德拉季耶夫周期则包含十八个基钦周期。上述几种周期并存而且相互交织的情况,正好进一步证明了他的"创新理论"的正确性。

此外,荷兰经济学家雅各布·范杜因用统计方法分析世界经济运行周期,将全球经济的运行分为多个周期,分析见表8-14。

表 8-14　雅各布·范杜因对世界长波经济周期运行特征的总结

	繁荣	衰退	萧条	回升	中心国	标志性创新
第一波	1782—1802	1815—1825	1825—1836	1838—1845	英国	纺织机、蒸汽机
第二波	1845—1866	1866—1873	1873—1883	1883—1892	英国	钢铁、铁路
第三波	1892—1913	1920—1929	1929—1937	1937—1948	美国	电气、化学、汽车
第四波	1948—1966	1966—1973	1973—1982	1982—1991	美国	汽车、计算机

资料来源:陈继勇主编.美国新经济周期与中美经贸关系[M].武汉:武汉大学出版社,2004年.

阅读案例 8-17

中国经济周期分析

改革开放以来,我国经济的周期性波动十分明显。这些周期的长度不一,波动的变化幅度也比较大。

1. 长周期分析

在分析中国的经济长周期之前,可以先探讨韩国和日本的经济长周期,因为中日韩在高速增长期具有较强的可比性。不同于英国和美国,中国、韩国和日本在经济高速增长时期相对处于落后地位(领先者均为美国),都存在外部技术输入。

作为一个典型的新兴市场国家,韩国对中国具有较强的借鉴意义。亚洲金融危机前夕,韩国出现了经济长周期的转换。如图 8-16 所示,1998 年之前,韩国的长期经济增速为 9.0% 左右。1998 年之后,随着亚洲金融危机的爆发,韩国的长期经济增速下降至 4.1%。经济长周期的转换,经济长期增速放缓与很多因素有关,亚洲金融危机只是外部因素,最主要的原因是人均收入达到了一定水平,同时城市化进程基本完成。当人均收入达到一定的水平之后,经济结构将发生改变,消费在经济中所占的比重上升,经济增速将受到制约。

对比中国和韩国的人均收入可以对中国的经济长周期进行估算。以 2005 年为基期,按照购买力平价,1995 年,韩国人均 GDP 为 14 717 美元,同期美国人均 GDP 为 34 045 美元,韩国人均 GDP 相当于美国的 43.23%。按照购买力平价计算,2009 年中国人均 GDP 为 6 546 美元,美国为 46 442 美元,中国相当于美国的 14.10%。假设未来一段时期内,中国实际 GDP 保持在潜在增速 9% 左右,人民币兑美元汇率每年以 3% 的速度升值,那么按照购买力平价计算的中国人均 GDP 增速大约为 12%,而美国人均 GDP 增速为 3.0%,则中国人均 GDP 还需要 13.4 年才能达到美国的 43.23%,即当年韩国人均 GDP 占美国的比重,达到美国人均 GDP 相当的水平则需要 23.4 年。

图 8-16　韩国经济长周期切换

（数据来源：Bloomberg.）

此外,研究日本经济周期对中国也有借鉴意义。如图 8-17 所示,1956—1973 年日本经历了近 20 年的高速增长期,年均增速高达 9.25%,中国经济过去 30 年间平均增长率为 9.8%,两者极为类似。以 2005 年为基期,按照购买力平价,1973 年日本人均 GDP 为 15 820 美元,同时期美国人均 GDP 为 23 148 美元,日本人均 GDP 占美国的 68.34%;按照购买力平价来计算,2009 年中国人均 GDP 为 6 546 美元,相当于同时期美国的 14.10%。假设未来一段时期内,中国实际 GDP 保持在潜在增速 9% 左右,人民币兑美元汇率每年以 3% 的速度升值,那么按照购买力平价计算的中国人均 GDP 增速大约为 12%,而美国人均 GDP 增速为 3.0%,则中国人均 GDP 还需要 18.8 年才能达到美国的 68.34%,即当年日本人均 GDP 占美国的比重。

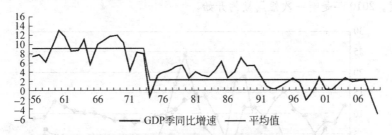

图 8-17　日本经济长周期切换

（数据来源：日本内阁府、日本央行、IMF、Bloomberg.）

综合来看,可以认为中国经济的长周期至少还有 13 年,即到 2022 年。如果从 1978 年算起,这个长周期将会延续 44 年左右。

2. 中周期分析

从 1978 年以来的 GDP 增速来看,中国的宏观经济约为 10 年一个周期。如图 8-18 所示,最近 30 余年 GDP 增速的低谷分别出现在 1981 年、1990 年、1999 年和 2009 年,分别为 4.7%、3.8%、7.6% 和 8.7%。

2002—2007 年,GDP 连续 6 年加速增长后,2008 年经济增速开始回落,根据前两个经济周期的经验,可以看成本轮 GDP 增速的调整在 2009 年结束。2010 年进入下一个中周期。

从 2000—2009 年这一中周期开始,中国经济增速的波动明显变小,主要原因是经济结构较1998年之前更加平衡,以及宏观调控水平提高。

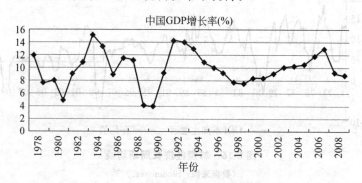

图8-18 中国宏观经济中周期分析
(数据来源:国家统计局.)

3. 短周期分析

英国经济学家基钦认为,经济周期实际上有主要周期和次要周期两种,主要周期即中周期,次要周期即短周期,一般为3~4年。美国经济学家米切尔认为,每一个经济周期经历4个阶段,即扩张阶段、紧缩阶段、危机阶段和复苏阶段。最主要的体现是经济增长率和物价水平的波动。改革开放以来,中国经济大致经历了6个短周期,如图8-19所示,阶段划分为:1978—1983年为第一次短周期,1984—1987年为第二次短周期,1988—1992年为第三次短周期,1993—1998年为第四次短周期,1999—2004为第五次短周期,2005—2009第六次短周期。2010年是新一次短周期的开始。

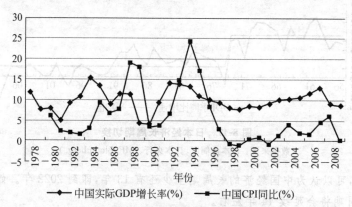

图8-19 中国经济短周期分析
(数据来源:国家统计局,IMF.)

结合上述长、中、短周期的分析,可以认为2010年是新一轮短周期和中周期的开始,但仍处于高速增长的长周期之中。保守估计,中国经济增长长周期至少还可以维持至2022年,这期间的潜在经济增长率大约为9%。

4. 测算

从1982年至2009年的28年间,中美两国基于购买力平价的人均GDP平均增速分别为11.88%和4.51%。如果将中国和美国的增速分别设定为11.88%和4.51%,对于以购买力平价衡量的人均 GDP，中国需要 28.7 年左右的时间才能赶上美国，也就是大约 29 年后中国经济步入恒定增长阶段（对应 DDM 估值模型中的第三阶段）。

资料来源：王小军．专题研究：中国股市估值分析（二）．中国民族证券研究发展中心．2010 年 04 月 19 日．

2. 按周期性质分类

按照周期的性质，可以将经济周期划分为古典型经济周期和增长型经济周期。

1）古典型经济周期

早期的资本主义经济体经济波动，更多体现出如图 8-20 所示的古典型经济周期，即经济从总体上呈现出正弦波动特征，每次周期波动的幅度都非常大，这种波动对经济将产生破坏性影响。

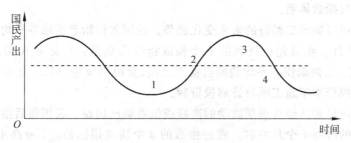

图 8-20　经济波动的古典型周期
1—复苏；2—繁荣；3—衰退；4—萧条

2）增长型经济周期

当然，经济不可能是完全呈现正弦波动的特点，经济活动由高涨到低谷的循环波动，并非围绕着某一固定的经济水平进行的，从长期看，经济活动有增长的趋势，因而经济周期是围绕着一种向上的趋势而上下波动的，这就是经济波动的增长型周期，如图 8-21 所示。由于一个国家的人口（劳动力）和资本存量一般是逐年增加的，劳动生产率也是逐步提高的，所以经济发展的长期趋势是逐年递增的。现实经济产出总是围绕其潜在产出水平上下波动，而由于经济总是由于各种原因而无法实现充分就业，因此，历史资料显示，资本主义市场经济并不是稳定增长而是环绕其长期趋势周期上下波动的。

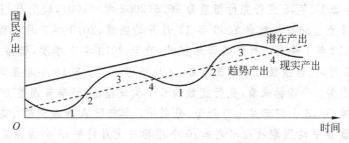

图 8-21　经济波动的增长型周期

8.4.3 经济周期的监测指标

经济波动的复苏、扩张、收缩和萧条都不是在某一个月发生的,而是通过许多经济变量在不同的经济过程中不断演化而逐渐展开的。因此可以把一系列监测指标划分为先行、一致、滞后指标。先行指标,也叫领先指标。利用这些指标可以事先预测总体经济运行的峰和谷。如机械产品订货、股票指数等。一致指标也叫同步指标。这些指标峰与谷出现的时间与总体经济运行峰与谷出现的时间一致,可以综合地描述总体经济所处状态。如工业总产值,社会消费品零售总额等。滞后指标是对总体经济运行中已经出现的峰和谷的一种确认,如利息率、库存等。

由这些先行、一致等指标可以计算出先行指数、一致指数、滞后指数及预警指数,共同构成了经济景气指数体系。

先行指数可以揭示出经济的未来变化趋势。我国先行指数的峰谷平均领先一致指数的峰谷5～9个月。我国先行指数的6个构成指标分别是:上交所A股成交额、美国ECRI领先指数、长短期债券平均到期收益率之差、货币供应量(M2)、商品房本年施工面积和固定资产投资本年施工项目计划投资额。

滞后指数可以确认经济周期波动的高峰或低谷确已出现。我国滞后指数的峰谷平均滞后一致指数的峰谷7个月左右。滞后指数的3个构成指标是:工业品出厂价格指数、国家财政支出和居民消费价格指数。

一致合成指数包括了社会需求、工业生产、财政税收和房地产等经济活动各方面的情况,可以综合反映总体经济的变动情况。一致指数的4个构成指标分别是国家财政税收、工业企业增加值、社会需求指数和房地产开发投资额。

预警指数的10个构成指标分别是社会消费品零售总额和居民消费价格指数、金融机构各项贷款、工业企业增加值、进出口额、国家财政税收、工业品出厂价格指数、固定资产投资额、房地产开发投资额和货币供应量(M2)。

阅读案例8-18
2015年5月我国经济景气指数分析

先行指数:2015年,5月份先行指数为96.6(2002年=100),较上月上升1点,较上年同期上升4.2点。先行指数自2009年11月开始回落,2010年9月出现小幅反弹,此后继续下行;2012年1季度先行指数开始回升,直至2013年1季度,随后先行指数持续下滑;2014年5月,先行指数结束下跌态势,环比逐渐上升。2015年起至本月,先行指数继续保持上升态势。分指标来看,先行指数的6个构成指标(经季节调整去除季节因素和随机因素的影响)中,3个指标呈上升趋势,分别是:上交所A股成交额、美国ECRI领先指数和长短期债券平均到期收益率之差;0个指标与上月持平;3个指标呈现下降趋势,分别是:货币供应量(M2)、商品房本年施工面积和固定资产投资本年施工项目计划投资额。

一致指数:2015年,5月份一致指数为84.1(2002年=100),较上月下降0.4点,较去年同期下降8点。一致指数自2009年一季度从谷底开始持续上升,并于2010年年初达到峰值,此后出现微幅上调,但总体呈现下降趋势;自2012年二季度起一致指数企稳回升,持续5个月后,于2013年年初再次回落,自4月起一致指数呈现持续回升态势,但回升幅度逐步缩小。自2013年9月起,一致指数已持续回落21个月,2015年5月一致指数环比继续下降。一致指数的4个构成指标(经季节调整去除季节因素和随机因素的影响)中,1个指标呈现上升趋势,3个指标呈现下降趋势,0个指标与上月持平。其中,表现为上升的指标为国家财政税收;表现为下降的指标分别是:工业企业增加值、社会需求指数和房地产开发投资额。

滞后指数:2015年5月份滞后指数为94.5(2002年=100),较上月微升0.1点,较上年同期下降9.6点。滞后指数自2011年3月开始一直回落,直至2013年二季度开始逐步回升。2014年上半年,滞后指数表现为缓慢回升态势,步入下半年后,滞后指数逐步下降。2015年起,滞后指数环比逐月下降。分指标来看,滞后指数的3个构成指标(经季节调整去除季节因素的影响)中,1个指标呈现上升趋势,2个指标呈现下降趋势,0个指标与上月持平。其中,表现上升的指标是:工业品出厂价格指数;表现为下降的指标分别是:国家财政支出和居民消费价格指数。

预警指数:2015年5月份预警指数为15,与上期持平,比去年同期下降7点,位于蓝灯区运行。2012年1月以来随着宏观经济增速持续放缓,预警指数也呈下降趋势,经济面临偏冷风险,6月在宏观调控、房地产销售回暖等因素的带动下,预警指数开始企稳并于四季度回升。2013年以来,宏观经济增速放缓,预警指数呈下降趋势,6月小幅回升后,10月份开始持续下降。2014年二季度,预警指数有所回升,随后持续下降。2015年预警指数低位相对平稳运行,当前预警指数位于蓝灯区运行。在预警指数的10个构成指标(经季节调整去除季节因素和随机因素的影响)中,3个指标处于绿灯区——社会消费品零售总额和居民消费价格指数;1个指标位于浅蓝灯区——金融机构各项贷款;6个指标处于蓝灯区——工业企业增加值、进出口额、国家财政税收、工业品出厂价格指数、固定资产投资额、房地产开发投资额和货币供应量(M2)。

各种指数走势图如图8-22所示。

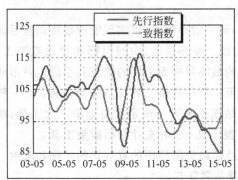
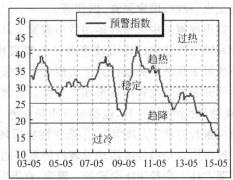

图 8-22 指数走势图

【本章小结】

本章首先介绍了宏观经济学中主要的宏观经济变量,一国政府所追求的宏观经济目标及经济运行结果的决定因素和影响因素。宏观经济的运行结果主要是通过国民产出总量、就业与失业、价格水平及国际收支状况反映出来的,这4个变量是宏观经济学中主要的宏观经济变量。一国政府所追求的宏观经济目标是围绕这4个宏观经济变量制定的,即实际国内生产总值的高水平和持续稳定增长;高就业或低失业;维持价格水平的稳定;保持汇率稳定和国际收支平衡。

总供给和总需求的相互作用决定经济运行结果。总需求主要由消费、投资等所决定,受财政政策、货币政策等因素的影响。总供给主要由劳动、资本和技术所决定,受收入政策等因素的影响。

国民收入核算是政府部门对一定时期内国民经济生产的产品总量和与之相对应的总收入进行核算的规则和方法。

国内生产总值是指一个国家(地区)领土范围内,本国(地区)居民和外国居民在一定时期内所生产和提供的最终产品(包括产品和劳务)的市场价值的总和。国内生产总值按照计算时采用的是现行价格还是不变价格,分为名义国内生产总值和实际国内生产总值。国内生产总值的核算方法主要有三种:支出法、增值法和收入法。

国家采取的宏观经济政策主要有:需求管理政策、供给管理政策及对外贸易政策。需求管理政策是通过调节总需求来达到一定政策目标的宏观经济政策,包括财政政策与货币政策。供给管理政策是通过调节总供给来达到一定政策目标的宏观经济政策。各国政府正在积极运用这些政策对宏观经济进行调控。

财政政策是政府财政部门运用财政政策工具,调节财政收支规模、收支结构,以实现宏观经济调控目标的一系列方针、准则、措施的总称。它是国家宏观经济政策的重要组成部分。财政政策的构成要素包括财政政策目标、财政政策工具。财政政策工具主要包括政府支出、税收、国家预算、国债等。

货币政策是中央银行运用货币政策工具,调节货币供求,以实现宏观经济调控目标的方针和策略的总称。货币政策由三大要素构成:最终目标、中间目标和货币政策工具。货币政策工具是中央银行为了实现货币政策的最终目标而采用的措施和手段。货币政策的运用分为紧缩性货币政策和扩张性货币政策。货币政策工具可以分为3种:①一般性(常规性)货币政策工具,包括公开市场业务、贴现率政策与法定准备金率三大工具,被称为中央银行的"三大法宝";②选择性货币政策工具;③补充性货币政策工具。

经济周期是指经济活动沿着经济发展的总体趋势所经历的有规律的扩张和收缩。经济周期大体上会经历4个阶段:繁荣、衰退、萧条和复苏。

经济周期分为平均长40个月左右的短周期、长度为9~10年左右的中周期和平均长度约为20年和50年的长周期。

【中英文关键词】

1. 国民账户体系　　　　　　system of national accounts(SNA)
2. 价格指数　　　　　　　　price index
3. 国内生产总值　　　　　　gross domestic product(GDP)
4. 消费支出　　　　　　　　consumption
5. 国际收支　　　　　　　　balance of payments
6. 国民产出　　　　　　　　national output
7. 总需求　　　　　　　　　aggregate demand
8. 总供给　　　　　　　　　aggregate supply
9. 货币政策工具　　　　　　instrument or tool of monetary policy
10. 中央银行　　　　　　　　central bank
11. 货币供给　　　　　　　　money supply
12. 放松银根政策　　　　　　easy money policy
13. 紧缩银根政策　　　　　　tight money policy
14. 法定准备金　　　　　　　required reserve
15. 贴现率　　　　　　　　　discount rate
16. 超额准备金　　　　　　　excess reserve
17. 公开市场业务　　　　　　open market operation
18. 再贴现政策　　　　　　　rediscounting policy
19. 法定准备金率　　　　　　required reserve rate
20. 货币乘数　　　　　　　　money multiplier
21. 基础货币　　　　　　　　monetary base
22. 预算盈余　　　　　　　　budget surplus
23. 预算赤字　　　　　　　　budget deficit
24. 货币政策　　　　　　　　monetary policy
25. 财政政策　　　　　　　　fiscal policy
26. 转移支付　　　　　　　　transfer payment
27. 经济周期　　　　　　　　business cycle

【综合练习】

一、选择题

1. 在国民收入核算体系中，计入 GDP 的政府支出是指（　　）。
   A. 政府购买的物品和劳务的支出
   B. 政府购买的物品支出
   C. 政府工作人员的薪水和政府转移支付

D. 政府购买的物品和劳务的支出加上政府的转移支付之和

2. 某国的 GNP 小于 GDP,说明该国居民从国外获得的收入与外国居民从该国获得的收入相比的关系为( )。

　　A. 大于　　　　　B. 小于　　　　　C. 等于　　　　　D. 以上都有可能

3. 今年的名义国内生产总值小于去年的名义国内生产总值,说明( )。

　　A. 今年的物价水平低于去年
　　B. 今年生产的物品和劳务总量小于去年
　　C. 今年的物价水平和实物产量水平一定都比去年降低了
　　D. 以上三种说法都不一定正确

4. "牛奶是最终产品"这一命题( )。

　　A. 一定对　　　　　　　　　　　B. 一定错
　　C. 可能对也可能错　　　　　　　D. 以上三种说法全对

5. 假设一个经济体第 1 年即基年的当期产出为 500 亿元,如果第 8 年 GDP 价格调整指数提高了一倍,而实际产出增加了 50%,则第 8 年的名义产出等于( )。

　　A. 2 000 亿　　B. 1 500 亿元　　C. 1 000 亿元　　D. 750 亿元

6. 在一个由家庭、企业、政府和国外的部门构成的四部门经济中,GDP 是( )的总和。

　　A. 消费、总投资、政府购买和净出口
　　B. 消费、净投资、政府购买和净出口
　　C. 消费、总投资、政府购买和总出口
　　D. 工资、地租、利息、利润和折旧

7. 财政政策是指( )。

　　A. 政府管理价格的手段
　　B. 周期性变化的预算
　　C. 为使政府收支相抵的手段
　　D. 利用税收、支出和债务管理等政策来实现国民收入的预期水平

8. 如果目前存在通胀缺口,应采取的财政政策是( )。

　　A. 增加税收　　　　　　　　　　B. 减少税收
　　C. 增加政府支出　　　　　　　　D. 增加转移支出

9. 货币政策影响经济的渠道之一是( )。

　　A. 直接影响收入　　　　　　　　B. 改变资金的周转率
　　C. 直接影响价格　　　　　　　　D. 改变借款的成本

10. 社会保障支付的报酬属于( )。

　　A. 政府支出　　B. 转移支付　　C. 税收　　　　D. 消费

二、简答题

1. 如何用支出法、部门法和收入法核算四部门经济的 GDP?
2. 名义国内生产总值和实际国内生产总值的关系是什么?
3. 财政政策的工具有哪些?它们是如何影响总需求的?

4. 什么是法定准备金率？法定准备金的作用是什么？

5. 什么是货币政策工具？说明一国中央银行是怎样使用货币政策工具来调控宏观经济的。

三、计算题

1. 假定一经济社会生产5种产品，其2010年和2014年的产量和价格如下表所示。试计算：(1)2010年和2014年的名义国内生产总值；(2)若把2010年作为基年，求2014年的实际国内生产总值；(3)2010—2014年的国内生产总值价格指数，2014年比2010年价格上升的幅度。

	2010年		2014年	
	产量	价格/元	产量	价格/元
A	25	1.50	30	1.60
B	50	7.50	60	8.00
C	40	6.00	50	7.00
D	30	5.00	35	5.50
E	60	2.00	70	2.50

【案例分析1】

根据以下案例所提供的资料，试分析我国各阶段财政政策和货币政策搭配实践的效果。

中国财政政策和货币政策的搭配实践

随着经济体制改革的逐步深化，传统的依靠行政手段管理经济的做法在减弱，而依靠经济手段来调控经济的做法在加强。20世纪80年代末期以来，财政政策和货币政策在中国政府对宏观经济的调控中得到了充分的实施，并取得了一定的成效。下面就财政政策和货币政策搭配实践分7个阶段加以介绍。

第一阶段(1988.9—1990.9)，实行"紧财政紧货币"的双紧政策。从1988年年初开始，中国经济进入过热状态，表现为经济高速增长(工业产值增幅超过20%)、投资迅速扩张(1988年固定资产投资额比1987年增长18.5%)、物价上涨迅速(1988年10月物价比上年同期上升27.1%)、货币回笼缓慢(流通中的货币增加了46.7%)和经济秩序混乱。在这种形势下，中国于1988年9月开始实行"双紧"政策。具体措施有：收缩基本建设规模、压缩财政支出、压缩信贷规模、严格控制现金投放和物价上涨、严格税收管理等。双紧政策很快见效，经济增长速度从20%左右跌至5%左右，社会消费需求大幅下降，通货膨胀得到遏制，1990年第三季度物价涨幅降到最低水平，不到1%。

第二阶段(1990.9—1991.12)，实行"紧财政松货币"的一紧一松政策。在"双紧政策"之后，中国经济又出现了新的失衡。表现为市场销售疲软，企业开工不足，企业资金严重不足,三角债问题突出,生产大幅下降。针对上述情况,从 1991 年年初开始,实行了松的货币政策,中央银行陆续多次调低存贷款利率,以刺激消费、鼓励投资。这些政策在实施之初效果并不显著,直到 1991 年下半年,市场销售才转向正常。

第三阶段(1992.1—1993.6),实行"松财政松货币"的双松政策。1992 年,财政支出 4 426 亿元,其中财政投资 1 670 亿元,分别比年初预算增长 10.7% 和 10.8%。信贷规模也大幅度增长,货币净投放额创历史最高水平。双松政策的成效是实现了经济的高速增长,1992 年 GDP 增长 12.8%,城市居民人均收入增长 8.8%,农村居民人均收入增长 5.9%。但是"双松政策"又带来了老问题,即通货膨胀加剧、物价指数再次超过两位数,短线资源再度紧张。

第四阶段(1993.7—1997 年年底),实行"适度从紧的财政与货币政策"。具体措施有:控制预算外投资规模,控制社会集资搞建设,控制银行同业拆借,提高存贷款利率等。与 1988 年的紧缩相比,财政没有大动作,但货币紧缩力度较缓。适度的双紧政策,使过热的经济得到遏制,经济较为平稳地回落到了适度增长区间,各项宏观经济指标表现出明显的改善:GDP 增长率由 1992 年的 14.2% 逐步回落到 1996 年的 9.6%,平均每年回落 1 个百分点;商品零售价格上涨率由 1994 年的 21.7% 下降到 1996 年的 6.1%,共回落了 15.6 个百分点;外汇储备达到 1 000 多亿美元。中国经济成功地实现了"软着陆"。这次政策配合实施被认为是中国治理宏观经济成效较好的一次,为中国以后实施经济政策积累了正面的经验。在软着陆的过程中,货币政策方面采取了一系列放松银根、刺激需求的政策,1996 年 5 月到 1998 年的两年多时间里,中央银行先后 7 次降低存贷款利率,并在 1998 年年初取消国有商业银行的贷款限额控制(改为资产负债比例管理和风险管理),降低准备金率,颁布积极实行贷款支持的指导意见等,以求扩大企业贷款需求,刺激投资。货币政策如此连续、密集的运用,可以说是"竭尽全力",然而迟迟没有产生足够明显的政策效果,其操作余地已经相对狭小。在 1997 年,关于软着陆之后宏观经济形势的判断上,已颇有争议,一些分析者认为中国经济出现了总需求不足问题,但这种观点一直到 1998 年年初还未成为主流认识。

第五阶段(1998—2004),实行"积极的财政政策与稳健的货币政策"。1997 年至 1998 年,中国经济发展经受了亚洲金融危机和国内自然灾害等多方面的冲击。经济问题表现为通货紧缩式的宏观失衡,经济增长的力度下降,物价水平持续下降,失业增加,有效需求不足,出口不振等。1998 年 4—5 月间,当一季度和 1—4 月间的宏观统计数据得出之后,各方面关于宏观经济态势的认识趋于统一,决策层下定了增加投资、扩大内需的决心,在货币政策效应不理想的情况下,考虑更多运用财政政策实施扩张。6 月中旬,财政部长项怀诚在《人民日报》、《中国财报》发表关于宏观经济调控与启动经济增长的重要文章中表示意向,指出我国现时不宜采取通过减税刺激经济的方法,而应适时适度地扩大财政举债规模和财政支出加投资,刺激消费,扩大出口,并通过推进改革克服抑制有效需求的体制和政策因素,促进国民经济增长。有关部门加紧研究了启动财政政策手段,对原预算安排作出整个方案,这一方案在 8 月的全国人民代表大会常务委员会上提请审议并获得批准。这些政策使中国经济成功地应对了亚洲金融危机的挑战,保持了国民经济的持续增长。

第六阶段(2005—2008.10),实行"稳健的财政政策"和"稳健转从紧的货币政策"。

2004年12月3日召开的中央经济工作会议做出决定,实行稳健的财政政策。中央经济工作会议指出:为应对亚洲金融危机,中国从扩大国内需求入手,连续7年实施积极财政政策,取得了显著成就。随着近年来经济环境发生明显变化,积极财政政策的着力点已经从扩大需求和拉动经济增长,逐步转向加强薄弱环节和调整经济结构。现在适当调整财政政策取向,实行稳健财政政策是适宜的、必要的。中央经济工作会议同时强调:财政政策调整的重点是适当减少财政赤字和长期建设国债发行规模,适当增加中央预算内经常性建设投资,财政支出要继续加大对"三农"、社会发展、区域协调和其他薄弱环节的支持力度,增加对深化改革的必要支持。2005年3月5日,温家宝总理代表中国政府在十届全国人大三次会议上作政府工作报告时强调:2005年要坚持加强和改善宏观调控,实施稳健的财政政策。这一政策的具体要求也同时体现在提交本次全国人大会议审议的预算安排和其他相关工作部署中,标志着稳健财政政策进入全面实施阶段。稳健财政政策不仅是财政政策名称变化,更是宏观经济调控中财政政策性质和导向的转变。随着财政政策由"积极"(扩张)向"稳健"(中性)转变,财政政策将进一步与时俱进地发挥其在经济社会协调发展中的职能作用。稳健(中性)财政政策的主要内容概括起来,是4句话16个字,即"控制赤字、调整结构、推进改革、增收节支"。2008年中央财政赤字占GDP比重仅为0.6%。2007年下半年,针对经济中呈现的物价上涨过快、投资信贷高增等现象,2007年年底,货币政策由"稳健"转为"从紧"。为实行从紧货币政策,央行再度启用信贷规模限制,提出2008年的信贷增量与2007年持平,并按季控制。2008年6月7日,央行决定上调存款类金融机构人民币存款准备金率1个百分点,存款准备金率达到17.5%的历史最高位。直到2008年下半年,从紧的货币政策渐次松动。2008年7月、8月,央行在年初增量规划的基础上,分别向全国性商业银行和地方法人银行追加了5%、10%的信贷额度,专项用于支持三农、小企业和灾后重建(下称"3项贷款")。9月15日,央行决定下调人民币贷款基准利率0.27个百分点(一年期)和中小金融机构人民币存款准备金率1个百分点。业内称之为"两率"下调,坚定了货币政策进一步松动的预期。此后,央行于10月8日宣布下调存款准备金率0.5个百分点。10月8日和29日,连续两次下调存贷款基准利率共0.54个百分点。其间,央行还取消了对"3项贷款"的增量指标限制。

第七阶段(2008.11—2010),实行"积极的财政政策和适度宽松的货币政策"。伴随愈演愈烈的国际金融危机对世界经济的严重冲击,中国经济开始陷入一种四面楚歌的困境。面对危机四伏的现状,2008年11月5日,国务院常务会议决定,中国将采取十大措施,在未来两年内投资4万亿元,以刺激经济,保持我国经济平稳较快增长。会议第一次采用"积极的财政政策和适度宽松的货币政策"来描述中国的宏观经济政策。这是1998年以来中国再一次实行大规模的经济刺激计划。积极的财政政策主要包括两个方面:一是大幅度增加政府支出,这是扩大内需最主动、最直接、最有效的措施;二是实行结构性减税,减轻居民和企业负担,这是帮助企业走出困境、促进经济早日复苏的有效手段。由于实施结构性减税会限制财政收入的增长,而另一方面又要大力增加政府公共投资和政府重点支出,财政收支紧张的矛盾十分突出。所以,为弥补财政减收增支形成的缺口,就需要较大幅度地扩大财政赤字并相应增加国债发行规模。于是,2009年全国财政预算赤字达到9 500亿。2010年拟安排全国财政收入73 930亿元,从中央预算稳定调节基金调入

100亿元,全国财政支出84 530亿元。全国财政收支差额10 500亿元。其中,中央财政赤字8 500亿元,比上年增加1 000亿元,相应增加国债发行规模;地方财政收支差额2 000亿元。随着积极的财政政策等各项宏观调控措施的贯彻落实,我国经济回升向好的势头不断巩固,但是当前经济发展面临的形势仍然十分复杂,不确定、不可预计的因素较多,必须保持财政政策的连续性、稳定性,必须保持财政对经济发展的支持力度,积极促进经济又好又快发展。2008年11月10日,央行召开行长办公会。作为实行适度宽松货币政策的表现之一,央行表示要"保持货币信贷的合理增长,加大银行信贷对经济增长的支持力度。取消对商业银行信贷规模限制,合理扩大信贷规模"。至此,货币政策在一年之内实现了从紧向适度宽松的重大转向。

资料来源:祁华清.宏观经济学[M].北京:清华大学出版社,2007;中国政府网.www.gov.cn,2010年03月07日.

【案例分析2】

根据以下案例所提供的资料,试分析:
(1) 美国经济周期的平均长度为多少？美国经济现在正处于经济周期的什么阶段？
(2) 美国GDP波动与CPI增长率波动之间有什么关系？

美国经济周期的波动图及其分析

本文选取了1910—2006年美国实际GDP的数据,经过计算处理(本案例省略),得到美国实际GDP指数的周期变动图8-23,用它可以表示美国实际经济的周期变动情况,也可以回顾这近百年来世界经济发展的周期变动情况。图中比较明显的经济周期下跌转折点有四个,分别为A、B、C、D。

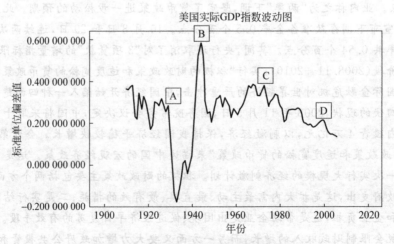

图8-23 美国实际GDP指数的周期变动

A点是发生于1930年左右的"大萧条"。持续时间为1929—1933年。起因是美国经济在快速发展的过程中也使生产和销售的矛盾不断激化,而同时美国政府却采用了放任政策,导致美国经济继续滑向低谷;随后的反危机措施也收效甚微,在短暂的回升之后,美国经济于1937年再次陷入萧条状态。这次危机发生之后,世界工业生产值比危机前缩减了36%,国际贸易衰落了近2/3,危机持续时间长,危害程度深,渗透领域广,波及除苏联以外的全世界。

B点是"二战"后"经济危机"。持续时间为1948年8月开始至1949年10月。原因主要是由战争时形成的高速生产的惯性同战后重建时国际国内市场暂时缩小之间的矛盾所造成的。结果是美国工业生产指数下降了10.1%,失业率达到7.9%,道琼斯工业股票的平均价格下降了13.3%。

C点为20世纪70—90年代的"石油危机",主要造成了三波下跌:

第一波是1973年至1977年,由于第四次中东战争爆发,中东主要石油输出国为打击以色列及其支持国,决定收回石油标价权,将油价提高两倍之多,从而引发了全球的经济危机。其结果是美国的工业生产下降了14%,日本的工业生产下降了20%以上,所有的工业化国家的经济增长都明显放慢。

第二波是1978年至1980年,由于伊朗政局动荡以及随后爆发的两伊战争,石油输出量锐减,引发油价出现暴涨走势,再次造成西方国家经济的全面衰弱。

第三波是1990年爆发的波斯湾战争,由于伊拉克遭到制裁,石油输出量减少,原油市场价格急升,美国、英国经济加速陷入衰退,全球GDP增长率在1991年跌破2%。

D点为亚洲经济危机的爆发。持续时间:1997—1998年。由于泰国过早地开放本国的金融资本市场,再加上自己本身金融机制的不完善以及抗风险能力较为薄弱,使国际投机者找到"钻空子"的机会,以量子基金为代表的国际投机者大量抛空泰铢,泰国被迫宣布泰铢贬值,引起泰国金融体系波动,东南亚其他国家相继受到冲击,货币相继贬值。10月以后,金融危机蔓延到韩国和日本,导致货币贬值、股市暴跌和大公司纷纷破产。

得到美国经济周期的波动图形之后,我们接下来可以大致地划分一下从1910年至2006年的几个周期,整体研究一下经济周期大概的持续时间(表8-15)。

表8-15 美国经济周期持续时间

周期起止年份	1910—1917	1918—1923	1924—1927	1928—1935	1936—1942	1943—1953
周期持续时间	8年	6年	4年	8年	7年	11年
周期起止年份	1954—1959	1960—1971	1972—1978	1979—1991	1992—2004	2005年至今
周期持续时间	6年	12年	7年	13年	13年	—

从表8-15我们可以看出,1910年至2006年,美国经济周期可以大致划分为11个周期,而且这些周期长度参差不齐,长短不一。长的达13年,短的只有6年,差别很大,极不规则。平均而言,美国经济周期的平均长度为8.6年,与朱格拉中周期(又称中波)9~10年基本符合。

所以如果仅从图上分析,美国经济从2006年到现在正处于一个新的周期的下跌阶段,如果完全按照图形来分析,完成第一浪的下跌平均的时间跨度为2.25年,也就是说从2005年开始,美国经济最有可能在2008年左右会到达新一轮经济周期的低谷。

除了图形的走势分析,再结合现阶段国际经济形势上的热点,发现对于世界经济不利的消息还是比较多,归纳一下主要有以下几点:

(1) 越南经济出现危机征兆

时隔十年后,同样是东南亚国家的越南遭遇经济危机征兆,让人不禁联想到20世纪末引发世界经济动荡的亚洲金融危机。

从2008年开始,越南经济形势急转直下,5月份的CPI指数达到了惊人的25.2%,股市暴跌,贸易逆差不断扩大,货币贬值严重,这点同十年前泰国爆发经济危机的经济环境极其相似。

但是这场局部地区的早期经济危机是否会像1998年的那场经济危机一样波及整个亚洲乃至整个世界我们还不得而知,不同的学者对于这个也有着自己不同的看法,但现在普遍看法是,如果相关当局不采取特殊的政策措施,任由越南经济恶化下去,势必将引起周边地区的经济动荡;第一块"多米诺骨牌"倒下后,可能会引起整个世界的连锁效应,引发整个世界的经济危机。

(2) 原油价格高位运行

分析近几年原油价格的走势,不难发现其一直处于高位运行。2008年1月2日,国际原油价格突破100美元大关。随后又屡创新高,大大出乎市场人士的预料。

从影响油价的最直接的因素——供求关系上来看,国际能源机构发表报告称,目前国际市场油价已接近历史最高纪录,造成这一局面的主要原因是欧佩克成员国原油产量不足,同时还预计这种局面会一直持续到2010年以后。

如果情况真如报告预测的那样发展,而在这期间没有其他利好消息配合的话,国际原油价格在短时期内应该还是难以有大幅的回落,这样势必对世界主要的工业化国家的经济发展造成很大的冲击;由于原油价格的高企,带动了下游企业生产资料价格和制造成本的提高,由此大大削减了企业的利润。较高的上游产业生产成本又会向下游产业传导,导致整个国家的PPI与CPI逐步升高,加剧了全球性通胀,进一步影响全球经济的发展。我们仿佛又看到了20世纪70年代石油危机的阴影。

至于未来的国际原油价格的走向,存在的变数还是很大,所以国际经济环境存在的变数也是很大,发展方向也很不确定。

(3) 美国次贷危机波及全球

次贷危机的爆发是由于近几年来美国房价的下跌和利率的不断上升,使很多次级债的贷款人面临无法按期还贷的窘境,导致不少次级抵押贷款机构因此陷入严重财务困难,甚至破产。

虽然这次危机爆发的直接原因是美国房地产行业的不景气,房价下跌,但是追本溯源,其实还是由于次级债本身所特有的机制所决定的。信贷机构,甚至是整个社会对于未来经济的盲目乐观,以及受眼前利益的驱使,导致许多信用等级不够的次级借债不断增多,似乎已经没有人在意高利率与高收益后面所存在的风险,为以后危机的爆发埋下了祸根;美国还将次级债做成证券化产品打包出售,吸引国际投资基金前来购买,更是将"次贷危机"这个定时炸弹埋到了世界各地。

而且次贷危机首先影响投资者的投资信心,股市最先受到波及,随后危机有可能从金融市场蔓延到普通家庭,导致消费需求下降,引起美国进口大幅缩减,影响世界主要对美出口国的实体经济的发展。

与以往不同的是,这次美国政府采取了积极的措施以避免次贷危机的升级,但是就结果来看,似乎还不是很乐观。

1910—2006年美国GDP指数的周期波动与CPI增长率的波动进行对比,结果如下:从图8-24比较分析可以看出,CPI增速指标的走势基本与GDP波动指标的走势是一致的,而且在绝大多数的时间内,CPI的变化较GDP的变化出现一定的滞后,时间大概为一年左右,也就是CPI的峰谷滞后GDP的峰谷一年左右时间;不过由于本文采用年度数据的缘故,故敏感性可能不是很理想,更为精确的滞后时间不能得到(可以近似为1年),但是会出现滞后是可以肯定的,这也就验证了作为滞后性指标CPI对于经济发展走势的事后确定作用。

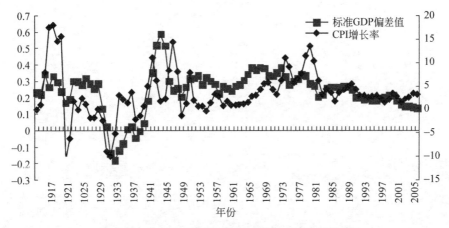

图 8-24 美国 GDP 波动与 CPI 增长率波动对比图

另外,从图形上来看,特别注意到一点,就是从2001年开始一直到最近的几年内,美国的GDP与CPI出现完全相反的走势,这在历史上是很少见的情况。从1910年至2000年这段时间内,美国GDP的走势与CPI的走势基本出现略带滞后性的一致走势;就算在这段时间内能见到相反的走势,都可以解释为是CPI对于GDP变化的短时间内的滞后反应,随后一定出现符合走势;但是,从2001年开始CPI与GDP的这段走势完全没有滞后性可言。

既然确定不是滞后性走势,那么我们就可以假设只剩下三种可能的情况:

(1) 短时间的偏离

如果是短时间的偏离,出现这种走势后,一般马上会发生转折点,不可能偏离太多;考虑到美国经济的现状,CPI增长率往下走的可能性较大,然后出现"低GDP增长率"与"低通胀率"的"双低局面",也就是所谓的"通货紧缩"现象,经济将陷入困境。

(2) 长时间的偏离

如果是长时间的偏离,短时间内走势不会改变,于是GDP增速越来越小,CPI增速越来越大,出现"低GDP增长"与"高CPI增长"的局面,也就是经济会陷入"滞胀"的状况。

(3) 超前走势

所谓超前走势就是指 CPI 走势先于 GDP 变化而变化。这在历史上曾出现过一次，就是在 20 世纪 30 年代的大萧条后，罗斯福新政的有效干预使美国经济逐渐从大萧条中恢复过来，其中通过美元贬值 40.94% 以加强美国商品对外的竞争能力这项措施很有可能造成 CPI 指数在美国经济复苏之前做出反应；联系现在，美国政府的不断减息以促进经济增长的政策也从很大程度上造成了现阶段 CPI 增速不断上升的现状。但是美国当局一连串的挽救政策，似乎并不是十分有效，因为虽然 CPI 已经出现增长加快的趋势，但是 GDP 始终徘徊不前，没有跟上 CPI 变化的意思。这些政策能否像 20 世纪 30 年代那样帮助美国经济上演"罗斯福"式的腾飞，我们拭目以待！

资料来源：摘自大地期货研发部金荣炜.美国经济周期的研究.2008 年 8 月 26 日.

参 考 文 献

1. 张利庠,李宝山.管理经济学[M].第三版.北京:中国人民大学出版社,2012.
2. 陈章武.管理经济学[M].第三版.北京:清华大学出版社,2014.
3. [美]詹姆斯 R.麦奎根,R.查尔斯·莫耶,弗雷德里克 H.B.哈里斯.管理经济学[M].李国津,译.第 12 版.北京:机械工业出版社,2012.
4. 谢科范,涂锦.管理经济学[M].武汉:武汉理工大学出版社.2010.
5. [美]克雷洛·彼得森,克里斯·刘易斯.管理经济学[M].吴德庆,译校.第 4 版修订版.北京:中国人民大学出版社,2009.
6. 戴庚先,陈斯星,唐雪梅.管理经济学:用 Excel 辅助决策[M].北京:中国发展出版社,2005.
7. 吴德庆,马月才,王保林.管理经济学[M].第五版.北京:中国人民大学出版社,2010.
8. 孔英.管理经济学[M].北京:北京大学出版社,2012.
9. 王尔大.管理经济[M]学.北京:清华大学出版社.2010.
10. 谢科范,涂锦.管理经济学[M].武汉:武汉理工大学出版社,2010.
11. 任志安.管理经济学[M].北京:中国人民大学出版社,2013.
12. 张维迎.博弈论与信息经济学[M].上海:三联书店;上海人民出版社,1996.
13. 袁志刚.管理经济学[M].上海:复旦大学出版社,1999.
14. 毛蕴诗,张颖.管理经济学理论与案例[M].北京:机械工业出版社.2012.
15. [美]莱拉.J.特鲁特,戴尔·特鲁特著,管理经济学[M].李克宁,译.第七版.北京:经济科学出版社,2003.
16. 郁义鸿,高汝熹.管理经济学[M].上海:三联书店,2004.
17. 毛蕴诗.公司经济学[M].大连:东北财经大学出版社,2002.
18. 王春香.管理经济学[M].北京:中国人民大学出版社,2008.
19. 蹇令香,李东兵.宏观经济学[M].第 2 版.北京:北京大学出版社,2013.
20. 李自杰.管理经济学[M].北京:清华大学出版社,2013.
21. 王则柯.新编博弈论平话[M].北京:中信出版社,2003.
22. 马忠法.知识经济与企业知识产权管理[M].上海:上海人民出版社,2011.
23. 王淑芬.知识经济与企业创新教程[M].北京:中国劳动社会保障出版社,2006.
24. 聂永有.管理经济学[M].上海:上海大学出版社,2014.
25. 宋国宇.管理经济学[M].北京:经济科学出版社,2013.